Erwerb und Schutz des Eigentums an Mobilien im deutschen und schwedischen Recht

Internationalrechtliche Studien

Beiträge zum Internationalen Privatrecht, zum Einheitsrecht und zur Rechtsvergleichung

Herausgegeben von Ulrich Magnus und Peter Mankowski

Band 65

PL ACADEMIC RESEARCH

Nils Rasmus Grenda

Erwerb und Schutz des Eigentums an Mobilien im deutschen und schwedischen Recht

PL ACADEMIC RESEARCH

Bibliografische Information der Deutschen Nationalbibliothek
Die Deutsche Nationalbibliothek verzeichnet diese Publikation in der Deutschen Nationalbibliografie; detaillierte bibliografische Daten sind im Internet über http://dnb.d-nb.de abrufbar.

Zugl.: Hamburg, Univ., Diss., 2012

Satz + Layout:
Kumpernatz + Bromann
www.kumpernatz-bromann.de

Gedruckt auf alterungsbeständigem,
säurefreiem Papier.

D 18
ISSN 0947-0395
ISBN 978-3-631-63417-2

www.peterlang.de

Für Lovisa

Vorwort

Die vorliegende Arbeit wurde im Jahr 2011 fertiggestellt und im Sommersemester 2012 von der Fakultät für Rechtswissenschaft der Universität Hamburg als Dissertation angenommen. Die Literatur konnte vor der Drucklegung noch bis Mai 2012 aktualisiert werden.

Meinem Doktorvater, Herrn Prof. Dr. Ulrich Magnus, danke ich herzlich für die freundliche Betreuung, die zahlreichen hilfreichen Hinweise und die Aufnahme der Arbeit in die vorliegende Schriftenreihe. Herrn Prof. Dr. Peter Mankowski danke ich für die Erstellung des Zweitgutachtens. Des Weiteren danke ich dem Max-Planck-Institut für ausländisches und internationales Privatrecht in Hamburg, dessen Bibliothek ich als Gast nutzen durfte.

Großer Dank gilt meiner Lebensgefährtin Yvonne Bischoff für die Geduld und Unterstützung während der letzten Jahre. Unserer Tochter Lovisa ist diese Arbeit gewidmet. Ein besonderer Dank gebührt schließlich meinen Eltern, die mich während meiner gesamten Ausbildung in jedweder Hinsicht unterstützt haben.

Bad Oldesloe, im Juli 2012 Nils Rasmus Grenda

Inhaltsübersicht

Vorwort 7

Abkürzungsverzeichnis 25

Teil 1: Einleitung

Kapitel 1: Ausgangssituation 29

Kapitel 2: Untersuchungsgegenstand und Methode 31
§ 1 Eigentum und Eigentumsübergang 31
§ 2 Methode und Gegenstand der Untersuchung 32
§ 3 Gang der Untersuchung 35

Teil 2: Grundlagen

Kapitel 3: Systematik des Zivilrechts 37
§ 1 Deutsches Recht 37
§ 2 Schwedisches Recht 43

Kapitel 4: Begriff der beweglichen Sachen 69
§ 1 Deutsches Recht 69
§ 2 Schwedisches Recht 69

Kapitel 5: Eigentum als Rechtsbegriff 73
§ 1 Deutsches Recht 73
§ 2 Schwedisches Recht 81
§ 3 Wesentliche Unterschiede und Gemeinsamkeiten 95

Kapitel 6: Besitz 97
§ 1 Deutsches Recht 97
§ 2 Schwedisches Recht 102

Kapitel 7: Allgemeines zu Eigentumsübertragung und Eigentumsschutz 107
§ 1 Konzepte der Eigentumsübertragung 107
§ 2 Aufbau des Vergleichs 110

Teil 3: Rechtsgeschäftlicher Erwerb des Eigentums

Kapitel 8: Rechtsgeschäftlicher Eigentumserwerb vom Berechtigten 113
§ 1 Problem 113
§ 2 Deutsches Recht 114
§ 3 Schwedisches Recht 131
§ 4 Stellungnahme 173

Kapitel 9: Erwerb beweglicher Sachen durch Rechtsgeschäft mit einem Nichtberechtigten 177
§ 1 Allgemeines 177
§ 2 Deutsches Recht 178
§ 3 Schwedisches Recht 184

Teil 4: Schutz des Eigentums

Kapitel 10: Schutz des Eigentumsrechts „in Ruhelage" beim Eigentümer (statisches *sakrätt*) 201
§ 1 Problem 201
§ 2 Deutsches Recht 202
§ 3 Schwedisches Recht 211

Kapitel 11: Schutz des Eigentumsrechts in Transaktion (dynamisches *sakrätt*) 243
§ 1 Problem 243
§ 2 Deutsches Recht 244
§ 3 Schwedisches Recht 250

Teil 5: Schluss

Kapitel 12: Bewertung und Ausblick 279
§ 1 Bewertung 279
§ 2 Ausblick 289

Literaturverzeichnis 293

Anhang Schwedische Gesetzestexte 303

Inhaltsverzeichnis

Vorwort 7

Abkürzungsverzeichnis 25

Teil 1: Einleitung

Kapitel 1: Ausgangssituation 29

Kapitel 2: Untersuchungsgegenstand und Methode 31
§ 1 Eigentum und Eigentumsübergang 31
§ 2 Methode und Gegenstand der Untersuchung 32
I. Methode 33
II. Gegenstand der Arbeit 33
1. Rechtsgeschäftlicher Eigentumserwerb 33
2. Schutz des Eigentums 34
a) Eigentumsschutz „in Ruhelage“ (statischer Eigentumsschutz) 34
b) Eigentumsschutz in Transaktionssituationen (dynamischer Eigentumsschutz) 34
§ 3 Gang der Untersuchung 35

Teil 2: Grundlagen

Kapitel 3: Systematik des Zivilrechts 37
§ 1 Deutsches Recht 37
I. Systematik des BGB 38
1. Dingliche und obligatorische Rechte 38
2. Schuld- und Sachenrecht 39
II. Sachenrecht als Rechtsbereich des Zivilrechts 40
1. Systematik des Sachenrechts 40
2. Rechtsgeschäfte des Sachenrechts 40
a) Einigung 41
b) Publizitätsakt als „sachenrechtliches Moment“ 41
3. Mobiliarsachenrecht als Rechtsgebiet 41

4. Rechtsquellen des Mobiliarsachenrechts 42
III. Zusammenfassung 42
§ 2 Schwedisches Recht 43
I. Systematik des Zivilrechts 43
1. Gesetzessystematik 43
2. Systematik der Gesetzessammlungen 44
3. Akademische Systematik 45
a) Entwicklung der schwedischen Zivilrechtssystematik durch die Rechtswissenschaft 45
aa) Schwedische Zivilrechtssystematik im 19. Jahrhundert 45
bb) Schwedische Zivilrechtssystematik im 20. Jahrhundert 46
(1) Die Uppsala-Schule der Rechtsphilosophie 46
(2) Folgen für Rechtswissenschaft und Zivilrechtssystematik 47
cc) Entwicklung der letzten 20 Jahre 49
b) Gegensatz von Schuld- und Sachenrecht 50
aa) Allgemeines 50
bb) Schuld- und Sachenrecht im heutigen Recht 51
cc) Absage an das Trennungsprinzip 52
II. Sachenrecht als Rechtsbereich? 52
1. Begriff *sakrätt* 53
a) *Sakrätt* als Rechtstyp (dingliche Rechte) 53
b) *Sakrätt* als Rechtsbereich 56
aa) Hauptbereiche des schwedischen *sakrätt* 58
(1) Statisches *sakrätt* 58
(2) Dynamisches *sakrätt* 59
(a) Absatzschutz (*omsättningsskydd*) 60
(b) Gläubigerschutz (*borgenärsskydd*) 60
bb) Eigentumserwerb als Frage des *sakrätt*? 61
2. *Sakrätt* als Äquivalent des deutschen Sachenrechts? 63
3. Rechtsquellen des schwedischen „Sachenrechts“ 63
a) Geschriebenes Recht 63
b) Gesetzgebungsmaterialien 64
c) Rechtsprechung 65
d) Doktrin 66
III. Stellungnahme 67

Kapitel 4: Begriff der beweglichen Sachen 69
§ 1 Deutsches Recht 69
§ 2 Schwedisches Recht 69

Kapitel 5: Eigentum als Rechtsbegriff ... 73
§ 1 Deutsches Recht ... 73
I. Privatrechtlicher Eigentumsbegriff ... 73
1. Rechtsnatur des privatrechtlichen Eigentums ... 73
2. Inhalt des privatrechtlichen Eigentums an Mobilien ... 74
a) Sachbezug ... 74
b) Befugnisse des Mobiliareigentümers ... 74
aa) Positive Befugnisse ... 75
bb) Negative Befugnisse ... 75
cc) Rechtsbehelfe ... 76
c) Grenzen des privatrechtlichen Eigentums an Mobilien ... 76
aa) Beschränkungen durch Gesetz ... 76
(1) Privatrechtliche Eigentumsbeschränkungen ... 76
(2) Öffentlichrechtliche Eigentumsbeschränkungen ... 77
bb) Beschränkungen durch Rechte Dritter ... 77
3. Formen des privatrechtlichen Eigentums an Mobilien ... 77
a) Alleineigentum ... 78
b) Miteigentum nach Bruchteilen, §§ 1008 bis 1011 BGB ... 78
c) Gesamthandseigentum ... 78
II. Verfassungsrechtlicher Eigentumsbegriff ... 79
1. Rechtsgrundlage und Rechtsnatur ... 79
2. Inhalt des verfassungsrechtlichen Eigentumsbegriffs ... 80
III. Stellungnahme ... 80
§ 2 Schwedisches Recht ... 81
I. Eigentum als Recht ... 81
1. Rechtsnatur des Eigentums ... 81
2. Inhalt des Eigentums ... 81
a) Sachbezug ... 82
b) Die Befugnisse des Eigentümers ... 82
c) Rechtsbehelfe ... 84
d) Grenzen des Eigentums ... 84
3. Arten des Eigentums ... 85
a) Alleineigentum ... 85
b) Miteigentum (*samäganderätt*) ... 85
4. Stellungnahme ... 86
II. Eigentum als Funktionsbegriff ... 87
1. Rechtsnatur des Eigentums im dynamischen *sakrätt* ... 87
a) Ausgangspunkt ... 88
b) Etablierung des funktionalen Eigentumsbegriffs in Schweden ... 88
c) Heutige Sichtweise auf den funktionalen Eigentumsbegriff ... 89

2. Inhalt des Eigentums im funktionalen Sinn ... 90
a) Schutz des Erwerbers vor den Gläubigern des Veräußerers (*borgenärsskydd* in Transfersituationen) ... 91
b) Schutz des überlassenden Eigentümers gegenüber den Gläubigern des Sachbesitzers (*borgenärsskydd* in Überlassungssituationen) ... 92
c) Absatzschutz (*omsättningsskydd*) ... 92
aa) Verfügungen Nichtberechtigter ... 93
bb) Doppelveräußerung (*tvesala*) ... 94
3. Stellungnahme ... 95
§ 3 Wesentliche Unterschiede und Gemeinsamkeiten ... 95

Kapitel 6: Besitz ... 97
§ 1 Deutsches Recht ... 97
I. Begriff und Rechtsnatur ... 97
II. Arten des Besitzes ... 98
1. Unmittelbarer und mittelbarer Besitz ... 98
2. Eigen- und Fremdbesitz ... 98
3. Mitbesitz und gesamthänderischer Mitbesitz ... 99
4. Besitzdiener ... 99
III. Bedeutung und Funktion des Besitzes ... 99
1. Selbständige Funktion ... 100
2. Dienende Funktion ... 100
IV. Erwerb und Verlust des Besitzes ... 101
§ 2 Schwedisches Recht ... 102
I. Besitzbegriff ... 102
II. Arten des Besitzes ... 103
III. Bedeutung und Funktion des Besitzes ... 104
IV. Erwerb und Verlust des Besitzes ... 105
V. Stellungnahme ... 105

Kapitel 7: Allgemeines zu Eigentumsübertragung und Eigentumsschutz ... 107
§ 1 Konzepte der Eigentumsübertragung ... 107
I. *Unitary approach* ... 109
II. *Functional approach* ... 109
§ 2 Aufbau des Vergleichs ... 110
I. „Äußerer Rahmen" des Vergleichs ... 110
II. Strukturierung der Problemkomplexe ... 110

Teil 3: Rechtsgeschäftlicher Erwerb des Eigentums

Kapitel 8: Rechtsgeschäftlicher Eigentumserwerb vom Berechtigten 113
§ 1 Problem 113
§ 2 Deutsches Recht 114
I. Allgemeines 114
1. Trennungs- und Abstraktionsprinzip 115
2. Traditionsprinzip 115
II. Voraussetzungen des Eigentumserwerbs vom Berechtigten 116
1. Einigung 116
a) Willenserklärungen 116
b) Wirksamkeitshindernisse 117
aa) Geschäftsfähigkeit 117
bb) Stellvertretung 117
cc) Anfechtung 117
dd) Sonstige Wirksamkeitshindernisse 118
c) Bestimmtheit 119
d) Bedingte Übereignung 119
e) Bindung an die Einigung 121
2. Berechtigung des Veräußerers 121
3. Reales Moment der Übereignung 122
a) Grundfall: Übergabe der zu übereignenden Sache nach § 929 S. 1 BGB 122
aa) Voraussetzungen im Einzelnen 123
(1) Besitzaufgabe 123
(2) Besitzerwerb 123
(3) Auf Veranlassung des Veräußerers 124
bb) Besondere Fälle 124
(1) Veräußerer wird Besitzdiener des Erwerbers 124
(2) Übergabe durch Weisung 125
(3) Geheißerwerb bei Veräußerungsketten 125
cc) Bewertung 126
b) Übergabesurrogate 126
aa) Übergabe „kurzer Hand“ nach § 929 S.2 BGB 126
bb) Besitzkonstitut nach § 930 BGB 127
(1) Grundfall 127
(2) Hauptanwendungsfall: Sicherungsübereignung 128
(3) Bewertung 129
cc) Abtretung des Herausgabeanspruchs nach § 931 BGB.... 129

III. Folgen des Erwerbs ... 130
1. Zeitpunkt des Eigentumserwerbs ... 130
2. Befugnisse des neuen Eigentümers ... 130
IV. Zwischenergebnis ... 130
§ 3 Schwedisches Recht ... 131
I. Allgemeines ... 131
1. Eigentumserwerb durch Kauf ... 131
a) Gesetzliche Grundlagen und Anwendungsbereich ... 131
b) Schwedisches Verständnis von Kauf und Eigentumserwerb ... 132
aa) Funktionale Herangehensweise im Kaufrecht ... 133
bb) Eigentumserwerb in der schwedischen Rechtsentwicklung ... 134
cc) Eigentumserwerb in der funktionalen Herangehensweise ... 134
2. Systematisierung des schwedischen Verständnisses vom Eigentumserwerb ... 135
a) Systematische Ausgangsposition ... 135
b) Systematisierung ... 136
aa) Strukturierung des sukzessiven Erwerbsvorgangs ... 137
bb) Fünf Voraussetzungen des Eigentumserwerbs ... 138
II. Voraussetzungen des Erwerbs beweglicher Sachen durch Kauf vom Berechtigten ... 139
1. Wirksamer Kaufvertrag ... 139
a) Zustandekommen ... 140
b) Wirksamkeit ... 141
c) Pflichten der Parteien ... 141
aa) Pflichten des Verkäufers ... 142
(1) Ablieferung der Kaufsache ... 142
(2) Mangelfreiheit der Kaufsache ... 142
(3) Pflicht zur Eigentumsübertragung? ... 144
bb) Pflichten des Käufers ... 144
2. Verfügungsberechtigung des Verkäufers ... 145
a) Eigentum des Verkäufers ... 145
b) Sonstige Formen der Verfügungsberechtigung ... 147
aa) Vollmacht ... 147
bb) Kommission ... 149
(1) Allgemeines ... 149
(2) Kommissionvertrag als Mittel der Kreditsicherung ... 150
(3) Verfügungsermächtigung ... 152
cc) Stellungnahme ... 154

3. Ablieferung der Kaufsache ... 154
a) Ort der Ablieferung (Leistungsort) ... 155
b) Zeitpunkt der Ablieferung (Leistungszeit) ... 156
c) Gegenstand der Ablieferung (Leistungsgegenstand) ... 157
d) Wirkungen der Ablieferung ... 157
aa) Bedeutung im Rahmen des Kaufrechts ... 157
(1) Eigentumserwerb ... 157
(2) Gefahrübergang ... 157
(3) Beurteilung der vertragsgemäßen Beschaffenheit der Ware ... 158
(4) Recht die eigene Leistung zurückzuhalten (*detentionsrätt*) ... 158
(5) Verzugszeitpunkt ... 159
(6) Kostentragung und Erträge ... 159
(7) Übersicht ... 160
bb) Bedeutung der Ablieferung außerhalb des Kaufrechts? ... 161
e) Folgen der Dispositivität des KöpL für die Ablieferung ... 161
4. Übergabe der Kaufsache ... 161
a) Kaufrechtliches Übergabeerfordernis ... 162
aa) Pflicht zur Übergabe der Kaufsache? ... 162
bb) Kaufrechtliche Folgen der Übergabe neben der Ablieferung ... 163
(1) Rücknahmevorbehalt ... 163
(2) Bedeutung des *återtagandeförbehåll* ... 164
cc) Stellungnahme ... 165
b) Übergabeerfordernis als Voraussetzung des dinglichen Schutzes ... 165
aa) Grundsatz: Traditionsprinzip ... 166
bb) Übergabesurrogate beim Kauf beweglicher Sachen ... 166
(1) Übergabesurrogate im Anwendungsbereich des KöpL ... 166
(a) Lösöreköpsregistrering ... 167
(b) Denuntiation ... 167
(2) Verbrauchsgüterkauf ... 168
cc) Bewertung ... 169
5. Kaufpreiszahlung ... 170
III. Voraussetzungen des Erwerbs beweglicher Sachen vom Berechtigten durch Tausch ... 170

IV. Voraussetzungen des Erwerbs beweglicher Sachen vom Berechtigten durch Schenkung 171
1. Schenkungsversprechen (*utfästelse*) 171
2. Verfügungsbefugnis des Schenkers 171
3. Erfüllung der Schenkung (*fullbordan*) 171
a) Grundsatz: Übergabe 172
b) Übergabesurrogate 172
c) Wirkungen der Erfüllung 172
§ 4 Stellungnahme 173

Kapitel 9: Erwerb beweglicher Sachen durch Rechtsgeschäft mit einem Nichtberechtigten 177
§ 1 Allgemeines 177
§ 2 Deutsches Recht 178
I. Allgemeines 178
II. Voraussetzungen des Erwerbs vom Nichtberechtigten 178
1. Nichtberechtigung des Veräußerers 178
2. Einigung 179
3. Reales Moment 179
a) Übergabe, §§ 929 S. 1, 932 Abs. 1 S. 1 BGB 179
b) Bloße Einigung, §§ 929 S. 2, 932 Abs. 1 S. 2 BGB 179
c) Vereinbarung eines Besitzkonstituts, §§ 930, 933 BGB 180
d) Abtretung des Herausgabeanspruchs, §§ 931, 934 BGB 180
aa) Veräußerer ist mittelbarer Besitzer, § 934 1. Alt. BGB ... 180
bb) Veräußerer ist nicht mittelbarer Besitzer, § 934 2. Alt. BGB 181
4. Guter Glaube des Erwerbers, § 932 Abs. 2 BGB 181
a) Anforderungen an die Gutgläubigkeit 181
b) Maßgeblicher Zeitpunkt für die Gutgläubigkeit 183
5. Kein Ausschluss des gutgläubigen Erwerbs 183
a) Verkehrsgeschäft 183
b) Kein Abhandenkommen i.S.v. § 935 BGB 184
III. Rechtsfolgen 184
§ 3 Schwedisches Recht 184
I. Allgemeines 184
1. Vindikations- und Extinktionsprinzip 185
a) Der gutgläubige Erwerb in der schwedischen Rechtsgeschichte 185
b) Gesetz über den Gutglaubenserwerb von 1986 186
2. Anwendungsbereich 186

II. Voraussetzungen des gutgläubigen Erwerbs vom Nichtberechtigten durch Kauf 187
1. Wirksamer Kaufvertrag 187
2. Verkäufer nicht zur Verfügung über die Sache berechtigt 187
a) Fehlendes Eigentum 187
b) Keine Verfügungsbefugnis 188
c) Sonderfall: Doppelverfügung 188
3. Verkäufer durch Besitz legitimiert 189
4. Guter Glaube des Käufers an die Verfügungsberechtigung des Verkäufers 189
a) Voraussetzungen 189
b) Zeitpunkt für den guten Glauben 190
c) Vertretung auf Erwerberseite 190
5. Ablieferung der Sache 191
6. Übergabe/Besitzerlangung 191
7. Zahlung des Kaufpreises 192
8. Kein Ausschluss des gutgläubigen Erwerbs 192
a) Abhandenkommen 192
b) Rechtsfolgen des Abhandenkommens 193
III. Voraussetzungen des gutgläubigen Eigentumserwerbs vom Nichtberechtigten durch Tausch 194
IV. Voraussetzungen des gutgläubigen Eigentumserwerbs vom Nichtberechtigten durch Schenkung 194
V. Rechtsfolgen 195
1. Eigentum des gutgläubigen Erwerbers 195
2. Schutz gegenüber den Gläubigern des Veräußerers 195
3. Beseitigung von Rechtsmängeln der Kaufsache 195
4. Lösungsrecht des ursprünglichen Eigentümers 196
5. Lösungsrecht des ersten Käufers bei der Doppelveräußerung? 197
VI. Beurteilung 198

Teil 4: Schutz des Eigentums

Kapitel 10: Schutz des Eigentumsrechts „in Ruhelage“ beim Eigentümer (statisches *sakrätt*) 201
§ 1 Problem 201
§ 2 Deutsches Recht 202
I. Eigentum als Anknüpfungspunkt 202
II. Rechtsbehelfe des Eigentümers 202
1. Ansprüche aus dem Eigentum 202

a) Herausgabeanspruch des Eigentümers nach § 985 BGB 202
b) Beseitigungs- und Unterlassungsanspruch nach § 1004 Abs. 1 BGB 203
2. Schadens- und Nutzungsersatzansprüche 204
a) Ansprüche aus dem Eigentümer-Besitzer-Verhältnis 204
aa) Nutzungsersatzansprüche nach §§ 987, 988, 990 BGB.... 204
bb) Schadensersatzansprüche nach §§ 989 bis 993 BGB 205
b) Schadensersatzansprüche wegen unerlaubter Handlung 206
aa) Voraussetzungen („Haftungsbegründender Tatbestand") 206
bb) Inhalt des Schadensersatzanspruchs („Haftungsausfüllender Tatbestand") 207
3. Besitzschutz 209
a) Besitzwehr 209
b) Besitzkehr 209
c) Possessorischer Besitzschutz 209
aa) Herausgabe des Besitzes, § 861 BGB 210
bb) Beseitigungs- und Unterlassungsanspruch, § 862 BGB... 210
§ 3 Schwedisches Recht 211
I. Eigentum als Anknüpfungspunkt 211
II. Schutz des Eigentums respektive Eigentümers 211
1. Ansprüche und Anspruchsgrundlagen 212
2. Ansprüche aus dem Eigentum 214
a) Arten von Eigentumsverwirklichungsansprüchen........ 214
b) Herausgabeanspruch des Eigentümers 214
aa) Materiellrechtlicher Vindikationsanspruch? 214
(1) Gutgläubiger Erwerb und Vindikationsrecht........ 215
(2) Vom bona fides-Erwerb unabhängiges Vindikationsrecht?........ 218
(a) Vindikationsanspruch in Mehrpersonenverhältnissen 218
(b) Vindikationsanspruch in Zweipersonenverhältnissen 220
(aa) Bedürfnis für einen Vindikationsanspruch . 220
(bb) Existenz des Vindikationsanspruchs im Zweipersonenverhältnis 221
(cc) Anwendung des Vindikationsrechts neben anderen Herausgabeansprüchen 221
(3) Voraussetzungen des Vindikationsanspruchs........ 223
(4) Erlöschen und Begrenzung des Vindikationsrechts... 224

bb) Prozessuale Geltendmachung des Vindikationsrechts 225
(1) *Talan om bättre rätt* 226
(2) Voraussetzungen der Vindikationsklage 227
(3) Summarische Verfahren 227
(a) *Vanlig handräckning* 228
(b) *Särskilt handräckning* 228
cc) Bewertung 229
c) Beseitigungs- und Unterlassungsanspruch 230
3. Schadensersatzansprüche 232
a) Anspruchsvoraussetzungen 232
aa) Sachschaden 233
bb) Rechtswidrigkeit 233
cc) Verschulden 234
b) Anspruchsinhalt 234
c) Ersatzberechtigte 235
d) Zwischenergebnis 235
4. Besitzschutz 236
a) Besitzwehr 236
b) Besitzkehr 237
c) Herausgabe des entzogenen Besitzes 237
III. Bewertung 239
1. Herausgabeanspruch aus dem Eigentum 239
2. Beseitigungs- und Unterlassungsanspruch 240
3. Schadensersatz- und Nutzungsersatzansprüche 241
4. Besitzschutz 242

Kapitel 11: Schutz des Eigentumsrechts in Transaktion (dynamisches *sakrätt*) 243
§ 1 Problem 243
I. Absatzschutz 243
II. Gläubigerschutz 244
§ 2 Deutsches Recht 244
I. Ausgangsposition 244
II. Absatzschutz – Schutz eines bestehenden Rechts im Verhältnis zu einem neu erworbenen Recht 245
III. Gläubigerschutz 245
1. Schutz des Veräußerers/Eigentümers gegenüber den Gläubigern des Erwerbers/ Besitzers 246
a) Rechtsbehelfe 246
aa) Drittwiderspruchsklage, § 771 ZPO 246

bb) Aussonderungsrecht, § 47 Abs. 1 InsO ... 247
cc) Ersatzaussonderung, § 48 InsO ... 248
b) Bedeutung des Eigentumserwerbs für den Gläubigerschutz ... 249
2. Schutz gegenüber den Gläubigern des Veräußerers ... 249
§ 3 Schwedisches Recht ... 250
I. Allgemeines ... 250
II. Absatzschutz (*Omsättningsskydd*) ... 250
1. Gutgläubiger Erwerb vom Nichtberechtigten ... 250
2. Doppelverfügungen ... 251
a) Gutglaubenserwerb bei Doppelverkauf (*tvesala*) ... 251
b) Kollision von Eigentum mit Pfand- bzw. Zurückbehaltungsrechten ... 251
c) Kollision von Eigentum und Nutzungsrecht ... 252
III. Gläubigerschutz (*Borgenärsskydd*) ... 253
1. *Separationsrätt* ... 253
a) Aussonderungsrecht im Rahmen der Zwangsvollstreckung ... 255
b) Aussonderungsrecht im Konkurs ... 255
2. Spezialität als allgemeine Voraussetzung des Aussonderungsrechts ... 256
3. Schutz des Eigentümers/Veräußerers gegenüber den Gläubigern des Erwerbers/Besitzers aufgrund des beibehaltenen Eigentums ... 256
a) Fallgruppen ... 257
aa) Sachleihe und Sachdarlehen ... 257
bb) Miete beweglicher Sachen und Leasing ... 257
cc) Verwahrung ... 257
dd) Kommission ... 258
ee) Rücknahmevorbehalt ... 258
(1) Rücknahmevorbehalt in der Zwangsvollstreckung ... 259
(2) Rücknahmevorbehalt im Konkurs ... 260
b) Ausnahmen vom Spezialitätserfordernis ... 260
aa) Aussonderungsrecht trotz Vermischung gem. dem RVL .. 260
(1) Rechnungslegungspflicht ... 261
(2) Erfordernis der Absonderung ... 262
(3) Praktischer Anwendungsbereich ... 263
(4) Verfahren bei Zwangsvollstreckung und Konkurs ... 263
bb) Surrogation ... 263
(1) Ersatzaussonderung nach Kap. 7, § 23 KonkL ... 264
(2) Versicherungsvertrag ... 264
c) Zusammenfassung ... 265

4. Schutz des Erwerbers gegenüber den Gläubigern des Veräußerers.. 266
a) Allgemeines ... 266
aa) Problem ... 266
bb) Bedeutung für den Erwerb ... 266
cc) Sachenrechtliches Moment ... 267
b) Voraussetzungen des Aussonderungsrechts des Erwerbers beweglicher Sachen ... 267
aa) Regelfall: Tradition ... 268
(1) Regelung und Zweck ... 268
(2) Anforderungen an die Übergabe ... 269
(3) Bewertung ... 269
bb) Ausnahmen vom Traditionserfordernis ... 271
(1) Besitzkonstitut nach Lkl ... 271
(2) Denuntiation ... 273
(3) Verbraucherverträge ... 273
(4) Holz ... 274
(5) Spezialfälle ... 274
(a) Öffentliche Auktion ... 274
(b) Anteil oder Miteigentumsanteil an einer beweglichen Sache ... 275
c) Zusammenfassung ... 275
IV. Stellungnahme ... 276

Teil 5: Schluss

Kapitel 12: Bewertung und Ausblick ... 279
§ 1 Bewertung ... 279
I. Allgemeines ... 279
II. Aufteilung des Eigentums in seine Einzelaspekte ... 280
III. Auswirkungen auf den Eigentumserwerb ... 283
IV. Voraussetzungen des Eigentumserwerbs ... 283
V. Voraussetzungen des dinglichen Schutzes in dynamischen Situationen ... 284
VI. Voraussetzungen des Schutzes in statischen Situationen ... 286
VII. Kritik an der schwedischen Herangehensweise ... 288
§ 2 Ausblick ... 289

Literaturverzeichnis ... 293

Anhang Schwedische Gesetzestexte

A. Kaufgesetz 303
B. Verbraucherkaufgesetz (Auszug) 332
C. Gutglaubenserwerbsgesetz 334
D. Gesetz über den Handel mit beweglichen Sachen, die der Käufer in der Obhut des Verkäufers belässt 337
E. Schenkungsgesetz 339
F. Gesetz über Mahnbescheide und Vollstreckungshilfe (Auszug) 342
G. Vertragsgesetz (Auszug) 347
H. Gesetz über Miteigentum (Auszug) 354
I. Zwangsvollstreckungsgesetzbuch (Auszug) 355
J. Kommissionsgesetz (Auszug) 359
K. Konkursgesetz (Auszug) 362
L. Gesetz über Mittel, für die Rechnung gelegt werden muss 364
M. Strafgesetzbuch (Auszug) 365
N. Schadensersatzgesetz (Auszug) 367
O. Gerichtsverfahrensgesetzbuch (Auszug) 368
P. Gesetz über Schuldverschreibungen (Auszug) 370
Q. Versicherungsvertragsgesetz (Auszug) 370

Abkürzungsverzeichnis

a.A.	andere Ansicht
ÄB	Ärvdabalk (SFS 1958:637) (Erbgesetzbuch)
Abb.	Abbildung
ABGB	(österreichisches) Allgemeines Bürgerliches Gesetzbuch
Abs.	Absatz
AcP	Archiv für die civilistische Praxis
ADHGB	Allgemeines Deutsches Handelsgesetzbuch
AEUV	Vertrag über die Arbeitsweise der Europäischen Union
a.F.	alte Fassung
allg.A.	allgemeine Ansicht
Am.J.Comp.L.	American Journal of Comparative Law
Anh.	Anhang
Aufl.	Auflage
AvbtL	Lag (SFS 1978:599) om avbetalningsköp mellan näringsidkare m. fl. (Gesetz über den Teilzahlungskauf zwischen Gewerbetreibenden und weiteren)
AvtL	Lag (SFS 1915:218) om avtal och andra rättshandlingar på förmögenhetsrättens område (Gesetz über Verträge und andere Rechtshandlungen auf dem Gebiet des Vermögensrechts)
Bd.	Band
Begr.	Begründer
Bet.	Betänkande
BfL	Lag (SFS 1990:746) om betalningsföreläggande och handräckning (Gesetz über Mahnbescheide und Vollstreckungshilfe)
BGB	Bürgerliches Gesetzbuch
BGH	Bundesgerichtshof
BGHZ	Entscheidungssammlung des Bundesgerichtshofs in Zivilsachen
BrB	Brottsbalken (SFS 1962:700) (Strafgesetzbuch)
bspw.	beispielsweise
BT-Drs.	Drucksache des Bundestages
BVerfG	Bundesverfassungsgericht

BVerfGE	Entscheidungssammlung des Bundesverfassungsgerichts
bzgl.	bezüglich
bzw.	beziehungsweise
DCFR	Draft Common Frame of Reference
ders.	derselbe
dt.	deutsch
Edin.L.R.	Edinburgh Law Review
EG	Europäische Gemeinschaft
EG-Vertrag	Vertrag zur Gründung der Europäischen Gemeinschaft
Einf.	Einführung
Einl.	Einleitung
ERPL	European Review of Private Law
ERT	Europarättslig Tidskrift
f., ff.	folgende, fortfolgende
FAL	Försäkringsavtalslag (SFS 2005:104) (Versicherungsvertragsgesetz)
FB	Föräldrabalk (SFS 1949:381) (Elterngesetzbuch)
Fn.	Fußnote
FS	Festschrift
GåvoL	Lag (1936:83) angående vissa utfästelser om gåva (Gesetz über gewisse Schenkungsversprechen)
gem.	gemäß
GFL	Lag (SFS 1986:796) om godtrosförvärv av lösöre (Gesetz über den Gutglaubenserwerb an beweglichen Sachen)
GG	Grundgesetz
ggf.	gegebenenfalls
HB	Handelsbalk (SFS 1736:0123 2) (Handelsgesetzbuch)
HD	Högsta Domstol
HGB	Handelsgesetzbuch
HL	Handräckningslagen (SFS 1981:847) (Gesetz über Vollstreckungshilfe) (mittlerweile aufgehoben)
h.M.	herrschende Meinung
Hrsg.	Herausgeber
HS	Halbsatz
ibid.	ibidem
insbes.	insbesondere
InsO	Insolvenzordnung
Int.Enc.Comp.L.	International Encyclopaedia of Comparative Law
i.S.d.	im Sinne des (§§)
i.S.v.	im Sinne von (§§)

i.V.m.	in Verbindung mit (§§)
JFT	Juridiska Föreningen i Finlands Tidskrift
JR	Juristische Rundschau
JT	Juridisk Tidskrift
Kap.	Kapitel
KF	Kunglig Förordning (Königliche Verordnung)
KköpL	Konsumentköplag (SFS 1990:932) (Verbraucherkaufgesetz)
Kkrl	Konsumentkreditlag (SFS 2010:1846) (Verbraucherkreditgesetz)
KommL	Kommissionslag (SFS 2009:865) (Kommissionsgesetz)
KonkL	Konkurslag (SFS 1987:672) (Konkursgesetz)
krit.	kritisch
LFH	Lag (SFS 2008:990) om företagshypotek (Gesetz über die Unternehmenshypothek)
Lkl	Lag (SFS 1845:50) om handel med lösören, som köparen låter i säljarens vård kvarbliva (Gesetz über den Handel mit beweglichen Sachen, die der Käufer in der Obhut des Verkäufers belässt)
m.E.	meines Erachtens
M.L.S.C.	Modern Legal Systems Cyclopaedia
m.w.N.	mit weiteren Nachweisen
NJA	Nytt Juridiskt Arkiv
NJM	Nordiskt Juristmöte (Schriftenreihe des Nordischen Juristentreffens)
NJW	Neue Juristische Wochenschrift
NJW-RR	Neue Juristische Wochenschau – Rechtsprechungsreport
o.	oben
Prop.	Proposition (Gesetzesvorlage)
RB	Rättegångsbalk (SFS 1972:740) (Gerichtsverfahrensgesetzbuch)
RF	Regeringsform (SFS 2011:109) (Regierungsform)
RG	Reichsgericht
RGZ	Entscheidungssammlung des Reichsgerichts in Zivilsachen
Rn.	Randnummer
Rspr.	Rechtsprechung
RVL	Lag (SFS 1944:181) om redovisningsmedel (Gesetz über Mittel, für die Rechnung gelegt werden muss)
S.	Satz
SamägL	Lag (SFS 1904:48 s. 1) om samäganderätt (Gesetz über Miteigentum)

schwed.	schwedisch
Sc.St.L.	Scandinavian Studies in Law
SFS	Svensk författningssamling
SiF	Lag (SFS 2005:105) om säkerhetsrätt i försäkringsersättning (Gesetz über das Sicherungsrecht an Versicherungsentschädigungen
SjöL	Sjölag (SFS 1994:1009) (Seegesetz)
SkbrL	Lag (SFS 1936:81) om skuldebrev (Gesetz über Schuldverschreibungen)
SkL	Skadeståndslag (SFS 1972:207) (Schadensersatzgesetz)
s.o.	siehe oben
sog.	sogenannt
SOU	Statens Offentliga Utredningar (Öffentliche Untersuchungen des Staates)
StGB	Strafgesetzbuch
StPO	Strafprozessordnung
str.	streitig
st. Rspr.	ständige Rechtsprechung
StVZO	Straßenverkehrs-Zulassungs-Ordnung
s.u.	siehe unten
SvJT	Svensk Juristtidning
TierschutzG	Tierschutzgesetz
u.	unten
u.a.	unter anderem; und andere
UB	Utsökningsbalk (SFS 1981:774) (Zwangsvollstreckungsgesetzbuch
Überbl.	Überblick
UL	Utsökningslag (SFS 1877:31 s. 1) (Zwangsvollstreckungsgesetz) (mittlerweile aufgehoben)
v.	vom; vor
vgl.	vergleiche
Vol.	Volume
Vorbem.	Vorbemerkung
WM	Wertpapiermitteilungen – Zeitschrift für Wirtschafts- und Bankrecht
z.B.	zum Beispiel
ZIP	Zeitschrift für Wirtschaftsrecht
ZPO	Zivilprozessordnung

„Eigentum ist ein eigentümliches Recht: Die meisten haben es, alle streben danach – und doch steht es überall im Streit.“[1]

Teil 1
Einleitung

Kapitel 1: Ausgangssituation

Verträge zwischen Parteien mit Sitz oder Aufenthalt in verschiedenen Ländern unterliegen heute weitgehend einheitlichen Regeln. Hierzu haben beispielsweise das UN-Kaufrecht, aber auch verschiedene europäische Regelungsinstrumente beigetragen. Die Rechte und Pflichten von Käufer und Verkäufer sind nicht nur international gleichwertig geregelt. Teilweise kommt sogar dieselbe Rechtsvorschrift zur Anwendung.

Für das Sachenrecht ist die Rechtsvereinheitlichung nicht annähernd so weit fortgeschritten.[2] Zwar gibt es auch hier europäische Vereinheitlichungsbestrebungen,[3] eine praktische Umsetzung ist allerdings noch nicht absehbar.[4] Dies mag verschiedene Gründe haben. Zum einen ist das Sachenrecht, jedenfalls soweit es Liegenschaften betrifft, eine rein nationale Angelegenheit, da grenzüberschreitende Sachverhalte nur beschränkt denkbar sind. Zum anderen sind im Bereich des Sachenrechts international größere systematische Unterschiede festzustellen, die zudem schwerer zu überbrücken sein dürften als im Bereich des Schuldrechts.[5] Eine Vereinheitlichung des Sachenrechts würde zudem voraussetzen, dass

---

1 Isensee/Kirchhof/*Leisner*, Handbuch des Staatsrechts[3], Bd. VIII, § 173 Rn. 1.

2 *Gretton*, EdinLR 13 (2009), 169, 169.

3 Innerhalb der *Study Group on a European Civil Code* ist die *Working Group on Transfer of Movables* damit beschäftigt, die unterschiedlichen Regelungen in Europa zu analysieren und einen Vorschlag für ein europäisches Mobiliarsachenrecht zu erarbeiten, vgl. Faber/Lurger/*Lurger*, Transfer of Movables, 1, 7 f.

4 Art. 345 AEUV (ehem. Art. 295 EG-Vertrag) schließt seinem Wortlaut nach die Eigentumsordnung aus dem Kompetenzbereich der EG aus. Dies vermag allerdings die Gesetzgebung der EG in diesem Bereich langfristig nicht zu verhindern, vgl. Faber/Lurger/*Caramelo-Gomes*, Transfer of Movables, 239, 243.

5 *Håstad*, JT 17 (2002-2003), 745, 747.

einige Rechtssysteme grundlegende systematische Veränderungen erfahren. So ist zweifelhaft, ob das Abstraktionsprinzip innerhalb einer europäischen Vereinheitlichung des Sachenrechts haltbar wäre,[6] sodass jedenfalls das deutsche Zivilrecht durch eine Vereinheitlichung in seinen Grundfesten erschüttert werden könnte. Dies deutet darauf hin, dass eine effektive Vereinheitlichung des Sachenrechts in Europa schwierig sein dürfte.

Die fortbestehende Uneinheitlichkeit des Sachenrechts in Europa macht es bei grenzüberschreitenden Sachverhalten notwendig, sich auch mit den entsprechenden Regelungen anderer Rechtsordnungen auseinanderzusetzen. Erforderlich ist dies aber auch, um eine zukünftige Rechtsvereinheitlichung auf diesem Gebiet zu ermöglichen, denn nur dort, wo die Ausgangspositionen klar sind, kann – ausgehend von den Gemeinsamkeiten – etwas Neues geschaffen werden, das für alle Beteiligten akzeptabel ist.

---

6 *Baur/Stürner*, § 5 Rn. 43.

Kapitel 2: Untersuchungsgegenstand und Methode

§ 1 Eigentum und Eigentumsübergang

Alle europäischen Rechtsordnungen kennen das Institut des Privateigentums.[1] Wenngleich die genaue Definition im Einzelnen unterschiedlich ausfallen kann, geht es dabei im Wesentlichen um die umfassende Berechtigung einer Person an einer Sache.[2] Dennoch existieren Besonderheiten, die dazu führen, dass sich die sachenrechtlichen Konzepte der einzelnen Rechtsordnungen teilweise unterscheiden.

Die vorliegende Arbeit widmet sich primär der Frage des rechtsgeschäftlichen Eigentumserwerbs an beweglichen Sachen im deutschen und schwedischen Recht. Das skandinavische – und im Besonderen das schwedische – Recht hat in diesem Bereich in Deutschland noch keine gesteigerte Aufmerksamkeit erfahren. Diese verdient das schwedische Recht allerdings, denn seine sachenrechtlichen Konzepte im Bereich des Eigentumsübergangs unterscheiden sich teilweise stark von denen des deutschen Rechts und beziehen zudem die Frage nach dem Schutz des Eigentums unmittelbar ein.

Im Rahmen der Arbeiten der *European Study Group on a Civil Code* wurden auch die skandinavischen Rechtsordnungen detailliert untersucht.[3] Die Darstellungen stammen ganz überwiegend aus der Feder einheimischer, skandinavischer Rechtswissenschaftler. Die sehr ausführlichen Arbeiten beleuchten folglich auch die verschiedenen Aspekte des Sachenrechts aus der skandinavischen Perspektive. Bei der Lektüre fällt auf, dass sich das skandinavische Sachenrecht in einigen Bereichen markant von den Regelungen und Herangehensweisen der kontinentaleuropäischen Rechtsordnungen unterscheidet. Infolgedessen stellen sich für kontinentaleuropäische Juristen Fragen, die im skandinavischen Sachenrecht teilweise überhaupt keine Erwähnung finden, da sie für diese Rechtsordnungen nicht von Bedeutung sind.

So verhält es sich im schwedischen Recht in Bezug auf den rechtsgeschäftlichen Eigentumserwerb und den Eigentumsschutz. Seit etwa Mitte des 20. Jahrhunderts nähert man sich der Lösung sachenrechtlicher Konfliktsituationen dort funktional. Dies beinhaltet, dass man die tatsächlichen Umstände eines Falles, ausgehend von einer konkreten Fragestellung, analysiert und dabei die Behandlung von Elemen-

1 Vgl. *Krimphove*, 29.

2 Vgl. *ibid.*, 32 ff.

3 Siehe beispielsweise die Länderberichte zu den nordischen Ländern in *Faber/Lurger*, National Reports on the Transfer of Movables in Europe, Vol. 5, München 2011.

ten, die als metaphysisch empfunden werden, ausblendet. Die Rechtsphilosophen des skandinavischen Realismus nahmen den Standpunkt ein, dass es sich beim Eigentum um ein metaphysisches Element handele, da es nicht zur erfahrbaren Wirklichkeit gehöre.[4] Deshalb soll das Eigentum für den Bereich des Sachenrechts, dem im deutschen Recht dem Eigentumsschutz zugeordnet wird, grundsätzlich nicht von Bedeutung sein. Stattdessen will man sich den einzelnen Aspekten dessen, was vormals Bestandteil des Eigentums war, individuell und direkt widmen. Dies hat weitgehenden Einfluss sowohl auf die Betrachtung des Eigentumserwerbs als auch für dessen Voraussetzungen. Es ist in der schwedischen Rechtsordnung nicht üblich, die Voraussetzungen des Erwerbs strukturiert darzustellen. Stattdessen begnügt man sich mit der Aussage, dass der rechtsgeschäftliche Eigentumserwerb durch Vertrag erfolge.[5] Dem Sachenrecht selbst wird sodann nur die Lösung von Konflikten in Bezug auf das Objekt des Eigentumsrechts zugeordnet. Damit sind Eigentumserwerb und Eigentumsschutz grundsätzlich verschiedenen Rechtsgebieten zuzuordnen, die jedoch miteinander interagieren. Die Folge ist, dass schwedische Juristen mit dem Begriff „Eigentumsübergang" nichts anfangen können.[6]

§ 2 Methode und Gegenstand der Untersuchung

Eine rechtsvergleichende Analyse betreffend den unterschiedlich ausgestalteten rechtsgeschäftlichen Eigentumserwerb und den Schutz des Eigentums an Mobilien existiert für das deutsche und schwedische Recht bislang nicht. Diese Lücke soll durch die vorliegende Arbeit geschlossen werden. Dabei werden zwei Hauptaspekte zur Sprache kommen. Einerseits wird der einfache rechtsgeschäftliche Eigentumserwerb an Mobilien selbst eine Rolle spielen. Es sollen die Voraussetzungen analysiert werden, die erfüllt sein müssen, damit das Eigentum auf den Erwerber übergeht. Andererseits wird der Fokus aber auch auf dem sachenrechtlichen Schutz des Erwerbers liegen. Insbesondere bei Letzterem verwenden das deutsche und das schwedische Recht Konzepte, die von der rechtlichen Konstruktion her teilweise sehr unterschiedlich sind.

4 Vgl. *Olivecrona*, Sc.St.L. 3 (1959), 125, 144; *Lundstedt*, Legal Thinking Revised, 17.

5 Vgl. bspw. *Millqvist*, 30; *Håstad*, 248.

6 *Martinson*, NJM 2008, 3; Faber/Lurger/*Lilja*, National Reports Vol. 5, 16.

I. Methode

Der Vergleich zweier so verschiedener Herangehensweisen setzt voraus, dass das *tertium comparationis* klar abgegrenzt ist. In der Rechtsvergleichung hat sich dabei ein funktionaler Ansatz bewährt.[7] Dazu ist es erforderlich, die Ausgangsfrage losgelöst von der Einordnung in ein Rechtssystem zu formulieren,[8] gleichsam das tatsächliche Problem in der Rechtswirklichkeit und damit im Gesellschaftssystem zu umreißen.[9] Die Funktion der Regelungen beider Rechtsordnungen steht damit im Vordergrund. Deshalb liegt dieser Arbeit eine Unterteilung der sachenrechtlichen Fragestellungen in drei Aspekte zugrunde.

II. Gegenstand der Arbeit

Gegenstand dieser vergleichenden Arbeit sind die Fragen nach den tatsächlichen Voraussetzungen des rechtsgeschäftlichen Eigentumserwerbs, den Schutzinstrumenten des Eigentümers in Situationen ohne Transaktionsbezug und seinen Schutzmöglichkeiten für den Fall, dass das Eigentum Gegenstand einer irgendwie gearteten Transaktion ist.

1. Rechtsgeschäftlicher Eigentumserwerb

Im deutschen Recht ist der Grundfall des rechtsgeschäftlichen Eigentumserwerbs in § 929 S. 1 BGB verhältnismäßig einfach strukturiert. Erforderlich sind die dingliche Einigung über den Eigentumsübergang und die tatsächliche Übergabe der Sache. Im schwedischen Recht sucht man erfolglos nach einer vergleichbaren Vorschrift. In der sachenrechtlichen Literatur wird schlicht formuliert, dass der derivative Eigentumserwerb durch Kauf, Tausch oder Schenkung erfolge.[10] Der kaufrechtlichen Literatur ist sodann zu entnehmen, dass das Ziel des Kaufes der Eigentumstransfer sei.[11] An und für sich deutet dies schlicht darauf hin, dass man in Schweden dem reinen Konsensprinzip folgt. Dem ist allerdings nicht so.[12] Der reine Kaufvertrag genügt deshalb nicht für den Eigentumserwerb. Es stellt sich daher die Frage, wie der Eigentumserwerb rechtstechnisch vonstatten geht und welche tatsächlichen Momente erfüllt sein müssen, damit der Erwerber das Ei-

---

7 Vgl. *Bartels*, 66; *Zweigert/Kötz*, 33; *Bogdan*, 58.
8 *Zweigert/Kötz*, 33.
9 *Bartels*, 66; *Bogdan*, 59.
10 *Millqvist*, 30; *Håstad*, 48.
11 Vgl. *J. Ramberg/Herre*, Allmän köprätt, 20; *Håstad*, Köprätt, 27.
12 Vgl. *Undén*, 96; *Martinson*, 46.

gentum erhält. Dabei spielen Fragen, die im deutschen Recht eigentlich dem Eigentumsschutz zugeordnet werden, eine entscheidende Rolle für den Eigentumserwerb.

2. *Schutz des Eigentums*

Das schwedische Recht unterscheidet bezüglich des Eigentumsschutzes zwischen Situationen, in denen sich das Eigentum gleichsam „in Ruhelage“ bei seinem Inhaber befindet und solchen, die einen Bezug zu einer Transaktion aufweisen.[13] Diese Unterscheidung hängt damit zusammen, dass der transaktionsbezogene Eigentumsschutz eine enge Verknüpfung mit den Erwerbsvoraussetzungen aufweist. Diese Arbeit wird deshalb bereits im Rahmen des Erwerbs den Eigentumsschutz in Bezug auf Transaktionssituationen insoweit tangieren, als dieser Voraussetzung des Eigentumserwerbs ist. Da das deutsche Recht diesbezüglich jedoch nicht zwischen verschiedenen Situationen unterscheidet, muss auch der Eigentumsschutz „in Ruhelage“, also abseits von Transaktionen, behandelt werden, um die Bezüge zu den transaktionsbezogenen Rechtsschutzmöglichkeiten aufzuzeigen. Insofern sind zwei funktional divergierende Situationen zu unterscheiden.

a) *Eigentumsschutz „in Ruhelage“ (statischer Eigentumsschutz)*

Beim Eigentumsschutz in Ruhelage geht es um die Frage, wie der Eigentümer, der in Bezug auf sein Eigentumsrecht keine Rechtsgeschäfte vornimmt, seine Rechtsposition schützen kann. Wie kann er also Eingriffe in sein Eigentum abwehren und seine Handlungsbefugnisse in Bezug auf die Sache sicherstellen?[14]

b) *Eigentumsschutz in Transaktionssituationen (dynamischer Eigentumsschutz)*

Der Terminus „Eigentumsschutz in Transaktionssituationen“ umschreibt im Gegensatz dazu die Möglichkeiten des Eigentümers, sich gegen Eingriffe im Rahmen von Situationen zu verteidigen, die entweder einen Transfer im Sinne einer Veräußerung bzw. eines Erwerbs oder die Überlassung der Sache an eine andere Person zur Sachnutzung ohne Eigentumsübertragung betreffen.[15] Primär geht es deshalb um die Frage nach dem Schutz einer Person gegenüber den Gläubigern der anderen Transaktionspartei.[16]

---

13 *Håstad*, 17 f.

14 *Millqvist*, 18.

15 Vgl. *ibid.*

16 Vgl. *Martinson*, 15 ff.

Bei alledem wird der Schwerpunkt der Arbeit auf dem schwedischen Recht liegen. Dies gründet darauf, dass das deutsche Recht dem Leser regelmäßig geläufig sein wird. Zudem ist das deutsche Sachenrecht in der Literatur im Prinzip vollständig erschlossen. Ein Erkenntnisgewinn, die deutschen Regelungen betreffend, ist deshalb nicht zu erwarten und auch nicht beabsichtigt. Ziel der Arbeit ist vielmehr die Darstellung der schwedischen Regelungen und Herangehensweisen und vor allem die Gewinnung von vergleichenden Erkenntnissen.

§ 3 Gang der Untersuchung

Dazu gliedert sich die Arbeit im Folgenden in vier Teile. In Teil 2 soll die Systematik und Begriffsbildung beider Rechtsordnungen verglichen werden. Dies ist einerseits notwendig, um das Verständnis der sodann folgenden Teile dieser Arbeit sicherzustellen. Andererseits wird dies aber auch zeigen, dass deutsches und schwedisches Recht über eine Reihe von Gemeinsamkeiten verfügen und insbesondere das deutsche Recht in der Vergangenheit erheblichen Einfluss auf das schwedische Recht gehabt hat. Zu diesem Zweck werden vor allem der Sach- und Eigentumsbegriff und das Verständnis vom Besitz als Rechtsinstitut in beiden Rechtsordnungen beleuchtet werden.

Teil 3 widmet sich sodann den Voraussetzungen des rechtsgeschäftlichen Eigentumserwerbs an beweglichen Sachen. Hierbei wird der Fokus auf der Analyse und Systematisierung der tatsächlichen Voraussetzungen des Eigentumserwerbs im deutschen und schwedischen Recht liegen. Im Gegensatz zum deutschen Recht lassen sich die Voraussetzungen des Eigentumserwerbs im schwedischen Recht nicht ohne Weiteres aufzählen. Dies beruht vor allem auf der rechtstechnischen Ausgestaltung des Transfers, der einen sukzessiven Eigentumserwerb beinhaltet und eine Symbiose verschiedener Rechtsbereiche darstellt. Im Ergebnis wird festgestellt werden, welche Voraussetzungen im Einzelnen für einen Eigentumserwerb erfüllt sein müssen.

Teil 4 der Arbeit widmet sich sodann den Instrumentarien des Eigentumsschutzes abseits von Transaktionssituationen. Der Schwerpunkt liegt hier auf der Untersuchung, inwiefern das deutsche und schwedische Recht dem Eigentümer vergleichbare Rechtsbehelfe mit einem vergleichbaren Schutzniveau bereitstellen. Dabei werden sich tiefgreifende Unterschiede insbesondere im Hinblick auf die Ableitung eines Herausgabeanspruchs aus dem Eigentum sowie in Bezug auf die prozessuale Geltendmachung der Schutzansprüche zeigen. Gegenstand des vierten Teils sind aber auch die Schutzmechanismen in Transaktionssituationen. Im Wesentlichen geht es um die Frage, unter welchen Voraussetzungen einer Person die Möglichkeit zusteht, ihr Recht gegenüber den Gläubigern der anderen Partei zu behaupten. Hier zeigen sich starke Bezüge zu anderen Rechtsgebieten, namentlich dem Zwangsvollstreckungs- und Insolvenzrecht.

Teil 5 widmet sich schließlich zwei Aspekten. Einerseits werden die wesentlichen Ergebnisse des Vergleichs dargestellt werden, insbesondere vor dem Hintergrund der unterschiedlichen Herangehensweise beider Rechtsordnungen. Daneben wird aber auch die Frage nach der Eignung der schwedischen Herangehensweise als Modell für die europäische Rechtsvereinheitlichung thematisiert werden. In der schwedischen Rechtswissenschaft ist man teilweise davon überzeugt, dass die eigene Herangehensweise der kontinentaleuropäischen überlegen ist[17] und es deshalb wünschenswert sei, diese zur Grundlage zukünftiger einheitlicher europäischer Regeln zu machen. Inwiefern dies aus europäischer Sicht sinnvoll ist, bleibt jedoch zweifelhaft.

17 Vgl. z.B. die Formulierung von *C. Ramberg*: „In gewissen anderen Ländern wird [für den Eigentumserwerb] die Anforderung gestellt, dass die Parteien im Zusammenhang mit dem Vertrag besonders aussprechen, dass das Eigentum übergehen soll (also eine Art Zauberformeljura)", Agell/Malmström/*C. Ramberg*[21], 72 und 118; Agell/Malmström/*C. Ramberg*[22], 67. Vgl. im Gegensatz dazu aber *Martinson*, FS Håstad (2010), 529, 530, Fn. 5: „Es gibt Grund, auf die Risiken zu achten, die darin liegen, die Vorteile der eigenen Rechtskultur im Verhältnis zu anderen hervorzuheben [...]. Über das Risiko, die Schwächen in der eigenen Verhaltensweise nicht zu sehen, hinaus besteht nicht weniger das Risiko, auf andere Weise verstanden zu werden als beabsichtigt. Ich will deshalb betonen, dass es nicht meine Absicht ist, einen anderen Ausgangspunkt oder eine andere Denkweise herabzuwürdigen. Die Absicht ist nur, die eventuellen Stärken, die es möglicherweise in der skandinavischen Denkweise geben kann, für eine Analyse gerade der aktuellen Fragen anzuwenden zu versuchen." (Alle Übersetzungen stammen vom Verf.)

Teil 2
Grundlagen

Der rechtsgeschäftliche Eigentumserwerb an beweglichen Sachen und der damit zusammenhängende Schutz des Eigentums sind eine vielschichtige Materie, die in vielen Rechtsordnungen eng mit einer Reihe anderer zivilrechtlicher Probleme verwoben ist. Auch in der Lebenswirklichkeit greifen hier unterschiedliche Aspekte ineinander. Neben allgemeinen vermögensrechtlichen Fragen gehören, abhängig vom Konzept der jeweiligen Rechtsordnung, sowohl vertragsrechtliche als auch sachenrechtliche Aspekte dazu. Das Verständnis der unterschiedlichen Konzepte und Herangehensweisen im deutschen und schwedischen Recht erfordert deshalb grundlegende Kenntnisse von Systematik und Begriffsbildung des Zivilrechts beider Rechtsordnungen.

Kapitel 3: Systematik des Zivilrechts

Der Eigentumserwerb ist in den meisten Rechtsordnungen Gegenstand eines zivilrechtlichen Regelsystems. Aus diesem System können sich einerseits dogmatischen Grundlagen ergeben, die das Verständnis der Materie insgesamt erleichtern. Andererseits kann das System aber auch Schlussfolgerungen auf die Hintergründe der Unterschiedlichkeit der Konzepte zulassen.

§ 1 Deutsches Recht

Ausgangspunkt der Systematik des deutschen Zivilrechts ist das BGB als zentrale Kodifikation. Durch seine Struktur hat der Gesetzgeber einen systematischen Rahmen für das deutsche Zivilrecht insgesamt vorgegeben.

I. Systematik des BGB

Die Systematik des BGB entstammt dem Pandektenrecht des 19. Jahrhunderts.[1] Die historische Rechtsschule hatte aus dem gemeinen römischen Recht, das Deutschland seit dem Mittelalter beherrschte, abstrakte Rechtssätze extrahiert, systematisiert und so ein System des Zivilrechts geschaffen.[2] Dabei griff man auf die Digesten[3] der justinianischen Kodifikation zurück.[4] Das Pandektensystem unterteilte sich anfänglich in drei Rechtsbereiche: Vermögens-, Familien- und Erbrecht.[5] Später ging man zu einer weiteren Unterteilung des Vermögensrechts in einen Allgemeinen Teil, Schuld- und Sachenrecht über.[6] Diese Fünfteilung wurde für das BGB übernommen.[7] Charakteristisch ist dabei, dass der Allgemeine Teil grundsätzlich für alle folgenden Bücher des BGB und das Zivilrecht insgesamt gilt.[8]

1. Dingliche und obligatorische Rechte

Schuld- und Sachenrecht, ergänzt um den Allgemeinen Teil, bilden den Kern des Vermögensrechts. Ihnen soll nach dem Willen des historischen Gesetzgebers jeweils ein eigener und selbständiger Regelungsbereich zukommen.[9] Diese Untergliederung gründet auf der Gegensätzlichkeit von dinglichen und obligatorischen Rechten. Die obligatorischen Rechte, die Gegenstand des Schuldrechts sind, wirken relativ und begründen einen Leistungsanspruch[10] gegen einen bestimmten Verpflichteten.[11] Im Gegensatz dazu sind die dinglichen Rechte absoluter Natur und wirken gegenüber jedermann.[12] Mit anderen Worten handelt es sich bei den dinglichen Rechten um das Recht, von jedermann die Unterlassung der Störung der Ausübung des dinglichen Rechts zu verlangen.[13]

---

1 Staudinger/*Coing/Honsell* (2004), Einl. zum BGB, Rn. 68.

2 *Horn*, NJW 2000, 40, 41; Staudinger/*Coing/Honsell* (2004), Einl. zum BGB, Rn. 68.

3 Griechisch: Pandekten.

4 *Mühlenbruch* (1835), Bd. 1, 72; Staudinger/*Coing/Honsell* (2004), Einl. zum BGB, Rn. 52.

5 Staudinger/*Coing/Honsell* (2004), Einl. zum BGB, Rn. 56.

6 Staudinger/*Seiler* (2007), Einl. zum SachenR, Rn. 2; *Coing*, Bd. 2, 367.

7 Staudinger/*Coing/Honsell* (2004), Einl. zum BGB, Rn. 68.

8 *Larenz/Wolf*, § 1 Rn. 69, 71.

9 *Mugdan*, III, 1; Motive III, 1.

10 Leistung ist hierbei jedes Tun, Dulden oder Unterlassen, vgl. MüKoBGB[6]/*Bachmann*, § 241 Rn. 6.

11 *Mugdan*, III, 1; Motive III, 2; Staudinger/*Olzen* (2009), § 241 Rn. 293.

12 *Mugdan*, III, 1; Motive III, 2.

13 MüKoBGB[5]/*Kramer*, Einl. SchuldR, Rn.16.

Der Inhalt der obligatorischen Rechte ist als Folge der im Schuldrecht geltenden Privatautonomie grundsätzlich nicht fixiert,[14] was den Parteien ermöglicht, die Art und den Inhalt der Rechte selbst zu bestimmen. Im Sachenrecht gilt das Prinzip der Vertragsfreiheit hingegen nicht.[15] Dingliche Rechte existieren nur in den gesetzlich vorgesehenen Typen und können nicht beliebig durch Parteivereinbarung entstehen (Typenzwang).[16, 17] Zudem ist der Inhalt der dinglichen Rechte gesetzlich fixiert und steht nicht zur Disposition der Parteien (Typenfixierung).[18]

2. Schuld- und Sachenrecht

Entsprechend ihrem unterschiedlichen Regelungsgegenstand stehen sich Schuld- und Sachenrecht mit ihren gegensätzlichen Anwendungsbereichen gegenüber. Das Schuldrecht regelt die obligatorischen Rechtsverhältnisse, während das Sachenrecht die dinglichen Rechte an Sachen behandelt. Die Differenzierung zwischen Schuld- und Sachenrecht mit ihren unterschiedlichen Regelungsgegenständen ist Ausfluss des Trennungsprinzips, das gleichsam Voraussetzung für die Selbständigkeit beider Rechtsbereiche ist. Sachenrechtliche und schuldrechtliche Rechtsgeschäfte sind danach terminologisch und rechtstechnisch voneinander zu trennen.[19]

Im Bereich des Vermögensrechts existiert aber ein funktionaler Zusammenhang zwischen Schuld- und Sachenrecht.[20] Dieser besteht zum einen darin, dass das sachenrechtliche Verfügungsgeschäft häufig die Erfüllung eines schuldrechtlichen Verpflichtungsgeschäfts darstellt.[21] Umgekehrt formuliert ist das schuldrechtliche Geschäft die *causa* des sachenrechtlichen,[22] wenngleich aber materiellrechtlich kein kausaler Zusammenhang besteht. Darüber hinaus können schuldrechtliche Ansprüche zum anderen aber auch aus der Verletzung absoluter

14 Staudinger/*Olzen* (2009), Einl. zum SchuldR, Rn. 53.

15 *Mugdan*, III, 2; Motive III, 3; Staudinger/*Seiler* (2007), Einl. zum SachenR, Rn. 39.

16 *Mugdan*, III, 2; Motive III, 3; MüKoBGB^5/*Gaier*, Einl. SachenR, Rn. 11; Staudinger/*Seiler* (2007), Einl. zum SachenR, Rn. 38.

17 Man spricht insofern vom *numerus clausus* der dinglichen Rechte gleichsam als Gegensatz zur Privatautonomie bei den obligatorischen Rechten. MüKoBGB^5/*Gaier*, Einl. SachenR, Rn. 11; Staudinger/*Seiler* (2007), Einl. zum SachenR, Rn. 38.

18 MüKoBGB^5/*Gaier*, Einl. SachenR, Rn. 11; Staudinger/*Seiler* (2007), Einl. zum SachenR, Rn. 38.

19 Staudinger/*Seiler* (2007), Einl. zum SachenR, Rn. 32.

20 MüKoBGB^5/*Kramer*, Einl. SchuldR, Rn. 17.

21 *Ibid.*

22 Staudinger/*Olzen* (2009), Einl. zum SchuldR, Rn. 4; MüKoBGB^5/*Kramer*, Einl. SchuldR, Rn. 17.

Rechte entstehen, sodass diese gleichsam Rechtfortwirkungsansprüche der absoluten Rechte sein können.[23]

II. Sachenrecht als Rechtsbereich des Zivilrechts

1. Systematik des Sachenrechts

Dem deutschen Sachenrecht liegen in systematischer Hinsicht zwei Ordnungsprinzipien zugrunde. Eines sind die dinglichen Rechte, die seinen Aufbau bestimmen.[24] Ein zweites stellt die Unterscheidung zwischen dem Recht der Mobilien und dem der Liegenschaften dar.[25, 26] Dem Mobiliarsachenrecht sind von den abschließend im BGB genannten dinglichen Rechten lediglich drei zuzuordnen.[27] Es handelt sich dabei um das Eigentum als „Vollrecht" sowie den Nießbrauch und das Pfandrecht als beschränkte dingliche Rechte. Letztere beinhalten gleichsam einen Ausschnitt des Eigentums.[28] Ergänzend dazu gilt das Besitzrecht der §§ 854 ff. BGB für bewegliche Sachen.[29] Der Besitz stellt allerdings kein dingliches Recht dar, sondern eine den dinglichen Rechten angenäherte faktische Rechtsposition.[30]

2. Rechtsgeschäfte des Sachenrechts

Erwerb und Verlust der dinglichen Rechte erfordern grundsätzlich ein Rechtsgeschäft.[31] Dieses kann infolge des Trennungsprinzips nicht identisch mit den schuldrechtlichen Verpflichtungsgeschäften sein. Erforderlich ist vielmehr ein dingliches Rechtsgeschäft, welches auf die Begründung, inhaltliche Veränderung, Übertragung oder Aufhebung eines dinglichen Rechts gerichtet ist.[32] Die

---

23 MüKoBGB[5]/*Kramer*, Einl. SchuldR, Rn. 17.

24 Eingangs des Dritten Buchs des BGB wird der Besitz, der für das Sachenrecht eine nicht unerhebliche Rolle spielt, dezidiert geregelt (§§ 854 ff.). Nach einem allgemeinen Teil über die Regelungen der Rechte an Grundstücken (§§ 873-902) folgen sodann Abschnitte zu den einzelnen dinglichen Rechten.

25 Staudinger/*Seiler* (2007), Einl. zum SachenR, Rn. 16; *Baur/Stürner*, § 2 Rn. 16.

26 Gegenstand dieser Arbeit ist lediglich der Eigentumserwerb an beweglichen Sachen, sodass das Grundstücksrecht außer Betracht bleibt. Im Rahmen des BGB ist dem Grundstücksrecht allerdings das Gros der sachenrechtlichen Regeln des Dritten Buchs des BGB zuzurechnen.

27 *Baur/Stürner*, § 49 Rn. 4.

28 *Ibid.*

29 Staudinger/*Bund* (2007), Vorbem. zu §§ 854 ff. Rn. 43.

30 MüKoBGB[5]/*Joost*, Vor § 854 Rn. 9.

31 *Baur/Stürner*, § 5 Rn. 1.

32 MüKoBGB[5]/*Gaier*, Einl. SachenR, Rn. 7; *Baur/Stürner*, § 5 Rn. 1.

Voraussetzungen dieser Rechtsgeschäfte unterscheiden sich zum Teil von denen des Schuldrechts.

a) Einigung

Wie im Schuldrecht ist zunächst eine Übereinkunft über die gewünschte Rechtsfolge erforderlich. Hierzu verwendete der historische Gesetzgeber teilweise den Begriff „dinglicher Vertrag“, der im BGB selbst jedoch keinen Niederschlag gefunden hat.[33] Stattdessen nennt das BGB als Voraussetzung einer Verfügung die „Einigung“, auf die allerdings grundsätzlich die Vorschriften der allgemeinen Rechtsgeschäftslehre der §§ 145 ff. BGB anwendbar sind.[34] Inhaltlich handelt es sich bei der Einigung um nichts anderes als zwei aufeinander bezogene, korrespondierende Willenserklärungen.[35] Faktisch erfordert die Verfügung über ein dingliches Recht somit einen abstrakten[36] dinglichen Vertrag.[37]

b) Publizitätsakt als „sachenrechtliches Moment“

Sachenrechtliche Rechtsgeschäfte bestehen regelmäßig aber nicht ausschließlich aus einer dinglichen Einigung. Ergänzend ist grundsätzlich ein Publizitätsakt im Sinne eines sachenrechtlichen Moments, also ein äußerlich sichtbarer Vorgang erforderlich.[38] Erst die Kumulation von Einigung und sachenrechtlichem Moment bewirkt die dingliche Rechtsänderung.[39] Anders als im Schuldrecht bedarf es im Sachenrecht folglich stets des Vorliegens eines Doppeltatbestandes aus Willens- und Vollzugsmoment.[40]

3. Mobiliarsachenrecht als Rechtsgebiet

Die Differenzierung zwischen Mobilien und Immobilien ermöglicht es, das Mobiliarsachenrecht aus dem Gesamtregelungsinhalt des Sachenrechts als ein eigenes Untergebiet abzuscheiden. Das Mobiliarsachenrecht als Rechtsgebiet besteht demzufolge aus der Summe der sachenrechtlichen Regelungen, die die dinglichen Rechte an beweglichen Sachen betreffen.

---

33 *Mugdan*, III, 4, 525 f.; Motive III, 7; Staudinger/*Seiler* (2007), Einl. zum SachenR, Rn. 27.

34 *Mugdan*, III, 527; Staudinger/*Seiler* (2007), Einl. zum SachenR, Rn. 27; MüKoBGB[5]/*Gaier*, Einl. SachenR, Rn. 8.

35 Staudinger/*Wiegand* (2011), Vorbem. zu §§ 929-931 Rn. 11.

36 Vgl. o. 39.

37 MüKoBGB[5]/*Gaier*, Einl. SachenR, Rn. 7.

38 *Baur/Stürner*, § 5 Rn. 3.

39 *Ibid.* § 5 Rn. 30.

40 *Westermann*, § 2 Rn. 10; Staudinger/*Wiegand* (2011), § 929 Rn. 1.

4. *Rechtsquellen des Mobiliarsachenrechts*

Hauptrechtsquelle des deutschen Mobiliarsachenrechts[41] ist das Dritte Buch des BGB. Daneben sind vor allem auch im Vierten und Fünften Buch des BGB familien- bzw. erbrechtliche Regelungen in Bezug auf dingliche Rechte an beweglichen Sachen zu finden.[42] Darüber hinaus enthalten auch der Allgemeine Teil des BGB, in Gestalt der §§ 90 ff. BGB, sowie andere Gesetze, wie beispielsweise das HGB[43], mobiliarsachenrechtliche Regelungen. Spezielle Rechtsfragen sind zudem durch die Rechtsprechung geregelt worden.[44]

III. Zusammenfassung

Die zentrale Rechtsquelle des deutschen Zivilrechts ist das BGB. Seine Systematik ist pandektenrechtlichen Ursprungs und hat sich seit seinem Inkrafttreten 1900 nicht nennenswert verändert. Sie wird auch in rechtswissenschaftlichen Darstellungen der Materie als Gliederung verwandt. Dabei geht das BGB von einer strikten Unterteilung in Schuld- und Sachenrecht aus, die durch das Trennungs- und Abstraktionsprinzip rechtstechnisch weitgehend vollzogen wird. Dem Sachenrecht kommt die Aufgabe zu, die dinglichen Rechte selbständig zu regeln.

In inhaltlicher Hinsicht regelt das Sachenrecht regelmäßig den Erwerb und Verlust, Inhalt sowie Schutz der dinglichen Rechte. Die sachenrechtlichen Rechtsgeschäfte sind rein dinglicher Natur und unterliegen ausschließlich den Regeln des Allgemeinen Teils sowie des Sachenrechts. Insofern enthält das Mobiliarsachenrecht innerhalb des deutschen Zivilrechts ein in sich konsistentes und weitgehend selbständiges System an Rechtsregeln, die die dinglichen Rechte an beweglichen Sachen betreffen.

---

41 Bezöge man das Liegenschaftsrecht ein, wäre das Feld der sachenrechtlichen Vorschriften noch wesentlich zu erweitern, vgl. insoweit *Baur/Stürner*, § 2 Rn. 11 ff.

42 *Ibid.* § 2 Rn. 12.

43 Dazu gehört etwa § 366 HGB, der besondere Vorschriften zum Erwerb des Eigentums oder eines Pfandrechts enthält.

44 Beispielsweise die Sicherungsübereignung (RGZ 13, 200; vgl. auch *Baur/Stürner*, § 56 Rn. 4, § 57 Rn. 1; Staudinger/*Wiegand* [2011], Anh. zu §§ 929-931 Rn. 51 ff.) und das Anwartschaftsrecht beim Eigentumsvorbehalt (BGHZ 20, 99; vgl. auch Staudinger/*Wiegand* [2011], Anh. zu §§ 929-931 Rn. 24; Staudinger/*Beckmann* [2004], § 449 Rn. 60 ff.).

§ 2 Schwedisches Recht

Das schwedische Zivilrecht unterscheidet sich in systematischer und struktureller Hinsicht stark vom deutschen Recht.

I. Systematik des Zivilrechts

Das moderne schwedische Recht verfügt über keine allgemeingültige und stets anzuwendende Systematik.[45] Man greift stattdessen, je nach Sachzusammenhang, auf verschiedene, parallele Unterteilungen der Rechtsbereiche zurück.[46]

1. Gesetzessystematik

Die heutige zivilrechtliche Gesetzgebung in Schweden hat ihre Wurzeln in der Kodifikation von 1734,[47] welche das gesamte damalige schwedische Recht in neun Gesetzbüchern[48] zusammenfasste. Ihr lag dabei jedoch keine durchdachte Systematik zugrunde.[49] Man untergliederte das Gesetzbuch vielmehr nach praktisch zusammengehörigen Lebensbereichen.[50] Deshalb baute das Gesetz von 1734 weder auf einer Unterteilung nach Sachen- und Obligationenrecht auf, noch wurde das Schuldrecht überhaupt als besonderes Rechtsgebiet angesehen.[51] Auch wenn die Kodifikation von 1734 größtenteils nicht mehr in Kraft ist,[52] hat sie dennoch Spuren im schwedischen Recht hinterlassen.[53,54]

Gegenwärtig stellt das legislative Zivilrecht Schwedens eine unvollständige Sammlung von einzelnen Gesetzen dar.[55] Eine einheitliche Kodifikation existiert nicht. Da die schwedische Gesetzgebung insgesamt eher unsystematisch und

---

45 *Lehrberg*, 68; *Grauers/Martinson*, 30.

46 *Ibid.*

47 Näher zur Kodifikation von 1734: *Wagner* (Hrsg.), Das schwedische Reichsgesetzbuch (*Sveriges Rikes Lag*) von 1734.

48 Die Gesetzbücher betrafen dabei das Eherecht, Erbrecht, Grundstücksrecht, Bau- und Nachbarrecht, Strafrecht, Strafen und Strafvollzug, Vollstreckung sowie das Prozessrecht. Wagner/*Strauch*, 61, 68; Agell/Malmström/*C. Ramberg*[22], 28.

49 *Hellner*, Lagstiftning, 38.

50 *Lehrberg*, 74.

51 *Hellner*, Metodproblem, 153.

52 In Kraft sind heute lediglich noch Teile des Handelsgesetzbuchs (*Handelsbalken* [HB], SFS 1734:0123 2) sowie des Baugesetzbuchs (*Byggningabalken*, SFS 1734:0123 1).

53 *Hellner*, Lagstiftning, 38.

54 Noch heute unterteilt man beispielsweise strikt zwischen den Regeln für den Kauf beweglicher Sachen und denen für den Kauf von Grundstücken, *Hellner*, Sc.St.L. 40 (2000), 325, 327.

55 *Hellner*, Lagstiftning, 64; *Grauers/Martinson*, 30.

bruchstückhaft[56] ist, müssen sich systematische Darstellungen des Zivilrechts damit begnügen, das vorhandene Material nach anderen, gesetzlich nicht verankerten Kriterien darzustellen. Dies beruht darauf, dass man bei der Gesetzgebung weder die Gesetze jeweils vollständig isoliert betrachtet noch konsequent konkrete inhaltliche Zusammenhänge mit anderen Gesetzen geschaffen hat.[57] In Schweden werden traditionell nur solche Fragen gesetzlich geregelt, die von zentraler Bedeutung, großer praktischer Relevanz oder bedeutendem politischen Interesse sind.[58] Aus diesen Gründen ist es, anders als im deutschen Recht, nicht möglich, von einem gesetzlichen System des schwedischen Zivilrechts zu sprechen und daraus konkrete Schlüsse abzuleiten.

2. *Systematik der Gesetzessammlungen*

In Schweden werden drei Gesetzessammlungen herausgegeben. Das jährlich erscheinende traditionelle Gesetzbuch *Sveriges Rikes Lag*[59] baut strukturell auf der Einteilung der letzten schwedischen Kodifikation von 1734 auf.[60,61] Insofern stellt die Struktur dieses Gesetzbuchs ein Relikt früherer Zeiten dar und passt nicht zu den heute herrschenden rechtssystematischen Erwägungen. Die neueren[62] Gesetzbücher *Sveriges Lagar* und *Svensk Lag* sind nach praktischen Gesichtspunkten und funktionellen Zusammenhängen gegliedert.[63] Ein Blick auf die aktuellen Gesetzbücher lässt damit nur die Schlussfolgerung zu, dass man in Schweden heute funktionell und pragmatisch strukturiert. Weitere Rückschlüsse auf die Einteilung nach Rechtsgebieten oder gar eine Systematik lassen sich jedoch nicht ziehen. Es handelt sich bei allen Gesetzbüchern um Veröffentlichungen ohne offiziellen Charakter, sodass sie systematisch nicht verbindlich sind.

---

56 Bei einem Versuch der Zusammenfassung des schwedischen Zivilrechts würde deutlich werden, dass die Lücken im geltenden Recht mindestens genauso bedeutend sind wie der vorhandene Stoff, *Hellner*, Lagstiftning, 64.

57 *Hellner*, Lagstiftning, 64, 65.

58 *Grauers/Martinson*, 30.

59 Dieses Gesetzbuch soll an die Tradition von 1734 anknüpfen, als das erste Buch mit dem Titel *Sveriges Rikes Lag* erschien. In der heutigen Form erscheint das Buch seit 1861 und ist 2012 in der 133. Auflage erschienen; vgl. Wagner/*Wagner*, 5.

60 Vgl. *Hellner*, Sc.St.L. 40 (2000), 325, 327; *Lehrberg*, 74; Wagner/*Wagner*, 5. Das schwedische Gesetzbuch *Sveriges Rikes Lag* ist noch heute nach den Bereichen geordnet, die die neun Gesetze der Kodifikation von 1734 abdeckten.

61 Diese Sammlung unterteilte sich ursprünglich in neun Abschnitte. Diese Abschnitte stellten in der Kodifikation von 1734 jeweils einen *balk*, also ein Gesetzbuch dar. Vgl. Wagner/*Strauch*, 61, 68; *Agell/Malmström*, 25 f.

62 Diese beiden Gesetzbücher erscheinen erst seit 1997.

63 Vgl. *Lindblom/Nordback* (Hrsg.), Svensk lag 2012, VI ff.

3. *Akademische Systematik*

Mangels gesetzlicher und gesetzestechnischer Vorgaben war und ist die Systematisierung und Strukturierung des Rechts in Schweden weitgehend der Rechtswissenschaft vorbehalten. Ausgangspunkt der heutigen Gliederung des schwedischen Rechts ist eine Unterteilung des Rechts in einen öffentlichen und einen zivilrechtlichen Bereich.[64]

a) *Entwicklung der schwedischen Zivilrechtssystematik durch die Rechtswissenschaft*

Ein Blick auf die historische Entwicklung der schwedischen Zivilrechtssystematik durch die Rechtswissenschaft erleichtert das Verständnis der heutigen Herangehensweise. Dies gilt umso mehr für deutsche Leser, als die Ursprünge der Systematik des schwedischen Rechts enge Zusammenhänge mit dem deutschen Recht des 19. Jahrhunderts aufweisen.

aa) *Schwedische Zivilrechtssystematik im 19. Jahrhundert*

Im 19. Jahrhundert suchten schwedische und andere skandinavische Rechtswissenschaftler Anhaltspunkte und Vorbilder in ausländischen Rechtsordnungen, um ihr Recht systematisch darzustellen.[65] Erhebliche Beachtung und Rezeption erfuhren hierbei die deutsche Rechtswissenschaft und das deutsche Zivilrecht.[66] So wurde das Pandektenrechtssystem der historischen Schule spätestens zum Ende der 1850er Jahre im Norden allgemein als Darstellungsaufbau des Zivilrechts akzeptiert.[67] Man unterteilte das schwedische Zivilrecht üblicherweise in Vermögens-, Familien- und Erbrecht, wobei sich das Vermögensrecht weiter in Obligationen- und Sachenrecht untergliederte.[68] Darüber hinaus wurde auch das deutsche rechtswissenschaftliche Schrifttum in Skandinavien wie selbstverständlich genutzt und zitiert.[69] Die Nähe zur deutschen Rechtswissenschaft war in der zweiten Hälfte des 19. Jahrhunderts allgemein akzeptiert.

---

64 *Björne*, Den konstruktiva riktningen, 261, 269; *Lehrberg*, 68; *Agell/Malmström*, 20; mit veränderter Terminologie, aber in der Sache ebenso: Agell/Malmström/*C. Ramberg*[22], 25 f.

65 *Björne*, Nordische Rechtssysteme, 236 ff.; *Hellner*, Sc.St.L. 40 (2000), 325, 326.

66 *Schrevelius*, Lärobok[2], Bd. 1, VII; *Forssell*, 22; *Björne*, Nordische Rechtssysteme, 236 f.; *ders.*, Brytningstiden, 269 f.; *Hellner*, Sc.St.L. 40 (2000), 325, 327; *ders.*, Metodproblem, 152; *Millqvist/Persson*, JT jubileumshäfte 2007, 88, 89.

67 *Björne*, Brytningstiden, 274.

68 Vgl. *Björling*, Lärobok i Civilrätt för nybörjare[5], VI; *Björne*, Nordische Rechtssysteme, 183 ff., 253 ff.; *ders.*, Brytningstiden, 271, 274.

69 *Björne*, NJM 2002, 519, 525.

Ausgangspunkt der heutigen akademischen Systematik des Zivilrechts war also auch in Schweden das im 19. Jahrhundert in Deutschland entwickelte Pandektensystem.[70] Dieses verwendete man in Schweden jedoch nicht als deduktives System,[71] sondern lediglich als eine zweckmäßige wissenschaftliche Darstellung des Rechts.[72] Mangels systematischer Anpassung der Gesetze durch den schwedischen Gesetzgeber passten Darstellungssystematik und gesetzlicher Inhalt nicht wirklich zusammen.

bb) Schwedische Zivilrechtssystematik im 20. Jahrhundert

Die Systematik pandektenrechtlichen Ursprungs veränderte man Ende des 19. Jahrhunderts und passte sie an die schwedischen Gegebenheiten an.[73] Das beginnende 20. Jahrhundert brachte in Schweden starke und nachhaltige Veränderungen der akademischen Einteilung des Rechts sowie eine Emanzipation vom deutschen Recht mit sich.

(1) Die Uppsala-Schule der Rechtsphilosophie

In Skandinavien wurden ab Beginn des 20. Jahrhunderts zunehmend methodische und philosophische Aspekte der Rechtswissenschaft diskutiert.[74] Ausgangspunkt dieser Debatte war Dänemark.[75] In Schweden war ab 1910 vor allem die sog. Uppsala-Schule[76] prägend.[77] Sie stand und steht sinnbildlich für den skandinavischen Realismus schwedischer Prägung, dessen Grundlage die Philosophie *Axel Hägerströms* war.[78] Kernpunkte dieser Form des Realismus waren die Ablehnung der Metaphysik[79] und die Kritik am Naturrecht.[80]

Die Anhänger der Uppsala-Schule verstanden die damals vorherrschende Systematisierung des schwedischen Rechts und dessen Rechtsinstitute als einen

---

70 *Björne*, Nordische Rechtssysteme, 237.

71 *Hellner*, Metodproblem, 70.

72 *Björne*, Realism, 371 f.

73 *Björne*, Den konstruktiva riktningen, 261, 262.

74 *Björne*, Realism, 282.

75 *Ibid.* 284 ff.

76 Die bedeutendsten Vertreter der Uppsala-Schule sind ihr Gründer, der Philosoph *Axel Hägerström*, sowie seine einflussreichen Anhänger *Vilhelm Lundstedt*, *Karl Olivecrona* und *Alf Ross*. Vgl. hierzu: *Bjarup*, 16; *Björne*, Realism, 154.

77 *Olivecrona*, Sc.St.L. 3 (1959), 127, 128; *Björne*, Realism, 154.

78 *Björne*, Realism, 315; zu den Theorien von *Hägerström*: *Olivecrona*, Sc.St.L. 3 (1959), 127 ff.

79 „Metaphysik [mlat. Metaphysica, zu griech. tà metà tà physiká »das, was hinter bzw. nach der Natur kommt«], philosoph. Hauptdisziplin [...] von Gegenständen, die über die sinnlich-körperliche erfahrbare Welt hinausgehen [...]", Brockhaus, Bd. 18, 331.

80 *Bjarup*, 16; *Martin*, Legal Realism, 124, 137.

metaphysischen Ansatz.[81] Die gängige Einteilung des Rechts, deren Grundlage die Begriffe „Recht“[82] und „Pflicht“ waren, sei nicht sinnlich wahrnehmbar und deshalb reine Fiktion.[83] Notwendig sei vielmehr eine „realistische“ Betrachtung unter Verwendung von Begriffen, die sich auf die erfahrbaren Gegenstände der Welt bezögen.[84] Das Recht ließe sich insoweit nicht in abstrakte Bereiche unterteilen, die ein vollständiges System von Rechtsregeln enthielten und jeden denkbaren Fall abdeckten.[85] Stattdessen müsse sich das Recht an praktischen Lebenssachverhalten orientieren und dem Juristen Raum für dessen Beurteilung und Entscheidung lassen.[86] Dadurch könne man die metaphysischen Elemente im Recht eliminieren.[87]

(2) Folgen für Rechtswissenschaft und Zivilrechtssystematik

Die Uppsala-Schule dominierte die schwedische Rechtswissenschaft von den 20er bis in die 50er Jahre des 20. Jahrhunderts.[88] Ihr Einfluss sorgte dafür, dass man in Schweden begann, das Recht auf andere Weise darzustellen[89] und bewirkte gleichzeitig auch, dass die deutsche Rechtswissenschaft nach und nach ihren dominierenden Einfluss auf die schwedische Rechtswissenschaft verlor.[90]

Die von der Uppsala-Schule vertretene Ansicht, dass Recht nicht metaphysisch sein dürfe, sondern Ausdruck der Realität sein müsse,[91] wurde zum Anlass genommen, das Vermögensrecht zunehmend auf eine funktionale Art und Weise zu strukturieren. Dazu unterteilte man es in Regelungskomplexe, die realen Lebensbereichen zugeordnet wurden. Man orientierte sich nunmehr anhand der tatsächlich erfahrbaren Wirklichkeit und verwendete dadurch erheblich weniger[92] metaphysi-

81 *Martin*, Legal Realism, 124, 131, 153.

82 Insbesondere im Hinblick auf das Eigentum als Recht war der Einfluss der Anhänger der Uppsala-Schule im Hinblick auf eine neue Herangehensweise groß und wirkt sich bis heute auf das schwedische Recht aus, s.u. 88 ff.

83 *Olivecrona*, Sc.St.L. 3 (1959), 127, 128-130, 131; *Schmidt*, Sc.St.L. 22 (1978), 149, 155; *Martin*, Legal Realism, 124, 153.

84 *Bjarup*, 37.

85 *Olivecrona*, Sc.St.L. 3 (1959), 127, 138, 141.

86 *Ibid.* 138.

87 *Martin*, Legal Realism, 124.

88 *Björne*, Realism, 154.

89 *Persson*, Förbehållsklausuler, 81.

90 *Björne*, Realism, 562.

91 So lehnte beispielsweise *Lundstedt* die Idee eines rechtlichen Gesamtkonzepts, auf dessen Grundlage alle denkbaren Konstellationen lösbar seien, ab. Er hielt es für illusorisch und vom Gesetzgeber undurchführbar, *Olivecrona*, Sc.St.L. 3 (1959), 127, 138.

92 Man ging jedoch nicht so weit, wie von der Uppsala-Schule gefordert wurde. Auch heute noch finden sich im schwedischen Recht Elemente, wie beispielsweise der Eigentumsbegriff des statischen *sakrätt* (s.u. 81 ff.), die m.E. wohl als metaphysisch einzuordnen sind.

sche Strukturen als zuvor. Gleichzeitig befand man sich dabei gleichsam in Kontinuität zur Kodifikation von 1734, die nach funktionalen Lebensbereichen geordnet war.[93] Daraus entstand eine neue Herangehensweise, die das Zivilrecht nachhaltig veränderte. Man behielt grundsätzlich die Einteilung in Vermögens-, Familien- und Erbrecht sowie Personenrecht bei. Sukzessive gab man aber die strikte Unterteilung nach Obligationen- und Sachenrecht auf.[94] Innerhalb der funktional geordneten Problemkomplexe des Vermögensrechts stellte man sämtliche Probleme umfassend und unabhängig von der schuld- oder sachenrechtlichen Natur[95] der betroffenen Regelungen dar.[96] Diese Unterteilung prägt bis heute das schwedische Vermögensrecht. Als zentrale Ordnungskriterien und Problemkomplexe dienen dabei die einzelnen Vertragstypen[97] und sonstige Lebenssituationen. So wird der Kauf als Vertragstyp üblicherweise unter Einbeziehung aller damit in Berührung stehender Aspekte dargestellt, ohne Bereiche mit allgemeiner Gültigkeit zu abstrahieren.[98] Einen „Allgemeinen Teil" kennt das schwedische Zivilrecht nach wie vor nicht. Jedoch erfolgt im Bereich des Vermögensrechts eine gewisse „Herauslösung" von Regeln aus den speziellen Problemkomplexen. Dies betrifft zum einen den Bereich allgemeiner vermögensrechtlicher Fragstellungen wie die Rechtsobjekte und Rechtstypen des Vermögensrechts.[99] Zum anderen wird ein Teil zum allgemeinen Vertragsrecht, also eine Sammlung der Regeln, die für alle Verträge gleichermaßen gelten, unterschieden.[100] Das Vermögensrecht wird deshalb heute im Wesentlichen in einen Teil über allgemeine Fragen[101] sowie in eine Reihe von Teilen zu Aspekten des speziellen Vermögensrechts gegliedert.[102] Im Überblick ergibt sich daraus üblicherweise eine Gliederung, wie in *Abb. 1*.

---

93 Vgl. o. 43.

94 Vgl. insofern beispielhaft die Entwicklung in: *Björling*, Lärobok i Civilrätt för nybörjare[9], V f.; *Björling/Malmström*, Lärobok i Civilrätt för nybörjare[10], V f.; *Björling/Malmström*, Civilrätt[12], III f., V f.; *Björling/Malmström*, Civilrätt[13], IV, V f.; *Malmström*, Civilrätt[1], IV f., VII f.; *Agell/Malmström*, 7 f.

95 *Rodhe*, FS Ekeberg (1950), 436, 436; *Lehrberg*, 71.

96 So ist es seitdem beispielsweise üblich, im Rahmen des Kaufrechts auch gewisse sachenrechtliche Aspekte zu erörtern, vgl. *Malmström*, Civilrätt[1], VII f., 90 f.; *Malmström*, Int.Enc.Comp.L. I, (1983), S-157, S-166; *J. Ramberg/Herre*, 19, 90; *Agell/Malmström*, 142 f.; Agell/Malmström/*C. Ramberg*[22], 114 ff.

97 *Zetterström*, Juridiken, 26 f.

98 Insbesondere der Eigentumserwerb im Zweipersonenverhältnis wird als Problem des Kaufrechts und weniger des Sachenrechts aufgefasst, vgl. Agell/Malmström/*C. Ramberg*[22], 67 ff.

99 Vgl. *Agell/Malmström*, 71 ff.; Agell/Malmström/*C. Ramberg*[22], 57 ff.

100 *J. Ramberg/C. Ramberg*, Allmän avtalsrätt, 21 f.; Agell/Malmström/*C. Ramberg*[22], 71 ff.

101 Vgl. *Agell/Malmström*, 71-90; Agell/Malmström/*C. Ramberg*[22], 57-70.

102 Vgl. *Agell/Malmström*, 8 f.; Agell/Malmström/*C. Ramberg*[22], 12 ff.; *Zetterström*, Juridiken, 26, insbes. Fn. 17.

Abb. 1: Gliederung des schwedischen Zivilrechts nach h.M.[103]

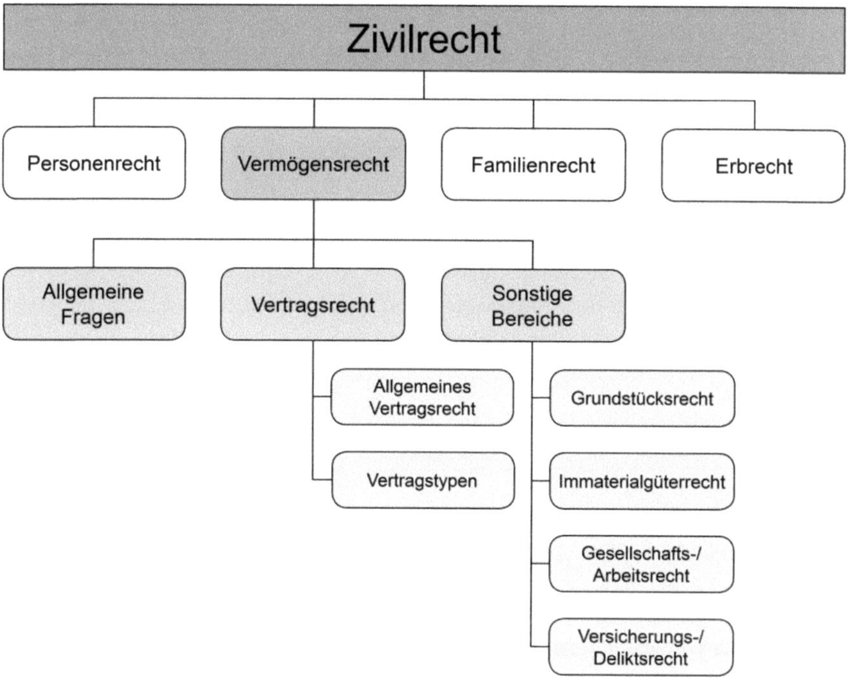

Mangels struktureller gesetzlicher Vorgaben sowie der Tatsache, dass diese Unterteilung in Rechtsgebiete von der Wahl der jeweiligen Ordnungsprinzipien abhängt, wird in Schweden – gleichsam als eine Folge des Funktionalismus – von einer weitgehenden Systematisierungs- und Strukturierungsfreiheit ausgegangen.[104] Die Verknüpfung von verschiedenen Rechtsaspekten über eine Lebenssituation als „verbindendes Glied" ermöglicht eine Einteilung des Rechts, die je nach Situation völlig unterschiedlich ausgestaltet sein kann. Es kommt stets auf die gewählte Perspektive an.

cc) Entwicklung der letzten 20 Jahre

In der Entwicklung des schwedischen Zivilrechts der letzten 20 Jahre spielten ausländische Rechtsordnungen keine Rolle mehr[105] und man veränderte die

103 Eine ähnliche Aufteilung ist zu finden bei: *Zetterström*, Juridiken, 25, 26.

104 *Hellner*, Metodproblem, 156; so wohl auch *Lehrberg*, 68.

105 *Millqvist/Persson*, JT jubileumshäfte 2007, 88, 89.

Struktur des Zivilrechts nicht nennenswert. Das schwedische Zivilrecht ist nunmehr vermehrt europarechtlichen Einflüssen ausgesetzt,[106] die aber bislang wohl noch keine grundlegenden systematischen Veränderungen bewirkt haben. Man hofft in Schweden aber, im Rahmen der Rechtsvereinheitlichungsarbeiten in Europa die eigenen Ansichten und Herangehensweisen durchsetzen zu können.[107]

b) Gegensatz von Schuld- und Sachenrecht

Die schwedischen Gesetze haben noch nie strikt zwischen Schuld- und Sachenrecht unterschieden.[108] Auch moderne juristische Lehrbücher nehmen eine solche Unterscheidung normalerweise nicht vor.[109] Der schwedischen Rechtswissenschaft sind die Begriffe „Obligationenrecht" (*obligationsrätt*) und „Sachenrecht" (*sakrätt*) aber dennoch grundsätzlich nicht fremd.[110]

aa) Allgemeines

Infolge der Rezeption der deutschen Pandektensystematik[111] unterschied man im 19. Jahrhundert, und teilweise bis in die 20er Jahre des 20. Jahrhunderts hinein, auch in der schwedischen Rechtswissenschaft zwischen Obligationen- und Sachenrecht als Rechtsgebieten.[112] Unter dem Obligationenrecht verstand man dabei in Schweden den Teil des Zivilrechts, der Begründung, Inhalt und Beendigung von Schuldverhältnissen betraf.[113] Im Gegensatz dazu stand das Sachenrecht, welches im Wesentlichen die Regelungen umfasste, die sich auf Rechte an Sachen bezogen.[114]

---

106 *Ibid.*; vgl. dazu auch: *Andreasson*, SvJT 2005, 522 ff.; *Samuelsson*, ERT 2009, 63, 64 f.

107 Vgl. bspw. *C. Ramberg*, SvJT 2004, 459, 472.

108 *Hellner*, Lagstiftning, 39 f.

109 *Malmström*, Int.Enc.Comp.L. I (1983), S-157, S-165. *Christina Ramberg* betont in den von ihr umfassend neu bearbeiteten Auflagen 21 (2010) und 22 (2012) des ursprünglich aus der Feder von *Agell/Malmström* stammenden Werkes „Civilrätt", dass sich das Vermögensrecht in die drei Hautgebiete „Vertragsrecht", „*sakrätt*" und „außervertragliches Schadensersatzrecht" unterteile (Agell/Malmström/*C. Ramberg*[21], 48; Agell/Malmström/*C. Ramberg*[22], 44). Dies spiegelt sich in der Gliederung der Neuauflage jedoch nicht wider. Die dem *sakrätt* zuzuordnenden Fragestellungen werden wie auch in der vorherigen Auflage im Abschnitt zum Kauf behandelt (vgl. *Agell/Malmström*, 142 ff.; Agell/Malmström/*C. Ramberg*[21], 117 ff.; Agell/Malmström/*C. Ramberg*[22], 114 ff.), wobei diese Abschnitte wesentlich umgearbeitet wurden. *Agell/Malmström* wiesen das *sakrätt* noch in der 20. Auflage (2007) des Werkes nicht als eigenes Hauptgebiet des Vermögensrechts aus (vgl. *Agell/Malmström*, 55 ff.).

110 *Hellner*, Metodproblem, 156.

111 *Björne*, Nordische Rechtssysteme, 253.

112 Vgl. *Björling*, Lärobok i Civilrätt för nybörjare[9], V.

113 *Schrevelius*, Lärobok[2], Bd. 1, 203; *Lejman*, SvJT 1957, 383, 383; *Forssell*, 23; *Hellner*, Metodproblem, 153; *Lehrberg*, 71.

114 Vgl. *Forssell*, 23; *Grönfors*, JFT 1999, 107, 107.

Obligationen- und Sachenrecht wurden folglich, wie auch im deutschen Recht, als zwei grundsätzlich getrennte Bereiche angesehen.[115] Diese Betrachtungsweise änderte sich im Zuge des beschriebenen Übergangs der schwedischen Rechtswissenschaft zur funktionalen Betrachtungsweise, sodass sich diese Unterscheidung nicht mehr in der Systematik niederschlug.[116]

bb) Schuld- und Sachenrecht im heutigen Recht

Hellner schlussfolgert aus dieser Entwicklung, dass der Begriff „Obligationenrecht" nach heute herrschendem Verständnis weniger ein Rechtsgebiet beschreibe, sondern es sich vielmehr um eine Betrachtungsweise des Vermögensrechts handele.[117] Das Obligationenrecht sei als Begriff und Werkzeug für eine systematische Analyse des schwedischen Zivilrechts ungeeignet.[118] Letztere Feststellung ist eng mit der oben behandelten Frage nach der Gesetzessystematik des schwedischen Zivilrechts verknüpft. Gerade weil der schwedische Gesetzgeber seinen Gesetzen kein einheitliches Konzept im Sinne einer Unterteilung nach Schuld- und Sachenrecht zugrunde legt,[119] erschiene eine solche als ein Fremdkörper. Man wäre gezwungen, das Material der Darstellung weit auseinander liegenden Gesetzen zu entnehmen, und es nach neuen Kriterien zu sortieren, die nur wenig gemein hätten mit denen, die den Gesetzen selbst zugrunde liegen.[120] Insofern passt die Unterteilung des Zivilrechts nach Problemkomplexen besser zu dem in Schweden existierenden Gesetzesmaterial.

Das schwedische Zivilrecht lässt sich folglich nicht anhand von Schuld- und Sachenrecht als gegensätzliche und voneinander abgrenzbare Rechtsbereiche systematisch darstellen.[121] Die Schnittmenge der den beiden Begriffen jeweils zuzuordnenden Bereiche ist zu groß. Stattdessen kann man davon sprechen, bei der Betrachtung des Zivilrechts die obligationenrechtliche oder die sachenrechtliche Perspektive anzulegen.[122] Die schuldrechtliche Perspektive geht dabei von einem Zweipersonenverhältnis aus, dessen Regelungen relativ wirken.[123] Das Sachenrecht betrifft als Rechtsbereich im Gegensatz dazu den Rechtsschutz

115 *Hellner*, Metodproblem, 154.

116 *v. Bar/Clive*, DCFR Bd. V, 4262 f. (VIII.-1:202, Nr. 40).

117 *Hellner*, Metodproblem, 154.

118 *Hellner*, Sc.St.L. 40 (2000), 325, 335.

119 Vgl. *Hellner*, Lagstiftning, 66 f.

120 *Ibid.* 64.

121 Eine Unterscheidung nach *res in rem* und *res in personam* wird in Schweden aber dennoch vorgenommen. Vgl. *Martinson*, 14 f.; s. auch u. 53 ff.

122 *Hellner*, Metodproblem, 154.

123 *Persson*, Förbehållsklausuler, 83.

gegenüber Dritten.[124, 125] Der Begriff „Obligationenrecht“ würde im schwedischen Recht insoweit eine Verknüpfung für das Vertragsrecht, das Deliktsrecht sowie einige andere Bereiche des Zivilrechts darstellen,[126] die sich unter diesem Aspekt zusammenfassen lassen. Diese Bereiche hätten allerdings praktisch nur wenig gemeinsam.[127]

cc) Absage an das Trennungsprinzip

Schuld- und Sachenrecht im Sinne von Rechtsgebieten sind damit in Schweden gleichsam zwei verschiedene „Blickwinkel“[128] auf das Vermögensrecht. Der Unterschied ist in den verschiedenen Ausgangspositionen zu finden. Zweipersonenverhältnisse sind im Wesentlichen dem Schuldrecht zuzuordnen. Dreipersonenverhältnisse stellen den Ausgangspunkt des *sakrätt*[129] dar. Daraus folgt auch logisch, dass das schwedische Recht kein Trennungsprinzip kennt.[130] Sachenrechtliche und obligatorische Aspekte eines Rechtsgeschäfts sind nicht voneinander getrennt, sondern bilden eine Funktionseinheit.[131]

II. Sachenrecht als Rechtsbereich?

Die Feststellung, dass in Schweden rechtstechnisch nicht wie im deutschen Recht strikt zwischen Schuld- und Sachenrecht unterschieden wird, sagt indes noch nichts über das Sachenrecht an sich aus. Offen ist, ob das schwedische Recht einen Rechtsbereich „Sachenrecht“ kennt, der dem deutschen Sachenrecht entspricht. Dabei kann das Grundstücksrecht außer Betracht gelassen werden. Es stellt schon seit der Kodifikation von 1734 ein eigenes Rechtsgebiet dar und unterliegt gänzlich eigenen Regeln.[132]

---

124 *Ibid.*

125 Insofern unterscheidet man im schwedischen Recht zwar nicht strikt zwischen den Rechtsbereichen Schuld- und Sachenrecht, kennt aber dennoch den Unterschied zwischen obligatorischen Rechten, die lediglich *inter partes* wirken und absoluten Rechten mit Wirkung *erga omnes*.

126 *Hellner*, Sc.St.L. 40 (2000), 325, 335.

127 *Ibid.* 335 f.

128 *Hellner* bezeichnet den Begriff *obligationsrätt* als *infallsvinkel* (Einfallswinkel), also eine Art, eine Sache zu betrachten, *Hellner*, Metodproblem, 154.

129 Zu diesem Begriff s.u. 53 ff.

130 v. Bar/*Herrmann/Westermann*, Bd. 1, 502.

131 Das schwedische Recht geht jedoch nicht von einer rechtstechnischen Trennung der beiden Bereiche aus, vgl. auch: v. Bar/*Herrmann/Westermann*, Bd. 1, 502.

132 *Hellner*, Sc.St.L. 40 (2000), 325, 327; Bogdan/*Håstad*, Swedish Law, 411, 412; für Grundstücke gelten die Regeln des *Jordabalk* (SFS 1970:994).

1. Begriff sakrätt

Im schwedischen Recht existiert der Begriff *sakrätt*[133], der wörtlich übersetzt „Sachenrecht" bedeutet und wohl aus dem Deutschen übernommen worden ist.[134] Es sind zwei Bedeutungen des Begriffs zu unterscheiden. Einerseits wird er als Bezeichnung für einen bestimmten Typ von Rechten verwandt.[135] Andererseits wird *sakrätt* als Bezeichnung für einen Rechtsbereich verstanden.[136]

a) Sakrätt als Rechtstyp (dingliche Rechte)

Zentrale Bedeutung hat der Begriff der dinglichen Rechte. Bis in die 20er Jahre des 20. Jahrhunderts stritt man in Schweden darüber, ob man in Bezug auf diesen Begriff zu einer Anlehnung an das römische oder das germanische Recht tendierte.[137] Nach römischem Verständnis wurde darauf abgestellt, ob ein Recht *erga omnes*-Wirkung hatte, während es nach germanischem Verständnis darauf ankam, ob das Bezugsobjekt eines Rechts eine bestimmte Sache war.[138] Die in Schweden vertretenen Varianten dieser Begriffe verlangten dem Grunde nach beide die Anknüpfung des Rechts an eine bestimmte Sache.[139] Der eigentliche Unterschied lag darin, dass die Verfechter des an das germanische Recht angelehnten Begriffs von einer Relativität der dinglichen Rechte ausgingen, während für den römisch geprägten Begriff die absolute Wirkung der Rechte von zentraler Bedeutung war.[140] Nach intensiven Diskussionen[141] befürworteten die meisten eine Anlehnung an den deutsch-römisch-rechtlichen Begriff.[142]

Die Entwicklung bis Mitte des 20. Jahrhunderts bestimmte vor allem *Östen Undén*, der unter dinglichen Rechten nur solche verstand, die Schutz gegenüber Dritten gewährten, wenngleich sie auch in der Regel eine individuell bestimmte Sache zum Gegenstand hatten.[143] Anknüpfend an *Fehrs* Begriffsverständnis[144]

---

133 [ˈsakrɛtt].

134 *Millqvist*, 19.

135 Vgl. *Agell/Malmström*, 74, 81; wesentlich verkürzt und ohne weitreichende Ausführungen, im Kern aber ebenso: Agell/Malmström/*C. Ramberg*[22], 59 ff., 67 ff.

136 *Millqvist*, 15; *Agell/Malmström*, 81. Sprachlich ist der Unterschied zwischen *sakrätt* im Sinne eines dinglichen Rechts und *sakrätt* im Sinne eines Rechtsbereichs nur aus dem Zusammenhang zu erschließen.

137 Vgl. zu diesem Streit und der historischen Entwicklung: *Forssell*, 26 ff.

138 *Undén*, 7; *Forssell*, 26 f.; *Millqvist*, 19.

139 *Fehr*, Fordringspreskription, 139; *Undén*, 7; *Hessler*, 3; *Forssell*, 28.

140 *Forssell*, 28.

141 Vgl. *Fehr*, Fordringspreskription, 137; *ders.*, Två spörsmål, 72.

142 *Ibid.*

143 *Undén*, 10.

144 *Forssell*, 28.

folgte er damit einem an das römisch-rechtliche Verständnis angelehnten Begriff der Sachenrechte.[145] Sein Verständnis der dinglichen Rechte spiegelte sich auch in der Struktur seines Lehrbuchs wider. *Undén* behandelte fast ausschließlich[146] die Rechte, die nach seiner Definition absoluten Schutz genossen und deshalb dinglicher Natur waren.[147] Obligatorische Rechte ließ er konsequenterweise außen vor, da sie aus seiner Sicht nur relativ wirkten.[148] Insofern stimmte *Undéns* Definition der dinglichen Rechte mit der dem BGB[149] zugrunde liegenden überein.[150]

Undéns Werk war für lange Zeit maßgebend für die Betrachtung der dinglichen Rechte und des Sachenrechts insgesamt.[151] Erst als *Hessler* 1973 sein Buch *Allmän sakrätt* veröffentlichte, wurden diese Fragen wieder intensiver diskutiert und weiterentwickelt.[152] *Hesslers* Herangehensweise war stärker geprägt vom Funktionalismus, der nunmehr das Vermögensrecht insgesamt bestimmte.[153] Seiner Ansicht nach sollten die sachenrechtlichen Probleme mehr als ein Aspekt angesehen werden, der für alle Rechte verwendet werden sollte.[154] Vergleichbar der oben beschrieben Sichtweise auf das Obligationenrecht,[155] stellt das Sachenrecht also nur eine Betrachtung des Vermögensrechts unter dem Aspekt des *erga omnes*-Schutzes von Rechten dar. Aus diesem Grund behandelte *Hessler* alle Arten von Rechten und unterteilte nicht – wie *Undén* – nach dinglichen und obligatorischen Rechten. Er untersuchte dann jeweils, inwieweit die einzelnen Rechte Schutz gegenüber Dritten gewährten.[156] Dazu gehörte beispielsweise auch der eigentlich schuldrechtliche Rücknahmevorbehalt beim Kreditkauf.[157] Bei wirksamer Vereinbarung wird das Recht des Verkäufers, die Sache zurückzunehmen, *erga omnes*

---

145 *Håstad*, 15; *Forssell*, 29; a.A.: *Hellner*, Metodproblem, 163.

146 *Undén* behandelte auch den Besitz, den er, wie auch im deutschen Recht, nicht als dingliches Recht einordnete, ihn aber als notwendiges Komplement zum Eigentumsschutz ansah, vgl. *Undén*, 28.

147 *Millqvist*, 19 f.

148 *Undén*, 8.

149 *Mugdan*, III, 1; Motive III, 2.

150 *Forssell*, 29.

151 *Björne*, Realism, 169; *Martinson*, 11.

152 Dies bedeutet nicht, dass es zwischenzeitlich keine Veröffentlichungen gab. Die erfolgten Veröffentlichungen zum Sachenrecht beschränkten sich allerdings auf Teilaspekte und enthielten keine vollständig durchdachte Systematik. Allerdings deutete sich bereits seit den 1950er Jahren an, dass sich die schließlich von *Hessler* verwendete Herangehensweise durchsetzen würde. Vgl. z.B. *Lundstedt*, FS Ekeberg (1950), 330; *Ross*, FS Ussing (1951), 468; *Lejman*, SvJT 1957, 383.

153 Vgl. o. 47 f.

154 Hessler, 5.

155 Vgl. für das Obligationenrecht *Hellner*, Metodproblem, 154. S. auch o. 51, insbes. Fn. 117.

156 *Hessler*, 6.

157 *Hessler*, 201. Die dort vorgenommene Unterscheidung von *återtagande-* und *ägarförbehåll* ist mittlerweile überholt, s.u. 163 ff.

geschützt, sodass es auch gegenüber den Gläubigern des Erwerbers durchsetzbar ist.[158] Auch der Rücknahmevorbehalt kann dementsprechend dinglich geschützt sein. *Hessler* veränderte dadurch die Sicht auf das „Sachenrecht“ in Schweden nachhaltig.[159] Allerdings wird deutlich, dass auch er dem an das römische Recht angelehnten Begriff der dinglichen Rechte bzw. des dinglichen Schutzes folgte. Er betrachtet das „Sachenrecht“ insgesamt aus der Perspektive des Schutzes gegenüber Dritten, also gegenüber „jedermann“.[160] Die von ihm gewählte Perspektive macht nur Sinn, wenn man voraussetzt, dass er der römisch-rechtlichen Definition der dinglichen Rechte folgte.[161] Eine ähnliche Herangehensweise wie *Hessler* wählten auch *Rodhe*[162], *Håstad*[163] und *Millqvist*[164] für ihre Darstellungen. Dies zeigt, dass im schwedischen Recht der Begriff *sakrätt*, im Sinne der dinglichen Rechte, auch heute noch in einer an das römische Recht angelehnten Weise verstanden wird, denn der *erga omnes*-Schutz ist der zentrale Aspekt des *sakrätt* insgesamt.[165] Auch obligatorische Rechte können jedoch unter besonderen Voraussetzungen dinglich geschützt sein. Insofern muss man den von *Undén* umrissenen Kreis der dinglichen Rechte um einige quasi-dingliche Rechte erweitern. Heute zählen deshalb das Eigentum, das Pfandrecht, das Zurückbehaltungsrecht, das Nutzungsrecht und das Vorzugsrecht zu den dinglichen Rechten.[166] Dieser Kreis der dinglichen Rechte ist nach h.M. nicht durch Parteivereinbarung beliebig erweiterbar, sodass auch in Schweden quasi das Prinzip des *numerus clausus* gilt.[167]

---

158 Dazu s.u. 163 f.

159 *Håstad*, 16. Seit *Hesslers* Buch werden im Sachenrecht, unter dem Blickwinkel des Schutzes im Dreipersonenverhältnis, alle Arten von Rechten behandelt und das Sachenrecht insgesamt enger gesehen.

160 *Hessler*, 12.

161 So auch *Persson*, Förbehållsklausuler, 83.

162 *Rodhe*, XX.

163 *Håstad*, 18.

164 *Millqvist*, 15.

165 S. dazu auch u. 56 ff. Viele schwedische Autoren sehen alle Fragen, die das Verhältnis zwischen zwei Personen betreffen, als ausschließlich obligationsrechtlich an. Sie klassifizieren dabei auch die Frage der Rechtsbeziehung von zwei Personen zu einer Sache, beispielsweise im Rahmen eines Kaufvertrages, als obligationsrechtlich. Das *sakrätt* beschränken diese Autoren dann aber auf reine Dreipersonenkonstellationen. Dazu *Persson*, Förbehållsklausuler, 83, Fn. 221.

166 *Millqvist*, 19-21.

167 *Persson*, Förbehållsklausuler, 84 f., *Millqvist*, 20; a.A.: Faber/Lurger/*Lilja*, National Reports Vol. 5, 182, 47, s. dort aber auch 14.

b) *Sakrätt als Rechtsbereich*

Der Begriff *sakrätt* als Sammelbegriff für Rechtsregeln war im Laufe der Zeit ebenfalls Veränderungen unterworfen. Diese verliefen parallel zu der Entwicklung betreffend die dinglichen Rechte. Ausgangspunkt früher Veröffentlichungen zum *sakrätt* als Rechtsbereich war eine Untergliederung anhand der einzelnen dinglichen Rechte sowie die Darstellung der entsprechenden Probleme.[168] Ausgehend von diesen Rechten wurde nahezu ausschließlich deren Inhalt und Erwerb behandelt.[169] *Hessler* sah in seinem Werk *Allmän sakrätt* nicht nur von einer Unterteilung der Rechte in obligatorische und dingliche ab.[170] Er veränderte zudem die Struktur und Schwerpunktsetzung der Darstellung und stellte die konkurrierenden Ansprüche im Dreipersonenverhältnis in das Zentrum des *sakrätt*.[171] Ausgangspunkt sind die Rechtsverhältnisse an Vermögensobjekten im Verhältnis zu dritten Personen.[172] Regeln über den eigentlichen Erwerb von dinglichen Rechten, Rückgabe von Sachen und Besitzschutz stellte *Hessler* nicht dar.[173] Sachenrechtliche Abläufe, die sich an einen Vertrag anschließen, z.B. die Übereignung als Erfüllung des Kaufvertrages, werden als Parteienverhältnis *(partsförhållande)* und damit als obligationsrechtlich eingeordnet.[174] Die Problematik des *sakrätt* tauche, so *Hessler*, grundsätzlich erst dann auf, wenn zu den Parteien eines Schuldverhältnisses (A und B) eine Person C hinzu käme, die wiederum nur zu der Person B in einem schuldrechtlichen Verhältnis stünde.[175] Bestünden zwischen B und A sowie zwischen B und C Schuldverhältnisse, so seien A und C im Verhältnis zueinander Dritte.[176] Erhöben A und C aufgrund ihres Verhältnisses zu B Ansprüche auf dasselbe Vermögensobjekt, so entstehe eine Kollision (vgl. *Abb. 2*).[177] Dies sei die Grundkonstellation der Problematik des *sakrätt*.[178] Je nach Beschaffenheit der Parteienverhältnisse und der betroffenen Objekte sei die Frage, wer die Kollision gewinne, anders zu beurtei-

---

168 Vgl. *Schrevelius*, Sveriges Allmänna nu gällande civil-rätt, Bd. 2, I-IV. Für modernere Werke vgl. auch *Undén*, 6; *Forssell*, 29.

169 Vgl. *Undén*, 1 f.; *Håstad*, 18.

170 *Hessler*, 80; *Forssell*, 29.

171 *Hessler*, 6, 7; *Håstad*, 19.

172 *Hessler*, 6.

173 *Ibid.* 7. Insofern unterscheiden sich spätere Werke zum Sachenrecht von *Hesslers* Veröffentlichung. Sie greifen in der Regel auch die Aspekte des statischen Sachenrechts auf und lassen auch konkurs- und vollstreckungsrechtlichen Zusammenhängen Raum; vgl. *Rodhe*, XX; *Håstad*, 19.

174 *Hessler*, 7, 8; *Persson*, Förbehållsklausuler, 83, Fn. 221.

175 *Hessler*, 8; diese Grundkonstellation nach dem Schema A-B-C legen auch die Verfasser der neueren Sachenrechtslehrbücher zugrunde, vgl. *Håstad*, 19 f.; *Millqvist*, 15.

176 *Hessler*, 8 f.

177 *Ibid.* 9; vgl. auch *Millqvist*, 15 f.

178 *Hessler*, 8.

len.[179] Es seien unzählige Konstellationen denkbar, beispielsweise mit vertraglichen oder deliktsrechtlichen Schuldverhältnissen, mit konkursrechtlichen oder mit vollstreckungsrechtlichen Problemen.[180] Ziel des *sakrätt* sei es stets, diese Situationen zu lösen.[181] *Hessler* veränderte damit den Gegenstand des *sakrätt* insoweit, als nunmehr ausschließlich Fragen nach dem dinglichen Schutz im Sinne des *erga omnes*-Schutzes eines Erwerbers in den Blickpunkt rückte.

Abb. 2: Dreipersonenverhältnisse nach Hessler

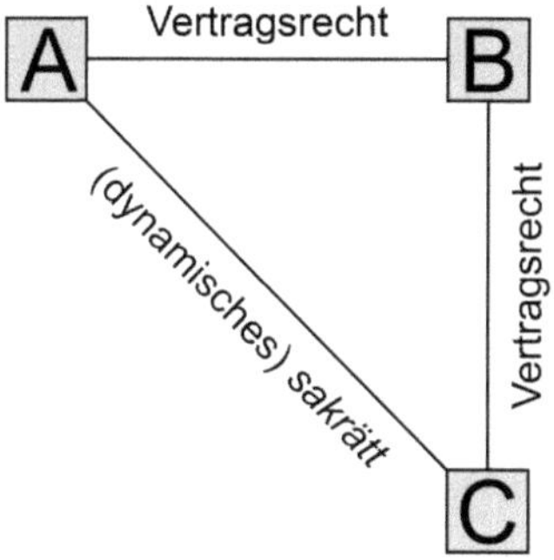

Es ging *Hessler* nicht um eine erschöpfende Darlegung der die dinglichen Rechte betreffenden Regelungen, sondern um die Darstellung des aus seiner Sicht zentralen Problems des *sakrätt*, nämlich der Lösung von Konflikten im Dreipersonenverhältnis.[182] Im Gegensatz zu *Undén* stellte er nicht auf die dingliche Natur eines Rechts ab, sondern behandelte auch Konstellationen, in denen obligatorische Rechte involviert sind, die aber gegenüber Dritten geschützt werden.[183] Die von *Hessler* proklamierte Sichtweise auf das *sakrätt* hatte sich wenigstens über zwei Jahrzehnte entwickelt. Von einigen Verfassern wurde bereits seit den 1950er Jahren die Ansicht vertreten, dass die Dreipersonenproblematik das zentrale Problem des *sakrätt* sei.[184] Dies führte teilweise zu der Forderung, das *sakrätt* in „Dreipersonenrecht" umzubenennen.[185] Dies hätte die Aufgabe des eigentlich verfehlten Begriffs *sakrätt*,[186] der eine Übersetzung des deutschen Begriffs „Sachenrecht"

179 *Ibid.* 9.
180 *Ibid.*; *Rodhe*, XX.
181 *Hessler*, 9; *Millqvist*, 16.
182 *Hessler*, 11.
183 *Ibid.*; *Forssell*, 30.
184 Vgl. *Lejman*, SvJT 1957, 383, 385; *Hessler*, FS Nial (1966), 272, 275, Fn. 19.
185 *Lejman*, SvJT 1957, 383, 385; *Hessler*, FS Nial (1966), 272, 277.
186 Der Verf. hält den Begriff *sakrätt* insofern für verfehlt, als diese Übersetzung aus dem Deutschen suggeriert, dass dieser Rechtsbereich die Rechtsverhältnisse an Sachen erschöpfend

ist, bedeutet. Die seit den 1980er Jahren veröffentlichten Arbeiten entwickelten *Hesslers* Herangehensweise weiter. So stellen sowohl *Rodhe* und *Håstad* als auch *Millqvist* in ihren Werken das dynamische *sakrätt*[187] im Sinne der beschriebenen Dreipersonenproblematik und damit den dinglichen Schutz eines Erwerbers in den Vordergrund. Dabei wird vor allem der enge Zusammenhang mit dem Konkurs- und dem Zwangsvollstreckungsrecht betont.[188] Diese Art der Dreipersonenkonflikte wird als Charakteristikum, gleichsam als zusammenhaltendes Glied des *sakrätt* angesehen.[189] Indes unterscheiden sich die späteren Werke auch von *Hesslers* enger Betrachtung. Sie integrieren in ihren Darstellungen in Ansätzen auch die Regeln über den Erwerb der dinglichen Rechte sowie ihren Schutz in Situationen, die nicht im Zusammenhang mit einer Transfersituation stehen.[190]

Die Betrachtung des *sakrätt* hat sich folglich im Laufe der Zeit stark verändert.[191] In der modernen schwedischen Rechtswissenschaft wird nicht mehr nach der Natur eines Rechts als „dinglich" oder „obligatorisch" gefragt, sondern danach, ob und inwieweit der Rechtserwerber gegenüber Dritten Personen Schutz genießt. Der *erga omnes*-Schutz ist also die „sachenrechtliche Perspektive".

aa) Hauptbereiche des schwedischen sakrätt

Diese Entwicklung des Begriffs *sakrätt* in seinen zwei Bedeutungen hatte erheblichen Einfluss auf die Strukturierung dieses Rechtsbereichs.[192] Nach moderner Ansicht unterteilt sich das *sakrätt* in einen statischen und in einen dynamischen Bereich.

(1) Statisches sakrätt

Unter den Begriff *sakrätt* als Rechtsgebiet fallen zunächst die Regeln über die dinglichen Rechte.[193] Hierzu gehören vor allem das Eigentumsrecht sowie die begrenzten dinglichen Rechte, wie z.B. Pfandrecht, Nutzungsrecht und Dienstbarkeit.[194]

---

regelt. Im Kern behandelt das *sakrätt* aber nahezu ausschließlich die geschilderte Dreipersonenproblematik und ist damit wesentlich enger als der Begriff „Sachenrecht" im deutschen Recht.

187 Zu diesem Begriff s.u. 59 ff.

188 Vgl. hierzu auch *Rodhe*, XXI, der von der „exekutionsrechtlichen Perspektive" spricht.

189 *Rodhe*, XXI; *Håstad*, 19; *Hellner*, 164; *Millqvist*, 15.

190 So: *Rodhe*, XXI; *Håstad*, 19. Einen anderen Ansatz verfolgt *Millqvist*, 18, der diese Fragen weitgehend außen vor lässt.

191 *Håstad*, 16; siehe hierzu auch den folgenden Abschnitt.

192 Mangels umfassender allgemeiner sachenrechtlicher Gesetze (*Lurger/Faber*, PEL Acq. Own., 280 [VIII. – 1:202, Note Nr. 74]) handelt es sich dabei um eine rein akademische Struktur, *Martinson*, 9.

193 *Agell/Malmström*, 74.

194 *Ibid.* 79 f.; *Håstad*, 26; Bogdan/*Håstad*, Swedish Law, 411, 411.

Inhaltlich sind dem statischen *sakrätt* all diejenigen Aspekte zuzuordnen, die nicht transaktionsbezogen sind, sondern sich aus dem Innehaben des Rechts ableiten.[195] Diese Aspekte betreffen also das Recht selbst, seinen Inhalt, seine Nutzung und seinen Schutz bzw. seine Geltendmachung gegenüber Dritten außerhalb von Transaktionssituationen.[196] Da diesen Regeln gemein ist, dass das dingliche Recht „fertig" entstanden ist und gleichsam „ruht", wird dieser Bereich auch als statisches *(statisk) sakrätt* bezeichnet.[197] Es geht um den Inhalt und die Bewahrung des *status quo*,[198] wenn kein Dreipersonenkonflikt nach dem von *Hessler* entwickelten Schema vorliegt. Ausgangspunkt des statischen *sakrätt* ist deshalb, dass sich das Recht „fest" bei einer Person befindet. Wird nun der Inhaber durch eine andere Person gestört, so finden die Regeln des statischen *sakrätt* Anwendung.

In der modernen Literatur zum *sakrätt* ist der statische Bereich von untergeordneter Bedeutung und wird nicht als problematisch angesehen.[199] Soweit die Befugnisse des Eigentümers betroffen sind, wird dieses Gebiet eher dem öffentlichen Recht als dem Zivilrecht zugeordnet, da es regelmäßig die Befugnisse behandelt, die dem Einzelnen von der Rechtsordnung insgesamt zugewiesen werden.[200] Tatsächlich verfügt das statische *sakrätt* aber auch selbst über einige Regeln, wie beispielsweise das Vindikationsrecht des Eigentümers oder dessen Unterlassungsanspruch.[201] Der Schutz des Eigentümers gegenüber Dritten, die in sein Recht eingreifen, ist daneben aber teilweise auch dem Strafrecht zuzuordnen[202] und hängt eng mit dem Recht des Besitzes zusammen.[203] Auch das Deliktsrecht ist hier von Bedeutung. Deshalb kann das statische *sakrätt* nur als ein Oberbegriff gesehen werden, der die anwendbaren Regelungen mehrerer Rechtsbereiche zusammenfasst.

(2) Dynamisches sakrätt

Ein zweiter Bereich, und nach schwedischem Verständnis der Kern des *sakrätt*, sind die rechtlichen Probleme, die entstehen, wenn Rechte Gegenstand von Rechtsgeschäften sind. Es handelt sich dabei um die von *Hessler* geprägte Dreipersonen-

---

195 *Agell/Malmström*, 81; *Håstad*, 18; Bogdan/*Håstad*, Swedish Law, 411, 411; *Millqvist*, 18; Faber/Lurger/*Lilja*, National Reports Vol. 5, 45.

196 *Agell/Malmström*, 81.

197 *Ibid.*

198 *Ibid.*; *Millqvist*, 18.

199 Faber/Lurger/*Lilja*, National Reports Vol. 5, 45.

200 *Martinson*, 14, 43.

201 Dazu s.u. 211 ff.

202 Faber/Lurger/*Lilja*, National Reports Vol. 5, 34; *Millqvist*, 39 f.

203 *Millqvist*, 39 f.

problematik.[204, 205] Gegenstand dieses Bereichs sind Konflikte zwischen Personen, die jeweils für sich genommen einen schuldrechtlichen Anspruch auf die Sache haben.[206] Dabei sind sowohl der Transfer des Eigentums als auch die Einräumung von beschränkten dinglichen und von schuldrechtlichen Rechten an der Sache erfasst.[207] Aufgrund dieser Transaktionsbezogenheit[208] wird dieser Teil des *sakrätt* auch als „dynamisch" *(dynamisk sakrätt)* bezeichnet.[209] Innerhalb des dynamischen *sakrätt* wird wiederum zwischen verschiedenen Bereichen unterschieden.

(a) Absatzschutz (omsättningsskydd)

Zum einen geht es um den Schutz eines bestehenden Rechts im Verhältnis zu einem neu erworbenen Recht an demselben Vermögensgegenstand *(omsättningsskydd)*.[210] Hier sind vor allem die Frage eines gutgläubigen (extinktiven) Erwerbs *(godtrosförvärv)* sowie die Doppelverfügung *(dubbeldisposition)* von Bedeutung.[211] Es handelt sich stets um Situationen des unberechtigten Absatzes einer Sache, also solche, in denen der Verfügende nicht über die für das Rechtsgeschäft notwendige Befugnis verfügt.[212] Die Frage ist dann, ob der tatsächlich Berechtigte vor dem Absatz der Sache durch den Nichtberechtigten geschützt wird oder die Sache ggf. dem gutgläubigen Erwerber zustehen soll.

(b) Gläubigerschutz (borgenärsskydd)

Zentral für das dynamische *sakrätt* ist aber die Frage, wie Kollisionen unterschiedlicher Ansprüche in Bezug auf ein und dieselbe Sache geregelt werden, im Besonderen gegenüber den Gläubigern einer Partei *(borgenärsskydd)*.[213] In diesen Fällen handelt es sich durchweg um Fragen der Aussonderung im Konkurs oder dem Schutz vor dem Zugriff auf schuldnerfremde Sachen im Rahmen der Zwangsvollstreckung.[214] Hierbei muss m.E. zwischen Situationen unterschieden werden, in denen es um die Übertragung des Eigentums geht *(överlåtelse)* und

---

204 Bogdan/*Håstad*, Swedish Law, 411, 411; *Rodhe*, XXI; vgl. o. 56 f.

205 Während im statischen Sachenrecht auch Zweipersonenkonstellationen auftreten können, werden solche im dynamischen Sachenrecht nicht als sachen-, sondern als vertragsrechtliche Probleme verstanden.

206 *Håstad*, 17.

207 Erfasst sind also die *upplåtelse* beschränkter Rechte und die *överlåtelse* des Eigentums, *Agell/Malmström*, 81; vgl. auch Bogdan/*Håstad*, Swedish Legal System, 419, 419.

208 *Hellner*, Metodproblem, 162.

209 *Millqvist*, 18.

210 *Håstad*, 60; *Millqvist*, 16.

211 Vgl. *Håstad*, 60 f.; *Millqvist*, 15, 16.

212 *Håstad*, 60.

213 *Ibid.* 93; *Millqvist*, 17; *Rodhe*, 172.

214 *Håstad*, 93; *Millqvist*, 15, 17 f., 86 ff.; *Rodhe*, 172, 173.

solchen, in denen nur eine Überlassung *(upplåtelse)* mit Einräumung eines Besitz- oder Nutzungsrechts bezweckt wird. Im ersteren Fall stellt sich die Frage, unter welchen Voraussetzungen dem Erwerber ein Aussonderungsrecht in Bezug auf die Sache zusteht. Im zweiten Fall steht die – zumeist eher unproblematische – Frage nach dem Aussonderungsrecht des überlassenden Eigentümers bei Konkurs des Besitzers oder der Zwangsvollstreckung in dessen Vermögen im Fokus.

Abb. 3: Gliederung des sakrätt

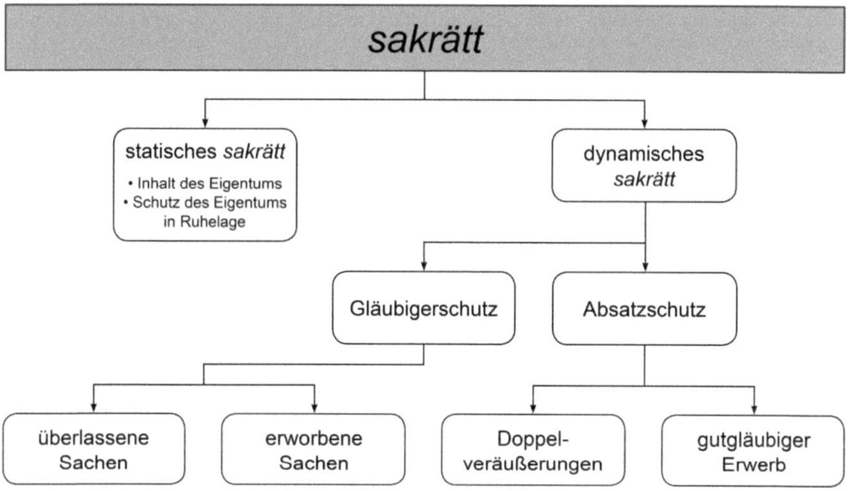

bb) Eigentumserwerb als Frage des sakrätt?

Als deutscher Jurist vermisst man in dieser Beschreibung des schwedischen *sakrätt* den eigentlichen Erwerb sowie einige Fragen des Schutzes des Eigentums und anderer dinglicher Rechte. Dass diese Aspekte dort nicht zu finden sind, liegt darin begründet, dass der Erwerb des Eigentums nach schwedischem Verständnis keine Frage des *sakrätt* ist.[215] Das Verhältnis zwischen Veräußerer und Erwerber wird vielmehr als Zweipersonenverhältnis verstanden und deshalb dem Vertragsrecht zugeordnet.[216, 217] *Inter partes* genügt für die Eigentumsüber-

215 Ähnlich: *Persson*, Förbehållsklausuler, 83, insbes. Fn. 221.

216 Dies wird in den schwedischen Darstellungen regelmäßig vorausgesetzt und nur selten explizit erwähnt. *J. Ramberg/Herre*, 19, formulieren: „Das am meisten Charakteristische für den Kauf ist, dass der Kaufgegenstand den Eigentümer wechselt, vom Verkäufer zum Käufer und dass die Gegenleistung die Zahlung eines Geldbetrages durch den Käufer ist. Der neue Eigentümer macht durch den Kauf einen [...] Eigentumserwerb. Das hauptsächliche Interesse des Käufers am Kauf ist, dass er das Eigentum am Kaufgegenstand erhalten soll [...].“

217 Vgl. auch *J. Ramberg/Herre*, 20; *Martinson*, 19.

tragung ein schuldrechtlicher Vertrag.[218] Das Eigentum mit *erga omnes*-Wirkung wird jedoch erst durch die Abwicklung der Verträge erworben, die auf die Übertragung gerichtet sind.[219]

Abb. 4: Deutsches Sachenrecht und die entsprechenden schwedischen Regelungsbereiche

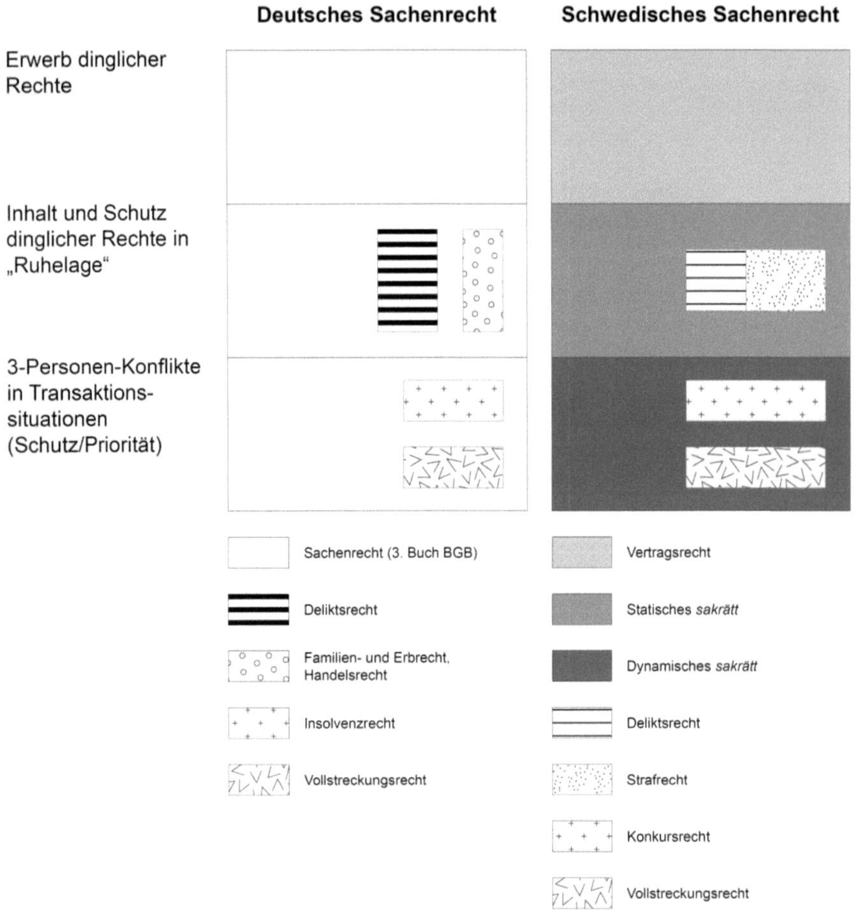

218 *J. Ramberg/Herre*, 19, beschreiben, dass der Verkäufer „durch den Kauf" das Eigentum erwirbt: „Durch den Kauf wird das Eigentum an der Ware vom Verkäufer an den Käufer übertragen." Vgl. auch *Millqvist*, 30. Detailliert hierzu s.u. 131 ff.

219 *Krimphove*, 135.

2. *Sakrätt als Äquivalent des deutschen Sachenrechts?*

Dies deutet bereits an, dass es sich beim *sakrätt* trotz des dem Deutschen entliehenen Begriffs nicht um ein Rechtsgebiet handelt, dessen Anwendungsbereich mit dem des deutschen Sachenrechts vollständig kongruent ist. Gleichwohl gibt es aber gewisse Übereinstimmungen, insbesondere was den Inhalt der dinglichen Rechte betrifft. Im schwedischen Recht sind daneben vor allem auch Regelungen erfasst, deren deutsches Äquivalent in anderen Rechtsbereichen, wie beispielsweise dem Insolvenz- und Vollstreckungsrecht, zu finden ist. Will man die wesentlichen Regelungsinhalte des deutschen Sachenrechts auf das schwedische Recht übertragen, so muss man ein konkretes Problem identifizieren und dieses sodann einem Regelungsbereich zuordnen. Das regelungstechnische Äquivalent des schwedischen Rechts zum deutschen Sachenrecht ist folglich über eine Vielzahl von Rechtsbereichen verstreut.

3. *Rechtsquellen des schwedischen „Sachenrechts"*[220]

Diese Verteilung sachenrechtlicher Fragestellungen auf verschiedene Rechtsbereiche[221] macht es im schwedischen Recht schwer, die entsprechenden Rechtsquellen zu identifizieren. Das hier im Fokus stehende Mobiliarsachenrecht verfügt über eine Reihe unterschiedlicher Rechtsquellen. Dazu gehören neben dem geschriebenen Recht auch die Gesetzesvorarbeiten, die Rechtsprechung sowie die juristische Doktrin. Das deutsche Recht regelt diesen Bereich im Gegensatz dazu im Dritten Buch des BGB sowie einigen Spezialgesetzen stark gebündelt.

a) Geschriebenes Recht

Auch in Abwesenheit eines allgemeinen Sachenrechtsgesetzes, und trotz der Verteilung der relevanten Vorschriften auf unterschiedliche Rechtsbereiche, stellt das geschriebene Recht eine zentrale Rechtsquelle des schwedischen „Mobiliarsachenrechts" dar. Verstreut über eine Reihe von Gesetzen sind einzelne „sachenrechtliche" Regelungen zu finden.[222] Diese beschränken sich in ihrer Anwendbarkeit regelmäßig auf das jeweilige Gesetz und haben dadurch zumeist keine Allgemeingültigkeit. Ein Beispiel hierfür ist § 49 KköpL[223], der das sachen-

---

220 Mit schwedischem „Sachenrecht" ist die Summe der dem deutschen Sachenrecht entsprechenden Regelungen des schwedischen Rechts gemeint. „Sachenrechtlich" ist ebenso im Sinne der deutschen Begriffsbildung zu verstehen.

221 *Millqvist*, 15; *Martinson*, 9.

222 *Grauers/Martinson*, 150.

223 SFS 1990:932 *Konsumentköplagen* (KköpL): Verbraucherkaufgesetz.

rechtliche Moment für Kaufverträge zwischen Verbrauchern und Unternehmern besonders und abweichend vom Grundsatz regelt.[224] Weitere sachenrechtliche Teilregelungen finden sich neben den allgemeinen vertragsrechtlichen Gesetzen[225] in den *lösöreköplag*[226], *utsökningsbalk*[227], *konkurslag*[228], *godtrosförvärvslag*[229], *konsumentkreditlag*[230], *avbetalningsköplag*[231], *handelsbalk*[232], *företagshypoteks-lagen*[233] sowie einer Reihe weiterer Gesetze[234]. Bei einer Gesamtschau der sachenrechtlichen Regeln ergibt sich, dass enorme Regelungslücken bestehen[235], die durch anderweitige Rechtsquellen aufgefüllt werden müssen.

b) Gesetzgebungsmaterialien

In Schweden haben die vorbereitenden Gesetzgebungsmaterialien[236] neben den Gesetzen traditionell große Bedeutung als autoritative Rechtsquelle.[237] Zu diesen Materialien gehören zum einen die offiziellen Gesetzgebungsmaterialien, also die Überlegungen und Ausführungen, die in der jeweiligen *proposition*[238] niedergelegt sind.[239] Zum anderen sind hierzu auch die diese Gesetzesvorlage wiederum vorbereitenden Untersuchungsberichte[240] sowie die Äußerungen des

---

224 Dazu s.u. 168 und 273 f.

225 Diese sind für den Erwerb des Eigentums von enormer Bedeutung, vgl. u. Teil 3.

226 SFS 1845:50 *Lag om handel med lösören, som köparen låter i säljarens vård kvarbliva* (Lkl): Gesetz über den Handel mit beweglichen Sachen, die der Käufer in der Obhut des Verkäufers belässt.

227 SFS 1981:774 *Utsökningsbalk* (UB): Zwangsvollstreckungsgesetz.

228 SFS 1987:672 *Konkurslag* (KonkL): Konkursgesetz.

229 SFS 1986:796 *Lag om godtrosförvärv av lösöre* (GFL): Gesetz über den Gutglaubenserwerb an beweglichen Sachen.

230 SFS 2010:1846 *Konsumentkreditlag* (Kkrl): Verbraucherkreditgesetz.

231 SFS 1978:599 *Lag om avbetalningsköp mellan näringsidkare m. fl.* (AvbtL): Gesetz über den Teilzahlungskauf zwischen Gewerbetreibenden und weiteren.

232 SFS 1736:0123 *Handelsbalk* (HB): Handelsgesetzbuch.

233 SFS 2008:990 *Lag om företagshypotek* (LFH): Gesetz über die Unternehmenshypothek.

234 Z. B. SFS 1936:88 *Lag om pantsättning av lös egendom som innehavs av tredje man*: Gesetz über die Verpfändung von Sachen, deren Inhaber ein Dritter ist; SFS 1994:1009 *Sjölag* (SjöL): Seegesetz.

235 Faber/Lurger/*Lilja*, National Reports Vol. 5, 15; dies gilt auch für das Zivilrecht insgesamt, *C. Ramberg*, SvJT 2004, 459, 473.

236 Schwedisch: *förarbeten*.

237 *Lehrberg*, 87.

238 *Proposition* (prop.): Gesetzesvorlage; vgl. *Agell/Malmström*, 29; Agell/Malmström/*C. Ramberg*[22], 36.

239 *Zetterström*, Juridiken, 56 f., 67; *Lehrberg*, 125.

240 *Statens Offentliga Utredningar* (SOU): Öffentliche Untersuchungen des Staates; es handelt sich hierbei um Berichte, Untersuchungen und Überlegungen eines von der Regierung eingesetzten Untersuchungskomitees zu einer vorgegebenen Fragestellung; vgl. *Zetterström*, Juridiken, 56 f., 65; *Lehrberg*, 122, 126; *Agell/Malmström*, 29; Agell/Malmström/*C. Ramberg*[22], 36.

lagråd[241] zu zählen. Vor allem die beiden Erstgenannten geben in der Regel detaillierte Hinweise zu der bestehenden bzw. zu der zukünftigen Rechtslage und enthalten teilweise sogar Kommentierungen der Gesetzestexte.[242] Ein weiterer Teil der Gesetzgebungsmaterialien sind die Äußerungen der Ausschüsse des schwedischen Reichstags.[243]

Unklar ist allerdings, inwieweit die Gesetzesvorarbeiten für die praktische Rechtsanwendung verbindliche Aussagen enthalten. Eine formelle Bindung der Gerichte an die Aussagen der Gesetzesmaterialien kennt das schwedische Recht nicht.[244] Für eine faktische Bindung der Gerichte wird angeführt, dass die gesamte *proposition* Grundlage der Entscheidung des Reichstags sei.[245] Zudem folgen Gerichte in der Praxis regelmäßig den Vorarbeiten, woraus teilweise eine gewohnheitsrechtliche Bindung geschlussfolgert wird.[246] Nach h.M. besteht allerdings keine faktische oder gewohnheitsrechtliche Bindung der Gerichte, sondern diese sind grundsätzlich frei, von den in den Motiven vorgeschlagenen Lösungen abzuweichen.[247]

Wenngleich für das Mobiliarsachenrecht nur teilweise gesetzliche Regelungen vorhanden sind, stellen die Vorarbeiten dennoch eine wichtige Rechtsquelle dar. Sie beschreiben häufig die Anwendung des jeweiligen Gesetzes im Kontext der Rechtsordnung und nehmen infolge dessen oftmals auch Bezug auf Rechtsregeln, die selbst nicht kodifiziert sind.

c) Rechtsprechung

Die Rechtsprechung hat im schwedischen Rechtssystem große Bedeutung für die Ausgestaltung und Anwendung der Rechtsregeln.[248] So wird die Lückenfüllung in den Gesetzgebungsmaterialien bisweilen der Rechtsprechung ausdrücklich anheimgestellt.[249] Im Sachenrecht spielt die Rechtsprechung aufgrund der bruchstückhaften

---

241 Bei dem *lagråd* (dt. Gesetzesrat) handelt es sich gem. Kap. 8, §§ 20-22 RF, sowie dem Gesetz über den *lagråd* (SFS 2003:333 *Lag om lagrådet*) um ein mit Richtern des *Högsta Domstol* (höchstes ordentliches Gericht) sowie des *Regeringsrätten* (höchstes Verwaltungsgericht) besetztes Kollegialorgan, das wichtige Gesetzesvorschläge vor allem auf deren Kompatibilität mit der Rechtsordnung und der Rechtsanwendung überprüft. Dazu: *Malmström*, Int.Enc.Comp.L. I (1983), S-157, S-161; Redden/Schlueter/*Bramstång*, M.L.S.C., 4.200.1, 4.200.25; Agell/Malmström/*C. Ramberg*[22], 36.

242 *Zetterström*, Juridiken, 97; *Lehrberg*, 125, 129.

243 Zetterström, Juridiken, 56. Schwed.: *utskottsbetänkanden*.

244 *Zetterström*, Juridiken, 56 f., 59; *Lehrberg*, 129, 131.

245 Vgl. *Lehrberg*, 129.

246 *Ibid.* 130.

247 *Ibid.*; so auch Agell/Malmström/*C. Ramberg*[22], 37, die von einer „begrenzten wegleitenden Bedeutung" der Vorarbeiten spricht.

248 *Lehrberg*, 135.

249 *Malmström*, Int.Enc.Comp.L. I (1983), S-157, S-161.

gesetzlichen Regelungen eine besonders wichtige Rolle.[250] Grundprinzipien wurden zum Teil erst von ihr eingeführt.[251] Das schwedische Recht kennt zwar keine der englischen *doctrine of stare decisis* entsprechende Regel, sodass eine formelle Bindung an Präjudizien nicht besteht.[252] Urteile der oberen Instanzen[253] haben aber dennoch, wie auch in Deutschland, großen Einfluss auf die Rechtsanwendung.[254] Üblicherweise folgen die unterinstanzlichen Gerichte den Entscheidungen des *Högsta Domstol*[255] und bisweilen auch der *Hovrätter*[256]. Insofern kann man von einer weitgehenden faktischen Präjudizwirkung von Urteilen der obersten Gerichte sprechen.[257] In der Praxis sind die Gerichte so stark geneigt, Präjudizien zu folgen, dass diese wahrscheinlich neben den Gesetzen die gewichtigste Rechtsquelle ausmachen.[258]

d) Doktrin

Wie bereits oben dargelegt, war die Systematisierung des schwedischen Zivilrechts der Rechtswissenschaft überlassen. Dies galt vor allem auch für das Sachenrecht. Insbesondere die Rechtswissenschaftler *Fehr*, *Undén* und *Hessler* haben das schwedische „Sachenrecht" geprägt. Sie stehen jeweils für Wendepunkte der Entwicklung.[259] In Schweden ist anerkannt, dass die Rechtswissenschaft von großem Wert für die Rechtspraxis insgesamt ist.[260] Die Doktrin wird zwar als Rechtsquelle angesehen,[261] ihr Wert bleibt aber hinter dem der anderen Rechtsquellen zurück.[262] Zu besonderer praktischer Bedeutung gelangen die Lösungen

250 *Grauers/Martinson*, 152.

251 Beispielsweise das Traditionsprinzip durch den *Högsta Domstol*, NJA 1925, 130.

252 Redden/Schlueter/*Bramstång*, M.L.S.C., 4.200.1, 4.200.34; *Zetterström*, Juridiken, 57, 59; *Lehrberg*, 142, 161; *Agell/Malmström*, 33; a.A.: *C. Ramberg*, die davon ausgeht, dass die unterinstanzlichen Gerichte im Prinzip der Rechtsprechung des *Högsta Domstolen* folgen müssen, vgl. Agell/Malmström/*C. Ramberg*, 37.

253 Im Zivilrecht vor allem solche des *Högsta Domstolen* und der *Hovrätter*, vgl. *Zetterström*, Juridiken, 57; *Lehrberg*, 141.

254 *Zetterström*, Juridiken, 57.

255 Der oberste Gerichtshof.

256 Die Berufungsgerichte (2. Instanz).

257 Vgl. *Lehrberg*, 142; *Agell/Malmström*, 33.

258 *Lehrberg*, 135.

259 Vgl. insoweit o. 53 ff.; *Fehr* ist insbesondere im Zusammenhang mit dem Begriff der dinglichen Rechte zu nennen. *Undén* und *Hessler* stehen jeweils für ein sachenrechtliches Gesamtkonzept.

260 *Malmström*, Int.Enc.Comp.L. I (1983), S-157, S-161; *Lehrberg*, 168.

261 Vgl. *Zetterström*, Juridiken, 57; *Lehrberg*, 87, 139 f., 168 f.

262 So *Lehrberg*, Praktisk juridisk metod[5], 179. Gewisse etablierte rechtswissenschaftliche Werke können aber durchaus eine gewisse Autorität entwickeln, *Lehrberg*, 169.

der Rechtswissenschaft nämlich regelmäßig erst dann, wenn sie durch die Rechtsprechung übernommen worden sind.

Hauptsächliche Rechtsquellen des „Mobiliarsachenrechts“ sind damit das geschriebene Recht, die Gesetzgebungsmaterialien sowie die Rechtsprechung. Darüber hinaus besteht in den von der Rechtswissenschaft gefundenen Lösungsansätzen eine weitere, ergänzende Rechtsquelle.

III. Stellungnahme

Die Struktur des schwedischen Zivilrechts unterscheidet sich wesentlich von der des deutschen. Es verfügt über keine gesetzlich vorgegebene Systematik. Die einzelnen Gesetze des Zivilrechts, insbesondere des Vermögensrechts, sind häufig nicht aufeinander abgestimmt. Deshalb war die Systematisierung und Strukturierung des Zivilrechts und im Besonderen des Vermögensrechts der Rechtswissenschaft überlassen. Sie orientierte sich im 19. Jahrhundert stark an der deutschen Pandektristik. Die Unterteilung des Vermögensrechts in Schuld- und Sachenrecht hat man mittlerweile aufgegeben und eine „eigene“ Herangehensweise entwickelt. Diese beinhaltet, dass man das Zivilrecht und insbesondere das Vermögensrecht in funktional gegliederte Problemkomplexe unterteilt, die schuld- und sachenrechtliche Aspekte gemeinsam behandeln.

Das Mobiliarsachenrecht nimmt innerhalb des Vermögensrechts also keine systematisch selbständige Stellung ein. Lediglich das Grundstücksrecht stellt einen eigenen Bereich dar, der von dem Recht der beweglichen Sachen wiederum völlig unabhängig ist. Das *sakrätt* stellt einen „Blickwinkel“ auf das Vermögensrecht insgesamt dar, sodass hier die unter die Ordnungsprinzipien „Dreipersonenschutz“ und „dingliche Rechte“ fassbaren Rechtsregeln verschiedener Rechtsgebiete gefasst werden. *De facto* besteht in Schweden also kein Rechtsgebiet, das dem deutschen Sachenrecht direkt entspricht, sondern nur ein Sammelsurium von Rechtsregeln, die einen dem deutschen Sachenrecht vergleichbaren Anwendungsbereich haben, aber eigentlich anderen Rechtsbereichen entstammen.

Spricht man vom *sakrätt*, ist damit vor allem die Lösung der genannten Dreipersonenkonflikte gemeint. Es geht um den Vorrang des Erwerbers oder Inhabers eines dinglichen Rechts gegenüber anderen Personen, die Ansprüche auf das gleiche Recht geltend machen. Das schwedische Recht setzt dabei wie das deutsche Sachenrecht, einen römisch-rechtlich geprägten Begriff der dinglichen Rechte und damit eine Wirkung *erga omnes* voraus. Innerhalb des *sakrätt* existieren zwei Bereiche, das statische *sakrätt*, welches den Inhalt der dinglichen Rechte behandelt sowie die Befugnisse des Eigentümers hinsichtlich des Schutzes und des Gebrauchs der Sache regelt, und das dynamische *sakrätt*. Auf letzterem liegt der Schwerpunkt der schwedischen Betrachtung des *sakrätt*. Es setzt voraus, dass das betroffene dingliche Recht Gegenstand irgendeiner Transaktion ist. Im Zusammenhang damit ist sodann zu fragen, welcher von zwei Personen, die kollidierende Ansprüche auf das dingliche Recht bzw. dieselbe Sache geltend machen, der Vorrang gebühren soll.

In Bezug auf den rechtsgeschäftlichen Erwerb dinglicher Rechte verfügt das schwedische Recht nicht über „rein dingliche" Rechtsgeschäfte des Sachenrechts. Dieser Bereich wird eher dem Vertragsrecht zugeordnet. Gleichwohl existieren hier enge Verknüpfungen mit dem *sakrätt*, die im Laufe dieser Arbeit erörtert werden sollen.

Kapitel 4: Begriff der beweglichen Sachen

Der Begriff der beweglichen Sachen ist von zentraler Bedeutung. Er gibt den gegenständlichen Anwendungsbereich des Mobiliarsachenrechts vor.

§ 1 Deutsches Recht

Der Begriff „Sachenrecht" verdeutlicht, dass Gegenstand dieses Rechtsgebiets Sachen sind. Sachen als Rechtsobjekt sind im deutschen Recht in § 90 BGB legal definiert. Erfasst sind nur körperliche Gegenstände.[1] Unkörperliche Gegenstände, wie Forderungen und andere Rechte, fallen von vornherein nicht unter den Sachbegriff.[2] Das Gesetz unterscheidet des Weiteren zwischen beweglichen Sachen und Grundstücken.[3] Die Abgrenzung erfolgt negativ. Den beweglichen Sachen ist all das zuzuordnen, was nicht Grundstück oder dessen wesentlicher Bestandteil ist.[4] Grundstücke sind räumlich abgrenzbare, durch Vermessung genau benannte Teile der Erdoberfläche, die im Grundbuch zumindest eintragbar sind.[5] Was im Einzelnen wesentlicher Bestandteil eines Grundstücks ist, bemisst sich nach den §§ 93 und 94 BGB. Bewegliche Sachen sind damit körperliche Gegenstände, die irgendwie bewegt werden können und nicht aufgrund gesetzlicher Vorschriften zu einem Grundstück gehören.

§ 2 Schwedisches Recht

Ausgangspunkt der Rechtsobjekte des schwedischen Vermögensrechts ist der Begriff *egendom*. Damit ist das Aktivvermögen gemeint, also die Summe der Vermögenswerte oder -gegenstände einer Person, die dieser kraft Privatrechts zustehen.[6] Insofern entspricht dieser Terminus dem objektiven Eigentumsbegriff des § 353 des österreichischen ABGB.[7] *Egendom* unterteilt sich in *fast egendom*[8]

---

1 *Baur/Stürner*, § 3 Rn. 2; *Wieling*, § 2 I 1.

2 Staudinger/*Seiler* (2007), Einl. zum SachenR, Rn. 16.

3 Vgl. beispielsweise die §§ 929 und 873 BGB.

4 *Baur/Stürner*, § 3 Rn. 5.

5 *Weber*, § 2 Rn. 8.

6 *Undén*, 13.

7 „Alles was jemandem zugehört, alle seine körperlichen und unkörperlichen Sachen, heißen sein Eigentum." Vgl. zu diesem Eigentumsbegriff im weiteren Sinne: Rummel³/*Spielbüchler*, § 353 ABGB Rn. 1.

8 Dt.: feste Vermögensgegenstände.

und *lös egendom*[9]. Dabei wird, vergleichbar dem deutschen Sachbegriff, negativ abgegrenzt. *Lös egendom* ist all das, was nicht zum *fast egendom* zählt.[10] Zum legal definierten *fast egendom* zählen Grundstücke (Kap. 1, § 1 JB[11]) sowie allgemeines Grundstücks-, Gebäude- und Industriezubehör (Kap. 2, §§ 1 bis 3 JB).[12]

Das *lös egendom* machen die Vermögensaktiva aus, die nach Abscheidung des *fast egendom* übrig bleiben.[13] Sie lassen sich in verschiedene Untergruppen unterteilen.[14] Dazu gehören *lösöre*, sonstige beschränkte dingliche Rechte an Grundstücken und beweglichen Sachen, aber auch Forderungen, Wertpapiere, Immaterialgüter- und Anteilsrechte.[15] Die wichtigste dieser Untergruppen sind die *lösöre*. Hierunter sind verschiedene bewegliche Sachen zu verstehen.[16, 17] Die Körperlichkeit dieser Gegenstände wird in der Regel nicht ausdrücklich als Kriterium genannt, sondern ausschließlich auf deren Beweglichkeit abgestellt.[18] Dem Grunde nach liegt dem Begriff der *lösören* das Erfordernis der Körperlichkeit allerdings zugrunde.[19] *Lösöre* sind folglich das schwedische Äquivalent der deutschen Kategorie der beweglichen Sachen. Im Einzelnen gestaltet sich die Abgrenzung von *lösöre* und den anderen Gruppen des *lös egendom* teils schwierig. Insbesondere gelten für Schiffe und Flugzeuge teilweise besondere Regeln.[20] Im Grundsatz ist aber davon auszugehen, dass die Gegenstände, die nach deutschem Recht bewegliche Sachen sind, im schwedischen Recht als *lösöre* einzuordnen sind.

Deutsches und schwedisches Recht unterscheiden sich hinsichtlich der Abgrenzung der beweglichen Sachen folglich nicht wesentlich. Ein rechtstechnischer Unterschied besteht aber dennoch. Das schwedische Recht legt auch bei der Abgrenzung des Sachbegriffs seine gesamtvermögensrechtlichen Perspektive an. Es geht von einer dem österreichischen objektiven Eigentumsbegriff ver-

---

9 Dt.: bewegliche Vermögensgegenstände.

10 *Håstad*, 40; *Millqvist*, 34, 37.

11 *Jordabalken* (SFS 1970:994): Gesetz über die rechtlichen Verhältnisse an Grund und Boden.

12 *Millqvist*, 34 f..

13 *Undén*, 17; *Grönfors*, JFT 1999, 107, 115; *Millqvist*, 37; Agell/Malmström/*C. Ramberg*[22], 61.

14 Vgl. *Rodhe*, 6-11; *Millqvist*, 37 f.

15 *Millqvist*, 37 f.

16 *Håstad*, 41; *Zetterström*, Sakrätten, 21.

17 Manche Autoren verwenden auch den Begriff *lösa saker* (dt.: bewegliche Sachen), vgl. *J. Ramberg/Herre*, 36. In den Gesetzen wird stets der Begriff *lösöre* verwandt, vgl. § 1 GFL; § 1 Lkl.

18 *Håstad*, 41; *Grönfors*, JFT 1999, 107, 110; *Millqvist*, 51; ausdrücklich aber: *Agell/Malmström/C. Ramberg*[22], 62.

19 *Lösöre* sind *lösa fysiska föremål* (dt.: bewegliche physische Gegenstände), *Millqvist*, 37, 60.

20 *Håstad*, 41; *Grönfors*, JFT 1999, 107, 117 ff.

gleichbaren[21] Definition der Vermögensgegenstände aus. Diese wird dann unterteilt in *fast egendom* und *lös egendom*. Das Kriterium der Körperlichkeit spielt erst bei der Abspaltung der *lösöre* vom sonstigen *lös egendom* eine Rolle, wenngleich man im schwedischen Recht nicht immer ausdrücklich darauf abstellt.[22] Im deutschen Recht ist das Kriterium der Körperlichkeit dagegen schon von Gesetzes wegen bei der Unterscheidung der Sachen von den Rechten entscheidend.[23]

---

21 S.o. 69.

22 Vgl. *Grönfors*, JFT 1999, 107, 110; *Millqvist*, 38.

23 Vgl. insoweit § 90 BGB.

Kapitel 5: Eigentum als Rechtsbegriff

Die Analyse des Eigentumserwerbs an beweglichen Sachen im deutschen und schwedischen Recht macht es erforderlich, näher zu beleuchten, was die beiden Rechtsordnungen unter dem Begriff „Eigentum“ im Zusammenhang mit beweglichen Sachen verstehen und welche Bedeutung dem Eigentum zukommt.

§ 1 Deutsches Recht

Das Eigentum als Recht tritt in der deutschen Rechtsordnung in zwei Ausprägungen auf:[1] als Recht des Zivilrechts und als verfassungsrechtlicher Begriff in Art. 14 GG.

I. Privatrechtlicher Eigentumsbegriff

Das Eigentum steht im Zentrum des Sachenrechts.[2] Es ist vor allem Gegenstand des 3. Abschnitts des Dritten Buchs des BGB und kann nur an Sachen i.S.d. § 90 BGB bestehen.[3]

1. Rechtsnatur des privatrechtlichen Eigentums

Das Eigentum ist nach der Konzeption des BGB das wichtigste und umfassendste dingliche Recht.[4] Dies beinhaltet zweierlei. Zum einen handelt es sich beim Eigentum um ein Recht mit absoluter Wirkung.[5,6] Zum anderen ist das Eigentum das „Vollrecht“ an einer Sache, sodass sein Inhaber grundsätzlich über alle Befugnisse an der Sache verfügt.[7] Dabei stehen dem Vollrecht die beschränkten dinglichen Rechte gegenüber. Sie beinhalten jeweils nur einen Ausschnitt des Eigentums, sind also gleichsam von diesem „abgespalten“.[8] Das Eigentum im privatrechtlichen Sinne ist damit ein dingliches Recht, das seinem Inhaber eine umfassende Berechtigung in Bezug auf eine Sache verleiht.[9]

---

1 *Baur/Stürner*, § 24 Rn. 2; Palandt/*Bassenge*, Überbl. v. § 903 Rn. 1, 2.
2 Staudinger/*Seiler* (2002), Vorbem. zu §§ 903 ff. Rn. 1.
3 *Baur/Stürner*, § 24 Rn. 4, § 50 Rn. 1.
4 Motive III, 22; *Mugdan*, III, 13.
5 MüKoBGB[5]/*Säcker*, § 903 Rn. 4.
6 Vgl. insoweit zu den dinglichen Rechten o. 38 f.
7 Staudinger/*Seiler* (2002), Vorbem. zu §§ 903 ff. Rn. 2; Palandt/*Bassenge*, Überbl. v. § 903 Rn. 1.
8 Vgl. *Westermann*, § 1 Rn. 2; Erman/*Wilhelmi*, Vor § 903 Rn. 1.
9 Staudinger/*Seiler* (2002), Vorbem. zu §§ 903 ff. Rn. 2.

2. *Inhalt des privatrechtlichen Eigentums an Mobilien*

Für den Inhalt des zivilrechtlichen Eigentums trifft § 903 BGB positive und negative Festlegungen.[10] Dabei handelt es sich zwar nicht um eine Definition des Eigentumsbegriffs,[11] gleichwohl lassen sich dort die gewichtigsten Merkmale des Eigentums finden. Die Befugnisse des Eigentümers bestimmen den Inhalt des Rechts.[12]

a) Sachbezug

Das Eigentum als Recht besteht ausschließlich an individuellen[13] körperlichen Gegenständen und damit an Sachen i.S.v. § 90 BGB.[14] Nicht erfasst sind demnach die Rechte des „geistigen Eigentums", Forderungen und sonstige Rechte.[15] Sachgesamtheiten sind grundsätzlich nicht eigentumsfähig.[16] Eigentum kann dann nur an den einzelnen Sachen bestehen, die wiederum gemeinsam die Sachgesamtheit bilden.[17]

b) Befugnisse des Mobiliareigentümers

Die aus dem Eigentum folgenden Befugnisse lassen sich nicht einzeln aufzählen.[18] Das Eigentum stellt keine Gesamtsumme der einzelnen Befugnisse des Eigentümers dar.[19] Deshalb lässt es sich nach dem Willen des historischen Gesetzgebers nicht derart teilen, dass verschiedenen Personen als Eigentümer jeweils unterschiedliche Teile der aus dem Eigentum folgenden Ansprüche zuzuordnen sind.[20, 21] Gemäß

---

10 *Westermann*, § 27 Rn. 8; MüKoBGB[5]/*Säcker*, § 903 Rn. 5.

11 Motive III, 262; MüKoBGB[5]/*Säcker*, § 903 Rn. 4; Staudinger/*Seiler* (2002), § 903 Rn. 2; Palandt/*Bassenge*, Überbl. v. § 903 Rn. 1.

12 Palandt/*Bassenge*, Überbl. v. § 903 Rn. 1.

13 Sog. Spezialitätsprinzip, vgl. *Weber*, § 4 Rn. 8.

14 *Baur/Stürner*, § 24 Rn. 4; Palandt/*Bassenge*, § 903 Rn. 2.

15 *Weber*, § 7 Rn. 6.

16 Staudinger/*Klinck* (2012), Eckpfeiler, W. Eigentum, Rn. 5; *Baur/Stürner*, § 4 Rn. 17, § 24 Rn. 4.

17 Das Spezialitätsprinzip soll der Rechtssicherheit dienen. Dingliche Rechte können demnach stets nur an einzelnen Sachen bestehen. *Baur/Stürner*, § 4 Rn. 17, § 24 Rn. 4.

18 Motive III, 262.

19 *Ibid.*

20 *Ibid.*

21 Dies schließt die Zulässigkeit des Miteigentums nicht aus. Eine Konstellation, in der einem Rechtsinhaber einige wenige Befugnisse des Eigentümers zukommen, kann nur dadurch entstehen, dass dieser Person ein beschränktes dingliches Recht eingeräumt wird. Damit wird aber nur die Ausübung der entsprechenden Befugnisse durch den Eigentümer ausgeschlossen. Die Befugnis selbst gehört weiter zum Eigentum.

§ 903 BGB kann der Eigentümer – positiv – mit der Sache im Grundsatz nach Belieben verfahren und – negativ – andere von der Einwirkung auf ebendiese ausschließen. Ihm steht insoweit ein im Gegensatz zu den beschränkten dinglichen Rechten umfassendes Herrschaftsrecht an der Sache zu.[22]

aa) Positive Befugnisse

Zu den positiven Befugnissen des Eigentümers gehören die Aspekte, die das Verhältnis des Eigentümers zur Sache selbst betreffen. Er darf sie grundsätzlich besitzen, benutzen, ge- und verbrauchen sowie zerstören, ohne dass er hierbei in irgendeiner Form durch Erwägungen wirtschaftlicher Vernunft gebunden wäre.[23] Ihm steht es dabei frei, tatsächliche Handlungen oder auch rechtliche Maßnahmen, wie beispielsweise Verfügungen, in Bezug auf die Sache vorzunehmen.[24]

bb) Negative Befugnisse

Von herausragender Bedeutung sind die negativen Befugnisse des Eigentümers.[25] Die dem Eigentümer gewährte negative Befugnis beinhaltet die grundsätzliche Berechtigung, andere von der Einwirkung auf die Sache auszuschließen.[26] Diese Ausschließungsbefugnis ist quasi spiegelbildlich zu den positiven Befugnissen des Eigentümers ausgestaltet: Der Eigentümer kann grundsätzlich[27] solche Einwirkungen durch Dritte ausschließen, die ihm selbst gestattet sind.[28] Dabei ist der Begriff der Einwirkungen wiederum weit gefasst, sodass beliebige Handlungen, aber auch der Zustand von anderen Sachen unter diesen Begriff fallen.[29] Erfasst sind alle dem Inhalt des Eigentums widersprechenden Eingriffe in die rechtliche oder tatsächliche Herrschaftsmacht des Eigentümers.[30]

---

22 *Baur/Stürner*, § 24 Rn. 5; Palandt/*Bassenge*, Überbl. v. § 903 Rn. 1.

23 *Weber*, § 7 Rn. 7; vgl. auch Palandt/*Bassenge*, § 903 Rn. 5; Staudinger/*Seiler* (2002), § 903 Rn. 10.

24 Staudinger/*Seiler* (2002), § 903 Rn. 10; Palandt/*Bassenge*, § 903 Rn. 5.

25 Motive III, 262.

26 MüKoBGB[5]/*Säcker*, § 903 Rn. 5.

27 Naturgemäß gibt es hier Ausnahmen. So hat der Eigentümer beispielsweise eine Beeinträchtigung unter besonderen Umständen zu dulden, vgl. §§ 904, 228 BGB.

28 Staudinger/*Seiler* (2002), § 903 Rn. 11.

29 Vgl. insoweit Staudinger/*Gursky* (2006), § 1004 Rn. 20 ff., 37 ff.

30 Palandt/*Bassenge*, § 1004 Rn. 6.

cc) Rechtsbehelfe

Das Eigentum stellt demnach „[...] ein exklusives, alle Personen ausschließendes Verfügungs- und Nutzungsrecht [dar].“[31] Zu seiner Verwirklichung benötigt der Eigentümer Rechtsbehelfe, die ihm das BGB in vielfältiger Gestalt zur Seite stellt.[32] Eigentumsverwirklichungsansprüche finden sich vorwiegend im Dritten Buch des BGB unter dem 3. Abschnitt in Titel 4.[33] Ergänzt werden sie durch deliktsrechtliche und sonstige schuldrechtliche Regeln. Dem Eigentümer stehen vor allem Herausgabe-, Unterlassungs- und Beseitigungsansprüche zu. Diese werden durch eine Reihe von weiteren Ansprüchen, beispielsweise auf Nutzungs- oder Schadensersatz, ergänzt.[34]

c) Grenzen des privatrechtlichen Eigentums an Mobilien

Wie sich bereits aus § 903 BGB ergibt, unterliegt das privatrechtliche Eigentum an beweglichen Sachen Grenzen. Diese können in Gestalt entgegenstehender Gesetze oder Rechte Dritter vorliegen.

aa) Beschränkungen durch Gesetz

Einschränkungen des Eigentums können durch Verfassungsgesetze, einfache Gesetze und Rechtsverordnungen geschehen.[35] Diese Gesetze können sowohl dem Privat- als auch dem öffentlichen Recht entstammen. Sie bewirken im Einzelfall, dass der Eigentümer seine aus § 903 BGB folgenden Rechte nicht ausüben kann.[36]

(1) Privatrechtliche Eigentumsbeschränkungen

Im Bereich des Privatrechts wird das Eigentum vor allem durch Regelungen des BGB eingeschränkt. Die meisten dieser Vorschriften beziehen sich jedoch auf das Grundstücksrecht.[37] Im Bereich des Mobiliarsachenrechts gibt es nur wenige privatrechtliche Einschränkungen des Eigentums. Zu nennen sind § 904 BGB,

---

31 MüKoBGB^5/*Säcker*, § 903 Rn. 6.

32 Staudinger/*Seiler* (2002), § 903 Rn. 12.

33 Staudinger/*Gursky* (2006), Vorbem. zu §§ 985-1007 Rn. 1.

34 Detailliert zu den Rechtsbehelfen des Eigentümers s.u. 202 ff.

35 Staudinger/*Seiler* (2002), § 903 Rn. 14.

36 *Ibid.* Rn. 30.

37 Hier ist vor allem das Nachbarrecht der §§ 904 ff. BGB zu nennen.

der den aggressiven Notstand regelt,[38] sowie das Schikaneverbot des § 226 BGB.[39] Diesen Vorschriften kommt aber kaum praktische Bedeutung zu.

(2) Öffentlichrechtliche Eigentumsbeschränkungen

Eine größere Zahl an Eigentumsbeschränkungen ist dem öffentlichen Recht zuzuordnen. Für das Mobiliarsachenrecht sind allerdings auch hier nur wenige Vorschriften relevant.[40] Zu nennen sind vor allem polizeirechtliche Eingriffsbefugnisse, Maßnahmen nach der StPO und die Pflichten des Halters eines Kfz nach der StVZO. Den Vorschriften, die die Haltung und den Umgang mit Tieren betreffen, wird nach § 903 S. 2 BGB in Verbindung mit dem TierschutzG besondere Bedeutung eingeräumt.

bb) Beschränkungen durch Rechte Dritter

Von größerer Bedeutung für den Bereich des Mobiliarsachenrechts sind die Eigentumsbeschränkungen durch Rechte Dritter. Hierunter fallen absolute Rechte, die eine Berechtigung zur Einwirkung auf eine Sache gewähren.[41] Es handelt sich mithin um die beschränkten dinglichen Rechte.[42] Für Mobilien kommen hier das Pfandrecht (§§ 1204 ff. BGB) und der Nießbrauch (§§ 1030 ff. BGB) in Betracht.[43] Aber auch obligatorische Rechte, wie beispielsweise die Miete, können beschränkend wirken, indem sie dem Eigentümer im Verhältnis zum schuldrechtlich Berechtigten gewisse Befugnisse, z.B. zur Sachnutzung, entziehen.

3. Formen des privatrechtlichen Eigentums an Mobilien

Das Eigentum als dingliches Recht tritt im Mobiliarsachenrecht in drei Formen auf.[44] Das Alleineigentum stellt dabei den gesetzlichen Normalfall dar. Das BGB kennt darüber hinaus zwei Sonderformen des Eigentums: Mit- und Gesamthandseigentum.

---

38 Dazu *Wieling*, 90 f.

39 *Westermann*, § 27 Rn. 13; Staudinger/*Seiler* (2002), § 903 Rn. 15.

40 Das Grundeigentum ist in höherem Maße an öffentliche Interessen gebunden, vgl. *Westermann*, § 5 Rn. 5-8.

41 Staudinger/Seiler (2002), § 903 Rn. 25.

42 Palandt/*Bassenge*, § 903 Rn. 27.

43 Vgl. o. 40.

44 *Baur/Stürner*, § 50 Rn. 7.

a) *Alleineigentum*

Das Alleineigentum beinhaltet, dass einer einzelnen Person das Eigentum zusteht. Diese Person vereinigt dann alle mit dem Eigentum verbundenen Befugnisse und Pflichten auf sich.

b) *Miteigentum nach Bruchteilen, §§ 1008 bis 1011 BGB*

In den §§ 1008 bis 1011 BGB ist das Miteigentum nach Bruchteilen geregelt. Dabei handelt es sich um eine Unterart der Bruchteilsgemeinschaft nach den §§ 741 ff. BGB.[45] Charakteristisch für diese Eigentumsart ist, dass mehreren Eigentümern eine Sache gemeinsam zugeordnet ist, indem sie nicht real, sondern ideell geteilt wird.[46] Jedem Eigentümer gebührt ein ideeller Anteil an der gesamten Sache.[47] Das Miteigentum unterliegt den Regelungen des Eigentums, ergänzt um die Vorschriften der §§ 741 ff. und §§ 1009 ff. BGB, die das Gemeinschaftsverhältnis regeln.[48]

Im Zweifel verfügen die Miteigentümer über gleiche Quoten am Eigentum (§ 742 BGB). Sie verwalten und nutzen das Eigentum gemeinsam (§§ 744 Abs. 1, 743 Abs. 2 BGB). Gemäß § 747 S. 2 BGB können Verfügungen über die Sache als Ganzes nur durch alle Miteigentümer gemeinsam erfolgen. Verfügungen über die Miteigentumsanteile sind hingegen frei zulässig, § 747 S. 1 BGB. Die Rechte aus dem Eigentum stehen gegenüber Dritten gem. § 1011 BGB jedem Miteigentümer zu.[49] Herausgabe kann allerdings nach § 1011 i.V.m. § 432 Abs. 1 BGB nur an alle Miteigentümer gemeinsam verlangt werden.

c) *Gesamthandseigentum*

Eine weitere Eigentumsform ist die Berechtigung an einer Sache durch eine Gemeinschaft zur gesamten Hand.[50] Diese existiert nur in den gesetzlich vorgesehenen Fällen[51] und kommt vor allem im Gesellschaftsrecht vor.[52] Sie tritt daneben aber auch bei der ehelichen Gütergemeinschaft (§§ 1416, 1485 BGB), der Erbengemeinschaft (§ 2032 BGB) und dem nicht rechtsfähigen Verein (§ 54

---

45 Palandt/*Bassenge*, § 1008 Rn. 1; *Westermann*, § 28 Rn. 1, 4.

46 *Westermann*, § 28 Rn. 1.

47 Staudinger/*Gursky* (2006), § 1008 Rn. 2.

48 Palandt/*Bassenge*, § 1008 Rn. 8.

49 *Westermann*, § 28 Rn. 6.

50 *Baur/Stürner*, § 3 Rn. 27.

51 *Wieling*, 92.

52 BGB-Gesellschaft (§§ 705 ff. BGB), oHG (§§ 105 ff. HGB), KG (§§ 161 HGB), Reederei (§ 489 HGB).

BGB) auf.[53] Charakteristisch für das Gesamthandseigentum ist, dass die Sache zu einem Vermögen gehört, das wiederum mehreren zur gesamten Hand zusteht.[54] An diesem Gesamtvermögen steht jedem Mitglied ein Anteil zu, über den es nicht frei verfügen kann.[55] Ihm steht also kein tatsächlicher oder ideeller Anteil an der individuellen Sache, sondern lediglich am gesamten Vermögen zu.[56]

II. Verfassungsrechtlicher Eigentumsbegriff

Neben dem zivilrechtlichen Eigentum kennt das deutsche Recht einen verfassungsrechtlichen Eigentumsbegriff.

1. Rechtsgrundlage und Rechtsnatur

Rechtsgrundlage dieses Eigentumsbegriffs ist Art. 14 GG. Art. 14 Abs. 1 S. 1 GG garantiert und schützt das Eigentum.[57] Dies beinhaltet einen Schutz in zweierlei Hinsicht. Durch die sog. Institutsgarantie ist das Privateigentum als Rechtsinstitut geschützt und darf nicht abgeschafft werden.[58] Gemeint ist damit nicht, dass alle vermögenswerten Güter geschützt sind.[59] Es geht vielmehr darum, dass dem Bürger ein gewisser Mindestbestand an subjektiven Rechten zustehen muss, die seinem privaten Nutzen dienen und über die er deswegen auch frei verfügen darf.[60] Ein „[...] elementare[r] Bestand grundrechtlich geschützter Betätigung im vermögensrechtlichen Bereich [...]“[61] muss dem Bürger folglich erhalten bleiben.

Den zweiten Schutzaspekt stellt die Bestandsgarantie dar. Sie bezweckt den Schutz der konkreten Rechtsstellung eines Eigentümers und verleiht diesem ein subjektives Recht gegenüber dem Staat, das darauf gerichtet ist, Eingriffe in das Eigentum abzuwehren.[62] Dieser Schutz beschränkt sich allerdings nicht ausschließlich auf das Sacheigentum im Sinne des BGB, sondern erstreckt sich auf alle vermögenswerten Rechtspositionen, die dem Einzelnen im Sinne eines Ausschließlichkeitsrechts zugeordnet sind.[63] Erfasst ist demnach auch die Inhaber-

53 *Westermann*, § 28 Rn. 2; *Baur/Stürner*, § 3 Rn. 27.

54 *Baur/Stürner*, § 3 Rn. 27.

55 *Ibid.*

56 *Westermann*, § 28 Rn. 2.

57 Staudinger/*Seiler* (2002), Vorbem. zu §§ 903 ff. Rn. 18.

58 *Epping*, Rn. 429 f., insbes. Fn. 2; MüKoBGB[5]/*Gaier*, Vor § 903 Rn. 4.

59 Staudinger/*Seiler* (2002), Vorbem. zu §§ 903 ff. Rn. 22.

60 MüKoBGB[5]/*Gaier*, Vor § 903 Rn. 2; Staudinger/*Seiler* (2002), Vorbem. zu §§ 903 ff. Rn. 25.

61 BVerfGE 24, 367, 389; 58, 300, 339.

62 Staudinger/*Seiler* (2002), Vorbem. zu §§ 903 ff. Rn. 23.

63 BVerfGE 69, 272, 300; 72, 175, 195; 83, 201, 209.

schaft an beschränkten dinglichen Rechten und ähnlichen Vermögenswerten.[64] Selbst schuldrechtliche Ansprüche können im Einzelfall erfasst sein.[65]

2. Inhalt des verfassungsrechtlichen Eigentumsbegriffs

Art. 14 GG ist ein sog. normgeprägtes Grundrecht. Der Inhalt des Eigentums im verfassungsrechtlichen Sinne muss sich nach der Rechtsprechung des BVerfG aus der Verfassung selbst ergeben.[66] Hier greift Art. 14 Abs. 1 S. 2 GG ein und legt fest, dass Inhalt und Schranken durch die Gesetze bestimmt werden.[67] Die Stellung des Eigentümers ergibt sich folglich „[...] aus der Zusammenschau aller in diesem Zeitpunkt geltenden, die Eigentümerstellung regelnden gesetzlichen Vorschriften."[68] Dies bedeutet, dass der Inhalt des Eigentums je nach betroffenem Regelungsbereich variiert. Abzustellen ist jeweils auf die einfachgesetzlichen Vorschriften, die die infrage stehende Position in einem Lebensbereich regeln.[69] Der oben dargelegte zivilrechtliche Eigentumsbegriff bestimmt demnach das Eigentum für den Bereich des Sachenrechts und spiegelt damit durch den Verweis in Art. 14 Abs. 1 S. 2 GG ausschnittsweise auch den aktuellen verfassungsrechtlichen Eigentumsinhalt wider. Er weicht aber beispielsweise vom Eigentumsbegriff des öffentlichen Baurechts ab, der sich wiederum aus dem Zusammenspiel mit den bauplanungs- und bauordnungsrechtlichen Vorschriften ergibt. Der verfassungsrechtliche Eigentumsbegriff ist demnach stets bereichsspezifisch zu beschreiben und insofern gewissermaßen flexibel.

III. Stellungnahme

Der verfassungsrechtliche Eigentumsbegriff des deutschen Rechts ist gleichsam dem privatrechtlichen Eigentumsbegriff vorgelagert. Dies bedeutet, dass der privatrechtliche Eigentumsbegriff Teil des verfassungsrechtlichen Eigentumsbegriffs für den Bereich des Privatrechts ist. Der Eigentumsschutz des Art. 14 GG stellt im Gegensatz zum zivilrechtlichen Begriff ein Abwehrrecht gegen den Staat dar und bewirkt dadurch einen Schutz auch des privatrechtlichen Eigentums gegen hoheitliche Eingriffe. Dem privatrechtlichen Eigentum wiederum ist der Schutz gegenüber anderen Privatrechtssubjekten immanent. Dieser Schutz

---

64 BVerfGE 83, 201, 208; Staudinger/*Seiler* (2002), Vorbem. zu §§ 903 ff. Rn. 25.

65 Staudinger/*Seiler* (2002), Vorbem. zu §§ 903 ff. Rn. 25.

66 BVerfGE 58, 300, 335.

67 *Epping*, Rn. 435.

68 BVerfGE 58, 300, 336.

69 *Epping*, Rn. 440.

definiert gemeinsam mit den sonstigen Befugnissen des Eigentümers den Inhalt des Eigentums als Recht.

§ 2 Schwedisches Recht

Ähnlich dem verfassungsrechtlichen Eigentumsbegriff des deutschen Rechts wird das Eigentum im schwedischen Recht je nach Zusammenhang unterschiedlich betrachtet. Eine allgemeine Definition ist deshalb nach schwedischem Verständnis nicht möglich.[70] Auch für das Zivilrecht geht man dort nicht von einem einheitlichen Eigentumsbegriff aus. Die Bereiche des statischen und des dynamischen *sakrätt* nähern sich dem Eigentum aus unterschiedlichen Blickwinkeln.

I. Eigentum als Recht

Innerhalb des statischen *sakrätt*[71] herrscht eine Sichtweise auf das Eigentum, die der des deutschen Rechts in privatrechtlicher Hinsicht vergleichbar ist. Es geht darum, welche Befugnisse ein Eigentümer aus dem Recht ableiten und wie er sich gegen Beeinträchtigungen des *status quo* zur Wehr setzen kann.

1. Rechtsnatur des Eigentums

Der Begriff „Eigentum“ *(äganderätt)* bezeichnet dabei die Berechtigung einer Person in Bezug auf eine Sache.[72] Als umfassendstes der dinglichen Rechte[73] wirkt das Eigentum nach schwedischem Recht grundsätzlich gegenüber jedermann.[74] Es herrscht folglich ein römisch-rechtliches Verständnis der dinglichen Rechte.[75] Insofern haben das deutsche und schwedische Zivilrecht den gleichen Ausgangspunkt.

2. Inhalt des Eigentums

Obwohl als Begriff regelmäßig verwandt, kennt man in Schweden keine allgemeine Definition des Begriffs *äganderätt*.[76], [77] Man geht für das statische *sakrätt*

70 *Millqvist*, 25.
71 Zum Begriff des statischen *sakrätt* s.o. 58 f.
72 Vgl. *Håstad*, 23.
73 *Martinson*, 22.
74 *Agell/Malmström*, 73.
75 *Persson*, Förbehållsklausuler, 83; s. auch o. 53 ff.
76 *Martinson*, 22; *Millqvist*, 25.

stattdessen davon aus, dass es sich beim Eigentum um einen Terminus handelt, der rechtliche Tatsachen mit Rechtsfolgen verknüpft.[78] Welche dies sind, hängt sodann von der individuellen Situation ab. Die jeweiligen Rechtsfolgen stellen dabei regelmäßig den Inhalt des Eigentums in einem bestimmten Zusammenhang dar, sodass die einzelnen Berechtigungen des Eigentümers das Eigentum konstituieren.[79] Viele dieser den Inhalt des Eigentums konstutuierenden Rechtsfolgen sind dem statischen *sakrätt* zuzuordnen, sodass dieses zum Großteil den zivilrechtlichen Inhalt des Eigentums bestimmt.[80] Aber auch Deliktsrecht und Strafrecht haben, gleichsam als Bestandteil des statischen *sakrätt*, Bedeutung für den Inhalt des Eigentums. Teilweise wird die Frage nach dem Inhalt des Eigentums auch als ein verfassungsrechtliches und damit öffentlich-rechtliches Problem angesehen.[81] Für das schwedische Recht stellt das Eigentum damit, anders als im deutschen Recht,[82] die Gesamtsumme der Befugnisse des Eigentümers dar.

a) Sachbezug

Gegenstand des Eigentums muss ein individuell bestimmter Gegenstand sein.[83] Dieses sog. Spezialitätserfordernis gilt im schwedischen Recht ebenso wie im deutschen.[84] Gemeint ist damit, dass Eigentum regelmäßig nicht an Sachgesamtheiten, sondern nur an den einzelnen Sachen im Sinne von körperlichen Gegenständen bestehen kann.[85] Ist eine Sache nicht individualisierbar, können lediglich obligatorische Ansprüche bestehen.[86]

b) Die Befugnisse des Eigentümers

Ausgangspunkt der Befugnisse des Eigentümers ist die Klarstellung, dass der Rechtsinhaber die Sache grundsätzlich so nutzen darf, wie er möchte.[87] Diese umfassende Befugnis wird jedoch durch gesetzliche und vertragliche Aussagen

---

77 Zetterström versucht zu beschreiben: „[Das Eigentum ist das] Recht seine Sachen auszunutzen wie man es selbst wünscht. Begrenzungen des Eigentumsrechts können durch Gesetz oder Vertrag vorgenommen werden", *Zetterström*, Sakrätten, 160.

78 *Martinson*, 22; *Millqvist*, 25.

79 Dies deutet auch *C. Ramberg* an, die den Begriff „Eigentum" als *sammanfattande uttryck* (zusammenfassenden Ausdruck) bezeichnet, Agell/Malmström/*C. Ramberg*[22], 62.

80 Vgl. *Martinson*, 22; *Millqvist*, 26.

81 *Martinson*, 22 f., 14.

82 Motive III, 262.

83 *Undén*, 59, 60 f.

84 *Ibid.* 61; zum deutschen Recht s.o. 74.

85 *Undén*, 61; *Millqvist*, 91; Faber/Lurger/*Lilja*, National Reports Vol. 5, 32.

86 Faber/Lurger/*Lilja*, National Reports Vol. 5, 32.

87 *Håstad*, 23; Martinson, 22.

in Bezug auf unterschiedliche Lebensbereiche beschränkt.[88] Der Inhalt des Eigentums bestimmt sich damit im schwedischen Recht negativ[89], aber auch relativ[90] und insofern, ähnlich wie im deutschen Recht in Art. 14 Abs. 1 GG, situationsabhängig. Die die negative Bestimmung charakterisierenden Beschränkungen des Eigentums können sich darüber hinaus im Laufe der Zeit verändern, sodass das Eigentum dann seine Form verändert.[91] Es ist gleichsam elastisch und hat keinen für immer festgeschriebenen Inhalt.[92] Das Eigentum wird folglich durch seine Beschränkungen beschrieben, ohne dass es ein ursprüngliches, uneingeschränktes Eigentum gäbe.[93]

Die dem Eigentümer im Einzelnen zustehenden Befugnisse ergeben sich aus dem aktuellen Inhalt der Rechtsordnung.[94] Dazu gehört natürlich vor allem das Recht zur Nutzung der Sache sowie zur Überlassung an eine andere Person zum Zwecke der Sachnutzung.[95] Des Weiteren kann der Eigentümer die Sache verpfänden oder an eine andere Person übereignen, indem er sie beispielsweise verkauft oder verschenkt. Er ist regelmäßig frei, die Sache zu zerstören oder sie auf sonstige Weise zu nutzen oder darüber zu verfügen.[96]

Befugnisbegrenzungen ergeben sich aus dem geschriebenen und ungeschriebenen Recht.[97] Dazu gehören beispielsweise diverse Beschränkungen der Verfügungsbefugnis aufgrund gesetzlicher Bestimmungen.[98] Weitere Verengungen der Befugnisse des Eigentümers folgen aus seinen eigenen Absprachen mit anderen Personen. Hier sind vor allem die Vermietung, die Verpfändung oder die Einräumung sonstiger Nutzungsrechte zu nennen.[99] All diese Beschränkungen kennzeichnet, dass es sich um punktuelle Ausnahmen von Befugnissen handelt, die an und für sich dem Eigentümer zustehen.

---

88 *Håstad*, 22 f.; *Millqvist*, 25 f., *Martinson*, 22; *Agell/Malmström*, 77; Agell/Malmström/*C. Ramberg*[22], 62 f.

89 *Håstad*, 23; *Millqvist*, 26; Agell/Malmström/*C. Ramberg*[22], 62 f.. Die Beschränkungen bestimmen das Eigentum bzw. dessen Inhalt gleichsam negativ.

90 *Undén*, 58. Die Relativität bezieht sich auf die Situationsbezogenheit der Beschränkungen.

91 *Ibid.* 66.

92 *Håstad*, 23; *Undén*, 66.

93 *Millqvist*, 26.

94 *Håstad*, 22.

95 *Agell/Malmström*, 77; Agell/Malmström/*C. Ramberg*[22], 62.

96 *Ibid.*

97 *Agell/Malmström*, 77.

98 Bspw. gem. Kap 3, § 1 KonkL im Konkurs, vgl. *Martinson*, 71.

99 *Agell/Malmström*, 78; Agell/Malmström/*C. Ramberg*[22], 64.

c) Rechtsbehelfe[100]

Die Befugnisse des Eigentümers werden durch eine Reihe von Rechtsbehelfen geschützt. Diese sind allerdings nicht durchweg dem *sakrätt* selbst zuzuordnen,[101] sondern gehören teilweise zu anderen Rechtsbereichen. Sie sind aber gleichsam in das statische *sakrätt* eingebettet. Zu den berührten Rechtsbereichen gehören beispielsweise das Deliktsrecht, das Strafrecht und teilweise das öffentliche Recht.[102] Eine besondere Stellung nimmt das mit dem Strafrecht verbundene Besitzrecht ein.[103]

Die Rechtsbehelfe des Eigentümers lassen sich ähnlich dem deutschen Recht in vier Gruppen von Rechtsfolgen teilen. Zu diesen gehören die Herausgabe einer Sache,[104] die Abwehr von sonstigen Störungen,[105] der Schadensersatz[106] sowie weitere sonstige Rechtfolgen.[107]

d) Grenzen des Eigentums[108]

Wie im deutschen Recht existieren auch in Schweden Grenzen für das Eigentum. Diese bestehen in Gestalt von Regeln, welche die Rechtsordnung aus Rücksicht auf bestimmte Schutzgüter vorgibt.[109] Dazu gehören unter anderem die öffentliche Sicherheit und Ordnung sowie der öffentliche Bedarf im Bereich des Verkehrs, der Landesverteidigung, der notwendigen Bebauung und der Energieversorgung.[110] Die meisten gesetzlichen Grenzen des Eigentums beziehen sich nur auf Immobilien.[111] Im Bereich der beweglichen Sachen ist der Eigentümer weniger

---

100 Detailliert zu den Rechtsbehelfen im statischen *sakrätt* s.u. 211 ff.

101 Faber/Lurger/*Lilja*, National Reports Vol. 5, 34 meint, dass der Eigentumsschutz keine Frage des *sakrätt* sei.

102 *Ibid.*

103 *Millqvist*, 39 f.; *Lilja* geht sogar so weit, den Besitzschutz als mit dem Eigentumsschutz identisch zu bezeichnen, vgl. Faber/Lurger/*Lilja*, National Reports Vol. 5, 34.

104 Faber/Lurger/*Lilja*, National Reports Vol. 5, 34; *Martinson*, 25.

105 Faber/Lurger/*Lilja*, National Reports Vol. 5, 34; *Martinson*, 27.

106 *Martinson*, 25.

107 Detailliert zu den einzelnen Rechtsbehelfen, s.u. 211 ff.

108 Im Gegensatz zu den oben genannten Befugnisbegrenzungen, die nur die Befugnisse des Eigentümers beschränken, bewirken die hier beschriebenen Begrenzungen, dass diese Bereiche von vornherein nicht zum Gegenstand des Eigentums gehören.

109 *Agell/Malmström*, 79; ähnlich, aber ohne Betonung der Unterscheidung zwischen Befugnisbegrenzungen und Grenzen des Eigentums: Agell/Malmström/*C. Ramberg*[22], 63.

110 *Agell/Malmström*, 79; Agell/Malmström/*C. Ramberg*[22], 63.

111 Agell/Malmström/*C. Ramberg*[22], 63; so spielt beispielsweise die Enteignung (schwed. *expropriation*) nur für Immobilien eine Rolle.

eingeschränkt,[112] unterliegt aber beispielsweise den Regeln zum Schutz der Ordnung und der Gesundheit.[113] Ausdruck dieser Einschränkungen sind beispielsweise die Regeln über das allgemeine Notrecht[114], die unter bestimmten Voraussetzungen einem Dritten die Einwirkung auf die Sache des Eigentümers auch ohne dessen Zustimmung gestatten.

3. Arten des Eigentums

Im Bereich des statischen Sachenrechts unterscheidet man hauptsächlich zwischen zwei Arten des Eigentums, dem Alleineigentum und dem Miteigentum *(samäganderätt)*.

a) Alleineigentum

Das Alleineigentum stellt auch im schwedischen Recht den Normalfall dar. Dabei ist eine Person ausschließlicher Eigentümer einer Sache. Sie muss dann keinerlei Rücksicht auf eventuell ebenfalls berechtigte Personen nehmen, sondern vereinigt alle aus dem Eigentum folgenden Befugnisse und Pflichten ausschließlich auf sich.

b) Miteigentum (samäganderätt)

Das schwedische Recht kennt daneben einige Formen von gemeinsamer Berechtigung mehrerer Personen in Bezug auf das Eigentum.[115] Dazu gehört neben gesellschaftsrechtlichen Konstruktionen,[116] auf die hier nicht näher eingegangen werden soll, vor allem das *samäganderätt*.[117] Dabei handelt es sich, vergleichbar dem deutschen Eigentum nach Bruchteilen,[118] um eine Form des Eigentumsrechts, bei der mehreren Eigentümern jeweils ein ideeller Anteil an der Gesamtsache zusteht. Die Größe der Anteile ist individuell bestimmbar.[119] Aus der Konstruktion des *samäganderätts* folgt, dass keiner der Eigentümer die anderen übergehen und

---

112 *Håstad*, 24.

113 Agell/Malmström/*C. Ramberg*[22], 63.

114 Dabei geht es um die notwendige Abwehr einer bevorstehenden, unvorhergesehenen Gefahr, die zu wesentlich größeren Schäden führen kann, als durch den Eingriff verursacht wird. Vgl. *Agell/Malmström*, 79; Agell/Malmström/*C. Ramberg*[22], 64. Der Sache nach handelt es sich um ein Notstandsrecht ähnlich § 904 BGB.

115 *Håstad*, 54.

116 Dazu *Millqvist*, 30 f.

117 Detailliert zum *samäganderätt*: *Walin*, Samäganderätt.

118 S.o. 78.

119 *Walin*, Samäganderätt, 129.

allein über das Eigentum verfügen kann. Zur Ausgestaltung dieser Bindungen hat der schwedische Gesetzgeber mit dem *samäganderättslag*[120] eine dezidierte gesetzliche Regelung geschaffen.[121] Die Regeln ähneln denen des deutschen Rechts über das Miteigentum nach Bruchteilen.[122] Mangels abweichender Absprache gehört die Sache den Miteigentümern zu gleichen Teilen (§ 1 SamägL).[123] Jede Maßnahme, die die gemeinsame Sache betrifft, erfordert grundsätzlich die Einstimmigkeit der Eigentümer, § 2 SamägL.[124] Bei Streitigkeiten kann gem. § 3 SamägL eine besondere Verwaltung angeordnet und die Gemeinschaft gem. § 6 SamägL, ggf. auch gegen den Willen einzelner Eigentümer, durch den Verkauf der Sache auf öffentlicher Auktion aufgelöst werden. Die Kosten und der Gewinn werden nach den Anteilen an der Sache zugeordnet, § 15 SamägL. Über seinen Anteil am Eigentum und an der Sache kann jeder einzelne Eigentümer frei verfügen. Insofern ist auch keine Auflösung der Gemeinschaft notwendig, sobald einer der Eigentümer ausscheiden will. Vielmehr kann er seinen Anteil beliebig weitergeben.[125]

4. *Stellungnahme*

Für das allgemeine Zivilrecht und insbesondere den Bereich des statischen *sakrätt* ist festzustellen, dass das Eigentumsverständnis von der rechtlichen Konzeption her dem deutschen Recht vergleichbar ist. Vereinzelt wird ein Unterschied zwischen schwedischem und kontinentaleuropäischem Recht darin gesehen, dass das deutsche Recht in § 903 BGB eine eindeutige Definition enthalte, während das Eigentum nach schwedischem Recht nur negativ zu definieren sei.[126] Tatsächlich liegt hierin aber eine Gemeinsamkeit. § 903 BGB umreißt ausschließlich die zivilrechtlichen Befugnisse des Eigentümers, definiert aber keinesfalls das Eigentum.[127] Die allgemeine Definition des Eigentums ist im deutschen Recht vielmehr eine Frage von Art. 14 Abs. 1 GG und damit des Verfassungsrechts.[128] Das bereichsspezifische Eigentum des Zivilrechts ist dann wiederum vor allem im Dritten Buch des BGB geregelt.[129] Dabei fällt eine große Parallele der schwedischen

120 SFS 1904:48 s.1 *Lag om samäganderätt* (SamägL): Gesetz über das Miteigentum.

121 *Håstad*, 54; *Walin*, Samäganderätt, 15.

122 S.o. 78.

123 *Walin*, Samäganderätt, 124, 126, 129.

124 Eine Ausnahme hiervon stellt die Notgeschäftsführung bei Verhinderung eines Eigentümers dar.

125 *Agell/Malmström*, 90; Agell/Malmström/*C. Ramberg*[22], 61.

126 Vgl. *Andreasson*, SvJT 2005, 522, 534, Fn. 10.

127 Staudinger/*Seiler* (2002), § 903 Rn. 2.

128 S.o. 80 f.

129 Eigentum i.S.d. Art. 14 GG erfasst zwar auch andere Positionen, diese wiederum sind aber anderenorts geregelt. MüKoBGB[5]/*Gaier*, Vor § 903 Rn. 20; MüKoBGB[5]/*Säcker*, § 903 Rn. 1.

Herangehensweise mit dem verfassungsrechtlichen Eigentumsbegriff des deutschen Rechts auf. In beiden Rechtsordnungen ist der Eigentumsbegriff grundsätzlich nicht absolut, sondern wird relativ, also je nach Sachzusammenhang, bestimmt.

Vergleicht man den bereichsspezifischen Eigentumsbegriff des statischen *sakrätt* mit dem sachenrechtlichen bzw. zivilrechtlichen Eigentumsbegriff des deutschen Rechts, so fallen kaum Unterschiede ins Auge.[130] In beiden Rechtsordnungen handelt es sich beim Eigentum um ein absolutes Recht, das dem Eigentümer umfangreiche Befugnisse verleiht, die wiederum durch die Rechtsordnung geschützt werden. Inwieweit die Befugnisse im Detail vergleichbar sind, soll im weiteren Gang der Untersuchung erläutert werden.[131]

II. Eigentum als Funktionsbegriff

Das Sachenrecht ist für die meisten kontinentaleuropäischen Juristen ohne das Eigentum als Recht und als Konzept nicht denkbar. So wird in Deutschland nicht nur eine Sache, sondern rechtstechnisch das Eigentum als dingliches Recht an dieser Sache übertragen. Aus dem Eigentum folgt sodann der Schutz gegenüber Dritten, die Ansprüche auf die Sache geltend machen. In Schweden wählt man in dynamischen Konfliktsituationen eine völlig andere Herangehens- und damit Betrachtungsweise des Eigentums.

1. Rechtsnatur des Eigentums im dynamischen sakrätt

Im Bereich des dynamischen *sakrätt*, also in Situationen, in denen es um konkurrierende Ansprüche auf ein und dieselbe Sache und damit vor allem um sachenrechtliche Konflikte in Bezug auf Transaktionssituationen geht,[132] ist nicht das voll ausgebildete Eigentum von primärem Interesse.[133] Man behandelt diese Situationen, in denen inkompatible Ansprüche auf das Eigentum bzw. die Sache geltend gemacht werden,[134] jeweils für sich, indem man danach fragt, welche Person gegenüber der anderen Person in Bezug auf einen bestimmten Aspekt

130 Faber/Lurger/*Lilja*, National Reports Vol. 5, 45, stellt fest, dass sich das schwedische Recht im Bereich des statischen Sachenrechts nicht besonders stark von vielen anderen Rechtsordnungen unterscheidet.

131 S. vor allem u. 202 ff. und 211 ff.

132 *Agell/Malmström*, 81; Faber/Lurger/*Lilja*, National Reports Vol. 5, 45. S. hierzu auch o. 59 ff.

133 *Håstad*, 24.

134 Faber/Lurger/*Lilja*, National Reports Vol. 5, 45.

geschützt ist oder „Priorität" hat.[135] Das Vorliegen dieses dinglichen Schutzes hängt dabei nicht zwingend davon ab, ob das Eigentum erworben wurde.

a) Ausgangspunkt

Um 1900 kamen in Skandinavien kritische Stimmen auf, die die römischrechtliche Herangehensweise in Bezug auf das Eigentum ablehnten.[136] Sie betrachteten das Eigentum nicht länger als ein einheitliches Recht, welches als Ganzes übertragen werden konnte.[137] Als Vorreiter dieser Bewegung hielt der dänische Jurist *Carl Torp* auf dem Nordischen Juristentreffen *(Nordiskt Juristmöte)* 1902 einen wegweisenden Vortrag über „[...] die Grundsätze, die bei der Frage des Eigentumsübergangs beim Kauf von beweglichen Sachen entscheidend sein sollten".[138] Er vertrat die Auffassung, das Eigentum verbinde eine Reihe von rechtlichen Voraussetzungen mit einer Anzahl verschiedener Rechtsfolgen und stelle damit einen Funktionsbegriff dar.[139] Es lasse sich nicht exakt definieren.[140] *Torp* wollte das Eigentum in seine Elemente unterteilen und es somit nicht dogmatisch, sondern funktional analysieren.[141] Die unterschiedlichen, gleichsam aus dem Eigentum herausgelösten Einzelprobleme sollten jeweils für sich behandelt und nicht an das Eigentum als entscheidendes Kriterium angeknüpft werden.[142] Obwohl zunächst hart kritisiert,[143] fand *Torps* Herangehensweise bald Unterstützung in den nordischen Ländern,[144] was ihr zum Durchbruch verhalf.[145]

b) Etablierung des funktionalen Eigentumsbegriffs in Schweden

In Schweden übernahm *Östen Undén* die Idee *Torps* in sein Lehrbuch.[146] Er war der Ansicht, dass das Eigentum keinen naturrechtlichen Inhalt habe, sondern ein Gebilde sei, das einzelne Aspekte zusammenfasse.[147] Der Begriff „Eigentum" sei damit

---

135 *Ibid.*

136 v. Bar/*Clive*, DCFR, Bd. V, 4260 (VIII.-1:202, Nr. 34).

137 *Martinson*, 10.

138 NJM 1902, Protokoll, 137 ff.; *Torp*, NJM 1902, Bilag VI; *Håstad*, ERPL 2009 (4), 725, 727; *ders.*, JFT 2009, 327, 328.

139 *Torp*, NJM 1902, Bilag VI, 1, 7 ff.; Faber/Lurger/*Lilja*, National Reports Vol. 5, 28.

140 *v. Bar/Clive*, DCFR, Bd. V, 4260 (VIII.-1:202, Nr. 35).

141 *Torp*, NJM 1902, Bilag VI, 1, 8.

142 NJM 1902, Protokoll, 138; vgl. *Martinson*, NJM 2008, 4.

143 Vgl. NJM 1902, Protokoll, 154 (*Almén*), 166 (*Hagerup*); *Undén*, Svensk Sakrätt I[1], 187, Fn. 1; *Martinson*, 11; Faber/Lurger/*Lilja*, National Reports Vol. 5, 29.

144 Vgl. Faber/Lurger/*Lilja*, National Reports Vol. 5, 29.

145 *v. Bar/Clive*, DCFR, Bd. V, 4261 (VIII.-1:202, Nr. 36).

146 *Martinson*, 11; *v. Bar/Clive*, DCFR, Bd. V, 4260 (VIII.-1:202 Nr. 35).

147 *Undén*, 58.

ein relativer, weil sachzusammenhangsabhängiger und zugleich funktionaler Begriff.[148]

Einen gewichtigen Beitrag zu dieser Veränderung der Sichtweise auf das Eigentum und ihrer Etablierung in Schweden leistete die Uppsala-Schule. Mit ihrer Kritik an der modernen Rechtswissenschaft[149] und deren Einordnung von Rechten als Tatsachen stellten sie zugleich das Eigentum als Recht konkret infrage.[150] Dies sei nicht Ausdruck der Realität, da es nicht erfahrbar sei.[151] Folglich sei es metaphysisch, so *Lundstedt*.[152] Es handele sich dabei auch nicht, wie von *Jhering* behauptet, um ein rechtlich geschütztes Interesse, da das Eigentum nicht „selbstschützend" sei.[153] Schutz entstehe nicht aus dem Recht selbst bereits durch das Ausnutzen oder Gebrauchen der Sache, sondern werde dem Eigentümer erst nachträglich, in Form eines durch den Staat gewährten Anspruchs, zuteil.[154] Rechte seien keine empirischen Fakten, sondern lediglich Gebilde, denen in der wirklichen Welt bestimmte Effekte entsprächen.[155] Nach *Olivecrona* vermittelt das Eigentumsrecht lediglich ein Gefühl von Befugnis, stelle aber nicht selbst die Befugnis dar.[156] Der Begriff „Eigentum" sei deshalb eine bloße Präsentationstechnik zur Darstellung der Verknüpfung von Tatsachen mit Rechtsfolgen.[157] Man solle direkt auf die einzelnen Aspekte eingehen, die in der kontinentaleuropäischen Rechtswissenschaft unter das Eigentum als Begriff gefasst wurden und dabei auf das Eigentum als „Präsentationstechnik" verzichten.[158] Die Uppsala-Schule empfand das Eigentum insofern als überflüssig.[159]

c) Heutige Sichtweise auf den funktionalen Eigentumsbegriff

Die Kritik der Uppsala-Schule führte dazu, dass man für die „Eigentumsübertragung" im Bereich des dynamischen *sakrätt* das Eigentum als Konzept aufgab.[160] Es wird heute als Rechtskonzept mit eigenem unabhängigen Inhalt für dynami-

---

148 *Ibid.*

149 Vgl. o. 46 ff.

150 *v. Bar/Clive*, DCFR, Bd. V, 4261 (VIII.-1:202, Nr. 36).

151 *Ross*, Sc.St.L. 1 (1957), 137, 150; *Olivecrona*, Sc.St.L. 3 (1959), 125, 144.

152 *Lundstedt*, Legal Thinking Revised, 17; *Alexander*, 50 Am.J.Comp.L. (2002), 131, 154.

153 *Lundstedt*, Legal Thinking Revised, 89.

154 *v. Bar/Clive*, DCFR, Bd. V, 4261 (VIII.-1:202, Nr. 36); Faber/Lurger/*Lilja*, National Reports Vol. 5, 29.

155 *v. Bar/Clive*, DCFR, Bd. V, 4261 (VIII.-1:202, Nr. 36).

156 *Olivecrona*, Law as fact, 90.

157 *Ross*, Sc.St.L. 1 (1957), 137, 148.

158 *Ibid.* 147.

159 *Ibid.* 149.

160 *v. Bar/Clive*, DCFR, Bd. V, 4261 (VIII.-1:202 Nr. 37).

sche Situationen als „metaphysischer Nonsens“ abgelehnt.[161] Man nähert sich stattdessen den einzelnen Aspekten dessen, was in Deutschland die Rechtsfolgen des Eigentums in Transfersituationen ausmacht, direkt, ohne das Eigentum als Anknüpfungsmoment zu verwenden. Insofern stellt das Eigentum in Transfersituationen allenfalls einen Begriff dar, der einzelne Aspekte und Rechtsfolgen zusammenfasst. Eine darüber hinausgehende eigenständige Bedeutung oder gar rechtliche Folgen lassen sich ihm nach schwedischem Verständnis in diesen Situationen nicht zuordnen.

Abb. 5: Eigentumsverständnis im statischen sakrätt und Eigentum als Funktionsbegriff im dynamischen sakrätt

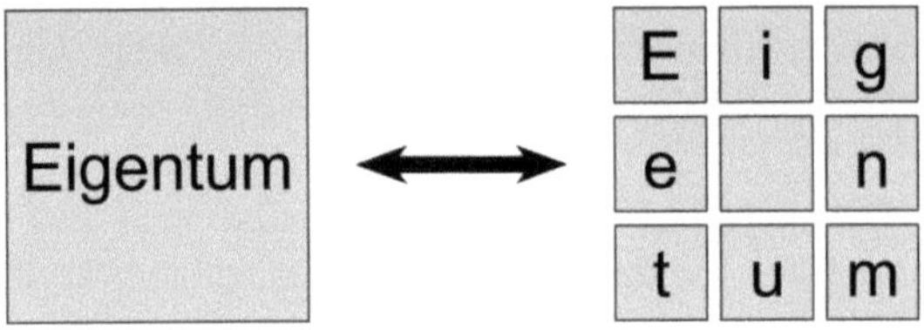

2. *Inhalt des Eigentums im funktionalen Sinn*

Das Charakteristische am funktionalen Eigentumsverständnis ist damit in Transfersituationen seine Nichtexistenz als selbständiges integrales Recht. Mittelbar ergibt sich als Inhalt des Eigentums die Summe der einzelnen Aspekte und Rechtsfolgen, die jedoch jeweils eigenständig analysiert werden. Bei diesen Analysen richtet sich die Antwort auf die Frage, welche von mehreren Personen berechtigt ist, auf die Sache zuzugreifen, danach, wer gegenüber einer anderen Person eine dinglich geschützte Rechtsposition erlangt hat. Dies kann bezüglich einzelner Befugnisse variieren und ist grundsätzlich losgelöst vom Eigentum zu beantworten. Welche der aus dem Eigentum herausgelösten Einzelaspekte in Betracht kommen, lässt sich nicht einfach enumerativ auflisten, sondern hängt von der jeweiligen konkreten Fragestellung[162] und den beteiligten Personen ab. Im Allgemeinen gehören hierzu die Bindung *inter partes*, die Gefahrtragung bezüglich der Sache, die Verteilung des Haftungsrisikos für die Sache sowie der Schutz *erga omnes*.[163] Geht man davon aus, dass das funktionale Eigentum über keinen

161 *Martinson*, 23.

162 *Lilja* formuliert zur schwedischen Herangehensweise im Gegensatz zur Herangehensweise in anderen Rechtsordnungen: „The difference lies more in how we formulate the questions that we pose and how we approach the problems.“ Faber/Lurger/*Lilja*, National Reports Vol. 5, 183.

163 *Martinson*, 39. Ähnlich: *Krimphove*, 133.

wirklichen Inhalt verfügt, da ihm keine Rechtsfolgen zugeschrieben werden, so stellt sich die Frage, wie die einzelnen Teilaspekte stattdessen behandelt werden.

Im Fokus dieser Problemstellung steht vor allem der *erga omnes*-Schutz.[164] Dieser Aspekt des „früheren Eigentums“ wird unter dem Gesichtspunkt des Vorrangs in Bezug auf die Sache behandelt:[165] Wem soll unter welchen Voraussetzungen das Recht zustehen, die Sache für sich zu behalten und den anderen Anspruchsteller von ihr auszuschließen? Das dynamische *sakrätt* lässt sich hierzu anhand von „vier Hauptfällen“ systematisieren.[166]

a) Schutz des Erwerbers vor den Gläubigern des Veräußerers (borgenärsskydd[167] in Transfersituationen)

Im Vordergrund steht die Frage nach dem Schutz des Erwerbers gegenüber den Gläubigern des Veräußerers.[168] Es geht dabei um das Problem, ab wann und inwieweit der Erwerber die Sache dem Zugriff der Gläubiger des Veräußerers, beispielsweise in der Zwangsvollstreckung oder dem Konkurs, entziehen kann. Gegenstand des *borgenärsskydd* ist also der Konflikt darüber, wer Zugriff auf eine Sache bekommt, um diese zur Deckung einer Forderung zu verwenden.[169] Maßgebliches Kriterium ist dabei, ob dem Erwerber ein Aussonderungsrecht an der Sache zusteht.[170] Dessen Bestehen ist regelmäßig an sachenrechtliche Momente geknüpft, die nicht mit dem Eigentumserwerb gleichzusetzen sind.[171] Es ist also grundsätzlich möglich, eine gegenüber Dritten geschützte Position zu erlangen, ohne bereits das Eigentum im Sinne eines dinglichen Rechts erworben zu haben. Insofern erwachsen aus dem Eigentum selbst in dieser Konstellation keine Rechtsfolgen für die Frage des Drittschutzes.[172] Ist aber der dingliche Schutz als ein gleichsam zuvor aus dem Eigentum abgespaltenes Element[173] erworben worden, so lässt sich umgekehrt formulieren, dass damit ein Teilaspekt des Eigentums erworben worden ist.

---

164 *Krimphove*, 134 spricht insofern vom „Schutz gegenüber den Gläubigern“ der anderen Partei.

165 Vgl. *Martinson*, 40; Faber/Lurger/*Martinson*, Transfer of Movables, 69, 79.

166 Vgl. *Zetterström*, Sakrätten, 20.

167 Dt. *Gläubigerschutz*.

168 *Håstad*, 93; Faber/Lurger/*Lilja*, National Reports Vol. 5, 85.

169 *Millqvist*, 17.

170 Dazu s.u. 266 ff.

171 Erworben wird also der Schutz in Gestalt eines Aussonderungsrechts, nicht das Eigentum, s. dazu u. 253 ff.

172 *Martinson* formuliert dazu plakativ: „Ownership is a detour“, Faber/Lurger/*Martinson*, Transfer of Movables, 69, 72.

173 Diese „Abspaltung“ ist gleichsam durch die oben beschriebene Idee *Torps* ausgelöst worden.

b) Schutz des überlassenden Eigentümers gegenüber den Gläubigern des Sachbesitzers (borgenärsskydd in Überlassungssituationen)

Der *borgenärsskydd* erfasst neben den soeben beschriebenen Transfersituationen auch Fälle, in denen das Eigentum nicht übertragen, sondern die Sache einer anderen Person nur überlassen werden soll.[174] Es geht hierbei vornehmlich um Fälle der Gebrauchsüberlassung, beispielsweise im Rahmen von Miet- und Leihverhältnissen.[175] Im Rahmen des Schutzes des Überlassenden gegenüber den Gläubigern des berechtigten Sachbesitzers stellt sich, ebenso wie in der soeben beschriebenen Transferkonstellation, die Frage nach dem dinglichen Schutz in Gestalt eines Aussonderungsrechts.[176] Anders als in Transfersituationen knüpft man hierbei für das Aussonderungsrecht jedoch nicht an sonstige sachenrechtliche Momente an, sondern stellt auf das zeitlich zuvor, z.B. beim Vermieter, entstandene Eigentum selbst ab.[177] Aufgrund des beibehaltenen Eigentums steht dem Überlassenden ein Aussonderungsrecht an seiner Sache zu, die sich beim Besitzer befindet.[178]

Insofern ist die Herangehensweise hier eigentlich nicht funktional und entspricht im Kern der im statischen *sakrätt* und im deutschen Recht herrschenden Sichtweise, wonach das Eigentum selbst bestimmte Rechtsfolgen auslöst.[179] Auf eine Lösungsfindung unter Zuhilfenahme funktionaler Momente wird verzichtet. Obwohl diese Konstellation ebenfalls dem dynamischen *sakrätt* zuzuordnen ist und im Vergleich zum Übertragungsfall nur das rechtliche Verhältnis zwischen „Veräußerer“ und „Erwerber“ anders ausgestaltet ist, kommt dem Eigentum hier eine Bedeutung zu. Insofern ist festzustellen, dass das funktionale Eigentumsverständnis nicht durchweg im dynamischen *sakrätt* gilt, sondern der Drittschutz in dieser Überlassungskonstellation gleichsam eine Rechtsfolge des Eigentums ist.

c) Absatzschutz (omsättningsskydd)

Unklar ist, ob und wie sich das funktionale Eigentumsverständnis auf die Fälle des Absatzschutzes auswirkt. Prinzipiell soll nach schwedischem Recht jeder-

---

174 *Zetterström*, Sakrätten, 20, 48; *Millqvist*, 86.

175 *Håstad*, 146; *Zetterström*, Sakrätten, 50; *Millqvist*, 86.

176 Detailliert hierzu s.u. 256 ff.

177 Vgl. *Håstad*, 146: „Wenn z.B. A Eigentümer eines Autos ist, welches er an B verleiht oder vermietet [...], so ist A weiterhin Eigentümer des Autos und hat ein Aussonderungsrecht bei der Zwangsvollstreckung oder dem Konkurs bei B“; *Millqvist*, 100: „Das beibehaltene Eigentumsrecht und damit Aussonderungsrecht des Vermieters ist ein Umstand der für Kreditsicherungszwecke im Leasingsystem verwandt wird“.

178 *Håstad*, 146; *Millqvist*, 100 (vgl. Fn. 177). S. auch u. 256 ff.

179 Vgl. zum Eigentumsbegriff im statischen *sakrätt* o. 81 ff. sowie u. 211 ff.

mann über eine Sache verfügen können.[180] Unterschiede in Bezug auf eine vorhandene Berechtigung machen sich erst im Konfliktfall bemerkbar, nämlich dann, wenn sich die Frage stellt, ob der Erwerber gegenüber einer anderen Person, welche ein Recht behauptet inne zu haben, Vorrang genießt. Man konzentriert sich also auch hier auf einen konkreten Konflikt, der im Verhältnis zwischen dem „alten" und dem „neu erworbenen" Recht auftritt.[181] Die Lösung hängt davon ab, ob der Erwerber gegenüber der anderen Person geschützt ist, obwohl der Verfügende nicht zur Eigentumsübertragung berechtigt war. Dies ist der Fall, wenn er ein „besseres Recht" an der Sache erworben hat, was nicht gleichbedeutend mit dem Eigentum sein soll.[182]

aa) Verfügungen Nichtberechtigter

Verfügt ein vollkommen Nichtberechtigter über eine Sache, so kommt es darauf an, zu wessen Gunsten die tatsächlichen Voraussetzungen sprechen.[183] Entscheidend sind die Regeln über den gutgläubigen Erwerb beweglicher Sachen. Logischerweise müsste mit dem Terminus „gutgläubiger Erwerb" der Erwerb des Schutzes bzw. des Vorrangs gemeint sein,[184] denn ein Eigentumserwerb wäre ja mangels Relevanz für die Schutzfrage im dynamischen *sakrätt* rechtsfolgen- und damit bedeutungslos. Die Unterscheidung zwischen Schutzerwerb und Eigentumserwerb wird für den gutgläubigen Erwerb begrifflich aber nicht konsequent vollzogen. Die teilweise in der Literatur verwandte „funktionale Terminologie", die versucht, den Begriff „Eigentum" zu vermeiden und stattdessen vom „besseren Recht" im Sinne von dinglichem Schutz spricht,[185] scheint nur schwer mit dem Wortlaut von § 2 GFL vereinbar zu sein, der ausdrücklich vom Erwerb des „Eigentums" spricht.[186] Dies könnte darauf hindeuten, dass gutgläubig das Eigentum erworben wird und der Drittschutz dann aus dem Eigentum folgt. Daraus ließe sich sodann folgern, dass auch hier ein Eigentumsverständnis wie im statischen *sakrätt* vorherrscht. Dem wird jedoch widersprochen und die Verwendung des Begriffs „Eigentum" in § 2 GFL als Redaktionsversehen aufgefasst.[187] In der Tat lässt sich der Wortlaut des § 2 GFL wohl nur dann mit dem funktionalen Eigen-

---

180 *Martinson*, 41, 86.

181 *Millqvist*, 16.

182 *Martinson*, 86. Offen bleibt aber, was genau unter einem „besseren Recht" zu verstehen ist.

183 So wohl *Martinson*, 86.

184 So anscheinend *Martinson*, 86.

185 Vgl. *Martinson*, 86. Zum Begriff „besseres Recht" s. auch u. 226.

186 Diese Problematik sieht auch *Martinson*, 88 f.

187 So *Martinson*, 88. Infolge dessen hat *Lilja* die Passage „erhält der Erwerber das Eigentum an der Sache" in § 2 GFL wohl mit der sprachlich etwas weiteren Formulierung „title to the property shall vest in the acquirer" übersetzt, vgl. Faber/Lurger/*Lilja*, National Reports Vol. 5, 193.

tumsverständnis in Einklang bringen, wenn man davon ausgeht, dass Eigentum und Drittschutz in dieser Fallkonstellation zwar zeitgleich erworben werden, aber dennoch voneinander unterschieden werden müssen.[188] Insofern folgt hier der für das dynamische *sakrätt* maßgebliche Drittschutz nicht aus dem Eigentum, sondern aus dem sachenrechtlichen Moment der Übergabe bei Vorliegen des guten Glaubens des Erwerbers. Dadurch erübrigt sich der „Umweg" über das Eigentum zur Beantwortung der Frage, ob der Erwerber gegenüber dem nicht verfügenden „Alt"-Eigentümer Vorrang genießt.

bb) Doppelveräußerung (tvesala)

Kommt für beide Personen nur ein Erwerb vom an sich verfügungsberechtigten Eigentümer in Betracht, so handelt es sich um die Frage nach dem Vorrang bei einer Doppelverfügung.[189] Grundsätzlich ist dem ersten Erwerber der Vorrang einzuräumen, wenn auch bislang nur ein schuldrechtlicher Vertrag geschlossen wurde.[190] Es stellt sich aber die Frage, unter welchen Voraussetzungen ein zweiter Erwerber Drittschutz erlangen kann, denn der erste Erwerber hat das Eigentum bislang nur mit Wirkung *inter partes* erworben.[191] Mangels Trennungs- und Abstraktionsprinzip ist der Veräußerer im schwedischen Recht bereits durch den Abschluss des Kaufvertrages im Verhältnis zum ersten Erwerber nicht mehr als Eigentümer anzusehen und deshalb nicht mehr zu weiteren Verfügungen über die Sache befugt.[192] Das Eigentum befindet sich also quasi mit Ausnahme der Verfügungsbefugnis noch beim Veräußerer. Maßgeblich für die Lösung dieser Situation sind – ebenso wie bei der Verfügung (vollständig) Nichtberechtigter – die Regelungen des gutgläubigen Erwerbs.[193] Nur wenn der zweite Erwerber i.S.v. § 2 GFL gutgläubig ist und den Sachbesitz vom nicht berechtigten Veräußerer erlangt, gebührt ihm der Vorrang gegenüber dem ersten Erwerber. Dabei fällt der Erwerb des Drittschutzes, ebenso wie in der klassischen Gutglaubenserwerbskonstellation, wiederum mit dem Erwerb des Eigentums zeitlich zusammen.

---

188 M.E. könnte man den Drittschutz auch gleichsam „als Minus" vom Eigentumserwerb miterfasst ansehen, denn dieser Aspekt ist, wie eingangs geschildert, dogmatisch aus dem Eigentum hervorgegangen.

189 *Håstad*, 83.

190 *Ibid.*

191 *Krimphove*, 135; s. auch o. 61 f.

192 Detailliert hierzu s. auch u. 145 ff.

193 Der schwedische Gesetzgeber will, dass der Veräußerer nach Abschluss des Kaufvertrages mit dem ersten Erwerber nicht mehr als Eigentümer im Sinne des GFL angesehen wird, vgl. prop. 1985/86:123, 17.

3. *Stellungnahme*

Das Eigentum im funktionalen Sinne ist kein Eigentum im Sinne des deutschen Begriffsverständnisses, sondern ein Sammelbegriff für Einzelaspekte, die bei der in Schweden praktizierten Herangehensweise zur Lösung sachenrechtlicher Konflikte anstelle des Eigentums zum Tragen kommen. Der Anwendungsbereich für diese Betrachtungsweise beschränkt sich auf Transfersituationen, also primär darauf, die Rechtsverhältnisse in dem Zeitraum zwischen dem Abschluss eines auf die Übereignung gerichteten Vertrages und dessen vollständiger Abwicklung zu regeln. Dementsprechend weitreichend sind die Folgen dieser funktionalen Herangehensweise auf den Erwerbsvorgang und seine Voraussetzungen.

Auffallend ist im schwedischen Recht vor allem, dass die funktionale Herangehensweise nicht strikt durchgeführt wird, sondern sich ausschließlich auf den Eigentumstransfer beschränkt. Bislang wurden die Rechtsbehelfe und ihre Anknüpfungspunkte zwar nur kursorisch behandelt, es wird aber bereits hier deutlich, dass jenseits von Transfersituationen ein Eigentumsverständnis vorherrscht, das dem deutschen vergleichbar ist. Dort ergeben sich die Rechtsfolgen, ebenso wie im deutschen Recht, aus dem Eigentum selbst. Insofern scheint es richtiger, die funktionale Herangehensweise nicht als die im dynamischen *sakrätt* schlechthin anzuwendende darzustellen, sondern ihren Anwendungsbereich dahingehend zu definieren, dass dieser sich auf Situationen beschränkt, die die Übertragung des Eigentums an beweglichen Sachen betreffen.

§ 3 Wesentliche Unterschiede und Gemeinsamkeiten

Gemein ist deutschem und schwedischem Recht, dass beide Rechtsordnungen das Eigentum grundsätzlich als dingliches Recht ansehen, aus dem sich gewisse Rechtsfolgen ableiten lassen. Ebenso ist beiden Rechtsordnungen gemein, dass die Bestimmung des Inhalts des Eigentums davon abhängt, in welchem Zusammenhang es zum Tragen kommen soll. Für den wesentlichen Bereich der Eigentumsübertragung bestehen aber gewichtige Unterschiede: Während das deutsche Recht von einer Übertragung des gesamten Eigentums in einem bestimmten Zeitpunkt ausgeht und die Form des Eigentums als „einheitliches Recht" insofern aufrechterhält, teilt man es im schwedischen Recht für die Übertragung auf und behandelt die so gewonnenen Einzelaspekte jeweils für sich, ohne dass das Eigentum als integrales Recht fortbesteht. Im deutschen Recht findet diese funktionale Eigentumsbetrachtung kein Äquivalent. Zwar ist, anders als in Skandinavien teilweise behauptet wird, auch im deutschen Recht bei weitem nicht für alle im Rahmen der Übereignung entstehenden Konflikte das Eigentum bzw. dessen Inhaberschaft das ausschlaggebende Moment.[194] Unbestritten ist es aber für die Lösung der geschilderten Konfliktsituationen von erheblicher Bedeutung.

194 Diese Problematik sieht auch Faber: „But partly, it seems that Scandinavian functional approach proponents overestimate what they consider the disadvantageous effects of the unitary approach by linking many more consequences to the ‚transfer of ownership' than contemporary unitary systems, like the German or Austrian one, actually do", Faber/Lurger/Faber, Transfer of Movables, 97, 99.

Kapitel 6: Besitz

§ 1 Deutsches Recht

Im deutschen Recht ist strikt zwischen dem Eigentum und dem Besitz zu unterscheiden. Wenngleich sich dies in der Umgangssprache nicht wirklich durchgesetzt hat, unterscheiden sich die Rechtsinstitute grundlegend. Das Besitzrecht des BGB hat seine Wurzeln im römischen, deutschen und kanonischen Recht und wurde im 19. Jahrhundert von *Savigny*[1] stark beeinflusst.[2] Seine Besitztheorie wurde namentlich von *Jhering* kritisiert, prägte aber die pandektistische Lehre vom Besitz und war damit auch bei den Gesetzgebungsarbeiten zum BGB von Bedeutung.[3]

I. Begriff und Rechtsnatur

Das BGB definiert den Besitz nicht unmittelbar; aus § 854 Abs. 1 BGB lässt sich aber ableiten, dass es sich beim Besitz um die tatsächliche Herrschaft über eine Sache handelt.[4] Der Besitz ist also zunächst eine rein faktische Position, die den Inhaber in die Lage versetzt, andere tatsächlich von der Nutzung der Sache auszuschließen.[5] Herrschaft ohne Herrschaftswillen ist allerdings nicht denkbar, sodass zusätzlich auch der Besitzwille erforderlich ist, um den Besitz im juristischen Sinne zu begründen.[6] In diesem Zusammenhang ist die Frage nach der Berechtigung zum Besitz irrelevant.[7] Besitzer ist also auch derjenige, der die tatsächliche Sachherrschaft zu Unrecht innehat. Faktischer Besitzer ist regelmäßig der Gewahrsamsinhaber. Im rechtlichen Sinne[8] kann der Besitz aber auch demjenigen zustehen, der eine Sache nicht unmittelbar in Gewahrsam hat.[9] Dies ist im Rahmen der Besitzdienerschaft[10] und beim mittelbaren Besitz[11] der Fall.

---

1 Vor allem *Savignys* erste Monographie „Das Recht des Besitzes“ (1803) erregte Aufsehen.
2 Staudinger/*Bund* (2007), Vorbem. zu §§ 854 ff. Rn. 1, 6 ff.
3 *Ibid.* Rn. 8.
4 Allg. A. *Weber*, § 5 Rn. 2; *Wieling*, 43; Staudinger/*Bund* (2007), Vorbem. zu §§ 854 ff. Rn. 34.
5 *Wieling*, 43.
6 *Ibid.* 50.
7 *Baur/Stürner*, § 7 Rn. 7.
8 MüKoBGB[5]/*Joost*, § 855 Rn. 1.
9 Es handelt sich dabei streng genommen nicht um Besitz im Sinne des tatsächlichen Innehabens der Sachgewalt, vgl. Staudinger/*Klinck* (2012), Eckpfeiler, V. Besitz, Rn. 67.
10 MüKoBGB[5]/*Joost*, § 855 Rn. 1.
11 Staudinger/*Klinck* (2012), Eckpfeiler, V. Besitz, Rn. 67.

Als tatsächliches Verhältnis stellt der Besitz kein Recht dar,[12] sondern ist vielmehr ein Rechtsfaktum.[13] Da aber der Besitz von der Rechtsordnung geschützt wird, kann man auch von einer den dinglichen Rechten angenäherten Rechtsposition sprechen.[14]

II. Arten des Besitzes

Im deutschen Recht unterscheidet man je nach Konstellation zwischen unterschiedlichen Arten des Besitzes. Dadurch wird deutlich, dass es über den Besitz im Sinne eines unmittelbaren Gewahrsamsverhältnisses hinaus auch eine rechtliche Betrachtung des Besitzes gibt.

1. Unmittelbarer und mittelbarer Besitz

Während der unmittelbare Besitz gleichsam als Grundfall voraussetzt, dass der Besitzer selbst unmittelbaren Gewahrsam an der Sache hat, ist im Sinne des BGB auch derjenige Besitzer, der die Sachherrschaft durch einen anderen ausübt, vgl. § 868 BGB. Besteht zwischen dem unmittelbaren Besitzer und einer anderen Person ein sog. Besitzmittlungsverhältnis, also ein zeitlich begrenztes und inhaltlich konkretisiertes Rechtsverhältnis, welches den unmittelbaren Besitzer zum Besitz berechtigt, ihn aber gegenüber der anderen Person wenigstens zukünftig zur Herausgabe verpflichtet, so ist auch diese andere Person (mittelbarer) Besitzer.[15] Der mittelbare Besitzer übt seinen Besitz gleichsam durch den unmittelbaren Besitzer aus, auf den er zumindest aufgrund seines Herausgabeanspruchs Einfluss hat.[16]

2. Eigen- und Fremdbesitz

Des Weiteren lässt sich nach der Willensrichtung des Besitzers unterscheiden, ob dieser für sich selbst, also als Eigenbesitzer, besitzen will oder den Oberbesitz eines anderen anerkennt.[17] Letzterer Fall betrifft alle Nutzungsbesitzer, also Personen, die eine Sache aufgrund eines Nutzungsrechts im Gewahrsam haben, ihren eigenen Besitz aber als Fremdbesitz dem Besitz einer anderen Person unterordnen. Der unmittelbare Besitzer, der gleichzeitig Besitzmittler ist, muss stets Fremdbesitzer sein.[18]

---

12 H.M., MüKoBGB[5]/*Joost*, Vor § 854 Rn. 10; Palandt/*Bassenge*, Überbl. v. § 854 Rn. 1.

13 Staudinger/*Klinck* (2012), Eckpfeiler, V. Besitz, Rn. 65, bezeichnet den Besitz als „Tatsache".

14 Vgl. MüKoBGB[5]/*Joost*, Vor § 854 Rn. 9 f.

15 Vgl. Palandt/*Bassenge*, § 868 Rn. 6.

16 BGHZ 85, 265, 267.

17 *Weber*, § 5 Rn. 15.

18 *Ibid.*

3. *Mitbesitz und gesamthänderischer Mitbesitz*

Neben dem Alleinbesitz als Grundfall kennt die deutsche Rechtsordnung auch Formen des gemeinsamen Besitzes. Dabei ist zu unterscheiden: Kann jeder Mitbesitzer die tatsächliche Sachherrschaft allein ausüben, so handelt es sich um schlichten Mitbesitz.[19] Ist die Besitzausübung nur gemeinsam möglich, so liegt gesamthänderischer Mitbesitz vor.[20] Gegeneinander können die Mitbesitzer ihre Besitzschutzrechte nicht geltend machen, sofern nicht einer der Mitbesitzer vollständig von der Sachherrschaft ausgeschlossen wird, vgl. § 866 BGB.[21]

4. *Besitzdiener*

Eine Besonderheit stellt die Regelung des § 855 BGB dar. Übt der Inhaber der tatsächlichen Gewalt diese weisungsabhängig für einen anderen aus, so ist nur die andere Person Besitzer (Besitzherr).[22] Sinn und Zweck dieser Regelung ist die Vermeidung der Situation, dass ein abhängig Beschäftigter in Bezug auf die ihm im Betrieb, Geschäft oder Haushalt überlassenen Sachen Besitzschutzrechte auch gegenüber den ihm weisungsbefugten Personen geltend machen kann.[23] Die in untergeordneter Funktion tätige Person ist deshalb im Rechtssinne nicht Besitzer, obwohl sie – wenngleich weisungsgebunden – eigentlich die tatsächliche Sachherrschaft innehat.[24] Die Rechtsfolgen des Besitzes verlagern sich auf den Besitzherrn.[25] Der Besitzdiener kann aber gem. § 860 BGB gegenüber anderen Personen als dem Besitzherrn dessen Besitzschutzrechte geltend machen.

III. Bedeutung und Funktion des Besitzes

Wie auch das Eigentum ist der Besitz ein Kerninstitut des Sachenrechts und von Bedeutung für die Rechtsordnung insgesamt.[26] Im Allgemeinen lässt sich eine selbständige und eine dienende Funktion des Besitzes unterscheiden.[27]

19 *Baur/Stürner*, § 7 Rn. 78; *Weber*, § 5 Rn. 17.
20 *Baur/Stürner*, § 7 Rn. 79; *Weber*, § 5 Rn. 18.
21 Vgl. *Baur/Stürner*, § 7 Rn. 83.
22 Staudinger/*Bund* (2007), § 855 Rn. 6 ff.; Rn. 12 ff.; MüKoBGB[5]/*Joost*, § 855 Rn. 3 ff.
23 *Baur/Stürner*, § 7 Rn. 61 f.
24 *Ibid.* Rn. 63; MüKoBGB[5]/*Joost*, § 855 Rn. 16.
25 MüKoBGB[5]/*Joost*, § 855 Rn. 1.
26 Staudinger/*Bund* (2007), Vorbem. zu §§ 854 ff. Rn. 13.
27 Vgl. *ibid.*, Rn. 14 ff.; MüKoBGB[5]/*Joost*, Vor § 854 Rn. 12 f.

1. Selbständige Funktion

Der Besitzer braucht keine Eingriffe in seine tatsächliche Herrschaftssphäre hinzunehmen.[28] Damit wird der Besitz gleichsam neben dem Eigentum zu einer selbständig geschützten Rechtsposition. Die Rechtsordnung erlaubt es dem Besitzer, sich gegen den Besitzentzug mit Gewalt zu wehren (§ 859 Abs. 1 BGB) und sich im Falle verbotener Eigenmacht (§ 858 Abs. 2 BGB) gewaltsam wieder in den Besitz der Sache zu setzen (§ 859 Abs. 2 BGB). Er kann sich aber auch rechtlich gegen die Besitzentziehung (§ 861 Abs. 1 BGB) und die Besitzstörung (§ 862 Abs. 1 BGB) wehren und ggf. sogar aufgrund seines früheren Besitzes die Herausgabe verlangen (§ 1007 Abs. 1 BGB). Daneben wird der Besitz als „sonstiges Recht" i.S.v. § 823 Abs. 1 BGB auch vor sonstigen Störungen geschützt[29] und kann Gegenstand des Kondiktionsanspruchs gem. § 812 ff. BGB sein.[30] Insofern wird der Besitz dem Eigentum vergleichbar umfassend geschützt.

2. Dienende Funktion

Die Hauptbedeutung des Besitzes liegt in dessen Funktion als rechtstechnisches Instrument.[31] Bei beweglichen Sachen kommt ihm vor allem eine Publizitäts- und Legitimierungsfunktion zu.[32] Im Rahmen des Eigentumsübergangs der §§ 929 ff. BGB und der Pfandbestellung (§ 1205 Abs. 1 BGB) macht der Besitzübergang grundsätzlich die Veränderung der dinglichen Rechtslage nach außen deutlich und ist zudem das Vollzugsmoment des Übertragungsvorgangs.[33] Der Besitz an sich gibt außerdem Grund zu der Annahme, dass der Besitzer Eigentümer und die Sache deshalb seinem Vermögen zuzurechnen ist. Beim gutgläubigen Eigentumserwerb greift diese legitimierende Wirkung.[34] Sie kommt in ähnlicher

---

28 MüKoBGB[5]/*Joost*, Vor § 854 Rn. 12.

29 BGHZ 137, 89, 98; MüKoBGB[5]/*Wagner*, § 823 Rn. 157 f.; Staudinger/*Hager* (2012), Eckpfeiler, T. Das Recht der unerlaubten Handlungen, Rn. 247.

30 RGZ 129, 307, 311; MüKoBGB[5]/*Schwab*, § 812 Rn. 6; Staudinger/*Lorenz* (2007), § 812 Rn. 73.

31 MüKoBGB[5]/*Joost*, Vor § 854 Rn. 13.

32 *Baur/Stürner*, § 4 Rn. 12, behandeln die Vermutungswirkung i.S.v. § 1006 Abs. 1 S. 1 BGB als Unterfall der Publizitätsfunktion des Besitzes. Von Legitimationswirkung lässt sich vor allem im Rahmen des gutgläubigen Erwerbs sprechen, wo die Übergabe den Vertrauenstatbestand des § 932 Abs. 1 S. 1 BGB begründet, vgl. MüKoBGB[5]/*Oechsler*, § 932 Rn. 13.

33 *Baur/Stürner*, § 4 Rn. 10; § 6 Rn. 10, sprechen insofern von der Übertragungswirkung des Besitzes gleichsam als Unterfall der Publizitätsfunktion.

34 MüKoBGB[5]/*Oechsler*, § 932 Rn. 13; *Baur/Stürner*, § 52 Rn. 3, sprechen von einer „rechtfertigenden Besitzlage", wobei der Besitz des nicht berechtigten Veräußerers allein aber noch nicht ausreichend ist.

Weise im Rahmen der Eigentumsvermutung des § 1006 BGB zum Tragen und wirkt auch in das Vollstreckungs- und Insolvenzrecht fort.[35]

Daneben ist der Besitz Voraussetzung des Eigentumserwerbs durch Ersitzung (§§ 900, 937 BGB), Aneignung (§ 958 BGB) und Fund (§§ 965 Abs. 1, 973 BGB).[36] Außerhalb des Sachenrechts hat der Besitz zudem verschiedene Hilfsfunktionen. Beispielsweise wird die Wegnahme im Strafrecht als Bruch fremden und die Begründung neuen Gewahrsams verstanden, wobei Gewahrsam wie der Besitz als die tatsächliche Herrschaft über die Sache zu verstehen ist.[37] Im Kaufrecht wird für die Frage, welche Person die Gefahr des zufälligen Untergangs der Sache zu tragen hat, gem. § 446 BGB auf die Übergabe der Sache abgestellt.[38] Auch hier ist deshalb wiederum regelmäßig der Besitz i.S.d. §§ 854 ff. BGB maßgeblich.[39]

IV. Erwerb und Verlust des Besitzes

Das deutsche Recht hält in Gestalt der §§ 854-856 BGB gesetzliche Regelungen über den Erwerb und Verlust des Besitzes bereit. Gemäß § 854 Abs. 1 BGB wird der unmittelbare Besitz dadurch begründet, dass die tatsächliche Gewalt über die Sache erworben wird. Nach h.M. ist darüber hinaus erforderlich, dass der Besitzer den Willen hat, die Sachherrschaft auszuüben.[40] Erforderlich ist deshalb die Besitzergreifung mit Besitzwillen.[41] Eine Sonderform des Besitzerwerbs regelt § 854 Abs. 2 BGB, demzufolge die bloße Einigung über den Besitzübergang ausreicht, wenn der Erwerber in der Lage ist, die tatsächliche Gewalt über die Sache auszuüben. Dabei handelt es sich um eine klarstellende Vorschrift,[42] die für die Fälle Anwendung findet, in denen seitens des Veräußerers nur potentielle Sachherrschaft besteht und der Erwerber die Sache ohne Weiteres in Besitz

35 Vgl. für die Insolvenz BGH NJW 1996, 2233, 2235; OLG Hamburg, ZIP 1984, 348; Staudinger/*Gursky* (2006), § 1006 Rn. 33. Für die Zwangsvollstreckung ist gem. § 808 Abs. 1 ZPO auf den Gewahrsam des Schuldners abzustellen. Es gilt eine der Regelung des § 1006 BGB entsprechende Vermutung, vgl. MüKoZPO³/*Gruber*, § 808 Rn. 2, 21.

36 Staudinger/*Bund* (2007), Vorbem. zu §§ 854 ff. Rn. 24.

37 Vgl. *Fischer*, StGB, § 242 Rn. 11. Allerdings fallen Gewahrsam und Besitz nicht immer zusammen, vgl. bspw. §§ 855 (mittelbarer Besitz) und 857 BGB (Erbenbesitz).

38 Staudinger/*Bund* (2007), Vorbem. zu §§ 854 ff. Rn. 29.

39 Vgl. Staudinger/*Beckmann* (2004), § 446 Rn. 16 ff.

40 BGHZ 27, 360, 362; 101, 186, 187; Palandt/*Bassenge*, § 854 Rn. 4; Staudinger/*Bund* (2007), § 854 Rn. 14 f.

41 *Weber*, § 5 Rn. 27; *Wieling*, 50; Staudinger/*Bund* (2007), § 854 Rn. 14 f.

42 *Mugdan*, III, 51.

nehmen kann.[43] Bei § 854 Abs. 2 BGB handelt es sich nach h.M. um eine rechtsgeschäftliche Einigung[44] zur Besitzübertragung, auf die die Regeln der Rechtgeschäftslehre Anwendung finden.[45] Für den Erwerb des mittelbaren Besitzes gilt, dass dieser begründet ist, wenn die Voraussetzungen des § 868 BGB vorliegen oder der bereits begründete mittelbare Besitz durch die Abtretung des Herausgabeanspruchs nach § 870 BGB auf den Besitzerwerber übertragen wird.[46]

Der Verlust des unmittelbaren Besitzes tritt ein, wenn der Besitzer die tatsächliche Gewalt über die Sache freiwillig oder unfreiwillig verliert, § 856 BGB. Der mittelbare Besitz geht dementsprechend dann verlustig, wenn der unmittelbare Besitz des Besitzmittlers oder das Besitzmittlungsverhältnis beendet wird.[47]

§ 2 Schwedisches Recht

Auch die schwedische Rechtsordnung kennt den Besitz als Rechtsfaktum. Gesetzliche Regelungen existieren jedoch nur bezüglich des Besitzschutzes.[48]

I. Besitzbegriff

Unter dem Besitz wird in Schweden im Grundsatz die faktische Inhaberschaft einer Sache, unabhängig vom Recht hierzu, verstanden.[49] Unter den Besitzbegriff fallen demnach Situationen, in denen sich eine Sache unter der unmittelbaren Kontrolle einer Person befindet.[50] Teilweise wird ergänzend ein Besitzwille gefordert.[51] Den Ausgangspunkt der heutigen Besitzlehre stellt auch in Schweden die deutschen Pandektristik des 19. Jahrhunderts dar.[52] Die verschiedenen aus Deutschland stammenden Theorien wurden auch in Schweden diskutiert. Dort nahm jedoch bereits zu Beginn des 20. Jahrhunderts *Undén* den Standpunkt ein, dass der Besitz kein einheitliches Rechtsinstitut sei und vielfältige Funktionen

---

43 Staudinger/*Bund* (2007), § 854 Rn. 25 f.

44 Es handelt sich dabei aber nicht um eine Verfügung, da der Besitz kein dingliches Recht ist, Staudinger/*Bund* (2007), § 854 Rn. 31.

45 Vgl. Staudinger/*Bund* (2007), § 854 Rn. 29 f.

46 Staudinger/*Bund* (2007), § 868 Rn. 72 ff.

47 *Ibid.* Rn. 80 ff.

48 Dazu s.u. 236 ff.

49 *Undén*, 27; *Håstad*, 50; *Agell/Malmström*, 84; Agell/Malmström/*C. Ramberg*[22], 64.

50 Vgl. Agell/Malmström/*C. Ramberg*[22], 66.

51 Dazu *Göranson*, Traditionsprincipen, 486 ff.

52 Vgl. *Eschelsson*, Besittning, 44, die festhält, dass in der schwedischen Rechtswissenschaft im Großen und Ganzen dieselben Ansichten diskutiert wurden wie auch in Deutschland.

habe, sodass eine einheitliche Regelung nicht möglich sei.[53] Das bedeutet jedoch nicht, dass das Recht des Besitzes in Schweden vollkommen ohne einen theoretischen Begriffsapparat auskommt.[54] Man schreibt dem Besitz zwei verschiedene Seiten zu, eine faktische und eine rechtliche.[55] Auf der faktischen Seite stellt sich vor allem die Frage, wer die tatsächliche und unmittelbare physische Kontrolle über eine Sache hat,[56] während auf rechtlicher Ebene die Fragen nach den Auswirkungen des Besitzverhältnisses zum Tragen kommen.[57] Dabei kann es vorkommen, dass das rechtliche Besitzverständnis weiter ist als das faktische.[58] Gemeint ist damit, dass unter Besitz in rechtlicher Hinsicht mehr zu verstehen ist als das bloße physische Innehaben der Sache.[59] So genügt für den (rechtlichen) Besitz des Veräußerers im Rahmen des gutgläubigen Erwerbs gem. § 2 Abs. 1 GFL auch der Besitz eines Dritten, der diesen für den Veräußerer ausübt.[60] Im Einzelfall ist deshalb auch im schwedischen Recht für den Besitz nicht die eigene unmittelbare physische Kontrolle über die Sache erforderlich.

II. Arten des Besitzes

Insbesondere im Hinblick auf den rechtlichen Besitzbegriff lassen sich im schwedischen Recht gewisse Unterscheidungen hinsichtlich des Besitzes treffen. Ähnlich wie im deutschen Recht wird zwischen mittelbarem *(medelbar besittning)* und unmittelbarem *(omedelbar besittning)* sowie selbständigem *(självständig besittning)* und unselbständigem Besitz[61] *(osjälvständig besittning)* unterschieden.[62] Daneben kennt das schwedische Recht auch den Mitbesitz *(sambesittning)* und den gemeinsamen Besitz[63] *(gemensam besittning)*.[64] Diese aus der deutschen

---

53 *Undén*, 27 f.

54 *Millqvist*, 40.

55 *Ibid.* 40 f.; vgl. auch *Göranson*, Traditionsprincipen, 460, der diese Unterscheidung mit den Termini Gewahrsam und Besitz beschreibt um die Unterscheidung deutlich zu machen.

56 *Göranson*, Traditionsprincipen, 460; *Millqvist*, 41 f.

57 *Millqvist*, 41.

58 *Göranson*, Traditionsprincipen, 462; *Millqvist*, 42.

59 *Göranson*, Traditionsprincipen, 462.

60 *Millqvist*, 42.

61 Hierbei handelt es sich um die Besitzdienerschaft. Gleichbedeutend mit dem unselbständigen Besitz sind die Begriffe *besittningsbiträde* und *besittningsmedhjälpare*, vgl. *Göranson*, Traditionsprincipen, 468; *Undén*, 45. Diese Unterscheidung scheint im schwedischen Recht nur möglich zu sein, weil der Besitz von den rein physischen Gegebenheiten ausgehend betrachtet wird. Im Deutschen Recht wäre der unselbständige Besitz nämlich gar kein Besitz im rechtlichen Sinne, denn der Besitzdiener hat selbst keinen Besitz, vgl. § 855 BGB.

62 *Göranson*, Traditionsprincipen, 464 ff., 469 ff.; *Håstad*, 50; *Millqvist*, 42.

63 Gemeint ist hier der gesamthänderische Mitbesitz.

Rechtswissenschaft übernommenen[65] Unterscheidungen sind zwar in der schwedischen Rechtswissenschaft anerkannt, fanden allerdings bis dato keinen Niederschlag in der Gesetzgebung und sind auch von der Rechtsprechung nicht einheitlich entwickelt worden.[66]

III. Bedeutung und Funktion des Besitzes

Der Besitz ist in der schwedischen Rechtsordnung in unterschiedlichen Zusammenhängen von Bedeutung.[67] Die Rechtsordnung schützt bestehende Besitzverhältnisse, weil vermutet wird, dass das Innehaben einer Sache rechtmäßig ist, solange nichts anderes bewiesen ist.[68] Aufgrund dieser Vermutungswirkung wird der Besitz umfassend strafrechtlich geschützt.[69] Im Vermögens- und im Vollstreckungsrecht (Kap. 4, §§ 18, 19 UB) geht, wie im deutschen Recht, vom Besitz zudem die Vermutung aus, dass der Besitzer auch Eigentümer der Sache ist.[70]

Der Besitz als Institut hat darüber hinaus in verschiedenen Zusammenhängen Bedeutung als Anknüpfungs- und Abgrenzungsmoment. Bei der Übereignung beweglicher Sachen löst der Besitzübergang regelmäßig den Schutz des Erwerbers gegenüber den Gläubigern des Veräußerers aus.[71] Dabei ist auch der Besitz des Veräußerers von besonderer Bedeutung, soweit es sich um einen gutgläubigen Erwerb vom Nichtberechtigten handelt.[72] Im Kaufrecht stellt der Besitz das Anknüpfungsmoment für die Gefahrtragung und gleichzeitig ein Ausschlusskriterium für das sog. Stoppungsrecht des Verkäufers dar.[73] Gemäß § 1 GåvoL[74] ist der Besitzübergang das finale Element der Schenkung und macht diese ggf. verbindlich.[75] Im Strafrecht dienen die Besitzverhältnisse zur Abgrenzung zwischen den Wegnahme- und den Unterschlagungsdelikten.[76]

---

64 *Undén*, 38 f.; *Göranson*, Traditionsprincipen, 492; *Millqvist*, 42; *Lurger/Faber*, PEL Acq. Own., 341 (VIII.-1:205, Note Nr. 66); krit. zu diesen Begriffen: *Håstad*, 50.

65 *Göranson*, Traditionsprincipen, 463.

66 *Millqvist*, 42.

67 *Agell/Malmström*, 84, 85.

68 *Ibid.* 84; Agell/Malmström/*C. Ramberg*[22], 65.

69 Vgl. *Agell/Malmström*, 84, 85.

70 *Håstad*, 51; *Millqvist*, 39; Agell/Malmström/*C. Ramberg*[22], 65; vgl. auch NJA 2009, 889.

71 *Håstad*, 51; *Agell/Malmström*, 85; s.u. 266 ff.

72 *Millqvist*, 41; dazu s.u. 189 ff.

73 *Håstad*, 51; dazu s.u. 163.

74 SFS 1936:83 *Lag angående vissa utfästelser om gåva*: Gesetz über gewisse Schenkungsversprechen.

75 *Håstad*, 51.

76 *Ibid.* 50.

IV. Erwerb und Verlust des Besitzes

Erwerb und Verlust des Besitzes sind in Schweden nicht Gegenstand gesonderter Gesetzgebung oder Diskussion in der Literatur. Funktional gesehen bedarf es solcher Regelungen eigentlich auch nicht, da man davon ausgehen kann, dass eine Person entweder Gewahrsam an einer Sache und damit Besitz hat oder nicht. Liegen die Voraussetzungen des Besitzes bei einer Person vor, so kann aufgrund der tatsächlichen Voraussetzungen nicht zeitgleich eine andere Person Besitz der gleichen Art und Stufe haben, sofern diese Person nicht Mitbesitzer ist. Dementsprechend verzichtet die schwedische Rechtsordnung konsequent auf diese wohl als *obsolet* empfundenen Regelungen.

V. Stellungnahme

Der Besitz wird im deutschen und schwedischen Recht vergleichbar behandelt. Dabei wird er im schwedischen Recht insgesamt jedoch weniger formal gehandhabt. Insbesondere verzichtet man auf Regeln, die den Besitzerwerb und die Besitzübertragung betreffen. Gleichwohl sind einige schwedische Autoren der Ansicht, dass es eines theoretischen Gerüstes für den Besitz bedarf. Insofern greift man auf die im deutschen Recht geläufigen Unterteilungen zurück. Die rechtliche Bedeutung des Besitzes ist der im deutschen Recht vergleichbar, wenngleich das schwedische Recht den Besitzschutz als strafrechtlich einordnet, während das deutsche Recht hierfür zivilrechtliche Regelungen bereithält. Von besonderer Bedeutung ist der Besitz im schwedischen Recht für den Erwerb beweglicher Sachen. Der Schutz gegenüber dritten Personen steht dem Erwerber regelmäßig erst zu, wenn er den Besitz an der Sache erlangt hat.[77] Die Funktionen des Besitzes lassen sich folglich mit den Schlagworten „Legitimation“ und „Publizität“ beschreiben.[78] Auch insofern besteht Übereinstimmung mit dem deutschen Recht.

77 S.u. 266 ff.

78 Vgl. *Millqvist*, 39.

Kapitel 7: Allgemeines zu Eigentumsübertragung und Eigentumsschutz

Wie bereits erläutert, kennen beide Rechtsordnungen das Eigentum als umfassendstes dingliches Recht an einer Sache. Daraus folgt, dass es in beiden Rechtssystemen die Möglichkeit geben muss, das Eigentum zu übertragen. Die rechtstechnische Herangehensweise ist im deutschen und schwedischen Recht jedoch sehr unterschiedlich ausgestaltet.

§ 1 Konzepte der Eigentumsübertragung

In Europa verwendet man verschiedene rechtliche Konstruktionen des Eigentumstransfers. Traditionell wird dabei zwischen Trennungs- und Einheitsprinzip unterschieden.[1] Entweder stellt die Übereignung einen vom schuldrechtlichen Grundgeschäft zu trennenden Vorgang dar (Trennungsprinzip), oder schuld- und sachenrechtliche Aspekte sind als einheitlicher Vorgang zu beurteilen (Einheitsprinzip).[2] Dabei lässt sich weiter differenzieren. Die dem Einheitsprinzip folgenden Rechtsordnungen können in solche, die die sachenrechtlichen Wirkungen ausschließlich an den Vertragsschluss anknüpfen (reines Konsensprinzip) und solche, die zusätzlich die Tradition des zu übereignenden Gegenstandes verlangen (Konsensprinzip ergänzt um das Traditionsprinzip), unterteilt werden.[3] Das Traditionsprinzip im Sinne eines Übergabeerfordernisses ist aber auch in Ländern zu finden, die dem Trennungsprinzip folgen, sodass Tradition an sich weder ausschließlich dem Trennungs- noch dem Einheitsprinzip zuzuordnen ist.[4] Im Rahmen der Rechtsordnungen, die dem Trennungsprinzip folgen, lässt darüber hinaus zwischen kausaler und abstrakter Übereignung unterscheiden.[5] Dies beschreibt die Abhängigkeit bzw. Unabhängigkeit des dinglichen Übereignungsgeschäfts vom schuldrechtlichen Grundgeschäft.

---

1 *Krimphove*, 80 ff.

2 *Ibid.* 81 f.

3 *Baur/Stürner*, § 51 Rn. 2; *Krimphove,* 103 ff., bezeichnet diese Art der Eigentumsübertragung als „Modell III".

4 Vgl. *Baur/Stürner*, § 51 Rn. 2.

5 *Krimphove* bezeichnet den Fall der abstrakten Übereignung aufgrund einer dinglichen Einigung als „Modell I" (*Krimphove*, 82 ff.), während der Fall der kausalen Verknüptung von dinglichem und schuldrechtlichem Rechtsgeschäft als „Modell II" eingeführt wird (*Krimphove*, 88 ff.).

Abb. 6: Eigentumsübertragungssysteme in Europa[6]

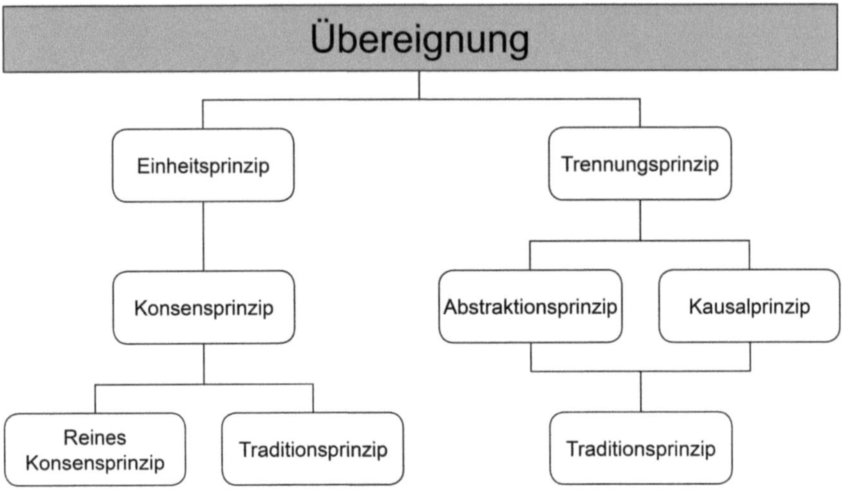

Die deutsche Herangehensweise lässt sich mit den Begriffen „Trennungs-", „Abstraktions-" und „Traditionsprinzip" beschreiben.[7] Für die Eigentumsübertragung ist ein separates dingliches Rechtsgeschäfts erforderlich, welches in seiner Wirksamkeit vom schuldrechtlichen Grundgeschäft unabhängig ist. Ergänzend ist regelmäßig die physische Übergabe der zu übereignenden Sache notwendig.

Das schwedische Recht lässt sich nicht ohne weiteres in das oben dargestellte Schema einordnen. Es stellt vielmehr ein gesondertes Eigentumsübertragungssystem dar, das *Krimphove* zutreffend als „Skandinavisches Konsensprinzip der sukzessiven Einzelwirkungen" bezeichnet.[8] Aus skandinavischer Sicht lässt sich in Bezug auf die Herangehensweise bei der Eigentumsübertragung in Europa eine Unterscheidung jenseits von Trennungs- und Einheitsprinzip treffen.[9] Es geht dabei um zwei verschiedene Herangehensweisen für die Frage, was der Gegenstand der Übertragung ist. Während das Eigentum in den kontinentaleuropäischen Rechtsordnungen regelmäßig zu einem bestimmten Zeitpunkt – gleichsam einheitlich – in vollem Umfang vom Veräußerer auf den Erwerber übergeht,[10] ist diese Betrachtung den skandinavischen Rechtsordnungen fremd. Das Eigentum

6 Abbildung nach *Krimphove, 82.*
7 Vgl. Staudinger/*Wiegand* (2011), Vorbem. zu §§ 929-931 Rn. 6; *Baur/Stürner*, § 5 Rn. 40, 41; § 51 Rn. 1.
8 *Krimphove*, 82, 132.
9 Vgl. Faber/Lurger/*Lilja*, National Reports Vol. 5, 13.
10 *v. Bar/Clive*, DCFR Bd. V, 4379 f. (VIII.-2:201, A. (b)).

wird in Transfersituationen in seine funktionalen Einzelaspekte untergliedert, die dann einzeln und sukzessive auf den Erwerber übergehen. Im Rahmen der Arbeiten zum Common Frame of Reference haben sich für diese unterschiedlichen Herangehensweisen die Begriffe *unitary approach* und *functional approach* herausgebildet.[11]

I. Unitary approach

Da in Deutschland sowie den meisten europäischen Rechtsordnungen das Eigentum als „integrales Ganzes" in einem bestimmten Zeitpunkt vom Veräußerer auf den Erwerber übergeht, bewirkt dies gleichzeitig einen Übergang aller mit dem Eigentum verknüpften Rechtsfolgen.[12] Dem Eigentumsübergang kommt insofern eine enorme Bedeutung als Anknüpfungspunkt zur Lösung von Konflikten in Bezug auf die Sache zu. Aufgrund des erworbenen Eigentums wird der Erwerber in vielerlei Hinsicht berechtigt und vor allem auch geschützt. Für alle diese Rechtsfolgen ist einheitlich – gleichsam „unitär"[13] – der Zeitpunkt des Eigentumserwerbs entscheidend.

II. Functional approach

Die funktionale Untergliederung des Eigentums in Transfersituationen in Schweden bewirkt, dass der Fokus jeweils auf der individuellen Rechtsfolge statt auf dem Eigentum liegt. Der Konfliktlösung nähert man sich, indem man ganz direkt analysiert, ob der durch die Rechtsfolge beabsichtigte Schutz auf den Erwerber übergegangen ist. Für jedes einzelne „Eigentumsmoment" ist grundsätzlich ein eigener Zeitpunkt bestimmbar, in dem dieses auf den Erwerber übergeht. Die unterschiedlichen Rechtsfolgen des Eigentums werden folglich unabhängig voneinander behandelt und gehen beim Erwerb zu unterschiedlichen Zeitpunkten sukzessive auf den Erwerber über.[14] Erst wenn der Erwerber alle Rechtsfolgen auf sich vereinigt hat, erlangt er die – zunächst eigentlich nur formale – Position des Eigentümers. Ist der Transfer vollständig durchgeführt und beendet, und treten dann neue Konfliktsituationen ohne Transferbezug auf, so kann er dann seine „statischen" Rechtsbehelfe aus dem Eigentum geltend machen.

---

11 Vgl. Faber/Lurger/*Lilja*, National Reports Vol. 5, 13; *v. Bar/Clive*, DCFR Bd. V, 4379 f. (VIII.-2:201, A. (b)); *Lurger/Faber*, PEL Acq. Own., 466 (VIII.-2:101, Note Nr. 1).

12 *v. Bar/Clive*, DCFR Bd. V, 4380 (VIII.-2:201, A. (b)).

13 Unitär [frz. Unitaire »einheitlich«, zu lat. unitas »Einheit«], Brockhaus, Bd. 28, 362.

14 Vgl. *v. Bar/Clive*, DCFR Bd. V, 4380 (VIII.-2:201, A. (b)); *Krimphove*, 133.

Die Besonderheit der funktionalen Herangehensweise liegt damit darin, dass das Eigentum erst aus der Gesamtschau aller Rechtsfolgen „entsteht“. Dementsprechend besteht der Eigentumserwerbstatbestand eigentlich aus mehreren verschiedenen Erwerbstatbeständen, die in die Abwicklung eines schuldrechtlichen Vertrages eingebettet sind.

§ 2 Aufbau des Vergleichs

Diese Gegensätzlichkeit der Herangehensweisen stellt in rechtsvergleichender Hinsicht eine Herausforderung dar und beeinflusst den Aufbau dieses Vergleichs beträchtlich.

I. „Äußerer Rahmen“ des Vergleichs

Der rechtsgeschäftliche Eigentumserwerb nach den §§ 929 ff. BGB gibt zusammen mit den Rechtsfolgen des Eigentums im deutschen Recht die äußeren Grenzen des Vergleichs vor. Ausgangspunkt ist, dass sich das Eigentum bei Person A befindet. Der Endpunkt besteht sodann darin, dass das Eigentum zu Person B gelangt ist, also eine Transaktion stattgefunden hat. Hinsichtlich der Rechtsfolgen wird von den Befugnissen des Eigentümers im deutschen Recht ausgegangen werden. Es stellt sich also die Frage, welche Ansprüche er geltend machen kann und welche Möglichkeiten des Schutzes ein Eigentümer während des Übertragungsvorganges und danach im schwedischen Recht hat.

II. Strukturierung der Problemkomplexe

Problematisch ist dabei, dass im deutschen und schwedischen Recht auf verschiedenen Ebenen agiert wird. Aus diesem Grund kann dem Vergleich aufbautechnisch nicht die deutsche Systematik zugrunde gelegt werden. Erforderlich ist vielmehr die Untergliederung in funktionale Problemkomplexe. Das schwedische Recht bietet hier aufgrund seiner ohnehin eher funktionalen Struktur einen guten Ansatzpunkt. Dementsprechend wird sich die Analyse der Rechtsbehelfe des Eigentümers in einen Abschnitt zu statischen und einen zu dynamischen Situationen unterteilen. Die beiden Bereiche werden durch die Dynamik abgegrenzt, die eine Transaktion in Bezug auf eine bewegliche Sache vermittelt. Als vorangestellten Problemkomplex wird sich diese Arbeit den tatsächlichen Abläufen beim Eigentumserwerb widmen. Wenngleich hierin eine Anlehnung an die deutsche Systematik liegt, hält der Verf. diese Kategorie für zwingend notwendig, um die komplexen Eigentumserwerbsregeln des deutschen Rechts übersichtlich darzustellen und gleichzeitig das Zusammenspiel von Schuldrecht und dynamischem *sakrätt* beim Eigentumserwerb im schwedischen Recht deutlich zu machen. Daraus ergibt sich eine Gliederung der Arbeit im Folgenden in

(a) den Erwerb des Eigentums (Teil 3, Kapitel 8-9),
(b) den Schutz des Eigentums (Teil 4, Kapitel 10-11),
  (aa) das sich in „Ruheposition" beim Eigentümer befindet (Kapitel 10),
  (bb) das Gegenstand einer Transaktion ist (Kapitel 11).

Die erste Rubrik (a) widmet sich dem Problemkomplex „Eigentumserwerb" direkt, jedoch für das schwedische Recht unter Bezugnahme auf die für den Erwerb unerlässlichen Aspekte des *erga omnes*-Schutzes des Erwerbers. Untersucht werden soll, welche tatsächlichen Voraussetzungen erfüllt sein müssen, damit das Eigentum aufgrund eines Rechtsgeschäfts auf den Erwerber übergeht.

Der Problemkomplex des Eigentumsschutzes (b) unterteilt sich in zwei Abschnitte. Der erste Teil (aa) behandelt die Frage nach dem Schutz des bereits erworbenen Eigentums, das aktuell nicht Gegenstand von Rechtsgeschäften ist. Hierbei handelt es sich primär um Sachverhalte, in denen zwei Personen beteiligt sind, von denen die eine das Eigentumsrecht der anderen stört. Der zweite Teil (bb) stellt wohl den praktisch wichtigsten Bereich des Sachenrechts dar. Es handelt sich um Situationen, in denen drei Personen beteiligt sind, von denen zwei Personen Ansprüche auf das Eigentum an derselben Sache geltend machen. Dabei sind vorrangig zwei Unterfälle zu behandeln. Zum einen Situationen, in denen das Verhältnis eines bestehenden Eigentumsrechts zu einem neuen, von einem unberechtigt verfügenden Veräußerer erworbenen Eigentumsrecht fraglich ist. Zum anderen sind Fälle zu untersuchen, in denen es um den Schutz des Erwerbers des Eigentums im Verhältnis zu den verschiedenen Gläubigern des Veräußerers geht.

Teil 3
Rechtsgeschäftlicher Erwerb des Eigentums

Kapitel 8: Rechtsgeschäftlicher Eigentumserwerb vom Berechtigten

§ 1 Problem

Im deutschen Recht existieren dezidierte gesetzliche Regeln über den rechtsgeschäftlichen Eigentumserwerb vom Berechtigten. Der Eigentumserwerb selbst beinhaltet, dass das Eigentum auf den Erwerber übergeht. Gleichzeitig gehen damit aber auch eine sachenrechtliche Zuständigkeitsveränderung und vollstreckungsrechtliche Konsequenzen einher,[1] sodass vielfältige Rechtsfolgen mit dem Eigentumsübergang verbunden sind. Aus dem Innehaben des Eigentums folgt die Befugnis, eine Vielzahl von Ansprüchen zum Schutz respektive zur Durchsetzung der Befugnisse des Eigentümers geltend zu machen. Dementsprechend nimmt der Eigentumserwerb eine zentrale und entscheidende Position im gesamten Zivilrecht ein.

Im schwedischen Recht hat man für den Bereich der dinglichen Rechtsverhältnisse das Eigentum als Konzept teilweise aufgegeben. Das Eigentum wird zwar durch Rechtsgeschäft erworben, geht aber nicht in einem spezifischen Zeitpunkt komplett vom Veräußerer auf den Erwerber über.[2] Eines Zeitpunkts des Eigentumsübergangs bedarf es allerdings auch nicht. Die im deutschen Recht an das Eigentum anknüpfenden Rechtsfolgen sind im schwedischen Recht vom Eigentum weitgehend unabhängig. Man knüpft sie vielmehr an unterschiedliche „sachenrechtliche Momente" an, die für unterschiedliche Situationen und Rechtsfolgen variabel ausgestaltet sind. Bei der Lösung von Konfliktfällen wird sodann gefragt, wer in Bezug auf eine Sache ein „besseres Recht" hat. Ein solches „besseres Recht" folgt nicht aus dem Eigentum, sondern aus dem „sachenrechtlichen Mo-

1 Staudinger/*Wiegand* (2011), Vorbem. zu §§ 929-931 Rn. 2.
2 *Lurger/Faber*, PEL Acq. Own., 466 (VIII.-2:101, Note Nr. 3).

ment".[3] Dementsprechend gibt es für das dynamische *sakrätt*, welches den Bereich dieser Rechtsfolgen regelt, keinen für alle Aspekte gleichermaßen entscheidenden Moment, wie den Zeitpunkt des Eigentumserwerbs im deutschen Recht.

Es könnte hierdurch der Eindruck entstehen, dass das schwedische Recht überhaupt keinen Eigentumserwerb kennt. In der Tat spielt der Eigentumserwerb eine weitaus geringere Rolle als der Erwerb eines „besseren Rechts" an einer Sache. Dennoch kennt das schwedische Recht einen rechtsgeschäftlichen Erwerb des Eigentums. In der schwedischen Rechtsliteratur bleibt aber in aller Regel offen, welche tatsächlichen Voraussetzungen erfüllt sein müssen, damit der Erwerber einer Sache deren Eigentümer ist.

Diese Frage ist Gegenstand dieses Teils der vorliegenden Arbeit. Dabei soll versucht werden, die jenseits des reinen Eigentumserwerbs liegenden Rechtsfolgen soweit wie möglich auszublenden. Für das deutsche Recht ist eine solche Unterteilung problemlos möglich und sinnvoll. Im schwedischen Recht ist der Erwerb des Eigentums jedoch vom Erwerb der Rechtsfolgen abhängig, sodass eine vollkommene Abgrenzung von Erwerb und Rechtsfolgen leider nicht möglich ist und deshalb gewissermaßen auf die in Teil 4 behandelten Rechtsfolgen des Eigentums vorgegriffen werden muss.

§ 2 Deutsches Recht

Wie bereits angedeutet, sind die Regeln zum Eigentumserwerb zentraler Regelungsgegenstand des Sachenrechts des Dritten Buchs des BGB.

I. Allgemeines

Die Übereignung beweglicher Sachen erfolgt im deutschen Recht durch einen zweigliedrigen Vorgang, bestehend aus einem rechtsgeschäftlichen und einem realen Moment.[4] Das rechtsgeschäftliche Moment wird im BGB regelmäßig als „Einigung" bezeichnet.[5] Das zweite Moment des Übereignungstatbestands dient der Kenntlichmachung der Rechtsübertragung[6] und ist Wirksamkeitserfordernis,

---

3 Dabei bleibt aber offen, was ein besseres Recht eigentlich ist, s.u. 226.

4 *Westermann*, § 36 Rn. 1; Staudinger/*Wiegand* (2011), Vorbem. zu §§ 929-931 Rn. 9, 13.

5 *Wieling*, 9; Staudinger/*Wiegand* (2011), Vorbem. zu §§ 929-931 Rn. 10, 13.

6 Staudinger/*Wiegand* (2011), Vorbem. zu §§ 929-931 Rn. 8.

aber kein eigenes Rechtsgeschäft.[7] Man kann dementsprechend auch von einem „Vollzugsakt" sprechen.[8]

1. Trennungs- und Abstraktionsprinzip

Das deutsche Recht folgt für die Übereignung dem Trennungsprinzip. Dies beinhaltet, dass das dingliche Übereignungsgeschäft rechtlich vom zugrunde liegenden schuldrechtlichen Kausalgeschäft zu trennen ist.[9] Daneben ist es aber auch abstrakt von diesem. Das bedeutet, dass die Wirksamkeit des dinglichen von der des schuldrechtlichen Rechtsgeschäfts unabhängig zu beurteilen ist.[10] Es spielt dementsprechend für die Übereignung grundsätzlich keine Rolle, ob ein Kausalgeschäft überhaupt vorliegt. Die Voraussetzungen des Eigentumserwerbs sind auch nicht vom Vertragstyp abhängig, sondern bemessen sich ausschließlich nach den tatsächlichen Umständen der Übereignung.[11]

2. Traditionsprinzip

Dem realen Moment bei der Übereignung beweglicher Sachen liegt das Traditionsprinzip zugrunde.[12] Als Grundfall der realen Momente ist in § 929 S. 1 BGB die Übergabe der Sache vorgesehen,[13] die ursprünglich die Veränderung der Eigentumslage für jedermann kennzeichnen sollte.[14] Allerdings hat der Gesetzgeber das Traditionsprinzip durch eine Reihe von Möglichkeiten, die Übergabe der beweglichen Sache zu surrogieren (§§ 929 S. 2 bis 931 BGB), durchbrochen.[15] Dadurch tritt das Publizitätskriterium für das Mobiliarsachenrecht zwar stark in den Hintergrund, in der Grundstruktur der Übereignungstatbestände spiegelt sich das Traditionsprinzip aber nach wie vor wider.[16] Sein Zweck wird heute vor allem darin gesehen, den Übereinungswillen im Verhältnis der Parteien zu manifestieren.[17]

7 *Wieling*, 11.
8 Vgl. *Westermann*, § 36 Rn. 4.
9 Staudinger/*Wiegand* (2011),Vorbem. zu §§ 929-931 Rn. 15.
10 *Ibid.*
11 Anders im schwedischen Recht, dazu s.u. 131 ff.
12 Str., vgl. hierzu Staudinger/*Wiegand* (2011), Vorbem. zu §§ 929-931 Rn. 19, 20.
13 *Westermann*, § 36 Rn. 1.
14 Staudinger/*Wiegand* (2011), Vorbem. zu §§ 929-931 Rn. 21.
15 *Baur/Stürner*, § 51 Rn. 3; *Westermann*, § 36 Rn. 1.
16 Staudinger/*Wiegand* (2011), Vorbem. zu §§ 929-931 Rn. 20.
17 *Ibid.* Rn. 22.

II. Voraussetzungen des Eigentumserwerbs vom Berechtigten

Der rechtsgeschäftliche Eigentumserwerb vom Berechtigten wird im deutschen Recht folglich durch einen Grundtatbestand (§ 929 S. 1 BGB) geregelt, dessen Voraussetzungen teilweise substituiert werden können. Entsprechend den Voraussetzungen des § 929 S. 1 BGB erfolgt die Übereignung durch Einigung mit dem Verfügungsberechtigten und die Übergabe der Sache.

1. Einigung

Der Eigentumsübergang erfordert gem. § 929 S. 1 BGB zunächst stets eine (dingliche) Einigung über die Übertragung des Eigentums an einer bestimmten Sache.[18] Sie ist aber nicht nur im Rahmen von § 929 S. 1 BGB erforderlich, sondern vielmehr Voraussetzung aller Erwerbstatbestände der §§ 929-931 BGB. Bei der Einigung selbst handelt es sich um ein Rechtsgeschäft im Sinne eines dinglichen Vertrages,[19] sodass die Vorschriften des Allgemeinen Teils des BGB – und insbesondere die §§ 145 ff. BGB – Anwendung finden.[20]

a) Willenserklärungen

Erforderlich sind deshalb mindestens zwei korrespondierende Willenserklärungen, die von Veräußerer und Erwerber abzugeben sind.[21] Eine Willenserklärung ist nach h.M. die Äußerung eines auf die Herbeiführung eines rechtlich relevanten Erfolgs gerichteten Willens.[22] Es geht damit um die verbindliche Äußerung des Willens, ein privates Rechtsverhältnis zu begründen.[23] Da auch die der Einigung zugrunde liegenden Willenserklärungen nach §§ 133, 157 BGB auszulegen sind und im Mobiliarsachenrecht keinen Formvorschriften unterliegen, kann die dingliche Einigung auch durch konkludente Handlungen erfolgen, wie beispielsweise die Übergabe einer zuvor gekauften und bezahlten Ware im Kaufhaus.[24] Notwendig, aber auch ausreichend ist „manifestierte[s] Bewusstsein der Parteien" bezüglich der Übertragung bzw. des Erwerbs von Eigentum.[25] So ist es auch

---

18 *Weber*, § 8 Rn. 6.

19 H.M., vgl. *Weber*, § 8 Rn. 7; MüKoBGB^5/*Oechsler*, § 929 Rn. 24; s. hierzu auch o. 41.

20 *Weber*, § 8 Rn. 7.

21 *Westermann*, § 37 Rn. 1; MüKoBGB^5/*Oechsler*, § 929 Rn. 22.

22 Palandt/*Ellenberger*, Einf. v. § 116 Rn. 1; Jauernig/*Jauernig*, Vor § 116 Rn. 2.

23 Palandt/*Ellenberger*, Einf. v. § 116 Rn. 1.

24 MüKoBGB^5/*Oechsler*, § 929 Rn. 27.

25 Staudinger/*Wiegand* (2011), § 929 Rn. 9.

denkbar, dass die Einigung bereits im Abschluss des Grundgeschäfts liegt, sofern sie rechtlich abtrennbar ist.[26]

b) Wirksamkeitshindernisse

Wie auch bei anderen Rechtsgeschäften können gewisse Umstände die Wirksamkeit der Einigung beinträchtigen oder beseitigen.

aa) Geschäftsfähigkeit

Als allgemeines Erfordernis ergibt sich aus den §§ 104 ff. BGB für die Wirksamkeit der die Einigung konstituierenden Willenserklärungen die Notwendigkeit der Geschäftsfähigkeit der Erklärenden. Insofern darf der Veräußerer nicht geschäftsunfähig i.S.v. § 104 Nr. 1 oder Nr. 2 BGB sein. Darüber hinaus benötigt aber auch der beschränkt geschäftsfähige Minderjährige regelmäßig die Einwilligung seines gesetzlichen Vertreters.[27] Die Übertragung des Eigentums an einer Sache beinhaltet für den Veräußerer eine Verminderung seiner rechtlichen Positionen und ist damit nicht lediglich rechtlich vorteilhaft i.S.v. § 107 BGB.[28] Seitens des Erwerbers kann die beschränkte Geschäftsfähigkeit jedoch ausreichend sein. Der Eigentumserwerb beinhaltet für ihn in der Regel lediglich einen rechtlichen Vorteil i.S.v. § 107 BGB, sodass eine Mitwirkung des gesetzlichen Vertreters regelmäßig nicht erforderlich ist.[29]

bb) Stellvertretung

Im Rahmen der Einigungserklärung ist, wie bei allen nicht höchstpersönlichen Rechtsgeschäften, die Stellvertretung möglich.[30] Sie richtet sich nach den allgemeinen Voraussetzungen der §§ 164 ff. BGB. Der Vertreter muss für die Einigung eine eigene Erklärung im fremden Namen abgeben und über die entsprechende Befugnis zur Vertretung verfügen.

cc) Anfechtung

Die der Einigung als Rechtsgeschäft zugrunde liegenden Willenserklärungen unterliegen den Fehlerregeln des Allgemeinen Teils des BGB.[31] Dazu gehört

26 *Baur/Stürner*, § 51 Rn. 7.

27 Ausnahmen sind im Rahmen des § 110 BGB möglich.

28 MüKoBGB[5]/*Oechsler*, § 929 Rn. 32.

29 *Ibid.*

30 *Baur/Stürner*, § 51 Rn. 10.

31 Vgl. Staudinger/*Wiegand* (2011), § 929 Rn. 18.

auch die Anfechtung wegen Willensmängeln. Zu beachten ist aber, dass Trennungs- und Abstraktionsprinzip grundsätzlich bewirken, dass etwaige Mängel der Einigung selbst anhaften müssen.[32] Die Fehler des schuldrechtlichen Grundgeschäfts schlagen aufgrund der Abstraktheit der dinglichen Einigung regelmäßig nicht auf diese durch. Denkbar ist aber, dass beiden Geschäften derselbe Mangel anhaftet oder der Mangel des Grundgeschäfts in die dingliche Einigung fortwirkt (Fehleridentität).[33]

Im Rahmen der Einigung sind Inhalts- und Erklärungsirrtümer i.S.d. § 119 Abs. 1 BGB denkbar. Dies ist insbesondere dann der Fall, wenn sich der Verfügende über die Identität der Gegenseite oder des Gegenstandes der Verfügung irrt oder fälschlicherweise davon ausgeht, seine Willenserklärung unter einer Bedingung abgegeben zu haben.[34] Auch eine Anfechtung nach § 119 Abs. 2 BGB scheint möglich, sofern die Einigungserklärung auf den fehlerhaft gebildeten Motiven beruht.[35] Schließlich ist auch eine Anfechtung nach § 123 BGB wegen Täuschung oder Drohung möglich.[36]

dd) Sonstige Wirksamkeitshindernisse

Die dingliche Einigung kann zudem wegen Verstoßes gegen eine Verbotsnorm nach § 134 BGB oder wegen eines Sittenverstoßes nach § 138 Abs. 1 BGB nichtig sein. Dabei ist aber zu beachten, dass die Nichtigkeit des Kausalgeschäfts wegen des Abstraktionsprinzips nicht automatisch auf die dingliche Einigung einwirkt.[37] Nur wenn sich das Verbot i.S.d. § 134 BGB auch direkt gegen die Verfügung richtet, ist auch diese nichtig.[38] Nach h.M. wird das dingliche Erfüllungsgeschäft grundsätzlich als sittlich neutral angesehen, sodass es regelmäßig nicht von der Sittenwidrigkeit des Grundgeschäfts erfasst wird.[39] Nach allgemeiner Ansicht ist eine Verfügung aber dann von § 138 Abs. 1 BGB erfasst, wenn der sittenwidrige Zweck[40] oder der missbilligte Rechtszustand gerade durch die Rechtsübertragung erreicht bzw. hergestellt wird.[41] § 138 Abs. 2 BGB wiederum

---

32 Vgl. MüKoBGB^{5}/*Oechsler*, § 929 Rn. 33.
33 Staudinger/*Wiegand* (2011), § 929 Rn. 18.
34 MüKoBGB^{5}/*Oechsler*, § 929 Rn. 33.
35 Vgl. hierzu detailliert MüKoBGB^{5}/*Oechsler*, § 929 Rn. 33.
36 Staudinger/*Wiegand* (2011), § 929 Rn. 20.
37 MüKoBGB^{5}/*Oechsler*, § 929 Rn. 34.
38 *Ibid.*; *Westermann*, § 37 Rn. 9, 10.
39 Staudinger/*Wiegand* (2011), § 929 Rn. 24.
40 RGZ 145, 152, 154.
41 *Westermann*, § 3 Rn. 10.

erfasst unter „gewähren lassen“ unstreitig auch die Verfügung und ist damit auf das dingliche Erfüllungsgeschäft anwendbar.[42]

c) Bestimmtheit

Nach dem im Sachenrecht herrschenden Bestimmtheitsgrundsatz kann sich die Übertragung von Eigentum nur auf einzelne, bestimmte Sachen beziehen.[43] Dies bedeutet, dass die zu übereignende Sache bei der Einigung so bezeichnet werden muss, dass sie allein aufgrund des Inhalts des Rechtsgeschäfts identifiziert werden kann.[44] Ist das Objekt der Eigentumsübertragung nicht identifizierbar, so ist die Übertragung unwirksam. Dementsprechend genügt es nicht, irgendeine „Sache aus dem Warenlager“ zu übereignen. Das Bestimmtheitserfordernis entfaltet seine Bedeutung jedoch nicht im Rahmen von § 929 S. 1 BGB. Es kommt vielmehr erst in den Fällen der §§ 929 S. 2 bis 931 BGB zum Tragen, da dort die Übergabe als Kriterium zur Bestimmung und Identifizierung des Transferobjekts entfällt.[45]

d) Bedingte Übereignung

Von besonderer Bedeutung ist die Möglichkeit, die Einigung und damit die Übereignung nach § 158 Abs. 1 BGB zu bedingen. Dies stellt die Grundlage des Eigentumsvorbehalts dar, der als Sicherungsmittel für den Anspruch des Käufers auf Zahlung des Kaufpreises heute regelmäßig vereinbart wird. Darüber hinaus bietet er aber auch dem Erwerber die Gewissheit, dass der Verkäufer seinen Eigentumserwerb nicht mehr einseitig verhindern kann.[46]

Ein Eigentumsvorbehalt ist nach § 449 Abs. 1 BGB[47] im Zweifel so zu verstehen, dass die Übereignung unter der Bedingung der vollständigen Zahlung des Kaufpreises steht. Eine Bedingung ist die in ein Rechtsgeschäft eingeführte Bestimmung, wonach dessen Rechtswirkungen von einem zukünftigen ungewissen Ereignis abhängen.[48] Gemäß § 158 Abs. 1 BGB können Rechtsgeschäfte dementsprechend unter einer aufschiebenden Bedingung vorgenommen werden, sodass die Wirkungen des Rechtsgeschäfts erst mit dem Eintritt der Bedingung

42 *Ibid.*; Staudinger/*Wiegand* (2011), § 929 Rn. 23.

43 Staudinger/*Wiegand* (2011), § 929 Rn. 11.

44 BGHZ 73, 253, 254; BGH NJW 2000, 2898; Staudinger/*Wiegand* (2011), Anh. zu §§ 929-931 Rn. 97.

45 Staudinger/*Wiegand* (2011), § 929 Rn. 12.

46 *Wieling*, 242.

47 Die Zulässigkeit des Eigentumsvorbehalts ergibt sich ebenfalls aus § 449 Abs. 1 BGB, *Baur/Stürner*, § 51 Rn. 9.

48 Palandt/*Ellenberger*, Einf. v. § 158 Rn. 1.

eintreten. Im Rahmen des zweiaktigen Übereignungstatbestands des § 929 S. 1 BGB stellt die Einigung ein Rechtsgeschäft dar, das durch die Übergabe als Realakt ergänzt wird. Dementsprechend kann nur die Einigung gem. § 158 Abs. 1 BGB an eine Bedingung geknüpft werden.

Erforderlich ist, dass sich Veräußerer und Erwerber im Rahmen der dinglichen Einigung darauf verständigen, dass die Wirksamkeit der Einigung von der vollständigen Bezahlung des Kaufpreises abhängen soll. Ist dies erfolgt, so bewirkt die Übergabe der Sache nicht den Übergang des Eigentums. Der Erwerber wird vielmehr erst dann nach § 929 S. 1 BGB Eigentümer, wenn er den Kaufpreis vollständig beglichen hat. Erst dann wird die Einigung aufgrund des Bedingungseintritts wirksam und die Voraussetzungen des § 929 S. 1 BGB liegen vor. Neben diesem sog. einfachen Eigentumsvorbehalt erkennt das deutsche Recht auch verschiedene weitergehende Vorbehalte an. Zulässig ist z.B. ein sog. weitergeleiteter Eigentumsvorbehalt, wenn also vereinbart wird, dass der Verkäufer seinerseits nur unter Offenlegung des Vorbehalts zur Weiterveräußerung berechtigt ist. Das Vorbehaltseigentum des ursprünglichen Veräußerers bleibt dann bestehen und der zweite Erwerber erwirbt das Eigentum erst dann, wenn auch der erste Eigentumsvorbehalt erlischt.[49] Daneben sind auch sog. nachgeschaltete[50] und verlängerte[51] Eigentumsvorbehalte wirksam. Auch ein erweiterter Eigentums- oder Kontokorrentvorbehalt[52] ist jedenfalls im Handelsverkehr zulässig. Für die Wirksamkeit des Eigentumsvorbehalts muss der Eigentumsvorbehalt im Kaufvertrag vereinbart worden sein. Nur dann erfüllt der Veräußerer durch die bedingte Übereignung seine Pflicht aus § 433 Abs. 1 S. 1 BGB, die ansonsten die Verschaffung unbedingten Eigentums vorsieht.

49 Palandt/*Weidenkaff*, § 449 Rn. 16. Der zweite Käufer weiß dann, dass er von einem Nichteigentümer erwirbt und dass ein Dritter Eigentümer der Sache ist. Er kann sich dann mangels Gutgläubigkeit nicht auf einen gutgläubigen Erwerb gem. §§ 929 S. 1, 932 Abs. 1 S. 1 BGB berufen.

50 Der Käufer darf ohne Offenlegung des bestehenden Eigentumsvorbehalts seinerseits unter eigenem Eigentumsvorbehalt veräußern. Der ursprüngliche Verkäufer verliert sein Eigentum dann, wenn eine der beiden Kaufpreisforderungen vollständig getilgt worden ist, Palandt/*Weidenkaff*, § 449 Rn. 17.

51 Verkäufer und Käufer vereinbaren, dass an die Stelle des Eigentumsvorbehalts die neue Sache (§ 950 BGB) oder die durch die Weiterveräußerung entstandene Forderung treten. Der ursprüngliche Veräußerer erlangt also entweder Sicherungseigentum an der durch Verarbeitung der ursprünglichen Sache entstandenen neuen Sache oder erhält die Kaufpreisforderung aus dem Weiterverkauf zur Sicherung abgetreten, Palandt/*Weidenkaff*, § 449 Rn. 18.

52 Die Einigung wird erst dann wirksam, wenn alle oder ein bestimmter Teil der Forderungen aus der Geschäftsverbindung beglichen sind, Palandt/*Weidenkaff*, § 449 Rn. 19.

e) Bindung an die Einigung

Streitig ist in der deutschen Rechtswissenschaft, ob die Einigung bei der Übereignung beweglicher Sachen bindend ist. Nach wohl h.M. ist die Einigung bis zur Übergabe widerruflich.[53] Dafür spricht der Wortlaut des § 929 S. 1 BGB sowie die Parallele zum Grundstücksrecht, wo die Auflassung nach § 873 Abs. 2 BGB nur ausnahmsweise bindend ist.[54] Andere wollen die Bindung mit dem Argument annehmen, dass es sich bei der Einigung um einen dinglichen Vertrag handele, der nicht anders zu behandeln sei als andere Verträge.[55] Selbst wenn aber die Einigung bis zur Übergabe regelmäßig nicht bindend ist, so ist die Lösung von der Einigungserklärung keine reine Selbstverständlichkeit. Die Widerrufserklärung muss dem Partner der dinglichen Einigung zugehen. Ohne einen solchen Widerruf ist vom Fortbestand der Einigung auszugehen.[56] Es ist nicht erforderlich, dass im Zeitpunkt der Übergabe ein Rechtsfolgenbewusstsein vorliegt.[57]

2. Berechtigung des Veräußerers

Ungeschriebenes Tatbestandsmerkmal[58] und grundlegende Voraussetzung des Eigentumserwerbs ist die Berechtigung des Veräußerers zur Verfügung über die Sache und damit zur Übertragung des Eigentums.[59] Aus § 903 S. 1 BGB folgend[60], steht diese Befugnis in erster Linie dem Eigentümer einer Sache selbst zu. Bei Vorliegen von Verfügungsbeschränkungen kann sie aber ausnahmsweise ausgeschlossen sein.[61] Diese können relativen Charakters sein und dem Schutz von bestimmten Einzelinteressen dienen.[62] Von besonderer Bedeutung sind aber die absoluten Verfügungsbeschränkungen, die die Verfügung aus Gründen des öffentlichen Interesses untersagen.[63] Hierzu zählen vor allem die Verfügungsbeschränkung des Insolvenzschuldners (§ 80 Abs. 1 InsO) und ehegüterrechtliche Beschränkungen (§§ 1365, 1369 BGB).[64]

---

53 *Westermann*, § 37 Rn. 11.

54 *Baur/Stürner*, § 5 Rn. 36.

55 Dazu *Westermann*, § 37 Rn. 11.

56 *Baur/Stürner*, § 5 Rn. 37.

57 BGH NJW 1995, 1085, 1086.

58 *Weber*, § 8 Rn. 3.

59 MüKoBGB[5]/*Oechsler*, § 929 Rn. 43; Staudinger/*Wiegand* (2011), § 929 Rn. 15 ff.

60 Palandt/*Bassenge*, § 903 Rn. 5.

61 Staudinger/*Wiegand* (2011), § 929 Rn. 16.

62 Z.B. §§ 135 Abs. 1 S. 1, 136, 161 Abs. 1 S. 1, 2113 Abs. 1 BGB, MüKoBGB[5]/*Oechsler*, § 929 Rn. 43.

63 MüKoBGB[5]/*Oechsler*, § 929 Rn. 43.

64 *Ibid.*

Auch Personen die nicht Eigentümer einer Sache sind, kann die Verfügungsbefugnis zustehen. Diese Berechtigung kann einerseits kraft Gesetzes bestehen, so beispielsweise die Verfügungsberechtigung des Insolvenzverwalters (§ 84 Abs. 2 InsO) und des Testamentsvollstreckers (§§ 2205, 2221 BGB).[65] Andererseits kann der Eigentümer jedem Dritten gem. § 185 BGB die Berechtigung zur Verfügung über seine Sache verleihen, indem er seine Zustimmung hierzu erteilt (Abs. 1) oder eine bereits erfolgte Verfügung genehmigt (Abs. 2). Diese Zustimmung ist inhaltlich beschränkbar und bis zur Vornahme der Verfügung widerruflich.[66] Veräußert der verfügungsberechtigte Nichteigentümer im eigenen Namen, so liegt ein Fall der mittelbaren Stellvertretung vor.[67]

Handelt ein Nichteigentümer ohne Verfügungsberechtigung, so sind die Voraussetzungen der §§ 929 bis 931 BGB nicht erfüllt. Eine Eigentumsübertragung ist dann allenfalls aufgrund eines gutgläubigen Erwerbs gem. §§ 932 ff. BGB möglich.

3. Reales Moment der Übereignung

Neben der dinglichen Einigung mit dem zur Verfügung Berechtigten ist zusätzlich ein reales Moment – ein Publizitätsakt – erforderlich. Das Mobiliarsachenrecht des BGB knüpft hier regelmäßig an den Sachbesitz als die Rechtslage verdeutlichendes Kriterium an, vgl. § 1006 BGB.[68] Nach h.M. manifestiert sich in der Übergabe vor allem der Übereignungswille, wobei die Publizitätswirkung der Tradition nur einen Nebeneffekt darstellt.[69] Die Übergabe begründet folglich im Rahmen der Übereignung nicht grundsätzlich ein Transparenzprinzip zugunsten Dritter.[70] Dementsprechend stellt die Übergabe i.S.v. § 929 S. 1 BGB auch nur den Grundfall der Publizitätsakte dar. Hiervon lassen die §§ 929 S. 2 bis 930 BGB Ausnahmen zu, die der Erleichterung des Verkehrs dienen sollen.[71]

a) Grundfall: Übergabe der zu übereignenden Sache nach § 929 S. 1 BGB

Für den Grundfall der Übereignung nach § 929 S. 1 BGB ist neben der dinglichen Einigung erforderlich, dass die Sache physisch übergeben wird. Damit geht das Gesetz als Normalfall davon aus, dass der Eigentümer selbst dem Erwerber

65 *Weber*, § 8 Rn. 5.
66 MüKoBGB[5]/*Oechsler*, § 929 Rn. 45.
67 Vgl. MüKoBGB[6]/*Schramm*, § 165 Rn. 16; *Baur/Stürner*, § 51 Rn. 42.
68 *Weber*, § 4 Rn. 3.
69 Staudinger/*Wiegand*(2011), Vorbem. zu §§ 929-931 Rn. 21; MüKoBGB[5]/*Oechsler*, § 929 Rn. 3.
70 MüKoBGB[5]/*Oechsler*, § 929 Rn. 3.
71 Vgl. MüKoBGB[5]/*Oechsler*, § 930 Rn. 2, § 931 Rn. 1.

die Sache übergibt.[72] In der Praxis stellt dies zwar den Regelfall dar, die Einbeziehung Dritter in den Erwerbsvorgang bewirkt aber oft, dass der Eigentümer die Sache strenggenommen nicht selbst an den Erwerber übergibt.

aa) Voraussetzungen im Einzelnen

Da aber auch diese Fälle von der Regelung des § 929 S. 1 BGB erfasst sein sollen, muss das Traditionsprinzip hier etwas weniger streng verstanden werden. Es haben sich deshalb drei Aspekte herausgebildet, die für die Übergabe nach § 929 S. 1 BGB erfüllt sein müssen. Es kommt darauf an, dass der Veräußerer jeglichen Besitz an der Sache verliert und dass der Erwerber, auf Veranlassung des Veräußerers, zumindest mittelbaren Besitz erlangt.[73]

(1) Besitzaufgabe

Wesentlich ist nach h.M. zunächst, dass der Veräußerer jeglichen Besitz an der Sache verliert.[74] Gemeint ist damit sowohl der Verlust des unmittelbaren Besitzes i.S.v. §§ 854 Abs. 1, 855 BGB als auch eines möglichen mittelbaren Besitzes i.S.v. § 868 BGB. Einerseits darf also der Veräußerer weder direkt (§ 854 Abs. 1 BGB) noch durch einen Besitzdiener (§ 855 BGB) unmittelbaren Besitz behalten. Andererseits hat er aber auch dafür Sorge zu tragen, dass kein Dritter die Sache als unmittelbarer Fremdbesitzer i.S.d. § 868 BGB mehr für ihn besitzt. Der Veräußerer muss folglich alle tatsächlichen Beziehungen zur Sache abbrechen.[75] Dabei handelt es sich aber um ein negatives Kriterium. Verlangt wird also nur die Besitzlosigkeit des Veräußerers,[76] nicht aber, dass er zuvor überhaupt im Besitz der Sache war.[77]

(2) Besitzerwerb

Das entscheidende Gewicht liegt darauf, dass der Erwerber den Besitz an der Sache erhält.[78] Dabei ist wiederum der mittelbare Besitz i.S.v. § 868 BGB ausreichend.[79] Dementsprechend genügt es, dass eine Person, die in einem Besitzmittlungsverhältnis zum Erwerber steht, den Besitz an der zu übereignenden

72 *Baur/Stürner*, § 51 Rn. 12.
73 *Ibid.*; Staudinger/*Wiegand* (2011), § 929 Rn. 62 ff.
74 Staudinger/*Wiegand* (2011), § 929 Rn. 62.
75 *Westermann*, § 38 Rn. 2.
76 *Martinek*, AcP 188 (1988), 573, 592.
77 *Ibid.* 591; Staudinger/*Wiegand* (2011), § 929 Rn. 62.
78 Staudinger/*Wiegand* (2011), § 929 Rn. 63.
79 *Westermann*, § 38 Rn. 6; *Martinek*, AcP 188 (1988), 573, 594.

Sache erwirbt. Ebenfalls ausreichend ist die Inbesitznahme durch einen Besitzdiener, da dies gem. § 855 BGB zum Erwerb des unmittelbaren Besitzes seitens des Erwerbers führt.

(3) Auf Veranlassung des Veräußerers

Die Besitzerlangung seitens des Erwerbers muss auf Veranlassung des bisherigen Eigentümers erfolgt sein. Einerseits werden dadurch Fälle ausgeschlossen, in denen der Erwerber trotz wirksamer und fortbestehender dinglicher Einigung i.S.d. § 929 S. 1 BGB eigenmächtig verfährt. Andererseits ist eine Übereignung nach § 929 S. 1 BGB auch dann möglich, wenn der Veräußerer selbst gar nicht Besitzer ist, er aber den Besitzer zur Besitzübertragung an den Erwerber veranlasst.[80]

bb) Besondere Fälle

Liegen diese Voraussetzungen vor, so ist das Übergabeerfordernis des § 929 S. 1 BGB erfüllt. In einigen Fällen erfolgt die Übergabe kraft Zurechnung[81], was bisweilen konstruiert wirkt. Nichtsdestotrotz sind auch diese Situationen an den oben genannten Kriterien zu messen.

(1) Veräußerer wird Besitzdiener des Erwerbers

Theoretisch möglich ist es, die Übergabe dadurch vorzunehmen, dass der Veräußerer zum Besitzdiener des Erwerbers wird.[82] Als Besitzdiener hat der Veräußerer keinen eigenen Besitz mehr, sondern ist lediglich Werkzeug des Erwerbers, der unmittelbar besitzt.[83] Praktisch dürfte die tatsächliche Eingliederung des Veräußerers in das Herrschaftsverhältnis beim Erwerber Probleme bereiten.[84] Es sind hier strenge Anforderungen zu stellen, um Scheinübergaben zu verhindern.[85] Der Weg über eine Übereignung nach § 931 BGB dürfte deshalb regelmäßig einfacher sein, da die Voraussetzungen an ein Besitzmittlungsverhältnis deutlich leichter zu erfüllen sind.

---

80 *Baur/Stürner*, § 51 Rn. 18; *Westermann*, § 38 Rn. 10; *Martinek*, AcP 188 (1988), 573, 595.

81 *Weber*, § 8 Rn. 13; *Martinek*, AcP 188 (1988), 573, 595.

82 Jauernig/*Berger*, § 929 Rn. 10.

83 Jauernig/*Berger*, § 855 Rn. 2, 3.

84 Vgl. zu den Anforderungen *Weber*, § 8 Rn. 14.

85 *Ibid.*

(2) Übergabe durch Weisung

Denkbar ist es auch, die Übergabe durch die Weisung des Veräußerers an den Besitzdiener, in Zukunft den Weisungen des Erwerbers zu folgen, zu konstruieren.[86] Entsprechend ist auch die Beauftragung des Besitzmittlers möglich, mit dem Erwerber ein neues Besitzmittlungsverhältnis nach § 868 BGB zu vereinbaren.[87] Anders als bei der Übereignung nach § 930 BGB würde hierbei kein bestehender Herausgabeanspruch gegen den Besitzmittler an den Erwerber abgetreten, sondern ein neuer begründet.[88]

(3) Geheißerwerb bei Veräußerungsketten

Bisweilen tritt das Problem auf, eine Übergabe nach § 929 S. 1 BGB unter Beteiligung mehrerer Personen zu konstruieren. Hierbei verwendet die h.M. die Konstruktion des Geheißerwerbs.[89] Eine Geheißperson ist dabei ein Dritter, der nicht Besitzmittler oder Besitzdiener ist und selbst unmittelbaren Besitz hat.[90] Geheißpersonen können sowohl auf Seiten des Veräußerers als auch auf Seiten des Erwerbers zum Einsatz kommen.[91] Beim Geheißerwerb ist es in Übereinstimmung mit den oben dargelegten Voraussetzungen erforderlich, dass der besitzende Dritte die Sache auf Geheiß des nicht besitzenden Veräußerers übergibt. Dabei reicht es aus, wenn die Übergabe an eine Person erfolgt, die wiederum auf Geheiß des Erwerbers handelt, aber ebenfalls weder Besitzmittler noch Besitzdiener ist.

Praktisch relevant wird der Geheißerwerb vor allem bei sog. Streckengeschäften. Verkauft A an B, B an C und A liefert direkt an C, so ist nach h.M. ein doppelter Geheißerwerb anzunehmen.[92] A übergibt die Sache an C, der Geheißperson des B ist. Gleichzeitig übergibt A aber auch in Funktion als Geheißperson des B die Sache an C, der nun wiederum die Sache für sich selbst erwirbt. Die für die Übereignung erforderlichen Einigungen erfolgten dabei bereits bei Abschluss der Verträge und wurden insofern antizipiert.

Einigung:	A -------------- B	B -------------- C
Übergabe:	A -------------- C (B)	A (B) -------------- C

86 *Ibid.* Rn. 15; Jauernig/*Berger*, § 929 Rn. 10.
87 Vgl. *Weber*, § 8 Rn. 16.
88 Kritisch hierzu *Martinek*, AcP 188 (1988), 573, 587.
89 Staudinger/*Wiegand* (2011), § 929 Rn. 97 f.
90 Jauernig/*Berger*, § 929 Rn. 13.
91 *Baur/Stürner*, § 51 Rn. 17; *Weber*, § 8 Rn. 17, 20.
92 Vgl. *Baur/Stürner*, § 51 Rn. 17; Jauernig/*Berger*, § 929 Rn. 16; *Weber*, § 8 Rn. 21.

Für den Fall, dass nur zwischen A und B eine Übereignung stattfindet, C die Sache aber aufgrund eines Besitzmittlungsverhältnisses besitzen soll, fehlt es im Verhältnis B zu C an einer für § 929 S. 1 BGB erforderlichen Einigung, sodass die Übergabe nicht zum Eigentumserwerb des C, sondern ausschließlich zum Erwerb seitens des B führt.

Einigung: A ------------- B
Übergabe: A ------------- C (B) A (B) ------------- C

cc) Bewertung

Wenngleich einige Sonderfälle recht kompliziert und theoretisch anmuten, zeigen sie doch, dass sich der Anwendungsbereich des § 929 S. 1 BGB nicht auf den Fall der physischen Übergabe der Kaufsache vom Veräußerer an den Erwerber beschränkt. Durch eine extensive Auslegung des Traditionsprinzips hält § 929 S. 1 BGB vielmehr eine Vielzahl von Möglichkeiten bereit, die Übergabe zu konstruieren. Dabei kommt es stets darauf an, dass der Veräußerer keinen Besitz behält, der Erwerber zumindest mittelbaren Besitz erlangt, und dass diese Besitzerlangung auf Veranlassung des Veräußerers erfolgt. Vom Erfordernis des mittelbaren Besitzes des Erwerbers wird nach h.M. innerhalb von Veräußerungsketten eine Ausnahme gemacht, soweit auf Erwerberseite eine Geheißperson tätig wird. Außerhalb von Veräußerungsketten bleibt es jedoch bei dem Erfordernis der Besitzbegründung des Erwerbers.[93]

b) Übergabesurrogate

Beim Übergabeerfordernis des § 929 S. 1 BGB handelt es sich zwar um den Grundfall der Erwerbstatbestände des Mobiliarsachenrechts, die §§ 929 S. 2 ff. BGB sehen aber abweichende Übereignungstatbestände ohne Übergabeerfordernis vor. Diese Tatbestände stellen damit Ausnahmen vom Traditionsprinzip dar und dienen der Vereinfachung des Rechtsverkehrs.

aa) Übergabe „kurzer Hand“ nach § 929 S.2 BGB

Gemäß § 929 S. 2 BGB genügt die bloße Einigung über den Eigentumswechsel, wenn sich der Erwerber bereits im Besitz der Sache befindet. Dabei ist sowohl der mittelbare als auch der unmittelbare Besitz erfasst. Die Übergabe ist dementsprechend dann entbehrlich, wenn der Veräußerer jeglichen Besitz verliert[94]

93 Jauernig/*Berger*, § 929 Rn. 17.
94 BGH NJW 2005, 359, 363.

und der Erwerber weiterhin zumindest mittelbaren Besitz an der Sache innehat. Insofern entspricht die Situation im Ergebnis derjenigen, die nach erfolgter Übergabe im Rahmen von § 929 S. 1 BGB vorliegen müsste.

bb) Besitzkonstitut nach § 930 BGB

Eine Möglichkeit, ohne physische Veränderung der Belegenheit der Sache das Eigentum daran zu übertragen, stellt § 930 BGB dar. Dabei handelt es sich nach h.M. um ein Übergabesurrogat.[95] Die Übergabe wird durch ein Besitzkonstitut *(constitutum possessorium)* zwischen Veräußerer und Erwerber ersetzt,[96] wenngleich der Erwerber auch bei § 930 BGB mittelbarer Besitzer der Sache wird.

(1) Grundfall

Der Grundfall des § 930 BGB stellt sich so dar, dass die Parteien trotz der Übereignung wünschen, dass der Veräußerer auch weiterhin den unmittelbaren Besitz an der zu übereignenden Sache haben soll. Erforderlich ist dann, dass neben der Einigung ein Rechtsverhältnis vereinbart wird, welches bewirkt, dass der Erwerber den mittelbaren Besitz an der Sache erhält.[97] Der Veräußerer bleibt zwar unmittelbarer Besitzer, wird aber vom Eigen- zum Fremdbesitzer.[98] Er besitzt fortan für den Erwerber. Dementsprechend handelt es sich beim Besitzkonstitut um nichts anderes als um ein Besitzmittlungsverhältnis i.S.v. § 868 BGB.[99] Folglich ist ein konkretes Rechtsverhältnis nötig,[100] aus dem sich die Rechte und Pflichten der Parteien ergeben,[101] das den Besitz zeitlich beschränkt[102] und dem neuen Eigentümer zumindest einen zukünftigen Herausgabeanspruch verleiht.[103] Zu diesen Rechtsverhältnissen zählen vor allem der Nießbrauch, das Pfandrecht, die Pacht, die Miete, die Verwahrung und die Leihe.[104]

---

95 Nach anderer Ansicht wird die Übergabe hier eigentlich nicht surrogiert, sondern auf sie verzichtet, vgl. Staudinger/*Wiegand* (2011), § 930 Rn. 4.

96 MüKoBGB[5]/*Oechsler*, § 930 Rn. 1, 9.

97 *Weber*, § 8 Rn. 26.

98 *Ibid.*

99 *Ibid.*

100 Jauernig/*Berger*, § 868 Rn. 5.

101 *Baur/Stürner*, § 51 Rn. 22.

102 *Baur/Stürner*, § 7 Rn. 42.

103 BGHZ 85, 263, 265; *Baur/Stürner*, § 7 Rn. 43.

104 Vgl. Jauernig/*Berger*, § 868 Rn. 5, 6; *Baur/Stürner*, § 51 Rn. 21.

(2) Hauptanwendungsfall: Sicherungsübereignung[105]

§ 930 BGB erfasst über § 868 BGB nicht nur die explizit genannten Rechtsverhältnisse, sondern auch andere, die die entsprechenden Anforderungen erfüllen. Hauptanwendungsfall des § 930 BGB ist deshalb die Sicherungsübereignung als Kreditsicherungsmittel.[106] In der Praxis ist es üblich, dass der Erwerber einer beweglichen Sache der kreditgebenden Bank das Eigentum an der Sache nach § 930 BGB überträgt. Das Besitzmittlungsverhältnis stellt dabei ein Verwahrungs-, Miet- oder Leihvertrag dar, der mit einer Sicherungsabrede verknüpft ist.[107] Die Bank wird dadurch mittelbare Besitzerin und Eigentümerin der Sache und genießt nach Maßgabe des Sicherungsvertrages die aus dem Eigentum folgenden Rechte,[108] wie den Schutz in der Insolvenz und der Zwangsvollstreckung in das Vermögen des Sicherungsgebers durch Dritte sowie das Recht, die Sache unter Umständen herauszuverlangen und zu verwerten. Die Nutzung der Sache verbleibt im Rahmen der Zweckbestimmung im Sicherungsvertrag beim unmittelbaren Besitzer, dem Sicherungsgeber.[109] Dadurch hat dieser den Vorteil, dass er die Sache wirtschaftlich nutzen und das Darlehen ggf. aus den daraus erwirtschafteten Erträgen zurückzahlen kann.

Ein Sonderfall der Sicherungsübereignung ist das antizipierte Besitzkonstitut.[110] Dabei geht es um die Sicherungsübereignung von Sachgesamtheiten mit wechselndem Bestand.[111] Dingliche Einigung und Besitzkonstitut werden bereits vor dem Erwerb der Sachen durch den Sicherungsgeber vereinbart.[112] Erwirbt dieser schließlich das Eigentum an den Sachen, so geht es unmittelbar auf den Sicherungsnehmer über. Der Sicherungsgeber hat das Eigentum lediglich für eine „logische Sekunde" inne.[113] Dieses Vorgehen ist mit den Voraussetzungen des § 930 BGB vereinbar. Dementsprechend ist auch keine zusätzliche Kenntlichmachung der Sicherungsübereignung notwendig.[114] Anders ist dies beim sog.

105 Überschrift nach *Weber*, § 8 Rn. 27.

106 Staudinger/*Wiegand* (2011), § 930 Rn. 5.

107 Zunehmend wird davon ausgegangen, dass sich die Sicherungsabrede selbst zu einem Vertragstyp verfestigt hat, der die Vereinbarung eines Besitzkonstituts beinhaltet. Staudinger/*Wiegand* (2011), Anh. zu §§ 929-931 Rn. 87.

108 *Ibid.* Rn. 59, 64.

109 *Ibid.* Rn. 61.

110 *Weber*, § 8 Rn. 29, 30.

111 *Ibid.* Rn. 29; Staudinger/*Wiegand* (2011), Anh. zu §§ 929-931 Rn. 125; *Baur/Stürner*, § 51 Rn. 31.

112 *Westermann*, § 44 Rn. 7

113 *Weber*, § 8 Rn. 29; *Baur/Stürner*, § 51 Rn. 32.

114 Str., nach h.M. aber aus materiellrechtlichen Gründen nicht notwendig. Gegebenenfalls ist eine Handlung zur Eingliederung in die Sachgesamtheit erforderlich. Die Notwendigkeit der Be-

Insichkonstitut. Wenn der Sicherungsgeber sich unter Wahrung der Voraussetzungen des § 181 BGB als Vertreter des Sicherungsnehmers „mit sich selbst einigt“, ist nach h.M. eine äußere Manifestierung des Übereignungswillens für die Wirksamkeit der Sicherungsübereignung notwendig.[115]

(3) Bewertung

Die Möglichkeit der Vereinbarung eines *constitutum possessorium* stellt eine Durchbrechung des Traditionsprinzips dar. Problematisch hieran ist, dass § 930 BGB die Übereignung auch in Konstellationen ermöglicht, die jegliches Publizitätselement vermissen lassen.[116] Insgesamt überwiegen jedoch die Vorteile dieser Ausnahmetatbestände. Vor allem die Vermeidung von unnötigen und ggf. sogar fingierten Übergaben beweglicher Sachen führt dazu, dass die Übereignung im Rechtsverkehr deutlich vereinfacht und die Rechtssicherheit erhöht wird.[117]

cc) Abtretung des Herausgabeanspruchs nach § 931 BGB

Eine weitere Möglichkeit der Übereignung ohne Veränderung der räumlichen Belegenheit der Sache stellt § 931 BGB dar. Danach ist es möglich, die Übergabe einer im unmittelbaren Besitz eines Dritten befindlichen Sache dadurch zu ersetzen, dass der Veräußerer seine Ansprüche aus dem Besitzmittlungsverhältnis an den Erwerber nach §§ 398 ff. BGB abtritt.[118] Ausreichend ist aber auch der Herausgabeanspruch des nicht besitzenden Eigentümers aus § 985 BGB.[119] Der Erwerber tritt mit der wirksamen Abtretung gem. § 398 S. 2 BGB in die Rechtsposition des Veräußerers innerhalb des Besitzmittlungsverhältnisses i.S.d. §§ 868, 870 BGB ein. Fortan ist er mittelbarer Besitzer und kann insbesondere den zuvor dem Veräußerer zustehenden Herausgabeanspruch geltend machen. Die Übereignung nach § 931 BGB basiert folglich ausschließlich auf rechtsge-

---

weisbarkeit kann aber im Einzelfall seitens des Erwerbers (Sicherungsnehmers) ein Erfordernis für die Erkennbarkeit des Vollzugs der antizipierten Sicherungsübereignung darstellen. Staudinger/*Wiegand* (2011), Anh. zu §§ 929-931 Rn. 129 ff., 136 ff.

115 BGH NJW 1989, 2542, 2543; *Baur/Stürner*, § 51 Rn. 30.

116 Staudinger/*Wiegand* (2011), § 930 Rn. 4.

117 Vgl. *Baur/Stürner*, § 51 Rn. 21.

118 *Ibid.* Rn. 38.

119 H.M. Der Herausgabeanspruch aus dem Eigentum folgt aber dem Eigentum und ist nicht selbständig abtretbar. Aus diesem Grund reicht für den Fall, dass nur der Herausgabeanspruch aus § 985 BGB gegenüber dem unmittelbaren Eigenbesitzer besteht, die bloße Einigung über den Eigentumsübergang. Nach a.A. ist eine Abtretung des Anspruchs aus § 985 BGB dennoch erforderlich, wird aber zumeist als in der dinglichen Einigung enthalten angesehen, sodass sich praktisch keine Unterschiede zur h.M. zeigen. Zum Streitstand: Staudinger/*Wiegand* (2011), § 931 Rn. 13-16.

schäftlichen Akten.[120] Realakte nach § 929 S. 1 BGB sind entbehrlich. Auch hierbei handelt es sich zweifelsohne um eine Ausnahme vom Traditionsprinzip, der praktische Erwägungen zugrunde liegen. Wirtschaftsabläufe werden durch eine Übereignung nach § 931 BGB vereinfacht, denn eine doppelte oder gar dreifache Übergabe der Sache wird in Fällen vermieden, in denen der unmittelbare Besitzer auch in der Folge seinen Sachbesitz behalten soll.[121]

III. Folgen des Erwerbs

1. Zeitpunkt des Eigentumserwerbs

Liegen die genannten Voraussetzungen vor, so erlangt der Eigentümer das Eigentum an der Sache. Maßgeblicher Zeitpunkt ist damit der Zeitpunkt des Vorliegens der letzten Erwerbsvoraussetzung. Nach der gesetzlichen Konzeption ist dies regelmäßig die Übergabe der Sache. Praktisch kann aber auch die Einigung, z.B. bei aufschiebender Bedingung, als letztes Übereignungserfordernis eintreten.

2. Befugnisse des neuen Eigentümers

Ab dem Zeitpunkt der Übereignung ist die Sache der Vermögensmasse des Erwerbers zuzuordnen.[122] Daraus ergibt sich, dass die sachenrechtliche Zuständigkeit für die aus dem Eigentum folgenden Ansprüche auf den Erwerber übergegangen ist.[123] Zudem ist die Sache auch in vollstreckungsrechtlicher Hinsicht dem Vermögen des Erwerbers zuzuordnen.[124]

IV. Zwischenergebnis

Für das deutsche Recht ist damit festzuhalten, dass die Übereignung die dingliche Einigung über den Eigentumsübergang sowie die Übergabe der Sache erfordert. Die Übergabe ist dabei weit auszulegen und kann surrogiert werden. Mit dem Übergang des Eigentums gehen auch die aus ihm folgenden Rechte und Pflichten auf den Erwerber über.

---

120 Nämlich der rechtsgeschäftlichen Einigung nach § 929 S. 1 BGB und der Abtretung des Herausgabeanspruchs aus dem Besitzmittlungsverhältnis durch Abtretungsvertrag nach § 398 S. 1 BGB.

121 *Baur/Stürner*, § 51 Rn. 35.

122 Staudinger/*Wiegand* (2011), Vorbem. zu §§ 929-931 Rn. 2.

123 *Ibid.*

124 *Ibid.*

§ 3 Schwedisches Recht

I. Allgemeines

Der Erwerb des Eigentums *(laga fång)* wird im schwedischen Recht in drei Gruppen, *originära fång*, *derivativa fång* und *extinktiva fång*, eingeteilt.[125] Es handelt sich dabei um den originären Eigentumserwerb[126], beispielsweise durch Fund oder Gewinnung von Naturerzeugnissen sowie den abgeleiteten Eigentumserwerb aufgrund Rechtsgeschäfts.[127] Bei der dritten Gruppe handelt es sich um Fälle des gutgläubigen Erwerbs, in denen das ursprüngliche Eigentumsrecht durch den Erwerb ausgelöscht wird.[128] Zwar kennt auch das deutsche Recht einen gutgläubigen Erwerb. Dieser wird allerdings regelmäßig als rechtsgeschäftlich eingeordnet, da der Erwerb aufgrund eines Rechtsgeschäfts mit einem nicht berechtigten Veräußerer erfolgt, dessen fehlende Berechtigung durch den guten Glauben des Erwerbers substituiert wird.[129]

Der rechtsgeschäftliche Eigentumserwerb erfolgt nach schwedischem Recht durch Übereignung *(överlåtelse)*, die durch Vertrag geschieht.[130] Es kommen verschiedene Vertragstypen in Betracht. Dazu gehören primär der Kauf, die Schenkung und der Tausch.[131]

1. Eigentumserwerb durch Kauf

Der Kauf ist die wichtigste Erwerbsform[132] und die für das Zivilrecht aufgrund seiner Häufigkeit wohl wichtigste Vertragsart.

a) Gesetzliche Grundlagen und Anwendungsbereich

In Schweden wird der Kauf umfassend im KöpL[133] geregelt. Darüber hinaus halten das KköpL und Teile des JB kaufrechtliche Regelungen für besondere Vertragsty-

---

125 *Millqvist*, 28; *Agell/Malmström*, 85 f.; *Håstad*, 43; Agell/Malmström/*C. Ramberg*[22], 67 f.

126 Im deutschen Recht fallen unter den originären Eigentumserwerb die Aneignung (§ 958 BGB), die Ersitzung (§ 937 BGB), Verbindung, Vermischung und Verarbeitung (§§ 946 ff. BGB), der Erwerb von Erzeugnissen und Bestandteilen (§§ 953 ff. BGB), der Fund (§§ 965 ff. BGB) und der Schatzfund (§ 984 BGB). Vgl. hierzu *Wieling*, 135 ff.

127 *Agell/Malmström*, 86-88; *Håstad*, 43 ff.; Agell/Malmström/*C. Ramberg*[22], 67-70.

128 *Millqvist*, 30; Agell/Malmström/*C. Ramberg*[22], 68.

129 Palandt/*Bassenge*, Vorbem. v. § 929 Rn. 4 ff.; § 929 Rn. 1.

130 Agell/Malmström/C. *Ramberg*[22], 68; für den Kauf: *J. Ramberg/Herre*, 19.

131 *Millqvist*, 30; *Håstad*, 48; Agell/Malmström/*C. Ramberg*[22], 68.

132 *Millqvist*, 30; *Agell/Malmström*, 86.

133 SFS 1990:931 *Köplag:* Kaufgesetz.

pen bereit. In sachlicher Hinsicht gilt das dispositive[134] KöpL gem. § 1 für den Kauf von *lös egendom*. Entsprechend der eingangs dargelegten Einteilung des Sachbegriffs[135] erstreckt sich sein Anwendungsbereich deshalb primär auf bewegliche Sachen im Sinne von beweglichen körperlichen Gegenständen.[136] Erfasst wird aber auch der Erwerb von Rechten.[137] Für die Einordnung eines Rechtsgeschäfts als Kaufvertrag kommt es auf die vertragliche Vereinbarung an, dass eine Sache, bzw. das Eigentum daran, gegen Bezahlung auf eine andere Person übergehen soll.[138]

Entsprechend der deutschen Regelung in § 651 BGB fallen gem. § 2 Abs. 1 KöpL auch Werklieferungsverträge *(tillverkningsköp)* unter den Anwendungsbereich des Kaufrechts, sofern nicht der Besteller den wesentlichen Teil des Materials bereitstellt.[139] Das KöpL gilt darüber hinaus gem. § 1 Abs. 2 auch für den Tausch beweglicher Sachen. Nicht anwendbar ist es im Bereich des Grundstücksrechts. Sowohl für die Errichtung von Gebäuden (§ 1 Abs. 4 KöpL), den Erwerb von Grundstückenrechten (§ 1 Abs. 3 KöpL) als auch den Kauf von Grundstücken gelten die besonderen Vorschriften des 4. Kapitels des JB.[140] Schließlich ist das KöpL gem. § 4 nicht auf Verbrauchsgüterkaufverträge anwendbar. Insofern stellt das KköpL eine vorrangige Spezialregelung dar.[141]

b) Schwedisches Verständnis von Kauf und Eigentumserwerb

Die Vorschriften über den Kauf regeln das Verhältnis zwischen Verkäufer und Käufer vollständig.[142] Das Verhältnis zu dritten Personen spielt keine Rolle. Ein Zusammenhang zwischen Kauf und Eigentumserwerb stellt das KöpL nicht ausdrücklich her.

Das nach schwedischem Verständnis Charakteristische am Kauf ist aber der Eigentümerwechsel am Kaufgegenstand, vom Verkäufer zum Käufer.[143] Das haupt-

---

134 Vgl. § 3 KöpL.

135 S.o. 69 ff.

136 *Håstad*, Köprätt, 27, 29.

137 *Ibid.* 29.

138 *Ibid.* 27; *J. Ramberg/Herre*, 19; *Herre*, Konsumentköplagen, § 1 KköpL, 2.1.1.

139 Zwar kennt das schwedische Recht auch Werkverträge *(arbetsbeting)*, diese sind gesetzlich jedoch nur für Verbraucherverträge geregelt (*Konsumenttjänstlag* [SFS 1985:716]: Verbraucherdienstgesetz). Eine analoge Anwendung des KöpL auf Werkverträge ist im kommerziellen Bereich zwar denkbar, aber nicht gesetzlich vorgeschrieben. So: *Hellner/Hager/Persson*, Speciell avtalsrätt II, Kontraktsrätt, Bd. 1, 89 f., 224 Fn. 2; *Håstad*, Köprätt, 27.

140 *J. Ramberg/Herre*, Allmän köprätt, 35-36.

141 Vgl. § 4 KöpL.

142 Es handelt sich dabei um ein Zweipersonenverhältnis, das ausschließlich den schuldrechtlichen Regeln unterliegt. Vgl. für den Grundstückskauf *Martinson*, SvJT 2008, 669, 673.

143 *J. Ramberg/Herre*, Allmän köprätt, 19.

sächliche Interesse des Käufers ist es, das Eigentum an der Kaufsache zu erlangen.[144] Der Kauf beinhaltet also die Übertragung einer beweglichen Sache gegen Entgelt.[145] Diese der schwedischen Rechtsliteratur entnommenen Aussagen scheinen darauf hinzudeuten, dass man in Schweden dem reinen Konsensprinzip folgt. Gleichzeitig wird aber auch beschrieben, dass das Charakteristikum des Kaufs die Verpflichtung sei, in Übereinstimmung mit dem Vertragsinhalt das Eigentum an einem bestimmten Gegenstand zu übertragen.[146] Diese Aussage scheint sich mit den zuvor Getätigten zu widersprechen. Sie deutet nämlich an, dass es ein separates Erfüllungsgeschäft geben müsste.

Wie bereits dargelegt,[147] folgt das schwedische Recht im Grundsatz weder dem Trennungs- noch dem reinen Konsens- oder Vertragsprinzip.[148] Eigentum wird also weder durch den Vertragsschluss allein noch durch ein gesondertes dingliches Rechtsgeschäft erworben.[149] Tatsächlich nimmt das schwedische Recht insofern eine Sonderstellung ein, indem es Aspekte beider Prinzipien kombiniert.[150, 151]

aa) Funktionale Herangehensweise im Kaufrecht

Verträge sind im schwedischen Recht nicht ausschließlich dem Obligationenrecht zuzuordnen.[152] In manchen Situationen gehen von ihnen auch dingliche Rechtsfolgen aus.[153] Insbesondere der Kauf stellt eine – regelmäßig mit einer Verpflichtung verbundene – Verfügung über eine Sache dar.[154] Gleichzeitig bewirkt der reine Vertragsabschluss aber keinen Eigentumserwerb im Sinne des deutschen Begriffsverständnisses. Im schwedischen Recht spielt die Übergabe zudem zwar eine große Rolle für den Schutz des Erwerbers, sie stellt aber nicht den für den Eigentumserwerb entscheidenden Zeitpunkt dar.[155] Dies ist aus

144 *Ibid.*
145 *Håstad*, Köprätt, 27.
146 *J. Ramberg/Herre*, Allmän köprätt, 20.
147 S.o. 108 f.
148 *Undén*, 96; *Martinson*, 46.
149 Nach schwedischem Verständnis lässt sich die schwedische Herangehensweise weder als „abstrakt“ noch als „kausal“ beschreiben. Auch der Terminus „dingliches Rechtsgeschäft“ hat keine Funktion. Vgl. *Martinson*, 46.
150 *Undén*, 96.
151 *Krimphove*, 132, bezeichnet diese Herangehensweise als „skandinavisches Konsensprinzip der sukzessiven Einzelwirkungen“. Dazu s.o. 108 f.
152 *Undén*, 91; *Adlercreutz*, Avtalsrätten I, 27.
153 *Adlercreutz*, Avtalsrätten I, 27.
154 *Ibid.*
155 Vgl. *Agell/Malmström*, 146 f., die den sukzessiven Eigentumsübergang beschreiben.

deutscher Sicht schwer zu verstehen, lässt sich aber mit Blick auf den historischen Hintergrund und im gesamtsachenrechtlichen Zusammenhang erklären.

bb) Eigentumserwerb in der schwedischen Rechtsentwicklung

Vom 16. bis in das 19. Jahrhundert hinein stritt man sich in der nordischen Rechtswissenschaft darüber, ob man dem Vertragsprinzip folgen solle oder die Übergabe der Sache (Traditionsprinzip) als entscheidendes Kriterium für den Eigentumserwerb ansah.[156] Während bis zum Ende des 19. Jahrhunderts das Vertragsprinzip präferiert wurde,[157, 158] ging man spätestens ab 1925 zum Traditionsprinzip über.[159] Dabei ging man anfangs davon aus, dass ein Kauf mit Übergabe der Kaufsache vollendet war[160] und der Erwerber dadurch Eigentum erlangt hatte. Man folgte also damals gewissermaßen einer *unitären*[161] Herangehensweise, bei der das Eigentum wie im deutschen Recht mit allen Rechten und Pflichten in einem Zeitpunkt auf den Erwerber überging. Spätestens ab 1925 wurde das Traditionsprinzip jedoch sukzessive in die neue, funktionale Herangehensweise integriert, die beinhaltete, dass man das Eigentum in funktionale Teilfragen aufspaltete und diese einzelnen sachenrechtlichen Probleme für sich behandelte.[162]

cc) Eigentumserwerb in der funktionalen Herangehensweise

Durch die funktionale Herangehensweise trat die Bedeutung des Eigentumserwerbs zurück. Er stellte nicht mehr das für das „Sachenrecht" entscheidende Kriterium dar. Durch die Aufspaltung des Eigentums in einzelne Teilaspekte konnten unterschiedliche Momente für die einzelnen Teilfragen entscheidend sein.[163] Wenn sich jedoch alle mit einer Sache verknüpften Befugnisse und Pflichten auf eine Person vereinigen und diese dadurch im Hinblick auf alle Einzelaspekte umfassend berechtigt und verpflichtet ist, stellt das Eigentum hierfür gleichsam einen Sammelbegriff dar.[164] Der Eigentumserwerb beschränkt sich infolgedessen zwar ausschließlich auf das Verhältnis zwischen Verkäufer und Käufer. Im Rahmen

---

156 *Göranson*, Traditionsprincipen, 245 ff.; *Mellqvist*, SvJT 2010, 217, 218 ff.

157 *Mellqvist*, SvJT 2010, 217, 221; Bogdan/*Håstad*, Swedish Legal System, 419, 422.

158 Darauf deutet auch die gesetzliche Ausgestaltung des Kaufes im HB von 1734 hin, vgl. *Göranson*, Traditionsprincipen, 287.

159 Entscheidend waren drei Urteile des HD, NJA 1924, 543; 1925, 130; 1925, 453; *Hellner*, Metodproblem, 232.

160 *J. Ramberg/Herre*, Allmän köprätt, 203.

161 S.o. 109.

162 Faber/Lurger/*Lilja*, National Reports Vol. 5, 30.

163 *Ibid.* 15.

164 Für das Eigentum als Sammelbegriff vgl. *Undén*, 57, 64.

des Erwerbs der einzelnen Aspekte des Eigentums ist aber auch das Verhältnis zu Dritten von Relevanz.[165]

2. *Systematisierung des schwedischen Verständnisses vom Eigentumserwerb*

a) *Systematische Ausgangsposition*

In Schweden macht man sich relativ wenig systematische Gedanken über den Eigentumserwerb[166] und beschränkt sich zumeist auf die Aussage, das Eigentum werde durch Kauf, Tausch oder Schenkung erworben.[167] Dabei sind die Voraussetzungen des Eigentumserwerbs im Einzelnen unklar und werden nicht näher behandelt. Man misst dem Eigentumserwerb keine rechtliche Relevanz bei, da im Rahmen der Transaktion keine Rechtsfolgen daran geknüpft sind.[168, 169] Aus diesem Grund existiert auch kein konkreter Zeitpunkt, in dem das Eigentum transferiert wird.[170] Stattdessen sagt man, dass das Eigentum sukzessive auf den Erwerber übergeht.[171]

Während dieses sukzessiven Übergangs können sich vielfältige Fragen stellen, die überwiegend Gegenstand des dynamischen *sakrätt*, aber zum Teil auch des Vertragsrechts, sind und insofern nicht an das Eigentum anknüpfen. Eigentümer ist aber jedenfalls derjenige, der alle rechtlichen Befugnisse an der Sache auf sich vereinigt.[172] Zu den das Eigentum konstituierenden Aspekten, die auch im Rahmen der Übertragung bedeutsam sind, gehören unter anderem:[173]

- die rechtliche Bindung im Verhältnis der Vertragsparteien untereinander,
- die Zuordnung des Risikos für einen zufälligen Untergang oder eine zufällige Verschlechterung der Sache,
- die Verantwortlichkeit gegenüber Personen, die nicht Vertragspartei sind,
- der Vorrang gegenüber Personen, die nicht Vertragspartei sind,
- der Vorrang gegenüber anderen Erwerbern,

---

165 Der Frage nach dem Schutz des Erwerbers gegenüber dritten Personen kommt nach schwedischem Recht die größte Bedeutung zu, vgl. Faber/Lurger/*Lilja*, National Reports Vol. 5, 15 f.

166 Dies ist wohl eine Folge des Funktionalismus. Vgl. Martinson, 12: „[The lack of a comprehensive civil code] […] has probably increased the tendency to treat the property law questions more as rather specific problems than as part of a theoretically coherent system."

167 Vgl. die Ausführungen zum Eigentumserwerb bei *Millqvist*, 28 ff.; *Håstad*, 43 ff.; *Agell/Malmström*, 85 ff.

168 Dies versuchte beispielsweise *Ross* mit seinem Aufsatz „Tû-Tû" aufzuzeigen, vgl. *Ross*, 1 Sc.St.L. 1957, 137 ff.

169 Faber/Lurger/*Lilja*, National Reports Vol. 5, 22.

170 *Agell/Malmström*, 146.

171 *Ibid.*; *Håstad*, 210; vgl. auch *Krimphove*, 133.

172 Vgl. *Krimphove*, 133.

173 *Martinson*, 39 ff.

- die Verfügungsbefugnis über die Sache,
- das Recht, die Sache zu nutzen,
- das Vindikationsrecht,
- das Besitzrecht und
- das Recht, Schadensersatz zu verlangen.

Bei dieser Aufzählung handelt es sich nach schwedischem Verständnis um die Aspekte, die aus dem vormals integralen Eigentumsbegriff herausgelöst worden sind und für sich behandelt werden. Das funktionale „Eigentum" stellt sodann den Sammelbegriff für alle die Einzelaspekte dar, die im deutschen Recht gleichsam Folge des Eigentums sind.[174]

b) Systematisierung

Schwierigkeiten bereitet der Versuch, die verschiedenen Einzelfragen und die Zusammenhänge mit dem dynamischen Sachenrecht systematisch aufzubereiten. In Schweden begnügt man sich in aller Regel mit der Darstellung der einzelnen Teilaspekte, ohne diese in Relation zum Eigentumserwerb zu setzen. Will man aber die tatsächlichen Voraussetzungen des Eigentumserwerbs im deutschen und schwedischen Recht vergleichen, so ist die Beschränkung auf die Aussage „Eigentum wird durch Kauf erworben" unbefriedigend. Auch wenn das Eigentum für sachenrechtliche Konflikte weitgehend keine Rolle spielt, kennt das schwedische Recht dennoch einen Eigentumserwerb, dessen Voraussetzungen in der schwedischen Literatur aber nicht zusammenhängend dargestellt und analysiert werden. Um den Vergleich der Erwerbsvoraussetzungen zu ermöglichen, wählt diese Arbeit deshalb eine für das schwedische Recht untypische Herangehensweise. Die in der schwedischen Rechtsordnung „verstreut" vorhandenen einzelnen tatsächlichen Voraussetzungen des Eigentumserwerbs werden auf die wesentlichen Momente komprimiert und der sukzessive Eigentumserwerb dadurch systematisch dargestellt. Dabei kommt es zwangsläufig zu einer Vermischung von kaufrechtlichen und sachenrechtlichen Aspekten, die in dieser Form in der schwedischen Literatur unüblich ist. Dies muss aber zugunsten der Vergleichbarkeit in Kauf genommen werden.[175]

---

174 Vgl. *Krimphove*, 135.

175 Insofern stellt die gewählte Systematik lediglich eine wissenschaftliche Methode dar, die keinen Anspruch auf Gültigkeit für das schwedische Rechtssystem beansprucht. Eine Bevormundung der schwedischen Rechtswissenschaft und des schwedischen Rechtssystems ist nicht beabsichtigt.

aa) Strukturierung des sukzessiven Erwerbsvorgangs

Zu den praktisch wichtigsten Aspekten des sukzessiven Eigentumserwerbs gehören vor allem die Verfügungsbefugnis, die Zurechnung von Risiko, Kosten und Erträgen der Sache und der Schutz eines Rechts an der Sache gegenüber dritten Personen. Die Berechtigung und Verpflichtung im Hinblick auf diese Faktoren erwirbt der Erwerber nach und nach, sodass man von einer „sukzessiven Verdichtung“ des Eigentums sprechen kann.[176] Grafisch lässt sich dieser sukzessive Übergang wie in *Abb. 7* darstellen. Bereits mit dem Vertragsschluss verliert der Verkäufer sein Verfügungsrecht über die Sache. Der Käufer wird insoweit bereits nun gegenüber weiteren, bösgläubigen Erwerbern derselben Sache geschützt (1).[177] Die Ablieferung[178] der Kaufsache hat eine Reihe von kaufrechtlichen Folgen, wie Gefahrübergang, Kostentragung, Recht an den Erträgen der Sache, etc. (2).[179] Die regelmäßig mit der Ablieferung einhergehende Übergabe der Kaufsache bewirkt zudem im Allgemeinen den *erga omnes*-Schutz des Käufers gegenüber Dritten, die Ansprüche auf die Sache geltend machen (3).[180] Im Einzelfall können hierfür aber auch andere Momente als die Übergabe maßgeblich sein.[181] Erst durch die abschließende Bezahlung wird der Kauf definitiv (4).[182] Zuvor läuft der Käufer immer noch Gefahr, die Sache wieder zurückgeben zu müssen, wenn der Kauf beispielsweise unter Rücknahmevorbehalt stand.[183]

176 *Krimphove*, 134.

177 *Håstad*, 210; *Zetterström*, Sakrätten, 41. Teilweise wird auch vom „Eigentumsübergang *inter partes*“ gesprochen, *Krimphove*, 133.

178 Der Unterschied zwischen Ablieferung *(avlämnande)*, einem technischen Begriff des Kaufrechts, und (physischer) Übergabe *(överlämnande)* der Kaufsache besteht darin, dass die Übergabe den Besitz des Erwerbers erfordert, während die Ablieferung nur einen Besitzverlust des Verkäufers voraussetzt. Das schwedische Recht verwendet hierfür nicht die aus dem deutschen Recht geläufige Terminologie von Leistungshandlung und Leistungserfolg. In der Sache handelt es sich jedoch um das Gleiche.

179 Vgl. *J. Ramberg/Herre*, Allmän köprätt, 73 ff., 88 f.

180 *Håstad*, 210; *Agell/Malmström*, 146; *J. Ramberg/Herre*, Allmän köprätt, 90 f.

181 Gläubigerschutz erwirbt der Käufer bei Verbrauchsgüterkaufverträgen beispielsweise bereits durch den Vertragsschluss, wenn die Kaufsache individualisiert worden ist.

182 Vgl. *Agell/Malmström*, 146 f. Dies hängt mit dem regelmäßig vereinbarten Zurücknahmevorbehalt des Verkäufers zusammen, vgl. u. 150 ff. und 163 ff.

183 *Agell/Malmström*, 146 f.

Abb. 7: Sukzessiver Erwerb des Eigentums im schwedischen Recht

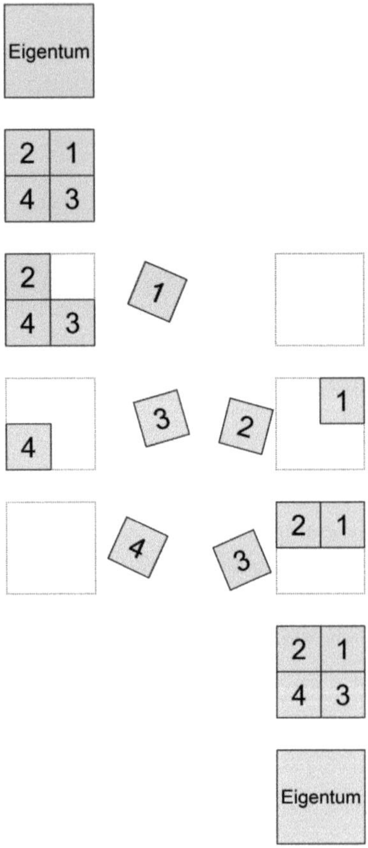

Jedenfalls mit der vollständigen Abwicklung des Kaufes ist der Erwerber im Hinblick auf alle Aspekte berechtigt und verpflichtet und kann damit als Eigentümer bezeichnet werden.[184]

bb) Fünf Voraussetzungen des Eigentumserwerbs

Bei dieser Herangehensweise lassen sich fünf für den Erwerb entscheidende Voraussetzungen identifizieren, die der folgenden Darstellung und Analyse des Eigentumserwerbs zugrunde liegen.

184 So auch *Krimphove*, 133 f.

1. Abschluss eines wirksamen Kaufvertrages,
2. Verfügungsbefugnis des Verkäufers,
3. Ablieferung der Kaufsache,
4. Erwerb des dinglichen Schutzes des Erwerbers gegenüber Dritten (regelmäßig: Übergabe),
5. Bezahlung des Kaufpreises (kann situationsabhängig auch entbehrlich sein).

Sind diese Voraussetzungen nicht erfüllt, so wird der Erwerber in Bezug auf die Sache regelmäßig nicht vollständig berechtigt und verpflichtet und damit nicht Eigentümer. Eine positive Formulierung dergestalt, dass „diese Voraussetzungen den Eigentumserwerb bewirken", verbietet sich hier jedoch mit Rücksicht auf die schwedische Herangehensweise. Das schwedische Recht kennt nichtsdestotrotz keinen spezifischen Zeitpunkt des Eigentumsübergangs.[185] Eine positive Formulierung würde jedoch der Festlegung eines solchen gleichkommen. Es lässt sich aber festhalten, dass der Erwerber jedenfalls dann Eigentum an der Kaufsache erworben hat, wenn der Kaufvertrag vollständig abgewickelt worden ist.

II. Voraussetzungen des Erwerbs beweglicher Sachen durch Kauf vom Berechtigten

Der rechtsgeschäftliche Erwerb des Eigentums vom Berechtigten setzt demnach stets einen Vertrag voraus, der abgewickelt werden muss. Insofern treten zum Vertragsabschluss notwendigerweise weitere Aspekte hinzu.

1. Wirksamer Kaufvertrag

Ein wirksamer Kaufvertrag ist nach schwedischem Recht die zentrale Voraussetzung für den Erwerb des Eigentums.[186] Die Regeln des für das Zustandekommen maßgeblichen allgemeinen Vertragsrechts *(allmän avtalsrätt)* sind stark vom Allgemeinen Teil des BGB beeinflusst.[187]

185 Man empfindet diese Frage als „falsch gestellt", *Agell/Malmström*, 146.

186 Ob auch ein unwirksamer Kaufvertrag für einen Eigentumserwerb ausreichend ist, wird im schwedischen Recht nicht diskutiert. Einigkeit herrscht jedoch darüber, dass die zur Erfüllung eines solchen Rechtsgeschäfts erhaltenen Sachen zurückgegeben werden müssen. Vgl. dazu: *Lurger/Faber*, PEL Acq. Own., 731 (VIII.-2:202, Note Nr. 13).

187 *Hellner*, Lagstiftning, 42.

a) Zustandekommen

In Schweden folgt man wie auch in Deutschland dem Prinzip des Konsensualvertrages.[188] Gemäß den dispositiven §§ 1 bis 9 AvtL[189] erfordert das Zustandekommen eines Vertrages grundsätzlich[190] zwei korrespondierende Willenserklärungen *(viljeförklaringar)*, Angebot *(anbud)* und Annahme *(accept)*.[191] Im Detail entsprechen die Regelungen weitgehend denen der §§ 145 ff. BGB. Für das Angebot gilt nach § 1 Abs. 1 AvtL das sog. *löftesprincip*. Danach ist der Anbietende wie im deutschen Recht während der Annahmefrist an sein Angebot gebunden.[192] Maßgeblicher Zeitpunkt ist dabei nach schwedischem Recht jedoch die Kenntnisnahme des Empfängers, während das deutsche Recht im Rahmen des § 145 BGB für den Zugang der Willenserklärung ausreichen lässt, dass diese in den Machtbereich des Empfängers gelangt ist.[193] Die Länge der Annahmefrist ist im schwedischen Recht primär vom Inhalt des Angebots abhängig.[194] Vorrangig gilt eine explizit gesetzte Frist, § 2 Abs. 1 AvtL. Im Zweifel sind mündliche Angebote sofort anzunehmen (§ 3 Abs. 2 AvtL). Für schriftliche Angebote beginnt nach § 3 Abs. 1 AvtL eine nach Billigkeit zu bemessende Frist, die ab dem Zeitpunkt der Absendung des Angebots zu berechnen ist (§ 2 Abs. 2 AvtL). Die Regelungen zu verspäteten Annahmeerklärungen (§ 4 Abs. 1 AvtL; § 150 Abs. 1 BGB), Annahme unter Änderungen (§ 6 AvtL; § 150 Abs. 2 BGB) und der ausnahmsweisen Widerruflichkeit des Angebots (§ 7 AvtL; § 130 Abs. 1 S. 2 BGB) entsprechen den deutschen Regelungen. Gleiches gilt für die Regelungen der Stellvertretung.[195]

Im Wesentlichen kommt ein Kaufvertrag nach schwedischem Recht unter den gleichen Voraussetzungen wie im deutschen Recht zustande. Die Unterschiede beschränken sich auf Nuancen. Während im schwedischen Recht der Vertragsschluss erst bei Kenntnisnahme von der Annahmeerklärung durch den Anbietenden zustande kommt, reicht für den Zugang einer Willenserklärung nach deutschem Recht ein „in den Machtbereich"-Gelangen der Annahmeerklärung aus.[196]

---

188 Für das schwedische Recht: *J. Ramberg/Herre*, Allmän köprätt, 44 f.; für das deutsche Recht: *Braun*, 177 ff.

189 SFS 1915:218 *Lag om avtal och andra rättshandlingar på förmögenhetsrättens område* (AvtL): Gesetz über Verträge und andere Rechtshandlungen auf dem Gebiet des Vermögensrechts.

190 Es sind gem. § 1 Abs. 2, 2. HS AvtL auch andere Arten des Vertragsschlusses zulässig, vgl. *J. Ramberg/C. Ramberg*, Allmän avtalsrätt, 79, 96-99.

191 *Agell/Malmström*, 97; *J. Ramberg/C. Ramberg*, Allmän avtalsrätt, 82; Agell/Malmström/ *C. Ramberg*[22], 75.

192 Vgl. für das schwedische Recht: *J. Ramberg/C. Ramberg*, Allmän avtalsrätt, 86; *Adlercreutz*, Avtalsrätt I, 313; *Grönfors/Dotevall*, AvtL, 42.

193 *Adlercreutz*, Avtalsrätt I, 313; Palandt/*Ellenberger*, § 145 Rn. 3, § 130 Rn. 5.

194 *J. Ramberg/C. Ramberg*, Allmän avtalsrätt, 88.

195 S. hierzu u. 147 ff.

196 Vgl. hierzu *Adlercreutz*, Avtalsrätt I, 313 f.

b) Wirksamkeit

Die Wirksamkeit eines Kaufvertrages erfordert bisweilen das Vorliegen weiterer Voraussetzungen. Im schwedischen Recht gilt der Grundsatz der Formfreiheit.[197] Für den Kauf beweglicher Sachen existieren, wie im deutschen Recht, keine Formerfordernisse.[198] Die wirksame Abgabe einer Willenserklärung erfordert in beiden Rechtsordnungen im Grundsatz jedoch, dass der Erklärende geschäftsfähig ist.[199] Dies erfordert nach schwedischem Recht, dass die Person über rechtliches Handlungsvermögen *(rättslig handlingsförmåga)* verfügt.[200, 201] Eine dennoch abgegebene Willenserklärung kann im schwedischen Recht durch nachträgliche Genehmigung *(ratihabition)* wirksam werden, vgl. Kap. 9, § 6; Kap. 11, § 10 FB.[202] Für die dem § 110 BGB entsprechenden Situationen wird eine solche Zustimmung angenommen.[203] Im Hinblick auf Willenserklärungen kennt auch das schwedische Recht die Termini „Nichtigkeit" *(nullitet)* und „Anfechtbarkeit" *(angriplighet)*.[204] Dabei hatten die Regelungen des BGB großen Einfluss auf die nordischen Rechtsregeln.[205] Regelmäßig kann man davon ausgehen, dass ein nach BGB anfechtbares Rechtsgeschäft auch nach den §§ 29 ff. AvtL anfechtbar ist.[206]

c) Pflichten der Parteien

Die Rechte und Pflichten der Parteien ergeben sich aus dem KöpL. Dabei verzichtet das KöpL jedoch auf eine dem § 433 BGB entsprechende zusammenfassende Niederlegung der Pflichten. Dies ist typisch für die nordische Gesetzgebung insgesamt, da es als unnötig angesehen wird, etwas Selbstverständliches nochmals auszusprechen.[207] Stattdessen ergeben sich die Pflichten der Parteien oftmals erst aus den Regelungen der Rechtsfolgen bei Nichterfüllung der Pflichten.

---

197 *J. Ramberg/C. Ramberg*, Allmän avtalsrätt, 101.

198 *J. Ramberg/Herre*, Allmän köprätt, 44 f.; *Adlercreutz*, Avtalsrätt I, 320.

199 *J. Ramberg/C. Ramberg*, Allmän avtalsrätt, 45.

200 *Adlercreutz*, Avtalsrätt I, 236.

201 Das rechtliche Handlungsvermögen ist im FB (SFS 1949:381 *Föräldrabalk*: Elterngesetzbuch) geregelt. Es fehlt Personen unter 18 Jahren (Kap. 9, § 1 FB) und demjenigen, für den ein Verwalter gem. Kap. 11, § 7 FB bestellt worden ist.

202 *J. Ramberg/C. Ramberg*, Allmän avtalsrätt, 46.

203 Vgl. *ibid.*

204 *Adlercreutz*, Avtalsrätt I, 333.

205 *Ibid.*

206 *Ibid.*

207 *Hellner*, Lagstiftning, 77 f.

aa) Pflichten des Verkäufers

Dem KöpL lässt sich entnehmen, dass der Verkäufer verpflichtet ist, dem Käufer die Kaufsache mangelfrei abzuliefern.[208] Vorrangige Leistungspflichten sind deshalb einerseits die Ablieferung der Kaufsache (§§ 7 bis 10 KöpL) und andererseits deren Vertragsmäßigkeit (§§ 17 ff. KöpL).[209]

(1) Ablieferung der Kaufsache

Durch den Kaufvertrag wird der Verkäufer verpflichtet, dem Käufer die Kaufsache abzuliefern, regelmäßig also sie zu übergeben.[210] Dabei entspricht die Ablieferung zwar funktional der im deutschen Recht in § 433 Abs. 1 S. 1 BGB verankerten Pflicht zur Übergabe. Die Übergabe ist aber nicht immer Voraussetzung der Ablieferung. Die Pflicht zur Ablieferung wird im KöpL nicht ausdrücklich als eine solche formuliert, liegt den Regelungen aber zugrunde. Insbesondere die Rechtsbehelfe des Käufers bei unterbliebener Ablieferung (§ 22 KöpL) implizieren eine solche Pflicht.[211]

(2) Mangelfreiheit der Kaufsache

Der Verkäufer ist des Weiteren verpflichtet, dem Käufer eine mangelfreie Kaufsache abzuliefern. Dies bedeutet, dass die Ware die vertraglich erforderliche Sollbeschaffenheit aufweisen muss. § 17 Abs. 1 KöpL stellt zunächst klar, dass die Kaufsache im Hinblick auf Art, Menge, Qualität, sonstige Eigenschaften und Verpackung den vertraglichen Anforderungen entsprechen muss. Ausgangspunkt der Bestimmung der Sollbeschaffenheit der Kaufsache ist damit der Inhalt des Kaufvertrages.[212]

In Abwesenheit oder bei Unvollständigkeit einer expliziten vertraglichen Beschaffenheitsvereinbarung greift § 17 Abs. 2 KöpL als Auslegungsregel ein[213] und stellt in den Nummern 1-4 klar, dass sich die Ware für die gewöhnliche Verwendung (Nr. 1) und ggf. für die dem Verkäufer bekannte spezielle Verwendung durch den Käufer (Nr. 2) eignen muss. Darüber hinaus muss die Kaufsache auch die vom Verkäufer durch Vorlage eines Musters oder eines Modells zugesicherten Eigenschaften haben (Nr. 3) und adäquat verpackt sein (Nr. 4). Diese Anforderungen entsprechen weitestgehend denen des § 434 Abs. 1 BGB. Zwar

208 Karnov/*Munukka/Herre*, 591, Köplag, Ziff. 19.
209 *C. Ramberg*, Kontraktstyper, 34.
210 Vgl. hierzu u. 154 ff.
211 *v. Bar/Clive*, DCFR Bd. II, 1255 (IV.A.-2:101, Nr. 7).
212 *C. Ramberg*, Kontraktstyper, 40, 42.
213 *Ibid.* 41.

gilt § 17 KöpL anders als § 434 BGB gem. § 4 KöpL nicht für Verbrauchsgüterkaufverträge, er verfügt allerdings über einen mit dem für solche Verträge anwendbaren § 16 KköpL weitgehend identischen Wortlaut. § 18 KöpL ergänzt die Auslegungsregeln bezüglich der Sollbeschaffenheit entsprechend § 434 Abs. 1 S. 3 BGB dahingehend, dass auch Angaben und Hinweise im Rahmen der Vermarktung für die Beurteilung der Vertragsmäßigkeit zu beachten sind. § 19 KöpL erfasst schließlich eine Auslegung der Sollbeschaffenheit in Fällen des Kaufes „wie besehen".[214]

Zur Sollbeschaffenheit gehört auch die Freiheit von Rechtsmängeln *(rättsliga fel)*. Ein Rechtsmangel liegt vor, wenn eine dritte Person im Widerspruch zum Kaufvertrag ein dingliches Recht an der Sache geltend machen kann.[215] Damit stellt insbesondere das fehlende Eigentum des Verkäufers in kaufrechtlicher Hinsicht einen Rechtsmangel dar, § 41 Abs. 1 KöpL und § 21a KköpL. Dieser Rechtsmangel kann aber beispielsweise durch den gutgläubigen Erwerb des Käufers entfallen.[216] Soweit nicht anders vereinbart, kann der Käufer davon ausgehen, die Sache frei von Rechtsmängeln zu erhalten,[217] was eine gewisse Gutgläubigkeit impliziert.

In Bezug auf Sachmängel entsprechen die Vorschriften der §§ 17 ff. KöpL weitgehend den deutschen Regelungen. Im Vergleich zum KöpL enthält das KköpL zwar etwas strengere Regeln, die Unterschiede sind aber marginal[218] und insofern von geringer praktischer Relevanz.[219] Im Vergleich zum deutschen Recht stellt aber die Behandlung des Dritteigentums an der Kaufsache im schwedischen Recht eine Besonderheit dar. Während das schwedische Recht lediglich vom Vorliegen eines Rechtsmangels und damit der Schlechterfüllung ausgeht, liegt hierin im deutschen Recht nach h.M. ein Fall der Nichterfüllung.[220] Insofern muss der schwedische Käufer bei fehlendem Eigentum des Verkäufers ggf. Ansprüche auf Nacherfüllung geltend machen, während der deutsche Käufer auf Erfüllung klagen muss.

---

214 Schwed. *befintligt skick*.

215 *Håstad*, Köprätt, 143.

216 *Ibid.*

217 *C. Ramberg*, Kontraktstyper, 41.

218 Die Sollbeschaffenheit setzt nach dem KköpL zusätzlich die Lieferung von Installations- und Montageanleitungen (§ 16 Abs. 1 S. 2 KköpL) voraus. Darüber hinaus liegt ein Sachmangel nicht nur bei Abweichungen der Ist- von der Sollbeschaffenheit, sondern gem. § 16 Abs. 3 auch dann vor, wenn der Verkäufer relevante Informationen bezüglich der Anwendung oder Eigenschaften der Kaufsache unterlassen hat (Nr. 2) oder die Ware ansonsten von den berechtigten Erwartungen des Käufers abweicht (Nr. 3).

219 *Gerhard*, 80.

220 Palandt/*Weidenkaff*, § 435 Rn. 8; *Kropholler*, § 435 Rn. 1.

(3) Pflicht zur Eigentumsübertragung?

Auf den ersten Blick ist es erstaunlich, dass das KöpL keine § 433 Abs. 1 S. 1, 2. HS BGB entsprechende, explizite Pflicht zur Eigentumsverschaffung enthält. Vor dem Hintergrund des eingangs erläuterten Verständnisses vom Eigentumserwerb und der nordischen Gesetzgebungstechnik[221] erscheint dies jedoch konsequent. Da das schwedische Recht nicht zwischen Verpflichtungs- und Verfügungsgeschäft unterscheidet, sondern dem Kauf eine Doppelfunktionalität in Gestalt eines schuldrechtlichen Geschäfts mit gewissen dinglichen Rechtsfolgen zuschreibt,[222] ist der Eigentumserwerb dem Kauf gleichsam immanent. Daraus kann man jedenfalls den Schluss ziehen, dass der Käufer Eigentum erworben und der Verkäufer sein Eigentum verloren hat, wenn der Kaufvertrag abgewickelt worden ist. Insofern findet im Rahmen der Abwicklung des Kaufvertrages ein Eigentumsübergang statt, der sich jedoch zeitlich nicht exakt festlegen lässt.

Ein Indiz für eine Pflicht des Verkäufers zur Eigentumsverschaffung ist zudem in § 41 KöpL zu finden, der die Rechtsbehelfe des Verkäufers bei Rechtsmängeln festlegt.[223] Danach liegt ein Rechtsmangel der Kaufsache insbesondere vor, wenn ein Dritter das Eigentum daran innehat. Insofern ist von einer Eigentumsverschaffungspflicht des Verkäufers auch für das schwedische Recht auszugehen. Gleichwohl wird dieser Pflicht in der schwedischen Kaufrechtsliteratur keine gesteigerte Aufmerksamkeit beigemessen, sondern der Eigentumserwerb beim Kauf schlicht vorausgesetzt.[224]

bb) Pflichten des Käufers

Die Pflichten des Käufers haben für die Abwicklung des Kaufvertrages und damit für den Eigentumserwerb ebenfalls Bedeutung. Primär ist der Käufer zur Zahlung des Kaufpreises verpflichtet.[225] Auch diese Pflicht wird im KöpL nicht explizit statuiert, liegt aber den §§ 45 ff. KöpL zugrunde, die die Überschrift „Pflichten des Käufers" *(köparens skyldigheter)* tragen. Dort werden die Preisbestimmung sowie die Zahlungsmodalitäten festgeschrieben. Gemäß § 50 KöpL ist der Käufer im Rahmen der Billigkeit zudem verpflichtet, so am Kauf mitzuwirken, dass der Verkäufer seine Pflichten erfüllen kann (Nr. 1). Dabei handelt es sich vor allem um eventuelle Angaben zu Form, Maßen und anderen Eigenschaf-

---

221 *Hellner*, Lagstiftning, 78.

222 *Adlercreutz*, Avtalsrätt I, 27.

223 *v. Bar/Clive*, DCFR Bd. II, 1254 f. (IV.A.-2:101, Nr. 1).

224 Vgl. *J. Ramberg/Herre*, Allmän köprätt, 19 f.; *Håstad*, Köprätt, 27; *Herre*, Konsumentköplagen, § 1 KköpL, 2.1.1.

225 *Håstad*, Köprätt, 162; *J. Ramberg/Herre*, Allmän köprätt, 119.

ten der Ware oder auch die Bereithaltung von Materialien im Falle des Werklieferungsvertrages.[226] Gemäß § 50 Nr. 2 KöpL muss er, abhängig vom jeweiligen Kaufvertrag, die Sache abholen bzw. entgegennehmen.

2. *Verfügungsberechtigung des Verkäufers*

Als zweite Voraussetzung des Eigentumserwerbs muss der Verkäufer zur Verfügung über die Kaufsache berechtigt sein. Das KöpL enthält keine ausdrücklichen Angaben darüber, wer berechtigt ist, über eine Sache zu verfügen. Aus § 41 KöpL geht allerdings hervor, dass eine Sache mit einem Rechtsmangel behaftet ist, wenn ein Dritter hieran Eigentum hat. Dies könnte darauf hindeuten, dass nur der Eigentümer selbst veräußern kann.

a) Eigentum des Verkäufers

Zur Verfügung ist im Grundsatz jedenfalls der Alleineigentümer einer Sache berechtigt. Diese Verfügungsbefugnis darf er jedoch nicht verloren haben. Neben den auch aus dem deutschen Recht bekannten Verfügungsbeschränkungen im Falle des Konkurses (Kap. 3, § 1 KonkL, § 80 Abs. 1 InsO)[227] oder der Anordnung einer Verwalterschaft[228, 229] und Minderjährigkeit (Kap. 9, § 1 FB)[230] ergibt sich für das schwedische Recht eine Besonderheit. Im Falle des Abschlusses mehrerer Kaufverträge mit verschiedenen Käufern über dieselbe Sache (sog. Doppelverkauf, *tvesala*), verliert der Verkäufer bereits mit Abschluss des ersten Kaufvertrages seine Verfügungsbefugnis.[231] Hergeleitet wird dies aus Kapitel 1, § 5 HB, demzufolge gilt: „Verkauft man zweien eines; vergelte den Schaden, [...] und der behalte das Gut, der zuerst kaufte."[232, 233] Unstreitig bedeutet dies, dass der Verkäufer nach dem Abschluss des ersten Kaufvertrages die Befugnis verliert, an eine weitere Person zu verkaufen.[234] Regelmäßig wird Kapitel 1, § 5 HB aber darüber hinaus so gedeutet, dass der Erwerber bereits durch den Ver-

---

226 Karnov/*Munukka/Herre*, 604, Köplag, Ziff. 192.

227 Vgl. hierzu Karnov/*Lennander/Mellqvist*, 3678, Konkurslag, Ziff. 44.

228 Kap. 11, § 7 FB.

229 Schwed. *förvaltarskap*. Das deutsche Äquivalent hierzu ist die Anordnung einer Betreuung nach §§ 1896 ff. BGB.

230 Karnov/*Persson*, 727, Lag om godtrosförvärv av lösöre, Ziff. 10.

231 *Zetterström*, Sakrätten, 41.

232 Schwed. „Säljer man tvem ett; gälde skadan åter, [och böte tio daler,] och den behålle godset som först köpte."

233 Prop. 1985/86:123, 17 f.

234 *Millqvist*, 62; Håstad, 65; *Zetterström*, 41.

tragsschluss Eigentümer wird.[235] Dies war wohl der Wille des Gesetzgebers von 1734, der von der Geltung des Vertragsprinzips ausging.[236] Auch die Gesetzgebungsmaterialien zum GFL sprechen davon, dass der erste Erwerber bereits durch den Vertragsschluss Eigentümer i.S.d. § 2 GFL werde.[237] Andere Autoren vermeiden diese Formulierung.[238] Eigentlich müsste diese Auslegung von Kapitel 1, § 5 HB zu einer generellen Geltung des Vertragsprinzips führen. Das stünde aber im Widerspruch zum schwedischen Recht. Dem wird in Schweden deshalb ausdrücklich widersprochen.

Die Formulierung, dass der Käufer im Hinblick auf das GFL und nur gegenüber einem späteren Käufer derselben Sache als Eigentümer anzusehen sei, deutet zudem auf ein quasi relatives Verständnis des Eigentums hin. Dies ist mit dem ansonsten vorherrschenden Verständnis des Eigentums als *sakrätt* mit *erga omnes*-Wirkung[239] inkompatibel. Allerdings sind die Stellungnahmen nicht wortwörtlich zu verstehen. Die ungewöhnlich anmutende Konstruktion ist den vom GFL aufgestellten Voraussetzungen geschuldet. Gemäß § 2 GFL setzt die Anwendbarkeit des GFL voraus, dass der Verfügende „weder Eigentümer noch zur Verfügung berechtigt“ ist. Dementsprechend fiele die Verfügung eines nicht mehr verfügungsberechtigten Eigentümers über eine bewegliche Sache nicht unter das GFL.[240] Ein gutgläubiger Erwerb wäre folglich unmöglich. Dies war vom Gesetzgeber jedoch nicht gewollt, sodass man wohl deshalb die oben beschriebene, aber eigentlich systemwidrige Konstruktion gewählt hat.[241]

In der Sache geht es darum, dass dem Eigentümer die Verfügungsbefugnis fehlt. Wohl auch aus diesen Gründen beschränkt man sich im Rahmen der Doppelverfügung darauf zu fragen, welcher der beiden Erwerber ein „besseres Recht“ an der Sache erworben hat und lässt das Eigentum außen vor.[242] Zwar erscheint das schwedische Recht in diesem Bereich systematisch unklar zu sein, einig ist man sich jedoch darüber, dass der Eigentümer mit dem Abschluss des ersten Kaufvertrages seine Verfügungsberechtigung verliert. Hierbei wird von einigen Autoren

---

235 Prop. 1985/86:123, 17 f.; *Göransson*, Traditionsprincipen, 287; *Håstad*, 65; *Millqvist*, 62.

236 *Göransson*, Traditionsprincipen, 287.

237 Prop. 1985/86:123, 17.

238 Vgl. *Agell/Malmström*, 146; Agell/Malmström/*C. Ramberg*[22], 117; *Zetterström*, Sakrätten, 41.

239 *Martinson*, 22.

240 Prop. 1985/86:123, 17.

241 Prop. 1985/86:123, 17 f. Offen bleibt, warum man nicht schlicht den Wortlaut des GFL dahingehend geändert hat, dass auch die Fälle der Doppelveräußerung unter seinen Anwendungsbereich fallen.

242 Vgl. *Håstad*, 83, 84, der als entscheidendes Moment das „bessere Recht“ *(bättre rätt)* eines der Erwerber identifiziert. Den Begriff „Eigentümer“ *(ägare)* verwendet er demonstrativ in Anführungszeichen.

auch von einer Eigentumsübertragung mit *inter partes*-Wirkung durch den Kaufvertrag, also im Verhältnis zwischen Käufer und Verkäufer, gesprochen.[243]

Im Falle des Miteigentums *(samäganderätt)* sind die Miteigentümer grundsätzlich nur zur gemeinsamen Verfügung berechtigt (§ 2, 1. HS SamägL). Ausnahmen sind aber bei notwendigen und eiligen Verwaltungsgeschäften (§ 2, 2. HS SamägL) vorgesehen. Demnach fehlt dem einzelnen Miteigentümer trotz seines Eigentums die Verfügungsbefugnis über die gesamte Sache.

b) Sonstige Formen der Verfügungsberechtigung

Eine Begrenzung der Verfügungsberechtigung auf das Alleineigentum entspräche nicht der Lebenswirklichkeit. Es sind folglich auch Konstellationen denkbar, in denen ein Verkäufer eine fremde Sache mit Wissen und Einverständnis des Eigentümers veräußert. Aus § 2 Abs. 1 GFL ergibt sich, dass ein Gutglaubenserwerb möglich ist, wenn der Verkäufer weder Eigentümer noch zur Veräußerung berechtigt ist. *E contrario* folgt daraus, dass eine Veräußerungsberechtigung auch denkbar ist, wenn der Verkäufer nicht Eigentümer ist. Als Grundlage möglicher Verfügungsberechtigungen von Nichteigentümern nennen die Gesetzgebungsmaterialien zum GFL Verträge und Gesetze.[244]

aa) Vollmacht

Beispielhaft wird dabei die Vollmacht genannt.[245] Fraglich ist allerdings, ob die Vollmacht rechtstechnisch gesehen überhaupt dazu geeignet ist, einen Nichteigentümer zur Verfügung zu berechtigen. Das in Kap. 2 AvtL niedergelegte Recht der Vollmacht *(fullmakt)* ermöglicht es, dass ein Vertreter im Namen einer anderen Person Verträge schließen und andere Rechtshandlungen vornehmen kann, § 10 Abs. 1 AvtL. Bei der Schaffung der schwedischen Regelungen orientierte man sich an den Regeln des deutschen BGB, sodass sich die rechtlichen Konstruktionen weitestgehend entsprechen.[246] Im Unterschied zum deutschen Recht (§ 167 BGB) geht man in Schweden aber davon aus, dass die Vollmacht „[...] eine an eine dritte Person gerichtete Willenserklärung des Vollmachtgebers [ist], durch die dieser die Folgen der Rechtshandlung übernimmt, die der Stellvertreter in seinem Namen vornimmt".[247] Dabei handelt es sich aber um eine dogmatische Konstruktion, die keine praktischen Auswirkungen hat. Wie in Deutschland gibt

243 Vgl. *Krimphove*, 135.

244 Prop. 1985/86:123, 18.

245 *Ibid.*

246 *Adlercreutz*, Avtalsrätt I, 329; *Hellner*, Lagstiftning, 42.

247 Förslag till AvtL, 62; *Grönfors/Dotevall*, AvtL, 106.

der Stellvertreter nach schwedischem Recht eine eigene Willenserklärung im fremden Namen und für Rechnung des Geschäftsherrn ab.[248] Der Vertreter selbst wird nicht Partei des Vertrages.[249] Die Willenserklärung des Vertreters wirkt deshalb auch im schwedischen Recht unmittelbar für und gegen den Vollmachtgeber.[250] Damit beinhaltet die Vollmacht zum Verkauf einer Sache rechtstechnisch nicht die Übereignung einer verkäuferfremden Sache durch den Vertreter,[251] sondern bewirkt, dass der Kaufvertrag unmittelbar zwischen Vollmachtgeber und Käufer zustande kommt.[252] Mangels eines davon zu trennenden dinglichen Rechtsgeschäfts findet auch keine vom Kaufvertrag isolierte Übereignung statt. Der Vollmachtgeber ist aufgrund seines Eigentums zur Veräußerung berechtigt, sodass bei Übergabe der Kaufsache kein Rechtmangel i.S.d. § 41 KöpL vorliegt, da das gesamte Geschäft direkt zwischen Vertretenem und Verkäufer zustande kommt. Der Bevollmächtigte kann die Sache folglich nur mit Wirkung für den Vollmachtgeber übergeben.

Dennoch erwähnen die Gesetzgebungsmaterialien zum GFL ausdrücklich die entsprechende Vollmacht als Berechtigung zur Veräußerung einer dem Vertreter nicht gehörenden Sache.[253] Im Hinblick auf den Zweck des GFL, nämlich den Schutz des gutgläubigen Erwerbers, der von einer nicht berechtigten Person erwirbt, macht diese Aussage allerdings trotzdem Sinn. Das GFL behandelt den Erwerb in Fällen, in denen der Verkäufer nicht zur Veräußerung berechtigt ist, und setzt nicht die Berechtigung, sondern umgekehrt die Nichtberechtigung voraus.[254] Für den Fall, dass im Rahmen einer Vollmacht veräußert wird und der Vertreter seine Befugnisse aus dem Innenverhältnis wahrt, ist der Vollmachtgeber als Verkäufer und Eigentümer zur Verfügung berechtigt. Der Vertreter ist also nicht zur Verfügung berechtigt, sondern kann nur im Namen und mit unmittelbarer Wirkung, gleichsam als „Werkzeug" des Geschäftsherrn, agieren. Dies trifft gem. § 11 Abs. 1 AvtL auch für den Fall zu, dass der Vertreter seine Befugnisse aus dem Innenverhältnis innerhalb seines rechtlichen Könnens im Außenverhältnis überschreitet, sofern der Erwerber diesbezüglich gutgläubig ist, vgl. § 25 Abs. 2 AvtL.[255] Dadurch wird klar, dass der Veräußerer unberechtigt verfügt, wenn sein

---

248 *J. Ramberg/C. Ramberg*, Allmän avtalsrätt, 52.

249 *Ibid.*; vgl. auch *Grönfors/Dotevall*, AvtL, 119.

250 *Adlercreutz*, Avtalsrätt I, 160; *Håstad*, Köprätt, 305.

251 *Hessler*, 115, beschreibt diese Argumentation ebenfalls, findet sie aber problematisch, da der Geschäftsherr unter Umständen „durch die Transaktion" des Stellvertreters sein Eigentumsrecht aufgrund eines gutgläubigen Erwerbs verliert.

252 *J. Ramberg/C. Ramberg*, Allmän avtalsrätt, 52 f.; *Grönfors/Dotevall*, AvtL, 119.

253 Prop. 1985/86:123, 18.

254 Vgl. § 2 Abs. 1 GFL.

255 *Håstad*, 81.

Verhalten nicht durch eine Vollmacht abgedeckt ist.[256] Nur wenn er gänzlich ohne Vertretungsmacht oder außerhalb der Vollmachtsgrenzen im Außenverhältnis agiert, verfügt er überhaupt selbst und dann auch unberechtigt i.S.v. § 2 GFL. Eine Vollmacht bewirkt demzufolge keine eigentliche Befugnis zur Verfügung über eine Sache. Ihr Fehlen macht den verfügenden Nichteigentümer aber zum Nichtberechtigten im Sinne des GFL.

bb) Kommission

Eine Möglichkeit zur Veräußerung fremder Sachen im eigenen Namen bieten die Regeln über die Kommission. Im schwedischen Recht stellt die Kommission eine Kodifizierung der Regeln über die mittelbare Stellvertretung dar. Auffallend ist allerdings, dass die schwedischen Regeln nicht den in Deutschland für die mittelbare Stellvertretung anerkannten Grundsätzen entsprechen. Inhaltlich stellt ihr deutsches Äquivalent vielmehr die Handelskommission (§§ 383 ff. HGB) als Sonderform der mittelbaren Stellvertretung dar.

(1) Allgemeines

Gemäß § 1 Abs. 1 KommL[257] gilt das Gesetz für Aufträge, die beinhalten, dass im eigenen Namen aber für Rechnung einer anderen Person bewegliche Vermögensgegenstände ge- oder verkauft werden sollen. Das KommL erfasst sowohl die Handelkommission *(handelskommission)* als auch die einfache zivilrechtliche Kommission *(civil kommission)* im Sinne einer mittelbaren Stellvertretung.[258] Dadurch, dass der Kommissionär eine Willenserklärung im eigenen Namen abgibt, wird er selbst unmittelbar berechtigt und verpflichtet.[259] Anders als bei der Vollmacht steht der Kommittent und damit der Sacheigentümer gem. § 24 KommL außerhalb des Vertragsverhältnisses mit dem Käufer. Gemäß § 23 Abs. 1 KommL bleibt der Kommittent aber Eigentümer der Kommissionsware bis das Eigentum auf den Käufer übergegangen ist. Bei der Ankaufskommission erwirbt er das Eigentum an den vom Kommissionär erworbenen Waren wiederum unmittelbar, § 23 Abs. 2 KommL. Dies bedeutet, dass der Kommissionär, außer in den Fällen des Selbsteintritts nach § 19 KommL, zu keinem Zeitpunkt des Transaktionsvorgangs selbst Eigentümer der Sache ist. Mithin verfügt er durch den Kaufvertrag und dessen Erfüllung über eine fremde Sache.

256 *Håstad*, 65, beschreibt diesen Fall.
257 SFS 2009:865 *Kommissionslag*: Kommissionsgesetz.
258 *Håstad*, Köprätt, 313.
259 *Ibid.* 305.

Im deutschen Recht genügt für die Verfügung über das Eigentum in mittelbarer Stellvertretung eine Verfügungsermächtigung nach § 185 BGB.[260] Eine solche liegt zwar auch bei Abschluss eines Kommissionsvertrages nach §§ 383 ff. HGB vor, ein solcher Vertrag ist aber nicht zwingend erforderlich. Bei der mittelbaren Stellvertretung genießt der Eigentümer allerdings nicht den umfassenden Schutz des Kommissionsrechts, wie ihn die §§ 383 ff. HGB und das schwedische KommL vorsehen.

(2) Kommissionvertrag als Mittel der Kreditsicherung

Die besondere Bedeutung der Kommission für die Veräußerung fremder Sachen ergibt sich im schwedischen Recht aus der Unmöglichkeit erweiterter Eigentumsvorbehalte.[261] Das schwedische Recht kennt nur einen sog. Rücknahmevorbehalt *(återtagandeförbehåll)*, der in seinen faktischen Wirkungen, also dem Schutz des Vorbehaltsverkäufers vor Zugriffen der Gläubiger des Käufers, einem deutschen einfachen Eigentumsvorbehalt vergleichbar ist.[262] Erlaubt der Vorbehaltsverkäufer dem Vorbehaltskäufer allerdings die Verfügung über die Kaufsache, so ist der Vorbehalt sachenrechtlich ungültig.[263] Nach schwedischem Verständnis ist ein solcher verlängerter Vorbehalt nicht ernstlich gemeint, sondern dient nur der dinglichen Absicherung des Verkäufers zum Nachteil anderer Gläubiger im Konkurs oder in der Zwangsvollstreckung.[264] Dementsprechend sind Konstruktionen ähnlich dem verlängerten oder weitergeleiteten Eigentumsvorbehalt, wie sie nach deutschem Recht möglich sind, im Falle der Anwendbarkeit schwedischen Rechts unwirksam.[265]

Der Weiterverkauf noch nicht bezahlter Waren ist im Handelsverkehr aber häufig unerlässlich, um den Kaufpreis zu decken. Hat beispielsweise ein Großhändler

---

260 Palandt/*Ellenberger*, § 185 Rn. 7-9; *Baur/Stürner*, § 41 Rn. 42.

261 Eigentumsvorbehalte werden in Schweden der Frage nach dem Schutz des Vorbehaltsverkäufers vor dem Zugriff von Gläubigern des Vorbehaltskäufers auf die Kaufsache zugeordnet. Damit gehören sie nicht zum eigentlichen Eigentumserwerb, sondern sind dem dynamischen *sakrätt* zuzuordnen. Da das Eigentum im dynamischen *sakrätt* keine Rolle spielt, hat man die Bezeichnung „Eigentumsvorbehalt“ *(äganderättsförbehåll)* aufgegeben. Seit NJA 1975, 222, ist man sich einig, dass man für den Schutz des Veräußerers keinen Vorbehalt des Eigentums benötigt. Dies stimmt mit der Struktur des schwedischen Rechts insoweit überein, als der Schutz des Erwerbers einer Sache im dynamischen Recht von anderen sachenrechtlichen Momenten als dem Eigentum abhängt. S. hierzu auch u. 163 ff.

262 Der Vorbehaltsverkäufer hat das Recht, im Konkurs oder in der Zwangsvollstreckung die Sache herauszuverlangen. Ihm steht ein sog. *separationsrätt* zu, vgl. *Millqvist*, 97 ff.

263 NJA 1932, 292, 293, 295; *Håstad*, 191.

264 *Almén*, SvJT 1918, 5, 21, Fn. 1; *Håstad*, 189; *Persson*, Förbehållsklausuler, 571.

265 *Persson*, Förbehållsklausuler, 570, 573 f.; vgl. auch *Zetterström*, Sakrätten, 71.

Waren an einen Einzelhändler verkauft, die dieser seinerseits verkaufen muss, um den Kaufpreis bezahlen zu können, so stellt sich die Frage, wie der Großhändler Sicherheit für seinen Warenkredit erlangen kann.[266] Neben der Möglichkeit einer Unternehmenshypothek[267] am Geschäft des Einzelhändlers wird häufig versucht, den Einzelhändler als verdeckten Kommissionär gegenüber seinen Kunden auftreten zu lassen.[268] Dadurch soll für den Kommittenten die Möglichkeit bestehen, trotz Veräußerungsbefugnis im Konkurs des „Komissionärs" noch nicht verkaufte Waren aufgrund seines gem. § 23 KommL fortbestehenden Eigentums abzusondern oder, soweit die Ware bereits verkauft worden ist, die Kaufpreisforderungen gegen den Endkäufer zu übernehmen (§ 27 KommL).[269]

Diese Möglichkeit führt dazu, dass oftmals „Kommissionsverträge" abgeschlossen werden, bei denen zweifelhaft ist, ob es sich bei dem Rechtsverhältnis tatsächlich um eine Kommission handelt.[270] Zweck ist ausschließlich, dem Verkäufer eine dingliche Sicherheit zu verschaffen, die der eines verlängerten Eigentumsvorbehalts nach deutschem Recht entspricht.[271] Im Rahmen der Novellierung des KommL wurden verschiedene Lösungsmöglichkeiten erörtert. Zum einen wurde von der Kommissionsgesetz-Gesetzgebungskommission vorgeschlagen, den *återtagandeförbehåll*, und damit das Aussonderungsrecht des Vorbehaltsverkäufers, gesetzlich zu regeln.[272] Dies wurde seitens der Regierung mit der Begründung abgelehnt, dass es nicht notwendig sei, geltendes Recht zu kodifizieren.[273] Eine Kodifizierung sei ggf. zu einem späteren Zeitpunkt denkbar, wenn gleichzeitig das schwedische Recht an europäische Verhältnisse angepasst werde.[274] Zum anderen schlug die Kommission vor, gesetzlich exakt festzulegen, welche Rechtsverhältnisse nicht als Kommissionsvertrag mit einem Sicherheitsrecht nach § 23 Abs. 1 KommL einzuordnen sind.[275] Dadurch könne man die oftmals schwierige Abgrenzung in der Praxis vereinfachen und würde den Anwendungsbereich der Kommission im Übrigen nicht einschränken.[276] Auch dies wurde als unnötig

266 *Håstad*, Köprätt, 306.

267 Das Verfahren des Einrichtens einer Unternehmenshypothek ist aufgrund des erheblichen Aufwands allerdings nur für dominierende Großlieferanten attraktiv, vgl. *Håstad*, 190.

268 *Håstad*, Köprätt, 306 f.

269 Prop. 2008/09:88, 128.

270 *Håstad*, 147.

271 Prop. 2008/09:88, 190.

272 *Ibid.* 82.

273 *Ibid.*

274 *Ibid.* 83.

275 *Ibid.* 55.

276 *Ibid.* 55.

angesehen, da man mit Hilfe der geltenden Abgrenzungskriterien zu zufriedenstellenden Lösungen käme.[277]

Damit bemisst sich die Antwort auf die Frage nach dem Vorliegen eines Kommissionsvertrages weiterhin nach allgemeinen Kriterien. In den Vordergrund rückt dabei die Frage, ob der Kommissionär für die Rechnung des Kommittenten agiert. Entscheidend hierfür sind vor allem die Rechte und Pflichten der Parteien, also ob der Kommittent ein wirkliches Interesse am Verkauf der Sache an einen Dritten hat.[278] Es handelt sich mithin um eine Beurteilung der Verteilung des Geschäftsrisikos.[279] Dabei ist nach schwedischem Recht entscheidend, ob der Kommissionär ein Rückgaberecht *(returrätt)* für den Fall des Nichtverkaufs der Sachen hat und wie das Rückgaberisiko *(returrisk)* für den Kommittenten ausgestaltet ist. Von Bedeutung ist hierbei auch das Interesse des Kommittenten an den Verkaufsbedingungen, insbesondere an der Höhe des Kaufpreises. Inwieweit die Sachen separat vom Eigentum des Kommissionärs aufbewahrt werden, spielt hingegen regelmäßig keine Rolle, solange sie individualisierbar bleiben.[280]

Ein Kommissionsvertrag liegt dementsprechend nur dann vor, wenn der Kommissionär nicht nur ein Rückgaberecht *(returrätt)* hat, sondern dieses auch faktisch nutzen kann und er damit wirklich für die Rechnung des Kommittenten tätig wird. Umgehungskonstruktionen sind damit unzulässig.[281] Insofern stellt die Kommission zwar eine Möglichkeit zur wirksamen Veräußerung verkäuferfremder Sachen dar, ihr Anwendungsbereich wird aber durch die aus der Rechtsprechung der obersten Gerichte entstandenen engen Voraussetzungen auf echte Kommissionsgeschäfte beschränkt.

(3) Verfügungsermächtigung

Eine der sinngemäßen Anwendung des § 185 BGB entsprechende ausdrückliche Regelung der Ermächtigung einer eigentümerfremden Person zur Veräußerung einer Sache[282] kennt das schwedische Recht nicht. Die mittelbare Stellvertretung ist im Zivilrecht nur im Rahmen der Kommission gesetzlich geregelt. Vereinzelt finden sich in der schwedischen Rechtsliteratur und den Gesetzen aber Hinweise

277 *Ibid.* 55, 56.
278 *Ibid.* 190.
279 *Ibid.* 55, 56.
280 *Millqvist*, 107 f.
281 Das Rückgaberecht des „Kommissionärs“ darf also nicht durch Konstruktionen untergraben werden, die faktisch bedeuten, dass er in finanzieller Hinsicht die Folgen des Nichtverkaufs zu tragen hat, vgl. *Håstad*, 147 f.
282 *Baur/Stürner*, § 41 Rn. 42.

auf eine Art Veräußerungsermächtigung. So stellte der *Högsta Domstol* fest, dass § 53 Abs. 1 KommL a.F.[283] (SFS 1914:45), demzufolge das im Besitz des Kommissionärs befindliche Kommissionsgut weiterhin Eigentum des Kommittenten bleibt, als Ausdruck eines allgemeinen Prinzips für unterschiedliche Situationen gesehen werden müsse, in denen jemand eine fremde Sache mit freiem Verfügungsrecht besitzt, ohne die Sache selbst zu erwerben.[284] Höchstrichterlich gesichert scheint die sinngemäße Anwendung des § 53 Abs. 1 KommL a.F. für Veräußerungsermächtigungen des Pfandgläubigers[285] und des Leasingnehmers.[286] Auch im Rahmen der Vorerbschaft kennt die schwedische Rechtsordnung ein freies Verfügungsrecht *(fri förfoganderätt)* des Vorerben, der aber gem. § 2 ÄB[287] nicht Eigentümer der Erbschaft wird.[288] Darüber hinaus erwähnt § 2 GFL, dass es für dessen Anwendungsbereich erforderlich ist, dass der Verfügende weder Eigentümer noch verfügungsberechtigt ist.

Ob es weitere Anwendungsfälle eines *fri förfoganderätt* gibt, bleibt in Rechtspraxis und Doktrin im Detail bislang unbeantwortet. Die schwedische Rechtsordnung lässt aber auch außerhalb von Kommissionsverhältnissen zu, dass jemand im eigenen Namen, aber für fremde Rechnung handelt.[289] Die Kommissionsgesetz-Gesetzgebungskommission ging davon aus, dass auch in diesen Fällen die Vorschriften über das Sicherungsrecht des Eigentümers analog § 23 KommL anwendbar sind.[290] Ob dies auch für andere Formen der Veräußerungsermächtigung gilt, bleibt offen. Dennoch ist anzunehmen, dass jedenfalls im Rahmen der Vertragsfreiheit entsprechende Absprachen getroffen werden können. Insofern ist davon auszugehen, dass auch das schwedische Recht eine allgemeine mittelbare Stellvertretung kennt. Dabei dürfte es wie bei § 185 BGB erforderlich sein, etwaige Ansprüche des mittelbaren Stellvertreters gesondert auf den Geschäftsherrn zu übertragen. Automatisierte Schutzmechanismen, wie sie das KommL vorsieht, wie beispielsweise ein Aussonderungsrecht im Falle des Konkurses des Kommissionärs,[291] dürften dabei nicht bestehen. Insbesondere besteht wohl für den Geschäftsherrn kein Recht darauf, den Anspruch des mittelbaren Stellvertreters auf Kaufpreiszahlung zu übernehmen.[292]

283 Entspricht jetzt § 23 KommL.
284 NJA 2009, 79, 87.
285 *Ibid.*
286 *Ibid.*
287 SFS 1958:637 *Ärvdabalk*: Erbgesetzbuch.
288 Vgl. NJA 1995, 303, 305.
289 Prop. 2008/09:88, 197.
290 *Ibid.*
291 § 23 KommL.
292 Dem Kommittenten steht ein solcher Anspruch gem. § 27 KommL zu.

cc) Stellungnahme

Die Verfügungsberechtigung ist in der Sache im deutschen und schwedischen Recht gleichermaßen geregelt. Verfügen darf der Eigentümer oder eine Person, die durch den Eigentümer zur Verfügung berechtigt wurde. Im Unterschied zum deutschen Recht kommt aber der Kommission im schwedischen Recht eine wesentlich größere Bedeutung zu. Dies hat jedoch nichts mit der Verfügungsberechtigung selbst zu tun, sondern mit den Nebeneffekten. Im Rahmen eines Kommissionsvertrages behält der Kommittent sein Eigentum auch nach Übergabe. Ihm steht infolge dessen ein Aussonderungsrecht im Konkurs zu. In Ermangelung eines verlängerten Eigentumsvorbehalts wird deshalb versucht, Kaufverträge als Kommissionsverträge auszugestalten, um einen Weiterverkauf der Kaufsache möglich zu machen. Im deutschen Recht ist eine solch umständliche Konstruktion nicht notwendig. Auch der Eigentumsvorbehaltskäufer kann gem. § 185 BGB zum Weiterverkauf ermächtigt werden. Dies beeinflusst die Wirksamkeit eines (verlängerten) Eigentumsvorbehalts nicht. Insofern kann man sich im deutschen Recht auf den Grundfall der mittelbaren Stellvertretung in § 185 BGB beschränken.

3. Ablieferung der Kaufsache

Die Leistungspflicht zur Ablieferung der Kaufsache spielt sowohl für die Abwicklung des Kaufes als auch mittelbar für den Schutz des Erwerbers im dynamischen *sakrätt* eine zentrale Rolle.[293] Geht man davon aus, dass der Käufer jedenfalls nach Abwicklung des Kaufvertrages Eigentümer geworden ist, so stellt die Ablieferung zwar nicht das finale Element des Erwerbs dar. Sie ist aber als wesentlicher Teil der Abwicklung des Kaufvertrages für den Eigentumserwerb unentbehrlich. Unter der Ablieferung[294] *(avlämnande)* ist die Leistungshandlung des Verkäufers zu verstehen, der dadurch seine Einwirkungsmöglichkeit auf die Sache verliert. Ist die Sache abgeliefert, so hat der Verkäufer die seinerseits erforderliche Handlung vorgenommen. Davon zu unterscheiden ist der Begriff der Übergabe *(överlämnande)*, der die physische Übergabe, also die Besitzergreifung durch den Käufer, voraussetzt.[295] Häufig ist die Übergabe Voraus-

---

293 Ab dem Zeitpunkt des *avlämnande* ist die Kaufsache dem Zugriff des Verkäufers entzogen *(rådighetsavskärande)* und der Käufer erwirbt den dinglichen Schutz seiner Position gegenüber den Gläubigern des Veräußerers. Dies gilt jedenfalls für die Fälle, in denen die Ablieferung maßgeblich an die Übergabe geknüpft ist. Vgl. hierzu u. 267 ff.

294 Im DCFR entspricht der Ablieferung die „delivery" nach IV.A.-2:201, vgl. *v. Bar/Clive*, DCFR Bd. II, 1259 ff. (IV.A.-2:201).

295 Dies wird in der kaufrechtlichen Literatur zwar nicht ausdrücklich so formuliert, klingt aber bisweilen in den Formulierungen an. Vgl. bspw. *Håstad*, Köprätt, 38.

setzung der Ablieferung.[296] Dies ist jedoch nicht zwingend der Fall.[297] Aufgrund der Bedeutung der Ablieferung für das Kaufrecht befassen sich wesentliche Teile des KöpL direkt mit diesem Aspekt (§§ 6 bis 10 KöpL) oder verwenden ihn als Anknüpfungspunkt (§§ 11 bis 16, 21, 31, 48 KöpL).

a) Ort der Ablieferung (Leistungsort)

Ein wesentlicher Regelungsgegenstand des KöpL ist die Festlegung des Ortes der Ablieferung. Dabei unterscheidet das schwedische Recht grundsätzlich nicht wie das deutsche Recht zwischen Leistungs- und Erfolgsort. Der Verkäufer ist zur Ablieferung verpflichtet, sodass sie alleine im Rahmen der kaufrechtlichen Vertragsabwicklung maßgeblich ist. Ausgangspunkt der betreffenden Regelungen des KöpL ist die Pflicht des Verkäufers, die Ware bei sich zur Abholung durch den Käufer bereitzuhalten (sog. *hämtningsköp*[298], § 6 KöpL, § 4 KköpL).[299] Leistungsort und der Ort der Besitzergreifung durch den Käufer sind damit im schwedischen wie im deutschen Recht (§ 269 Abs. 1, 2 BGB) im Grundsatz am Ort des Wohnsitzes bzw. Sitzes des Verkäufers. Aufgrund seiner Dispositivität lässt das KöpL allerdings Abweichungen hiervon zu und regelt selbst einige Fallgruppen. Für den sog. Transportkauf *(transportköp)* sind zwei Konstellationen zu unterscheiden.[300] Beim sog. Platzkauf *(platsköp)*, wenn also der Transport innerhalb eines Ortes oder eines kleinen Gebiets stattfindet, innerhalb dessen der Verkäufer den Transport vergleichbarer Waren vornimmt,[301] ist gem. § 7 Abs. 1 KöpL die Übergabe an den Käufer maßgeblich. Leistungsort und der Ort der Besitzergreifung liegen damit am Wohnsitz bzw. Sitz des Käufers, sodass wie im deutschen Recht[302] eine Bringschuld vorliegt. Für den sog. Distanzkauf *(distansköp)*, wenn also die Ware zum Käufer transportiert werden soll, reicht mangels anderweitiger Parteivereinbarungen für die Ablieferung aus, dass der Verkäufer die Sache an die Transport-

296 Die physische Übergabe der Kaufsache ist beim Abholkauf *(hämtningsköp)* (§ 6 Abs. 2 KöpL) und beim Transportkauf, sofern der Verkäufer selbst transportiert (§ 7 Abs. 1 und Abs. 2 S. 2 KöpL) Voraussetzung der Ablieferung.

297 Prop. 1988/89:76, 69; nicht erforderlich ist die physische Übergabe an den Käufer beim Transportkauf in Gestalt des Versendungskaufs *(distansköp)*, § 7 Abs. 2 S. 1 KöpL. Darüber hinaus enthält das KöpL in den §§ 11, 13, 22 KöpL Regelungen, wonach die durch den Käufer verschuldete Verspätung der Ablieferung als Anknüpfungspunkt für Rechtsfolgen dient, die ansonsten die Ablieferung selbst voraussetzen. Vgl. prop. 1988/89:76, 69 f. Für das Verbraucherkaufrecht ist die physische Übergabe der Kaufsache immer zwingende Voraussetzung der Ablieferung, vgl. § 6 KköpL.

298 Dt. Abholkauf.

299 *Håstad*, Köprätt, 38; *Kihlman*, 43.

300 *Håstad*, Köprätt, 38 f.

301 *Ibid.* 38; Karnov/*Munukka/Herre*, 591 f., Köplag, Ziff. 26.

302 *Kropholler*, § 269 Rn. 1, 2.

person übergibt, § 7 Abs. 2 S. 1 KöpL.[303] Der Käufer trägt die Transportkosten und das Transportrisiko.[304] Damit befindet sich der Leistungsort hier beim Verkäufer, während der Ort der Besitzergreifung überhaupt keine Rolle spielt. Eine Ausnahme hiervon besteht gem. § 7 Abs. 2 S. 2 KöpL jedoch dann, wenn der Verkäufer den Transport selbst übernimmt. Das deutsche Recht lässt bei diesen Fallkonstellationen der Schickschuld grundsätzlich Leistungs- und Erfolgsort auseinanderfallen, selbst wenn der Verkäufer die Transportkosten trägt.[305]

Für Verbraucherkaufverträge gilt nach § 4 KköpL ebenfalls, dass die Kaufsache im Zweifel beim Verkäufer abzuholen ist. Hiervon sind vertragliche Abweichungen möglich.[306] Die Kaufsache ist gem. dem zwingenden § 6 KköpL aber erst abgeliefert, wenn sie in den „Besitz“ des Käufers gelangt ist. Gemeint ist damit, dass sie in den Kontrollbereich des Käufers gelangt sein muss. Unmittelbarer Besitz ist nicht erforderlich.[307] Die physische Übergabe ist damit bei Verbraucherkaufverträgen stets zwingende Voraussetzung für die Ablieferung.

b) Zeitpunkt der Ablieferung (Leistungszeit)

Für den Fall, dass die Parteien des Kaufvertrages keinen Zeitpunkt für die Ablieferung der Kaufsache vereinbart haben, hält das KöpL eine entsprechende Regelung bereit. Beim sog. „Tresenkauf“ *(köp över disk)* ist sofort zu erfüllen. Lässt sich dem Vertrag keine Übereinkunft entnehmen, muss die Kaufsache gem. § 9 Abs. 1 KöpL (§ 5 Abs. 1 KköpL) innerhalb eines angemessenen Zeitraums ab Vertragsschluss[308] am gesetzlich vorgesehenen Ort abgeliefert werden.[309] Welcher Zeitraum angemessen ist, hängt von einer Vielzahl von Faktoren ab, beispielsweise ob die Kaufsache hergestellt werden muss, ob der Verkäufer sie von einer dritten Person erwerben muss oder es sich um Lagerware handelt.[310] Insofern unterscheidet sich das schwedische Recht von § 271 Abs. 1 BGB, wonach im Zweifel sofort zu erfüllen ist. § 9 KöpL enthält spezielle Regelungen für Fälle, in denen lediglich ein Zeitraum für die Lieferung vereinbart worden ist (Abs. 2) oder das Recht zur Bestimmung der Leistungszeit beim Verkäufer liegt (Abs. 3).

303 *Håstad*, Köprätt, 39.

304 *Ibid.*

305 Palandt/*Grüneberg*, § 269 Rn. 1.

306 Prop. 1989/90:89, 68.

307 *Ibid.* 68 f.

308 Schwed. *inom skälig tid från köpet.*

309 *Håstad*, Köprätt, 40.

310 Prop. 1988/89:76, 75.

c) Gegenstand der Ablieferung (Leistungsgegenstand)

Die Leistung des Verkäufers erfordert nicht nur die Ablieferung der Kaufsache, sondern auch deren Übereinstimmung mit den vertraglichen Erfordernissen. Es geht darum, dass Menge und Beschaffenheit der Kaufsache den vertraglichen Voraussetzungen entsprechen.[311] Zur Beurteilung der vertragsgemäßen Beschaffenheit der Kaufsache hält das KöpL in den §§ 17-19 eine Reihe von Vorschriften bereit.[312]

d) Wirkungen der Ablieferung

Die Ablieferung der Kaufsache hat im schwedischen Recht Bedeutung für eine Reihe von Fragen. Regelmäßig ist der Zeitpunkt der Ablieferung entscheidend für den Gefahrübergang, das Vorliegen von Mängeln der Kaufsache, den Verzug, das Zurückbehaltungsrecht und die Zuordnung von Kosten und Nutzungen.[313] Dabei lässt sich eine Unterscheidung treffen zwischen der Bedeutung der Ablieferung im Rahmen des Kaufrechts und in sonstigen Rechtsbereichen.

aa) Bedeutung im Rahmen des Kaufrechts

Im Kaufrecht stellt die Ablieferung der Kaufsache die Hauptpflicht des Verkäufers dar. Sie ist bei ordnungsgemäßer Beschaffenheit der Kaufsache der Abschluss der vertraglich erforderlichen Handlungen des Verkäufers.

(1) Eigentumserwerb

Wie bereits dargelegt, kennt das schwedische Recht keinen konkreten Zeitpunkt, in dem das Eigentum an der Kaufsache auf den Erwerber übergeht. Ohne Ablieferung und der damit regelmäßig verbundenen Übergabe der Kaufsache erwirbt der Käufer jedoch keinesfalls Eigentum. Insofern ist die Ablieferung zwar eine Voraussetzung des Eigentumserwerbs, jedoch nicht das alles entscheidende Moment.

(2) Gefahrübergang

Mit Ablieferung der Kaufsache geht gem. § 13 Abs. 1 KöpL (§ 8 Abs. 2 KköpL) regelmäßig[314] die Gefahr für den zufälligen Untergang oder die zufällige Ver-

311 *J. Ramberg/Herre*, Allmän köprätt, 94.

312 Detailliert zur erforderlichen Beschaffenheit der Kaufsache, s.o. 142 f.

313 *J. Ramberg/Herre*, Allmän köprätt, 72 f.

314 Das schwedische Kaufrecht kennt auch Konstellationen, in denen die Gefahrtragung bereits vor Ablieferung dem Käufer obliegt, vgl. §§ 13 Abs. 2, Abs. 3, 15 KöpL.

schlechterung der Ware (§ 12 KöpL, § 8 Abs. 1 KköpL) auf den Käufer über. Dies beinhaltet wie im deutschen Recht, dass der Käufer fortan das Risiko für Einwirkungen auf die Sache trägt, die nicht der Sphäre des Verkäufers entstammen.[315] Er ist folglich auch für den Fall der insofern zufälligen Verschlechterung oder des zufälligen Untergangs der Sache zur Zahlung des Kaufpreises verpflichtet.[316] Dabei setzt der Gefahrübergang gem. § 13 Abs. 1 i.V.m. §§ 6 Abs. 2; 7 Abs. 1, Abs. 2 S. 2 KöpL wie im deutschen Recht (§ 446 BGB) regelmäßig den Besitz des Käufers voraus. Hiervon besteht jedoch eine Ausnahme. Im Falle des Transports der Kaufsache durch einen verkäuferfremden Transporteur geht die Gefahr bereits mit der Ablieferung, also der Übergabe an den Beförderer, auf den Erwerber über (§ 13 Abs. 1 i.V.m. § 7 Abs. 2 S. 1 KöpL). Im Ergebnis entspricht dies § 447 Abs. 1 BGB.[317]

(3) Beurteilung der vertragsgemäßen Beschaffenheit der Ware

Gemäß § 21 Abs. 1 KöpL (§ 20 Abs. 1 KköpL) ist der Gefahrübergang der maßgebliche Zeitpunkt für die Beurteilung, ob die Istbeschaffenheit der Kaufsache der vertraglichen Sollbeschaffenheit entspricht. Der Zeitpunkt der Ablieferung und damit regelmäßig der Übergabe ist folglich maßgeblich für die Frage, ob die Kaufsache mit einem Sach- oder Rechtsmangel behaftet ist.[318] Dies entspricht praktisch der deutschen Regelung in § 434 Abs. 1 S. 1 BGB, wenngleich das deutsche Recht auf den Gefahrübergang nach § 446 BGB abstellt. Dieser ist aber wie die Ablieferung auch in der Regel an die Übergabe der Sache gekoppelt.

(4) Recht die eigene Leistung zurückzuhalten (detentionsrätt)

In Ermangelung einer Parteivereinbarung, betreffend die Zahlungsmodalitäten, steht dem Verkäufer gem. § 49 Abs. 1 S. 1 KöpL (§ 36 KköpL) das Recht zu, den Zeitpunkt für die Bezahlung des Kaufpreises zu bestimmen. Gleichzeitig gilt im schwedischen Kaufrecht jedoch die Grundregel, dass die wechselseitigen Leistungen gleichzeitig, also Zug-um-Zug, zu erfolgen haben.[319] Aus diesem Grund legen § 49 Abs. 1 S. 2 KöpL und § 36 2. HS KköpL fest, dass der Käufer nicht zu zahlen braucht, bis die Ware abgeliefert wird oder der Verkäufer die Sache so bereit hält,

315 Prop. 1989/90: 89, 72; *J. Ramberg/Herre*, Allmän köprätt, 73.

316 *J. Ramberg/Herre*, Allmän köprätt, 74; *Håstad*, Köprätt, 42.

317 Im deutschen Recht ist allerdings streitig, ob § 447 BGB auch auf verkäufereigene Transportpersonen Anwendung findet. Nach h.M. ist hier, abweichend von den schwedischen Vorschriften, § 447 dennoch anwendbar. Vgl. Palandt/*Weidenkaff*, § 447 Rn. 12.

318 *J. Ramberg/Herre*, Allmän köprätt, 85; *Håstad*, Köprätt, 92.

319 *J. Ramberg/Herre*, Allmän köprätt, 87.

dass die wechselseitigen Leistungen gleichzeitig ausgetauscht werden können.[320] Umgekehrt steht auch dem Verkäufer ein solches Zurückhaltungsrecht *(detentionsrätt)* zu, § 10 Abs. 1 KöpL. Fallen Ablieferung und Übergabe beim Transportkauf zeitlich auseinander, so ist der Verkäufer gem. § 10 Abs. 2 KöpL (§ 5 Abs. 2 KköpL) zur Versendung und damit zur Ablieferung der Kaufsache verpflichtet, kann aber gleichzeitig die Übergabe an den Käufer am Bestimmungsort verhindern.[321]

(5) Verzugszeitpunkt

Für die Beurteilung, inwiefern der Verkäufer mit der Erfüllung seiner Lieferpflicht in Verzug ist, ist ebenfalls der Zeitpunkt der Ablieferung bzw. der Zeitpunkt, zu dem abzuliefern war, maßgeblich (§ 22 KöpL, § 9 KköpL). Davon hängt ab, ob der Verkäufer nicht oder verspätet erfüllt hat, was entsprechende Rechtsbehelfe des Käufers auslöst.[322]

(6) Kostentragung und Erträge

§ 11 KöpL (§ 7 KköpL) regelt die Pflicht zur Tragung der Kosten für die Kaufsache. Als Moment des Übergangs der Pflicht auf den Käufer wird dabei der Zeitpunkt der Ablieferung festgelegt. Dies gilt nicht, soweit der Käufer die Ablieferung verzögert hat.[323] Vergleichbares gilt für die Zuordnung von Erträgen der Kaufsache. § 79 KöpL knüpft auch hier im Grundsatz an die Ablieferung an.[324] Im deutschen Recht ist für die Tragung von Kosten und Lasten der Sache gem. § 446 S. 2 BGB der Gefahrübergang maßgeblich. Der Annahmeverzug des Käufers steht gem. § 446 S. 3 BGB der Übergabe gleich, sodass auch dann die Rechtwirkungen des § 446 S. 2 BGB eintreten. Insofern besteht ein Unterschied lediglich in systematischer Hinsicht. Im schwedischen Recht ist die Ablieferung maßgeblich für Gefahr- sowie Kosten- und Lastentragung. Dabei muss die Ablieferung aber nicht zwangsläufig mit der Übergabe zusammenfallen. Im deutschen Recht löst die Übergabe den Gefahrübergang und damit gleichzeitig den Übergang der Kosten- und Lastentragung aus.

---

320 *Ibid.*

321 *Håstad*, Köprätt, 41.

322 *J. Ramberg/Herre*, Allmän köprätt, 87.

323 *Ibid.* 88.

324 Für den Verbrauchsgüterkauf findet sich keine explizite Zuordnungsregel für die Sacherträge. Gemäß § 44 Abs. 1 KköpL hat der Käufer im Falle des Rücktritts bzw. Widerrufs aber die Erträge zurückzugewähren bzw. zu ersetzen. Insofern ist davon auszugehen, dass das Recht an den Erträgen auch beim Verbrauchsgüterkauf mit Ablieferung auf den Käufer übergeht.

Beim Versendungskauf nach § 447 BGB gilt der Lastenübergang nach § 446 S. 2 BGB jedoch nicht.[325] Eine gesetzliche Regelung hierfür existiert nicht, man kann aber davon ausgehen, dass der Käufer jedenfalls ab dem Eigentumsübergang die Lasten der Sache zu tragen hat und ihm deren Erträge zustehen.

(7) Übersicht

Die folgende Übersicht zeigt, dass sich die faktischen Zusammenhänge zwischen Übergabe bzw. Ablieferung und ihren Folgen in der Sache nicht unterscheiden. Es handelt sich dabei ausschließlich um rechtstechnische Unterschiede.

Abb. 8: Systematische Bedeutung der Ablieferung im schwedischen Kaufrecht

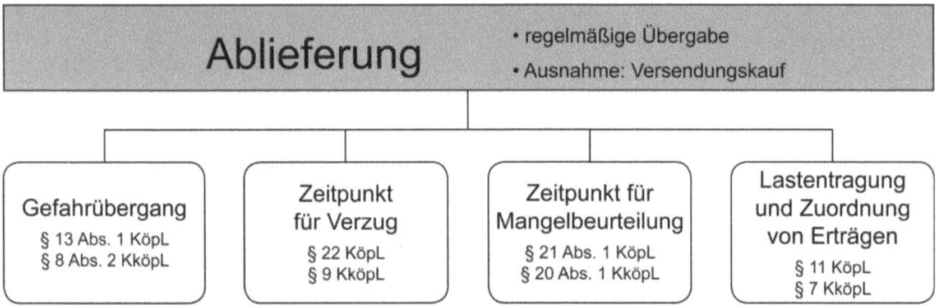

Abb. 9: Systematische Bedeutung der Übergabe im deutschen Recht

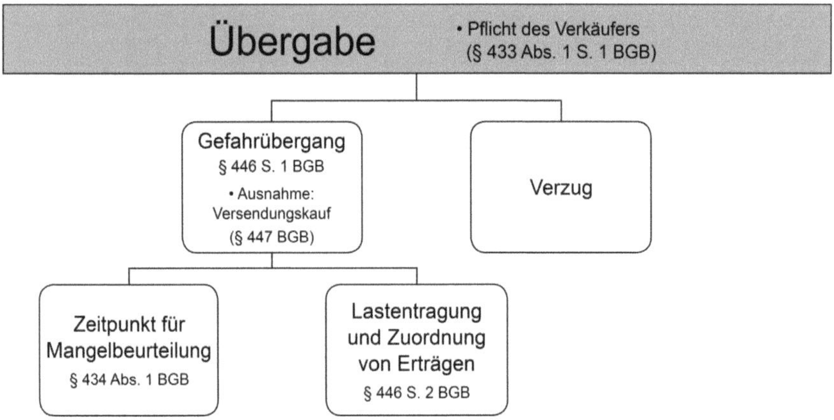

325 Palandt/*Weidenkaff*, § 446 Rn. 16.

bb) Bedeutung der Ablieferung außerhalb des Kaufrechts?

Die Ablieferung ist ein technischer Fachbegriff des schwedischen Kaufrechts, an den eine Reihe von Rechtsfolgen geknüpft ist.[326] Unmittelbare Bedeutung kommt diesem Begriff deshalb auch nur im Rahmen des Kaufrechts zu. Für andere Bereiche – wie z.B. das *sakrätt* und das Deliktsrecht – ist hingegen nicht die Ablieferung, sondern die Übergabe *(överlämnande)* maßgebend. Da die Übergabe häufig maßgeblich für die Ablieferung ist, besteht hier eine gewisse zeitliche und praktische Verknüpfung von *sakrätt* und Kaufrecht, die allerdings keine grundsätzliche rechtstechnische Bedeutung hat.[327]

e) Folgen der Dispositivität des KöpL für die Ablieferung

Gemäß § 3 KöpL sind alle Vorschriften des KöpL dispositiv. Daraus folgt, dass auch die Ablieferung in rechtlicher und faktischer Hinsicht von den Parteien im Kaufvertrag frei definiert werden kann. In der Praxis verweist man hierbei häufig auf die *Incoterms*.[328] Aber auch sonstige individualvertragliche Vereinbarungen sind möglich. Insbesondere besteht für die Parteien auch die Möglichkeit, die Ablieferung vollkommen losgelöst von der eigentlichen Lieferung oder Übergabe festzulegen und beispielsweise als Ablieferungszeitpunkt den Moment des Vertragsschlusses zu vereinbaren. Sämtliche Folgen der Ablieferung würden dann zu einem Zeitpunkt eintreten, zu dem sich die Sache noch beim Verkäufer befindet und der Käufer keine direkte Möglichkeit zur Einwirkung auf die Sache hat.

Im Anwendungsbereich des KköpL ist dies nicht möglich. Die Ablieferung setzt gem. § 6 KköpL immer voraus, dass die Kaufsache in den Machterbereich des Käufers gelangt.[329]

4. Übergabe der Kaufsache

Für den Erwerb des Eigentums durch die Abwicklung des Kaufvertrages ist des Weiteren regelmäßig die Übergabe der Kaufsache erforderlich. Dabei kommt es darauf an, dass der Käufer den Besitz an der Ware erlangt. Die Übergabe wird in der schwedischen Kaufrechtsliteratur regelmäßig nicht als Voraussetzung des Eigentumserwerbs erwähnt, sondern im Rahmen der Ablieferung der Kaufsache behandelt. Gleichzeitig ist ein Eigentumserwerb ohne Besitzerlangung des Käufers aufgrund der großen Bedeutung der Übergabe für den dinglichen Schutz des Erwerbers jedoch kaum denkbar.

---

326 Prop. 1988/89:76, 68; prop. 1989/90:89, 67; *Kihlman*, 42; *Gerhard*, 21.

327 So wohl auch *Kihlman*, 42.

328 *Kihlman*, 42.

329 *J. Ramberg/Herre*, Allmän köprätt, 59.

a) Kaufrechtliches Übergabeerfordernis

aa) Pflicht zur Übergabe der Kaufsache?

Das schwedische Kaufrecht enthält keine ausdrückliche Regel, die die physische Übergabe der Kaufsache im Sinne einer Besitzübertragung als Pflicht des Verkäufers direkt festlegt.[330] Ausdrücklich festgeschrieben ist lediglich die Ablieferung der Kaufsache, die aber nicht zwangsläufig die Übergabe der Kaufsache voraussetzt.[331] In den Fällen, in denen dies jedoch der Fall ist, ergibt sich aus dem Anspruch des Käufers auf Ablieferung der Kaufsache mittelbar auch ein Anspruch auf Übergabe der Kaufsache. Fraglich bleibt, ob der Käufer in Fällen, in denen die Ablieferung nicht mit einer physischen Übergabe verknüpft ist, die tatsächliche Übergabe der Kaufsache verlangen kann und woraus sich ggf. ein solcher Anspruch ergibt. In der kaufrechtlichen Literatur wird dies im Prinzip nicht erläutert.[332] Ursache dessen ist wohl, dass der Besitzübergang auch in diesen Fällen eine reine Formalität ohne Relevanz für das Verhältnis zwischen Verkäufer und Käufer ist. Dem Kaufvertrag liegt aber regelmäßig zugrunde, dass der Käufer auch den Besitz an der Kaufsache erlangen soll. Die Ablieferung beinhaltet, dass der Verkäufer seinen Teil dazu beigetragen hat, dass der Käufer Besitz an der Sache erhält.[333] Insofern ist die Übergabe in den Fällen, in denen sie nicht Voraussetzung der Ablieferung ist, jedenfalls deren Folge, wenngleich diese Folge auch zeitversetzt eintreten kann und der Käufer ggf. einen Herausgabeanspruch gegen den Transporteur geltend machen muss. Dafür spricht auch § 64 Abs. 1 KöpL, demzufolge die Pflicht des Verkäufers zur Übergabe der Sache entfällt, wenn der Vertrag aufgehoben worden ist. Für den Verbrauchsgüterkauf setzt schon die Ablieferung gem. § 6 KköpL stets den Besitz des Verbrauchers

---

330 *v. Bar/Clive*, DCFR Bd. II, 1262 (IV.A.-2:201, I., 2.).

331 Vgl. o. 154 ff.; *Håstad*, Köprätt, 38.

332 Håstad, Köplagen, 38, formuliert: „Neben den Ablieferungsdefinitionen des Kaufgesetzes existieren gewisse Regeln darüber, wann der Käufer das Recht hat zu verlangen, dass ihm die Ware im Sinne der Definition abgeliefert oder dass ihm die Ware physisch übergeben wird. Gewisse Regeln werden auch dafür gegeben, wann der Kauf erfüllt werden muss. Der Zweck dieser Regeln ist es, unvollständige Kaufverträge auszufüllen." Er zieht den Schluss: „Es gilt also sorgfältig auseinanderzuhalten; auf der einen Seite Regeln, die klarstellen, wann der Käufer ein Recht hat, die Ware physisch in seinen Besitz übergeben zu bekommen, oder ansonsten die Ware abgeliefert zu erhalten und auf der anderen Seite Regeln, die definieren, wann die Ablieferung angenommen werden soll." Diese Stellungnahme scheint jedoch lediglich den Unterschied zwischen der Ablieferung durch Übergabe (§ 6 Abs. 2, § 7 Abs. 1, Abs. 2 S. 2 KöpL) und der quasi „fingierten" Ablieferung durch Übergabe an den Beförderer (§ 7 Abs. 2 S. 1 KöpL) deutlich zu machen.

333 *Agell/Malmström*, 136.

voraus. Insofern muss die Kaufsache im Anwendungsbereich des KköpL ohnehin immer und im Rahmen des KöpL jedenfalls im Ergebnis übergeben werden. Ein entsprechendes Übergabeerfordernis liegt den gesetzlichen Regelungen somit zugrunde.

bb) Kaufrechtliche Folgen der Übergabe neben der Ablieferung

Regelmäßig hat die physische Übergabe der Kaufsache im Kaufrecht neben der Ablieferung noch weitere Folgen. Sie begrenzt die Berechtigung des Verkäufers im Hinblick auf dessen Stoppungs- und Aufhebungsrecht. Gemäß § 61 KöpL[334] steht dem Verkäufer ein Stoppungsrecht in Bezug auf seine Leistung dann zu, wenn starke Gründe dafür sprechen, dass der Käufer einen wesentlichen Teil seiner Verpflichtungen nicht einhalten wird. Das Stoppungsrecht ist ausgeschlossen, wenn der Käufer den Besitz an der Kaufsache erlangt hat.[335] Des Weiteren steht dem Verkäufer nach § 54 Abs. 1 KöpL, oder ggf. nach §§ 39, 40 Abs. 1 KköpL, ein Aufhebungsrecht *(hävningsrätt)* zu. Danach kann der Verkäufer den Kaufvertrag aufheben, wenn sich der Käufer im Verzug mit der Bezahlung des Kaufpreises befindet und dies eine wesentliche Vertragsverletzung darstellt. Gemäß § 54 Abs. 4 KöpL, § 40 Abs. 3 S. 1 KköpL ist dieses Recht jedoch ebenfalls ausgeschlossen, wenn der Käufer den Besitz an der Kaufsache erlangt hat.

(1) Rücknahmevorbehalt

Die Besitzerlangung seitens des Käufers beschränkt folglich die Rechte des Verkäufers. Die §§ 54 Abs. 4 KöpL und 40 Abs. 3 S. 1 KköpL eröffnen dem Verkäufer aber die Möglichkeit, den Vertrag auch nach Besitzerlangung des Käufers noch aufzuheben, wenn er sich das Recht dazu im Vertrag vorbehalten hat.[336] Diese Vorschriften stellen die gesetzliche Grundlage des *återtagandeförbehåll*[337] oder *hävningsförbehåll*[338] dar, der funktional dem deutschen (einfachen) Eigentumsvorbehalt entspricht. Früher verwendete man auch in Schweden eine Konstruktion, derzufolge der Verkäufer bis zur vollständigen Bezahlung des Kaufpreises das Eigentum behielt *(äganderättsförbehåll)*[339].[340] Parallel dazu gab es zudem die Möglichkeit, einen sog. einfachen Aufhebungsvorbehalt *(enkelt häv-*

334 Entsprechend: Art. 71 UN-Kaufrecht.
335 *J. Ramberg/Herre*, Allmän köprätt, 91; Karnov/*Munukka/Herre*, 607, Köplag, Ziff. 240.
336 *Håstad*, 185 f.; vgl. auch § 38 KkrL, § 1 AvbtL.
337 Dt. Rücknahmevorbehalt.
338 Dt. Aufhebungsvorbehalt.
339 Dt. Eigentumsvorbehalt.
340 *J. Ramberg/Herre*, Allmän köprätt, 203.

ningsförbehåll) zu vereinbaren. Dies beinhaltete, dass der Verkäufer zwar nicht Eigentümer der Kaufsache blieb, den Vertrag aber auch nach Übergabe aufheben konnte. Die schwierigen Abgrenzungen zwischen den beiden Konstruktionen beseitigte der *Högsta Domstol* 1975,[341] indem er entschied, dass die Konstruktion eines Eigentumsvorbehalts *(äganderättsförbehåll)* nicht mehr erforderlich war, sondern ein Rücknahmevorbehalt *(återtagandeförbehåll)* bezüglich der Kaufsache einen gleichwertigen dinglichen Schutz des Verkäufers gegenüber Dritten gewährleistete.[342] Im Zuge des Übergangs zur funktionalen Herangehensweise war es auch nicht länger sinnvoll, an das Eigentum anzuknüpfen, da von diesem in der Transaktion keine Rechtfolgen hergeleitet werden können. Den wesentlichen Zweck, dass der Verkäufer bei Zahlungsverzug des Käufers die Sache zurücknehmen kann, erreicht man auch durch die Konstruktion als Vorbehalt der Aufhebung des Kaufs.[343] Dabei genießt der Rücknahmevorbehalt Schutz gegenüber Dritten, hat also *erga omnes*-Wirkung. Die faktischen Wirkungen von *äganderättsförbehåll* und *återtagandeförbehåll* waren insoweit identisch,[344] sodass man heute rechtstechnisch ausschließlich den *återtagandeförbehåll* verwendete.[345]

Trotz Vereinbarung eines *återtagandeförbehålls* geht das Eigentum also auf den Erwerber über.[346] Seine Ausübung bewirkt auch noch nicht automatisch die Rückübertragung des Eigentums.[347] Hierzu muss erst die Rückgabe der Sache erfolgen, die ggf. zunächst gerichtlich[348] geltend gemacht werden muss.[349]

(2) Bedeutung des återtagandeförbehåll

Die Frage des *återtagandeförbehåll* hat in Schweden eine wichtige, aber keine überragende Bedeutung für den Handelsverkehr. Dies hat zwei Gründe: Zum einen ist das Interesse des Verkäufers regelmäßig auf Bezahlung und nicht auf Wiedererlangung der Kaufsache gerichtet, sodass andere Vollstreckungsmaßnah-

---

341 NJA 1975, 222.

342 NJA 1975, 222, 223; *J. Ramberg/Herre*, Allmän köprätt, 203.

343 *J. Ramberg/Herre*, Allmän köprätt, 203.

344 NJA 1975, 222, 223.

345 Heute wird auch ein *äganderättsförbehåll* regelmäßig als *återtagandeförbehåll* verstanden. Den Vorbehalt des Eigentums im Sinne der deutschen Konstruktion gibt es in Schweden nicht mehr.

346 Prop. 1980/81:8, 626.

347 NJA 2008, 53.

348 Möglich ist auch die Geltendmachung des Rückgabeanspruchs im Rahmen der *handräckning*, vgl. §§ 11 ff. AvbtL.

349 Die Rückabwicklung des Kaufvertrages richtet sich bei Verbraucherverträgen nach den §§ 40, 41 KkrL, ansonsten nach den §§ 9, 10 AvbtL. Einführend dazu: *Zackariasson*, FS Håstad (2010), 745, 746 ff.

men seinem Interesse eher dienen.[350] Zum anderen entfällt der dingliche Schutz des *återtagandeförbehåll*, wenn der Käufer berechtigt ist, über die Kaufsache weiter zu verfügen.[351] Nach schwedischem Recht sind Rücknahmevorbehalte unwirksam, soweit die Waren für den Weiterverkauf, die Bearbeitung oder für den Verbrauch bestimmt sind.[352] Die im deutschen Recht gängigen Konstruktionen des verlängerten oder weitergeleiteten Eigentumsvorbehalts sind deshalb unzulässig.

cc) Stellungnahme

Die Bedeutung der Besitzübertragung für das Kaufrecht ist überschaubar. Sie ist zwar oftmals Voraussetzung der Ablieferung, ein zwingendes Übergabeerfordernis besteht jedoch nicht. Darüber hinaus ist sie als Moment für das Stoppungs- und Aufhebungsrecht des Verkäufers wichtig. Diese Wichtigkeit wird aber relativiert, da das Aufhebungsrecht durch einfachen vertraglichen Vorbehalt *(återtagandeförbehåll)* über den Zeitpunkt des Besitzübergangs hinaus mit *erga omnes*-Wirkung erhalten werden kann.

b) Übergabeerfordernis als Voraussetzung des dinglichen Schutzes

Wenngleich die Übergabe rein kaufrechtlich eine untergeordnete Rolle spielt und nicht ausdrücklich als Pflicht formuliert ist, ist sie dennoch regelmäßig die zentrale Voraussetzung des Eigentumserwerbs. Geht man davon aus, dass der Erwerb des Eigentums im Rahmen der funktionalen Herangehensweise den Erwerb aller dem (vormaligen) integralen Eigentumsbegriff entstammenden einzelnen Rechtspositionen voraussetzt,[353] so ist es zwingend erforderlich, dass der Käufer im Rahmen der Abwicklung des Kaufvertrages eine Rechtsposition erlangt, die ihm *erga omnes*-Schutz verleiht. Ausdruck dieses Schutzes ist nach schwedischem Verständnis vor allem die Frage nach dem Schutz im Dreipersonenverhältnis gegenüber den Gläubigern des Verkäufers. Diese dem dynamischen Sachenrecht zuzuordnenden Fragestellungen sind quasi in den Eigentumserwerb eingebettet, haben aber selbständige Bedeutung[354] und werden deshalb in der Literatur vom Eigentumserwerb losgelöst behandelt.[355]

350 *J. Ramberg/Herre*, Allmän köprätt, 203.

351 *Millqvist*, 99 f.; *Håstad*, 171; *Persson*, Förbehållsklausuler, 570.

352 *J. Ramberg/Herre*, Allmän köprätt, 203.

353 Der dingliche Schutz des Erwerbers ist also Voraussetzung des Eigentumserwerbs, nicht seine Folge.

354 Die selbständige Bedeutung macht den Kern des dynamischen Sachenrechts aus. Dabei geht es um konkrete Fragestellungen bei Konfliktfällen, in denen drei Personen involviert werden.

Im Kern handelt es sich also nicht direkt um ein Übergabeerfordernis, sondern um die Notwendigkeit, dass der Erwerber der Sache dinglichen Schutz erlangt. Dieser dingliche Schutz besteht ab dem Zeitpunkt, in dem das relevante sachenrechtliche Moment erfüllt worden ist.[356]

aa) Grundsatz: Traditionsprinzip

Im Grundsatz folgt man hierbei dem Traditionsprinzip.[357] Erst durch physische Übergabe der Kaufsache erwirbt der Käufer Schutz gegenüber den Gläubigern des Verkäufers, beispielsweise in der Zwangsvollstreckung oder dem Konkurs des Verkäufers. Dabei wendet man im Wesentlichen die nicht kodifizierten[358] Regeln des Besitzes an.[359] Auch in Schweden versteht man unter der Übergabe den Verlust jeglichen Besitzes auf Seiten des Veräußerers und die Erlangung zumindest mittelbaren Besitzes auf Seiten des Erwerbers.[360]

bb) Übergabesurrogate beim Kauf beweglicher Sachen

Dabei ist die Übergabe aber keinesfalls stets entscheidend. Je nach Vertragstyp und -inhalt sowie Kaufgegenstand können unterschiedliche Momente für den Drittschutz maßgeblich sein. Einige kaufrechtliche Gesetze enthalten besondere Vorschriften über den dinglichen Schutz des Erwerbers, die vom Grunderfordernis der Übergabe abweichen. Diesen Übergabesurrogaten kommt eine wichtige Bedeutung im Rahmen des Erwerbs zu. Sie sollen deshalb an dieser Stelle kurz vorgestellt werden.[361]

(1) Übergabesurrogate im Anwendungsbereich des KöpL

Das KöpL selbst sieht keine Surrogation der Übergabe vor. Gemäß § 3 KöpL ist das Gesetz allerdings dispositiv. Infolgedessen ist es kaufrechtlich nicht nur möglich, die Ablieferung vertraglich gesondert zu regeln, sondern entsprechend auch denkbar, auf die Übergabe der Kaufsache zu verzichten. Da es dem Käufer aber auch darum gehen muss, eine gegenüber den Gläubigern des Veräußerers

---

Dann stellt sich nicht die Frage, wer das „Eigentum" an einer Sache erworben hat, sondern wer über ein „bessere Recht" in Bezug auf die Sache verfügt.

355 Im Prinzip widmet sich das gesamte *sakrätt* diesen Problemen.

356 Detailliert hierzu s.u. 266 ff.

357 Agell/Malmström/*C. Ramberg*[22], 118.

358 Vgl. *Millqvist*, 40.

359 Zum Besitz im schwedischen Recht, s.o. 102 ff.

360 S.u. 269.

361 Für Details s.u. 271 ff.

geschützte Position zu erlangen, ergeben sich für Kaufverträge, die unter den Anwendungsbereich des KöpL fallen, nur zwei sinnvolle Surrogationsmöglichkeiten: die *lösöreköpsregistrering* und die *denuntiation.*

(a) Lösöreköpsregistrering

Im Grundsatz kennt man in Schweden keine dem § 930 BGB vergleichbare Regelung über eine Ersetzung der Übergabe durch ein Besitzkonstitut. Bereits seit 1845 existiert in Schweden allerdings das Lkl. Es eröffnet dem Käufer die Möglichkeit, die Kaufsache beim Verkäufer zu belassen und sie dennoch dem Zugriff der Gläubiger des Verkäufers zu entziehen. Damit ist das Lkl einerseits dem dynamischen *sakrätt* zuzuordnen, stellt aber andererseits auch eine kaufrechtliche Regelung dar.

Die Voraussetzungen, unter denen der Käufer Schutz gegenüber Dritten erwirbt, sind im Vergleich zu § 930 BGB erheblich strenger. Zunächst ist ein schriftlicher, von Zeugen zu bestätigender Kaufvertrag erforderlich, der die gekauften Gegenstände individuell aufzählt, § 1 S. 1 Lkl. Der Kauf ist sodann binnen einer Woche mit Angaben zu Parteien, Kaufgegenstand und Kaufpreis in einer örtlichen Zeitung zu veröffentlichen, § 1 S. 2 Lkl. Anschließend ist der Kaufvertrag samt eines Nachweises über die Veröffentlichung binnen acht Tagen an die Vollstreckungsbehörde *(Kronofogdemyndighet)* zur Registrierung einzureichen (§ 1 S. 3 Lkl). 30 Tage nach der Registrierung erwirbt der Käufer den voll umfänglichen Schutz gegenüber den Gläubigern des Verkäufers, § 3 S. 1 Lkl.

Dieses umständliche Verfahren macht ein Vorgehen nach dem Lkl in der Praxis unattraktiv.[362] Es spielt deshalb seit langem keine Rolle mehr.[363] Die Existenz des Lkl wird in Schweden jedoch häufig als Anhaltspunkt für das strenge Traditionserfordernis für den *erga omnes*-Schutz angesehen.[364]

(b) Denuntiation

Der Schutz des Erwerbers von Sachen, die sich in der Obhut einer dritten Person befinden, gegenüber den Gläubigern des Verkäufers, wird auch im schwedischen Recht diskutiert. Eine Registrierung nach dem Lkl ist hier nicht möglich.[365] Gesetzliche Regelungen, ab wann Gläubigerschutz in diesen Fällen eintritt, bestehen nicht.[366] Durch NJA 1949, 164, wurde aber höchstrichterlich entschieden, dass auch

362 Vgl. *Millqvist*, 137.
363 *Eckerberg*, SvJT 1983, 643, 647.
364 *Millqvist*, 120.
365 *Håstad*, 229.
366 *Ibid.*

durch die Mitteilung an einen die Kaufsache besitzenden Dritten, dass die Sache verkauft sei *(denuntiation)*, die rechtliche Herrschaft des Veräußerers abgeschnitten *(rådighetsavskärande)* und der Erwerber deshalb gegenüber anderen Personen geschützt wird.[367] Dabei wird § 31 Abs. 1 SkbrL[368], der die Forderungsabtretung bei Schuldverschreibungen betrifft, analog auf den Verkauf beweglicher Sachen angewandt.[369] Durch die *denuntiation* wird dem besitzenden Schuldner bewusst gemacht, dass er nunmehr einen neuen Gläubiger hat. Diese Begründung wurde vom *Högsta Domstol* in NJA 1995, 367, aufgegriffen. Der Schutz des Käufers gegenüber den Gläubigern des Verkäufers tritt folglich dadurch ein, dass eine der Vertragsparteien den besitzenden Dritten darüber in Kenntnis setzt, dass eine Verfügung erfolgt ist.[370] Durch die Mitteilung gehen die rechtliche Herrschaft und das Verfügungsrecht über die Sache auf den Erwerber über.[371] Die *denuntiaton* ist hinsichtlich der Ausgangsposition und der Wirkung der Regelung des § 931 BGB vergleichbar. Die rechtliche Konstruktion beinhaltet im schwedischen Recht jedoch keine ausdrückliche Abtretung des Herausgabeanspruchs. Faktisch übernimmt der Erwerber im Verhältnis zum Besitzer jedoch die Position des Veräußerers.

(2) Verbrauchsgüterkauf

Die eigentliche Übergabe lässt sich bei Verbrauchsgüterkäufen nicht surrogieren.[372] Gemäß § 3 Abs. 1 KköpL sind dessen Regelungen zwingend. Dementsprechend ist aus kaufrechtlicher Sicht gem. § 6 KköpL für die Ablieferung der Kaufsache immer deren physische Übergabe erforderlich. Für die Frage nach dem Schutz des erwerbenden Verbrauchers gegenüber Dritten bedarf es jedoch keiner Übergabe. Seit einer Gesetzesänderung im Jahre 2003 gilt bei Verbrauchsgüterkaufverträgen im Hinblick auf das Aussonderungsrecht des Erwerbers insofern das Vertragsprinzip.[373] Gemäß § 49 KköpL gilt der Erwerb gegenüber den Gläubigern des Verkäufers bereits mit Abschluss des Kaufvertrages. Der Verbraucher ist bereits durch den Vertragsschluss mit *erga omnes*-Wirkung geschützt, soweit die Sache durch den Vertrag oder nachträgliche Maßnahmen individualisiert worden ist (§ 49 S. 2 KköpL). Die Übergabe ist deshalb zwar für die Abwicklung des Kaufvertrages notwendig, für den Drittschutz aber nicht erforderlich.

---

367 *Ibid.*; *Millqvist*, 121.

368 SFS 1936:81 *Lag om skuldebrev*: Gesetz über Schuldverschreibungen.

369 *Millqvist*, 145, 147 f.; *Håstad*, 229 f.

370 NJA 1995, 367, 373.

371 *Millqvist*, 147 f.

372 Sie ist kaufrechtlich als Voraussetzung für die Ablieferung erforderlich, s.o. 154 ff.

373 *Mattsson*, SvJT 2005, 319, 320; *Millqvist*, 120.

cc) Bewertung

Auch im schwedischen Recht spielt die Übergabe der Kaufsache eine große Rolle. Dabei ist die Übergabe anders als im deutschen Recht nicht das perfektionierende Moment des Eigentumserwerbs. Sie hat vielmehr zwei Funktionen. Kaufrechtlich ist sie regelmäßig das entscheidende Moment für die Ablieferung. Die Ablieferung wiederum ist maßgeblich für die Rechte und Pflichten der Parteien des Kaufvertrages untereinander.

Daneben ist es notwendig, dass der Erwerber Schutz gegenüber den Gläubigern des Veräußerers erlangt. Dieser Schutz wird in Schweden als wesentlicher Aspekt des „Eigentums im funktionalen Sinne" angesehen. Hat der Käufer ihn nicht erworben, kann er nicht Eigentümer werden. Regelmäßig ist der Erwerb des Besitzes durch den Käufer – und damit die Übergabe der Kaufsache – Voraussetzung dieses *erga omnes*-Schutzes. Insofern steht das Übergabeerfordernis sinnbildlich für den Schutzerwerb. Daneben können, abhängig von den Vertragsumständen, andere Momente als die Übergabe den Schutz des Erwerbers bewirken. Insofern ist es dann möglich, die Übergabe zu surrogieren. Dies mag aus deutscher Sicht umständlich erscheinen, ist aber konsequent. Die nach schwedischem Verständnis wesentliche Frage nach dem Schutz des Erwerbers gegenüber den Gläubigern des Veräußerers lässt sich dadurch vom Kaufrecht und vom Eigentum abstrahieren. Die Übergabe spielt somit zwar auch zwischen den Vertragsparteien eine gewisse Rolle, vor allem aber ist sie ein Moment des dynamischen *sakrätt*. Insofern kann man hier von einer Interaktion von Kaufrecht und *sakrätt* sprechen.

Ein Vergleich zwischen der Übergabe im Bereich des dynamischen *sakrätt* und den Vorschriften der §§ 929 ff. BGB offenbart, dass das schwedische Recht die Surrogation der Übergabe wesentlich restriktiver handhabt. Insbesondere im Hinblick auf die Vereinbarung eines Besitzkonstituts unterscheiden sich beide Rechtsordnungen stark voneinander. Zwar ist beiden dieses Institut nicht fremd. Doch während das deutsche Recht flexible Vereinbarungen zulässt und im Grundsatz nur voraussetzt, dass der Veräußerer fortan für den Erwerber besitzt und dieser einen Herausgabeanspruch erhält, errichtet das schwedische Recht enorme formelle Hürden. Diese Hürden machen die Vereinbarung eines Besitzkonstituts in der Rechtspraxis impraktikabel und unattraktiv. Im Gegensatz zum deutschen Recht spielt das Besitzkonstitut deshalb in Schweden keine nennenswerte Rolle.

Auffällig ist des Weiteren, dass das schwedische Recht besondere Regeln für den Verbraucherschutz bereithält. Zwar setzt der Eigentumserwerb auch hier in beiden Rechtsordnungen faktisch die Übergabe der Kaufsache voraus,[374] den

374 Im deutschen Recht ergibt sich dieses Erfordernis aus § 929 BGB. Die Übergabe ist Voraussetzung des Eigentumserwerbs. Im schwedischen Recht ist die Übergabe gem. § 6 KköpL für die

Schutz gegenüber den Gläubigern erwirbt der Käufer aber nach schwedischem Recht bereits mit dem Vertragsschluss.

5. *Kaufpreiszahlung*

Für die Abwicklung des Kaufvertrages wird häufig auch die Zahlung des Kaufpreises erforderlich sein.[375] Für den Fall, dass der Käufer in Vorkasse zu treten hat, hat die Zahlung des Kaufpreises keine weiteren Folgen. Bildet die Kaufpreiszahlung jedoch den Abschluss der Vertragsabwicklung, kommt diesem Moment eine größere Bedeutung zu. Hat der Käufer diese Pflicht erfüllt, so verliert der Verkäufer sein ggf. vorbehaltenes Recht, die Sache durch Vertragaufhebung zurückzuerlangen und der Eigentumserwerb wird definitiv.[376]

III. Voraussetzungen des Erwerbs beweglicher Sachen vom Berechtigten durch Tausch

Eine weitere Möglichkeit des derivativen Eigentumserwerbs ist der Tausch.[377] Dabei geht es wie beim Kauf um den Austausch von wechselseitigen Leistungen, mit dem Unterschied, dass beide Parteien einen Vermögensgegenstand zu leisten haben, der nicht in Geld besteht. Da der Tausch insofern die Grundform des Kaufes darstellt, wendet man in Schweden, ebenso wie in Deutschland, die Vorschriften des Kaufs entsprechend an, vgl. § 480 BGB, § 1 Abs. 2 KöpL. Dementsprechend ist für den sukzessiven Eigentumserwerb des B (entsprechend dem Käufer) von A (entsprechend dem Verkäufer) analog den Vorschriften des KöpL erforderlich, dass

1. ein wirksamer Tauschvertrag besteht,
2. die Tauschenden zur Verfügung über die Tauschsachen berechtigt sind,
3. A die Tauschsache abliefert,
4. B aufgrund der Übergabe oder eines anderen sachenrechtlichen Moments Schutz gegenüber Dritten erlangt, und
5. B seinerseits die Tauschsache abliefert.

Ist der Tausch vollständig abgewickelt, so hat B von A (und umgekehrt) Eigentum erlangt.

Ablieferung der Kaufsache erforderlich. Dadurch ist sie zwar auch Voraussetzung des Eigentumserwerbs, der Schutz gegenüber Dritten tritt jedoch bereits ab dem Vertragsschluss ein.

375 Vgl. *Martinson*, 68; *Krimphove*, 133 f.

376 *Agell/Malmström*, 146 f.

377 *Millqvist*, 30.

IV. Voraussetzungen des Erwerbs beweglicher Sachen vom Berechtigten durch Schenkung

Ein rechtsgeschäftlicher Eigentumserwerb kann auch durch Schenkung *(gåva)* erfolgen.[378] Dabei handelt es sich wie im deutschen Recht[379] um die freiwillige Vermögensübertragung ohne dass der Beschenkte dafür eine Gegenleistung erbringt.[380] Die Schenkung ist in Schweden im GåvoL gesetzlich geregelt. Dabei unterscheidet das Gesetz zwischen dem Schenkungsversprechen *(utfästelse)* und der Erfüllung *(fullbordan)*.

1. Schenkungsversprechen (utfästelse)

Erforderlich ist zunächst das Versprechen des Schenkenden, dem Beschenkten einen Vermögensgegenstand ohne Gegenleistung zu übertragen. Dabei handelt es sich im Prinzip wie im deutschen Recht um eine Willenserklärung des Schenkers. Inwiefern diese empfangsbedürftig ist, bleibt offen.[381] Die Wirksamkeit eines Schenkungsversprechens *(utfästelse)* erfordert jedoch grundsätzlich, dass die Schenkung vollzogen wird. Vor Übergabe des Schenkungsgegenstandes besteht keine rechtliche Verpflichtung des Schenkers, es sei denn, die Schenkung ist in einer gesondert errichteten, schriftlichen Schenkungsurkunde niedergelegt und dem Beschenkten übergeben oder öffentlich bekannt gemacht worden, § 1 Abs. 1 GåvoL.[382]

2. Verfügungsbefugnis des Schenkers

Darüber hinaus muss der Schenker wie ein Verkäufer zur Verfügung über die Sache befugt sein, also Eigentümer oder sonst durch den Eigentümer zur Verfügung ermächtigt sein.[383]

3. Erfüllung der Schenkung (fullbordan)

Des Weiteren ist für den Eigentumserwerb durch Schenkung erforderlich, dass das Schenkungsversprechen auch erfüllt wird.

---

378 Vgl. *Ibid.* 30.

379 Vgl. § 516 Abs. 1 BGB.

380 *Agell/Malmström*, 149; Karnov/*Persson*, 714, Lag angående vissa utfästelser om gåva, Ziff. 1.

381 Darauf kommt es indes nicht an, da die Wirksamkeit des Schenkungsversprechens an formelle Voraussetzungen bzw. die Übergabe des Geschenkes geknüpft ist.

382 *Martinson*, 46; Karnov/*Persson*, 714, Lag angående vissa utfästelser om gåva, Ziff. 6.

383 S.o. zum Kauf 145 ff.

a) Grundsatz: Übergabe

Bei der Schenkung von beweglichen Sachen gilt die Schenkung gem. § 2 S. 1 GåvoL erst dann als erfüllt, wenn die Sache in den Besitz des Beschenkten gelangt ist. Dadurch wird gleichzeitig die schwebende Unwirksamkeit des Schenkungsversprechens geheilt, § 1 Abs. 1 GåvoL.

b) Übergabesurrogate

Nach den Vorschriften des GåvoL ist allerdings eine Surrogation der Übergabe des Schenkungsgegenstandes möglich. Dies betrifft zunächst die Fälle, in denen die Schenkung urkundlich belegt oder öffentlich bekannt gemacht wurde.[384] Darüber hinaus ist man sich in Schweden einig, dass für die Schenkung eines Gegenstandes, der sich im Besitz einer dritten Person befindet, die *denutiation*, also die Bekanntgabe der Schenkung an den Besitzer, ausreicht.[385]

c) Wirkungen der Erfüllung

Mit der Übergabe der Sache, bzw. der Erfüllung der Voraussetzungen des Übergabesurrogates, erlangt der Beschenkte vollen Schutz gegenüber den Gläubigern des Schenkers.[386] Da keine weiteren Handlungen erforderlich sind und dem Beschenkten innerhalb des Schenkungsverhältnisses keine weiteren Pflichten obliegen, ist die Schenkung nunmehr vollständig abgewickelt. Damit sind sämtliche Rechte und Pflichten in Bezug auf die Sache auf den Beschenkten übergegangen. Er ist Eigentümer geworden.

Abgesehen davon, dass die Schenkung kein separates dingliches Übereignungsgeschäft erfordert, ist der faktische Ablauf mit dem deutschen Recht vergleichbar. Auch im deutschen Recht ist eine Schenkung formbedürftig, wird jedoch wirksam, wenn der Gegenstand der Schenkung an den Beschenkten übergeben worden ist.[387]

---

384 Aus § 1 Abs. 2 i.V.m. § 1 Abs. 1 GåvoL ergibt sich, dass Schutz gegenüber den Gläubigern auch schon vor Übergabe besteht, wenn die Schenkungsurkunde an den Beschenkten übergeben wurde oder die Schenkung öffentlich bekannt gemacht wurde.

385 Karnov/*Persson*, 714, Lag angående vissa utfästelser om gåva, Ziff. 9.

386 Vgl. § 1 Abs. 2 GåvoL.

387 Vgl. § 518 Abs. 1 und Abs. 2 BGB.

§ 4 Stellungnahme

Auch im Rahmen des in Schweden vorherrschenden funktionalen Eigentumsverständnisses lassen sich die tatsächlichen Voraussetzungen, die dafür erforderlich sind, dass das Eigentum im Ergebnis auf den Erwerber übergeht, identifizieren. Sie sind gleichsam aus der Gesamtmasse der im Rahmen der Abwicklung des Kaufvertrages und im Hinblick auf das *sakrätt* wichtigen Einzelmomente herauszuarbeiten. Vereinfacht und auf das Wesentliche reduziert ergibt sich, dass für die Übereignung durch Kauf ein wirksamer Kaufvertrag sowie die Übergabe der Kaufsache erforderlich sind. Dabei ist die Begründung für diese Erfordernisse im schwedischen Recht anders als im deutschen Recht. Während letzteres diese beiden Momente als Bestandteile eines sachenrechtlichen Übertragungsvorgangs festlegt, ergibt sich ihre Notwendigkeit im schwedischen Recht erst aus dem Zusammenspiel von Kaufrecht und *sakrätt*. Daraus folgt, dass das schwedische Recht keine vom schuldrechtlichen Vertrag unabhängige Übereignung kennt und daher gewissermaßen einem Kausalprinzip folgt.

Wenngleich beide Rechtsordnungen die tatsächlichen Voraussetzungen der Übereignung im Grundfall im Wesentlichen gleich ausgestalten, zeigen sich in den Details teilweise gravierende Unterschiede. Für die Einigung gelten in beiden Rechtsordnungen zunächst vergleichbare Voraussetzungen und Regeln. Die dingliche Einigung des deutschen Rechts ist an den §§ 145 ff. BGB zu messen und der Abschluss des Kaufvertrages unterliegt nach schwedischem Recht ebenfalls den Regelungen für Rechtsgeschäfte. Für das Übergabeerfordernis existieren jedoch nur wenige Gemeinsamkeiten. Zwar ist in beiden Rechtsordnungen im Grundsatz die Übergabe als physische Veränderung der Belegenheit der Sache zu verstehen. Jedoch ist schon der Grund für das Übergabeerfordernis verschieden. Im deutschen Recht handelt es sich dabei schlicht um eine direkte Voraussetzung des Eigentumsübergangs. Im schwedischen Recht ist das Übergabeerfordernis hingegen aus der Notwendigkeit des *erga omnes*-Schutzes des Erwerbers abgeleitet, der im deutschen Recht wiederum eine Folge des Eigentums ist. Das deutsche Recht verwendet folglich einen Zwischenschritt, indem die Übergabe das Eigentum begründet und aus dem Eigentum der *erga omnes*-Schutz des Erwerbers folgt. Im schwedischen Recht bewirkt die Übergabe hingegen direkt den dinglichen Schutz des Erwerbers. Diese Herangehensweise wird von der schwedischen Rechtswissenschaft als funktional empfunden, da man auf die Zwischenschaltung des vermeintlich abstrakten und metaphysischen Elements „Eigentum" verzichte.[388]

---

388 Diese Sichtweise legte bereits *Ross* in seinem viel beachteten Aufsatz „Tû-Tû" dar, vgl. Sc.St.L. 1 (1957), 137.

Das Übergabeerfordernis unterscheidet sich aber auch in seinen Voraussetzungen. Die weite Auslegung des Begriffs der „Übergabe" und die Surrogation dieses Übereignungsmoments ist im schwedischen Recht nicht so ausgeprägt wie im deutschen Recht. Während das deutsche Recht den Parteien großzügige Möglichkeiten eröffnet, die tatsächliche Übergabe vom Veräußerer zum Erwerber flexibel zu gestalten, zu konstruieren und sogar durch ein Rechtsgeschäft zu ersetzen, hält das schwedische Recht am strengen Traditionserfordernis fest. Erforderlich ist in aller Regel die tatsächliche physische Übergabe der Sache vom Veräußerer an den Erwerber. Die Einschaltung von Hilfspersonen ist zwar möglich, wird jedoch nicht so extensiv zugelassen wie im deutschen Recht. Nur in Ausnahmefällen ist eine Übergabe entbehrlich (*denuntiation* und Verbraucherverträge). Die Surrogation der Übergabe durch ein Besitzkonstitut ist nur unter strengen Voraussetzungen möglich, sodass die praktische Anwendbarkeit dieser Möglichkeit nur marginal ist.[389]

Die unterschiedliche Herangehensweise der beiden Rechtsordnungen wirkt sich auch auf die Ausgestaltung des Eigentumsvorbehalts aus. Während das deutsche Recht einen tatsächlichen Verbleib des Eigentums beim Veräußerer bis zum Eintritt der Bedingung der vollständigen Kaufpreiszahlung trotz Übergabe an den Erwerber zulässt, stellt das schwedische Äquivalent, der *återtagandeförbehåll*, einen bloß schuldrechtlichen Rückgabeanspruch des Verkäufers gegen den Käufer dar. Das Eigentum wird trotzdem auf den Erwerber übertragen. Der Schutzwert des *återtagandeförbehålls* ergibt sich deshalb erst aus der dinglichen Absicherung dieses Rückgabeanspruchs. Er hat *erga omnes*-Wirkung und kann deshalb auch gegenüber den sonstigen Gläubigern des Erwerbers durchgesetzt werden.[390] Die dingliche Wirkung obligatorischer Rechte durch bloße Parteivereinbarung und ohne weitere Publizitätsmomente ist dem deutschen Recht hingegen fremd.[391]

Ein weiterer markanter Unterschied zwischen dem Eigentumserwerb nach deutschem und schwedischem Recht ist, dass letzteres keinen identifizierbaren Zeitpunkt kennt, in dem das Eigentum übergeht. Dies resultiert aus der sukzessiven Verdichtung der Eigentumsmomente beim Erwerber.[392] Es lässt sich nur festhalten,

---

389 Dies belegt auch die Statistik über die Anzahl der nach Lkl abgewickelten Kaufverträge in Schweden, s.u. 271 f.

390 Ein gutgläubiger Erwerb lässt jedoch auch einen *återtagandeförbehåll* erlöschen. Insofern ist der Vorbehaltsverkäufer als derjenige anzusehen, der im Sinne des GFL das Eigentum verloren hat. Der Vorbehaltskäufer, der die Sache weiterveräußert, verfügt dementsprechend als Nichtberechtigter. Vgl. prop. 1985/86:123, 18.

391 Selbst die Vormerkung als „Verdinglichung" eines obligatorischen Rechts erfordert dementsprechend wie dingliche Rechte die Eintragung in das Grundbuch und stellt ein vorläufiges Sicherungsmittel *sui generis* dar, MüKoBGB[5]/*Kohler*, § 883 Rn. 5.

392 *Krimphove*, 134.

dass der Erwerber jedenfalls nach vollständiger Abwicklung der Transaktion das Eigentum erlangt hat. Dabei gibt es nach schwedischem Verständnis aber auch kein Bedürfnis für einen konkreten Zeitpunkt des Eigentumsübergangs. Da für die dinglichen Rechtsfragen, insbesondere die nach dem *erga omnes*-Schutz des Erwerbers, nicht das Eigentum, sondern die Übergabe und damit den Sachbesitz als Anknüpfungsmoment verwenden, kommt dem Eigentum innerhalb der Transaktion grundsätzlich keine eigenständige Bedeutung, z.B. als Anknüpfungsmoment für Schutzansprüche, zu.

Insgesamt ist die festgestellte tiefgehende Verschiedenheit beider Rechtsordnung der Herangehensweise geschuldet. Im tatsächlichen Transaktionsablauf in alltäglichen Situationen lässt sich jedoch kein praktischer Unterschied feststellen. Bei den Bargeschäften des täglichen Lebens führt der Ablauf von Kaufvertrag, Bezahlung und Warenübergabe in beiden Rechtsordnungen gleichermaßen zum Eigentumserwerb des Käufers. Unterschiede machen sich erst in Konstellationen bemerkbar, die ein Kreditgeschäft beinhalten oder in denen nicht die sofortige Besitzverschaffung an der Kaufsache im Anschluss an den Vertragsschluss bzw. die dingliche Einigung erfolgt.

Kapitel 9: Erwerb beweglicher Sachen durch Rechtsgeschäft mit einem Nichtberechtigten

§ 1 Allgemeines

In der modernen Konsumgesellschaft ist das Auseinanderfallen von Besitz und Eigentum eine Selbstverständlichkeit.[1] Folglich besteht häufig eine Unsicherheit dahingehend, ob der eine Sache zur Veräußerung Anbietende überhaupt über die notwendige Befugnis hierzu verfügt. Es entspricht zwar der natürlichen Betrachtung, dass man nur so viel Recht auf einen anderen übertragen kann, wie man selbst innehat.[2] Gleichzeitig spricht aber das Verkehrsinteresse dafür, die Leichtigkeit und Sicherheit des Handels- und Güterverkehrs dadurch zu fördern, dass unter bestimmten Voraussetzungen auch der Eigentumserwerb vom Nichtberechtigten ermöglicht wird.[3] Die Frage nach der Möglichkeit eines Erwerbs vom Nichtberechtigten bedarf deshalb einer Grundsatzentscheidung. Soll dem Schutzinteresse des Eigentümers am Fortbestand seines Rechts der Vorrang gegenüber anderen am Rechtsverkehr Beteiligten gewährt werden, sodass er seine Sache stets herausverlangen kann? Oder sollen andere schutzwürdige Interessen unter bestimmten Voraussetzungen bevorzugt werden?

Es existieren folglich zwei Lösungsmöglichkeiten. Nimmt man den Standpunkt ein, dass den Eigentümerinteressen der Vorrang gebührt, so würde das Vindikationsprinzip den tatsächlichen Eigentümer auch nach langer Zeit noch in die Lage versetzen, die Sache von einer anderen Person zurückzuerlangen, obwohl diese ggf. viel Geld für deren Erlangung bezahlt hat. Dies ist in vielen Rechtsordnungen jedoch nicht gewünscht. Das Vindikationsinteresse muss deshalb regelmäßig hinter dem Verkehrsinteresse zurückstehen.[4] Spricht der Rechtsschein dafür, dass der Veräußernde auch Eigentümer der Sache ist, so ermöglichen die deutsche und die schwedische Rechtsordnung den Eigentumserwerb auch dann, wenn der Veräußerer hierzu tatsächlich nicht berechtigt ist. Voraussetzung ist jedoch, dass der Erwerber aufgrund seiner Gutgläubigkeit auch tatsächlich schutzwürdig ist. Als Korrektiv dieser Grundsatzentscheidung ist der gutgläubige Erwerb zudem in Einzelfällen zugunsten der materiellen Gerechtigkeit ausgeschlossen,

1 Staudinger/*Wiegand* (2011), Vorbem. zu §§ 932-936 Rn. 1.
2 *Baur/Stürner*, § 62 Rn. 1.
3 MüKoBGB[5]/*Oechsler*, § 932 Rn. 3; Staudinger/*Wiegand* (2011), Vorbem. zu §§ 932-936 Rn. 3.
4 Vgl. Staudinger/*Wiegand* (2011); Vorbem. zu §§ 932-936 Rn. 4; vgl. auch *Håstad*, 63.

wenn es unbillig erscheint, das ökonomische Risiko dem Eigentümer aufzubürden.[5] Dies ist namentlich der Fall, wenn der Eigentümer die Kontrolle über die Sache nicht freiwillig aufgegeben hat.

§ 2 Deutsches Recht

I. Allgemeines

Das deutsche Recht verfügt schon seit dem 19. Jahrhundert über kodifizierte Regeln des gutgläubigen Erwerbs. Diese hatten sich in den Partikularrechten durchgesetzt und waren auch in das ADHGB[6] von 1861 übernommen worden.[7] Man knüpfte dabei an das deutschrechtliche Prinzip „Hand wahre Hand" an.[8] Das Verlustrisiko lag damit beim Alteigentümer.[9] Die Möglichkeit, eine Sache zurückzuerlangen, hatte dieser nur dann, wenn diese ihm abhanden gekommen war.[10] Die Regelungen des BGB übernahmen diese Grundsätze.

II. Voraussetzungen des Erwerbs vom Nichtberechtigten

Für den gutgläubigen Erwerb knüpfen die §§ 932 ff. BGB an die Erwerbsvoraussetzungen des § 929 S. 1 BGB an. Erforderlich ist die Einigung zwischen Veräußerer und Erwerber sowie in aller Regel die Übergabe der Sache. Hinzu treten aber weitere Erfordernisse, die sich aus der Nichtberechtigung des Veräußerers ergeben.

1. Nichtberechtigung des Veräußerers

Der Veräußerer darf nicht zur Verfügung berechtigt sein. Insoweit gilt das oben[11] im Rahmen des Erwerbs vom Berechtigten Dargestellte gleichsam spiegelbildlich.

---

5 Vgl. MüKoBGB[5]/*Oechsler*, § 932 Rn. 7; *e contrario* ergibt sich diese Sichtweise auch aus prop. 2002/03:17, 18.
6 Allgemeines Deutsches Handelsgesetzbuch vom 31. Mai 1861.
7 Staudinger/*Wiegand* (2011), Vorbem. zu §§ 932-936 Rn. 2.
8 MüKoBGB[5]/*Oechsler*, § 932 Rn. 1.
9 *Ibid.*
10 *Ibid.*
11 S.o. 121 f.

2. *Einigung*

Der nicht berechtigte Veräußerer und der Erwerber müssen sich über den Eigentumsübergang einigen. Hier gilt das oben zum Erwerb vom Berechtigten Ausgeführte.[12]

3. *Reales Moment*

Die §§ 932-934 BGB knüpfen zwar an die Tatbestände der §§ 929-931 BGB an, modifizieren diese aber.[13] Dementsprechend sind die Erfordernisse an die realen Momente für den gutgläubigen Erwerb für alle Erwerbstatbestände der §§ 929-931 BGB jeweils gesetzlich geregelt. Dabei ist eine tatsächliche Übergabe in aller Regel auch in den Fällen der Übergabesurrogation nach den §§ 929 S. 2 bis 931 BGB erforderlich,[14] wenn von einem nicht zur Verfügung Berechtigten erworben wird.

a) Übergabe, §§ 929 S. 1, 932 Abs. 1 S. 1 BGB

Sollte die Übereignung nach § 929 S. 1 BGB erfolgen, so ist auch bei Nichtberechtigung des Veräußerers die Übergabe der Sache an den gutgläubigen Erwerber erforderlich. Für die Übergabe gelten aufgrund gesetzlicher Verweisung die oben[15] für § 929 S. 1 BGB dargestellten Voraussetzungen. Die Übergabe hat hier jedoch nicht wie bei § 929 S. 1 BGB primär die Funktion der ernsthaften Bekundung des Verfügungswillens, sondern begründet den Vertrauenstatbestand des Besitzes, der den gutgläubigen Erwerb rechtfertigt.[16] Der Unterschied zwischen den Erwerbstatbeständen in § 929 S. 1 und § 932 Abs. 1 S. 1 BGB liegt folglich primär darin, dass letztere Regelung auf Seiten des Veräußerers die Nichtberechtigung voraussetzt.[17]

b) Bloße Einigung, §§ 929 S. 2, 932 Abs. 1 S. 2 BGB

Sollte der Eigentumsübergang zwischen Veräußerer und Erwerber „kurzer Hand", also gem. § 929 S. 2 BGB, durch bloße Einigung erfolgen, weil der Erwerber bereits vorab in den Besitz der Sache gelangt ist, so genügt die Einigung mit einem Nichtberechtigten für den Erwerb nur dann, wenn er den Besitz auch vom

---

12 S.o. 116 ff.

13 *Weber*, § 9 Rn. 3.

14 Ausnahme: § 934 1. Alt. BGB, s.u. unter b).

15 S.o. 122 ff.

16 MüKoBGB[5]/*Oechsler*, § 932 Rn. 13.

17 *Weber*, § 9 Rn. 5.

Veräußerer oder zumindest auf dessen Veranlassung hin erlangt hat, § 932 Abs. 1 S. 2 BGB.[18]

c) Vereinbarung eines Besitzkonstituts, §§ 930, 933 BGB

Durch § 933 BGB *de facto* ausgeschlossen ist der gutgläubige Eigentumserwerb durch die Vereinbarung eines Besitzkonstituts mit dem nicht berechtigten Veräußerer. Neben den Erfordernissen des § 930 BGB ist stets auch die tatsächliche Übergabe der Sache i.S.v. § 929 S. 1 BGB erforderlich.[19] Insofern lägen ohnehin die Voraussetzungen des § 932 Abs. 1 S. 1 BGB vor, sodass § 933 BGB quasi bedeutungslos ist.[20] Bei § 933 BGB ist die Übertragung[21] des Besitzes auf Veranlassung des Veräußerers, ggf. an eine Geheißperson des Erwerbers,[22] ausreichend.[23] Der Erwerber muss die Sache zum Vollzug der Veräußerung erhalten haben.[24]

d) Abtretung des Herausgabeanspruchs, §§ 931, 934 BGB

Besonders schwierig ist die Regelung des § 934 BGB, der den gutgläubigen Erwerb bei der Abtretung des Herausgabeanspruchs nach § 931 BGB regelt. Er unterscheidet zwei Konstellationen.

aa) Veräußerer ist mittelbarer Besitzer, § 934 1. Alt. BGB

Ist der nicht zur Veräußerung Berechtigte aufgrund eines Besitzmittlungsverhältnisses i.S.v. § 868 BGB wirklich mittelbarer Besitzer der Sache, so erhält der gutgläubige Erwerber gem. § 934 1. Alt. BGB das Eigentum dann, wenn ihm der tatsächlich bestehende Herausgabeanspruch aus diesem Besitzmittlungsverhältnis wirksam abgetreten wird. Verwunderlich ist hieran, dass im Falle des § 934 1. Alt. BGB die Verschaffung mittelbaren Besitzes ausreicht, während dies im Rahmen des § 933 BGB nicht der Fall ist.[25] Dies wird von der h.M. jedoch damit begründet, dass der Veräußerer bei § 934 1. Alt. BGB jeglichen Besitz verlöre, während er im Falle von § 933 BGB selbst Besitz in Gestalt unmittelbaren

---

18 MüKoBGB[5]/*Oechsler*, § 932 Rn. 27; *Palandt*/Bassenge, § 932 Rn. 4.

19 Palandt/*Bassenge*, § 933 Rn. 4.

20 Staudinger/*Wiegand* (2011), § 933 Rn. 2.

21 Es kommt ausdrücklich auf die Übertragung des Besitzes an. Die Besitzverschaffung ohne vorherigen Besitz des Veräußerers ist nicht ausreichend. Vgl. BGHZ 50, 45, 48 f.

22 BGH JR 1978, 154, 155.

23 Palandt/*Bassenge*, § 933 Rn. 4.

24 H.M., vgl. Palandt/*Bassenge*, § 933 Rn. 4; MüKoBGB[5]/*Oechsler*, § 933 Rn. 8; *Westermann*, § 48 Rn. 2; krit.: Staudinger/*Wiegand* (2011), § 933 Rn. 25 ff.

25 *Weber*, § 9 Rn. 16.

Fremdbesitzes behalte.[26] Demnach ist auch für den gutgläubigen Erwerb nach §§ 931, 934 1. Alt. BGB stets der vollständige Besitzverlust des Veräußerers erforderlich.

bb) Veräußerer ist nicht mittelbarer Besitzer, § 934 2. Alt. BGB

Ist der Veräußerer nicht mittelbarer Besitzer der Sache und steht ihm deshalb tatsächlich kein Herausgabeanspruch zu, so erlangt der Erwerber das Eigentum gem. § 934 2. Alt. BGB erst dann, wenn er aufgrund des Veräußerungsgeschäfts von dem besitzenden Dritten zumindest den mittelbaren Besitz erlangt.[27] Erforderlich ist also anders als in den Fällen der §§ 932 Abs. 1 S. 1 und 930 BGB nicht, dass eine Übergabe i.S.v. § 929 S. 1 BGB durch den Veräußerer selbst stattfindet.[28] Der tatsächliche mittelbare Besitz reicht aus. Auch hier darf der Veräußerer keinen Besitz behalten.

4. Guter Glaube des Erwerbers, § 932 Abs. 2 BGB

Die §§ 932-934 BGB setzen durchweg voraus, dass der Erwerber gutgläubig in Bezug auf das Eigentum des Veräußerers war. Er muss aufgrund des Rechtsscheins des Besitzes und der Besitzübertragung davon ausgegangen sein, dass der Verfügende Eigentümer der Sache und deshalb zur Verfügung über sie berechtigt war. Liegen diese Voraussetzungen nicht vor, so ist der Eigentumserwerb ausgeschlossen.

a) Anforderungen an die Gutgläubigkeit

§ 932 Abs. 2 BGB formuliert negativ, dass der Erwerber dann bösgläubig ist, wenn ihm bekannt oder infolge grober Fahrlässigkeit unbekannt ist, dass die Sache nicht dem Veräußerer gehört. Daraus folgt im Umkehrschluss, dass sein Vertrauen ansonsten grundsätzlich schutzwürdig und ein gutgläubiger Erwerb deshalb regelmäßig möglich ist, soweit kein weiterer Ausschlussgrund vorliegt. Nicht gutgläubig ist deshalb derjenige, der weiß, dass die Sache nicht im Eigentum des Veräußerers steht.[29] Die Gutgläubigkeit bezüglich der Vertretungs- oder Verfügungsbefugnis des Nichteigentümers reicht nicht aus, um die Anforderungen von § 932 Abs. 2 BGB zu erfüllen.[30] Eine Ausnahme hiervon stellt aber die

26 BGHZ 50, 45, 49; Staudinger/*Wiegand* (2011), § 934 Rn. 2.
27 Palandt/*Bassenge*, § 934 Rn. 4; MüKoBGB[5]/*Oechsler*, § 934 Rn. 11.
28 MüKoBGB[5]/*Oechsler*, § 934 Rn. 11; Baur/Stürner, § 52 Rn. 22.
29 *Wieling*, 119
30 Staudinger/*Wiegand* (2011), § 932 Rn. 39.

spezialgesetzliche Regelung des § 366 Abs. 1 HGB dar. Diese modifiziert den Tatbestand des § 932 Abs. 2 BGB dahingehend, dass in Fällen, in denen ein Kaufmann i.S.d. §§ 1 ff. HGB eine fremde Sache im Betrieb seines Handelsgewerbes veräußert, die Gutgläubigkeit bezüglich dessen Verfügungsbefugnis ausreicht.[31] Aufgrund der Üblichkeit der Veräußerung fremder Sachen, beispielsweise als Kommissionär, erweitert § 366 Abs. 1 HGB den Vertrauenstatbestand der §§ 932 ff. BGB.[32] Gemäß § 366 Abs. 2 HGB gilt dies auch für die Lastenfreiheit der erworbenen Sache.

Neben der positiven Kenntnis von der Nichtberechtigung ist auch derjenige gem. § 932 Abs. 2 BGB bösgläubig, der aufgrund grober Fahrlässigkeit nicht weiß, dass der Veräußerer nicht Eigentümer ist. Der Erwerber ist grob fahrlässig, wenn er die erforderliche Sorgfalt nach den gesamten Umständen in ungewöhnlich grobem Maße verletzt und dasjenige unbeachtet gelassen hat, was im gegebenen Fall jedem hätte einleuchten müssen.[33] Dies bedeutet, dass auch einem durchschnittlichen Menschen der betreffenden Personengruppe ohne besondere Aufmerksamkeit oder besondere Überlegungen aufgrund der Umstände und der Person des Veräußerers erkennbar gewesen sein muss, dass der Veräußerer nicht Eigentümer der Sache war.[34] Mithin ist ein objektivierter Fahrlässigkeitsbegriff zugrunde zu legen.[35] Zwar besteht grundsätzlich keine Erkundigungspflicht des Erwerbers.[36] Maßgeblich für die Frage, ob Nachforschungen geboten sind, sind aber die Umstände des Einzelfalls.[37]

In Rechtsprechung und Wissenschaft haben sich Fallgruppen herausgebildet, die im Rahmen der stets maßgeblichen Einzelumstände Anhaltspunkte darstellen. So ist in der Rechtsprechung insbesondere für den Kauf gebrauchter Kraftfahrzeuge anerkannt, dass nur der Besitz des Fahrzeugs, samt der Zulassungsbescheinigung Teil II[38], den Rechtsschein der Verfügungsmacht begründet und dass das Unterlassen der Einsichtnahme in diese Dokumente in aller Regel einen gutgläubigen Erwerb ausschließt.[39] Neben diesen Mindestvoraussetzungen können jedoch weitere Nachforschungen geboten sein, wenn die Papiere oder ihr Inhalt Anlass hierzu geben.[40]

---

31 MüKoHGB²/*Welter*, § 366 Rn. 22.

32 *Ibid.* Rn. 22, 23.

33 BGHZ 10, 14, 16; BGH NJW-RR 2000, 576, 577; BGH NJW 1994, 2022, 2023; 2005, 1365, 1366.

34 Palandt/*Bassenge*, § 932 Rn. 10.

35 Staudinger/*Wiegand* (2011), § 932 Rn. 49.

36 MüKoBGB⁵/*Oechsler*, § 932 Rn. 40; Staudinger/*Wiegand* (2011), § 932 Rn. 43.

37 Palandt/*Bassenge*, § 932 Rn. 10.

38 Früher: „Fahrzeugbrief".

39 BGH WM 1975, 362, 363; BGH NJW 2006, 3488, 3489.

40 Palandt/*Bassenge*, § 932 Rn. 13, m.w.N.

b) *Maßgeblicher Zeitpunkt für die Gutgläubigkeit*

Die Gutgläubigkeit des Erwerbers muss spätestens und bis einschließlich des Zeitpunkts vorliegen, in dem der letzte Erwerbsakt eintritt und der Erwerbstatbestand abgeschlossen ist.[41] Deshalb muss sie regelmäßig im Zeitpunkt der Übergabe oder der Vereinbarung eines Übergabesurrogats bestehen.[42] Bei einer nachfolgenden Einigung ist deren Zeitpunkt maßgeblich.[43] Für den Fall der aufschiebend bedingten Übereignung genügt es, wenn die Redlichkeit im Zeitpunkt der Einigung vorliegt. Auf den (ungewissen) Zeitpunkt des Bedingungseintritts kommt es nicht an.[44]

5. *Kein Ausschluss des gutgläubigen Erwerbs*

Der gutgläubige Erwerb vom Nichtberechtigten kann im Einzelfall ausgeschlossen sein.

a) *Verkehrsgeschäft*

Die §§ 932 ff. BGB schützen nur den rechtsgeschäftlichen Erwerb.[45] Bei gesetzlichen Erwerbstatbeständen, wie z.B. der Gesamtrechtsnachfolge bei Erbfall oder ehelicher Gütergemeinschaft oder dem Erwerb im Zuge der Zwangsvollstreckung, greifen die §§ 932 ff. BGB deshalb nicht ein.[46] Bei dem fraglichen Rechtsgeschäft muss es sich nach h.M. zudem um ein sog. Verkehrsrechtsgeschäft handeln.[47] Vom Vorliegen eines solchen kann nicht ausgegangen werden, wenn Veräußerer und Erwerber rechtlich oder wirtschaftlich identisch sind.[48] Liegt also beispielsweise die Beteiligung nur einer Person oder derselben Personen auf beiden Vertragsseiten vor, so ist ein gutgläubiger Erwerb nicht möglich.[49]

---

41 BGHZ 10, 69, 73 f.; *Weber*, § 9 Rn. 44.

42 *Weber*, § 9 Rn. 44; *Baur/Stürner*, § 52 Rn. 28.

43 *Weber*, § 9 Rn. 44.

44 *Baur/Stürner*, § 52 Rn. 15, 28; MüKoBGB[5]/*Oechsler*, § 932 Rn. 37.

45 *Baur/Stürner*, § 52 Rn. 5.

46 *Ibid.*; *Weber*, § 9 Rn. 47, 48.

47 St. Rspr., vgl. BGH NJW 2006, 3204, 3205; Staudinger/*Gursky* (2008), § 892 Rn. 96 ff.; Staudinger/*Wiegand* (2011), Vorbem. zu §§ 932-936 Rn. 42 ff.; Palandt/*Bassenge*, § 932 Rn. 1; § 892 Rn. 5 ff.; *Baur/Stürner*, § 52 Rn. 5; *Weber*, § 9 Rn. 47.

48 Palandt/*Bassenge*, § 892 Rn. 6, 7.

49 *Baur/Stürner*, § 52 Rn. 5, § 23 Rn. 25, 26.

b) *Kein Abhandenkommen i.S.v. § 935 BGB*

Schließlich darf ein gutgläubiger Erwerb auch nicht aufgrund von § 935 BGB ausgeschlossen sein. Dies ist gem. § 935 Abs. 1 BGB dann der Fall, wenn die Sache dem ursprünglichen Eigentümer (S. 1) oder dessen Besitzmittler (S. 2) gestohlen worden, verloren gegangen oder sonst abhanden gekommen ist. Maßgeblich ist folglich der unfreiwillige Besitzverlust des Eigentümers oder seines Besitzmittlers.[50] Diese Regelungen gelten gem. § 935 Abs. 2 BGB nicht für Geld und Inhaberpapiere sowie Sachen, die in einer Versteigerung veräußert werden.

III. Rechtsfolgen

Liegen die genannten Voraussetzungen vor, so erwirbt der Erwerber unbelastetes (§ 936 BGB) Eigentum an der Sache.[51] Er erlangt dieselbe Position, als wenn er vom Berechtigten erworben hätte.[52] Es handelt sich folglich um vollwertiges Eigentum und nicht um solches zweiter Klasse. Gleichzeitig verliert der ursprüngliche Eigentümer durch den gutgläubigen Erwerb sein Eigentumsrecht, ohne dass er dies verhindern oder die Sache zurückerlangen kann. Ein Lösungsrecht kennt das deutsche Recht nicht.

§ 3 Schwedisches Recht

I. Allgemeines

Wie bereits oben[53] dargelegt, erfordert der rechtsgeschäftliche Eigentumserwerb nach schwedischem Recht, dass der Veräußerer zur Verfügung über die Sache berechtigt ist. Dies ist der Fall, wenn er Eigentümer der Sache oder jedenfalls durch den Eigentümer zur Verfügung ermächtigt worden ist. Darüber hinaus kennt das schwedische Recht aber auch die Möglichkeit, eine Sache wirksam von einer Person zu erwerben, die weder Eigentümer noch zur Veräußerung berechtigt ist.

---

50 *Ibid.* § 52 Rn. 7; Palandt/*Bassenge*, § 935 Rn. 3; MüKoBGB[5]/*Oechsler*, § 935 Rn. 3, 6.

51 *Baur/Stürner*, § 52 Rn. 6.

52 Staudinger/*Wiegand* (2011), § 932 Rn. 106, 107.

53 S.o. 145 ff.

1. Vindikations- und Extinktionsprinzip

Nach schwedischem Verständnis ist ein Kaufvertrag eine sog. *överlåtelse.* Dies beinhaltet, dass der Verfügende sein Recht an einer Sache im Rahmen der Vertragsabwicklung (sukzessive) auf den Erwerber überträgt. Besteht kein Eigentum des Verfügenden, so hat er außer dem Besitz nichts, was er durch das Rechtsgeschäft übertragen könnte. Für diese Situation gibt es aus schwedischer Sicht prinzipiell zwei Lösungsmöglichkeiten.[54] Einerseits könnte man dem Eigentümer der Sache die Möglichkeit einräumen, aufgrund seines fortbestehenden Eigentums die Sache vom Erwerber wieder herauszuverlangen, sie also zu vindizieren (Vindikationsprinzip). Die zweite Lösungsmöglichkeit wäre, dem Erwerber die Möglichkeit einzuräumen, das Eigentum an der Sache zu erlangen, während das ursprüngliche Eigentumsrecht ausgelöscht wird (Extinktionsprinzip).

a) Der gutgläubige Erwerb in der schwedischen Rechtsgeschichte

Ausgangspunkt des gutgläubigen Erwerbs beweglicher Sache waren die Vorschriften der Kap. 11, § 4 und Kap. 12, § 4 des HB von 1734.[55] Nach Kap. 11, § 4 HB galt, dass der nichtberechtigte Veräußerer einer Sache dem Eigentümer zum Wert- und Schadensersatz verpflichtet war. Der Erwerber der Sache war nur dann zur Rückgabe verpflichtet, wenn seinerseits *svek*, also ein Vertrauensbruch, vorlag (Kap. 11, § 4 S. 3 HB). Aus einem Umkehrschluss dieser Vorschriften wurde hergeleitet, dass bei Gutgläubigkeit des Erwerbers in Bezug auf die Veräußerungsberechtigung des Veräußernden dieser das Eigentum an der betreffenden Sache erwarb und das Eigentum des ursprünglichen Eigentümers erlosch.[56] Damit folgte das schwedische Recht seit 1734 im Grundsatz dem Extinktionsprinzip.[57] Die genannten Vorschriften des HB enthielten jedoch lediglich eine grundsätzliche Stellungnahme des Gesetzgebers für die Fälle des freiwilligen Besitzverlustes des Eigentümers.[58] Dezidierte Regeln über die Voraussetzungen des gutgläubigen Erwerbs in anderen Fällen waren nicht vorhanden. Sie wurden bis Mitte des 19. Jahrhunderts von der Rechtsprechung durch analoge Anwendung der Vorschriften des HB entwickelt.[59] Im Vordergrund standen dabei stets das Extinktionsprinzip und der Verkehrsschutz. Seit den 1850er Jahren war auch der gutgläu-

54 Zum Folgenden: *Håstad*, 62.
55 Prop. 1985/86:123, 6.
56 *Håstad*, 63.
57 *Hessler*, 120.
58 *Ibid.* 121.
59 *Ibid.*; *Håstad*, 63.

bige Erwerb an abhanden gekommenen Sachen möglich.[60] Für den ursprünglichen Eigentümer bestand aber ein Lösungsrecht, also die Möglichkeit, die Sache gegen Bezahlung zurückzuerlangen, Kap. 11 § 4 S. 2 HB.[61]

b) Gesetz über den Gutglaubenserwerb von 1986

Nach einem gescheiterten Versuch, den Gutglaubenserwerb in den skandinavischen Ländern Mitte der 1960er Jahre einheitlich gesetzlich zu regeln,[62] begann man in Schweden um 1980 damit, ein nationales Gesetz über den gutgläubigen Erwerb beweglicher Sachen auf den Weg zu bringen.[63] 1986 wurde das *Lag om godtrosförvärv av lösöre* (GFL) eingeführt.[64] Dabei handelte es sich im Wesentlichen um eine Kodifizierung der bis dahin geltenden Regeln unter Beibehaltung des Extinktionsprinzips,[65] wobei die Anforderungen an die Gutgläubigkeit des Erwerbers verschärft wurden, um dem Handel mit gestohlenen Gegenständen entgegenzuwirken.[66] Wie zuvor blieb der Erwerb abhanden gekommener Sachen aber möglich und auch das Lösungsrecht wurde beibehalten.

Um dem Handel mit gestohlenen Sachen noch stärker entgegenzuwirken, wurden die Voraussetzungen an die Gutgläubigkeit des Erwerbers 1998 zunächst weiter verschärft[67] und der gutgläubige Erwerb gestohlener Sachen 2003 schließlich abgeschafft.[68]

2. Anwendungsbereich

Das GFL gilt gem. § 1 Abs. 1 für den rechtsgeschäftlichen Erwerb des Eigentums sowie des Pfandrechts (§ 6 GFL) an beweglichen Sachen *(lösören)*.[69] Keine Anwendung findet es auf den Erwerb von Geld, Wertpapieren, Forderungen, Schuldverschreibungen oder Gebäuden auf fremdem Grund und Boden.[70] Es gilt gleichermaßen für den Kauf, die Schenkung und den Tausch.[71] Dabei beschränkt sich der Anwendungsbereich auf den Erwerb vom Nichtberechtigten, gem. § 2 Abs. 1

---

60 *Håstad*, 63 f.
61 Prop. 1985/86:123, 10.
62 Vgl. SOU 1965:14.
63 *Håstad*, 64.
64 SFS 1986:796.
65 Prop. 1985/86:123, 8.
66 *Ibid.* 1.
67 Prop. 1997/98:168, 1; Änderung eingefügt durch Gesetz SFS 1998:1574.
68 Prop. 2002/03:17, 1; Änderung eingefügt durch Gesetz SFS 2003:161.
69 Prop. 1985/86:123, 15.
70 *Ibid.* 16.
71 Karnov/*Persson*, 727, Lag om godtrosförvärv av lösöre, Ziff. 1.

GFL also auf den Erwerb von Personen, die weder Eigentümer noch zur Verfügung befugt sind. Darüber hinaus ist das Gesetz auch im Falle von *dubbelöverlåtelse (tvesala)* anwendbar, also dann, wenn der Eigentümer, nachdem er bereits einen Kauf-, Tausch- oder Schenkungsvertrag mit einer Person abgeschlossen hat, die Sache an eine zweite Person übereignet.[72]

II. Voraussetzungen des gutgläubigen Erwerbs vom Nichtberechtigten durch Kauf

Die Voraussetzungen des gutgläubigen Erwerbs des Eigentums von einem Nichtberechtigen ähneln denen des Erwerbs vom Berechtigten.

1. Wirksamer Kaufvertrag

Zunächst ist ein wirksamer Kaufvertrag erforderlich.[73] Dabei gilt das oben zum Kauf vom Berechtigten Gesagte.[74] Es kommt nicht darauf an, ob der Kaufvertrag im regulären Geschäftsverkehr oder anderweitig, z.B. auf der Straße, abgeschlossen wird.[75]

2. Verkäufer nicht zur Verfügung über die Sache berechtigt

Spiegelbildlich zur Verfügungsbefugnis des Verkäufers beim Kauf vom Berechtigten darf der Verkäufer der beweglichen Sache gem. § 2 Abs. 1 GFL weder Eigentümer der Sache noch zu der vorgenommenen Verfügung durch den Eigentümer ermächtigt sein.

a) Fehlendes Eigentum

Erfasst ist damit jedenfalls der Fall, dass der Veräußerer nie Eigentümer der Sache war, sowie der Fall, dass er zu einem früheren Zeitpunkt sein Eigentum an einen anderen übertragen hat und deshalb nicht mehr Eigentümer ist. Für den Fall des Eigentumserwerbs von nur einem Miteigentümer, der in Bezug auf die anderen Miteigentumsanteile gem. § 2 SamägL nicht verfügungsberechtigt ist, ist ein gutgläubiger Erwerb ebenfalls möglich.[76] Der verfügende Miteigentümer ist zur Verfügung über die gesamte Sache nicht berechtigt und verfügt insofern

---

72 Prop. 1985/86:123, 17 f.; vgl. hierzu o. 145 ff.

73 Karnov/*Persson*, 727, Lag om godtrosförvärv av lösöre, Ziff. 1.

74 S.o. 139 ff.

75 Prop. 2002/03:17, 20.

76 *Undén*, 140.

insgesamt als Nichtberechtigter.[77] Aus den Gesetzgebungsmaterialien zum GFL ergibt sich darüber hinaus, dass auch der Käufer beim Abzahlungskauf, dessen Erwerb aufgrund eines vorbehaltenen Rücknahmerechts *(återtagandeförbehåll)* noch nicht definitiv geworden ist,[78] nicht verfügungsberechtigt ist und damit als Nichtberechtigter i.S.v. § 2 Abs. 1 GFL verfügt.[79]

b) Keine Verfügungsbefugnis

Der verfügende Nichteigentümer darf zudem nicht zur Verfügung berechtigt sein. Das Gesetz ist damit nicht nur auf Fälle anwendbar, in denen sich jemand als Eigentümer ausgibt, sondern auch auf Fälle, in denen jemand behauptet, für den Eigentümer zu handeln.[80] Dies trifft einerseits zu, wenn der Verfügende vorgibt, als Vertreter zu handeln, aber nicht über Vertretungsmacht verfügt.[81] Andererseits sind auch Fälle erfasst, in denen auf eigene Rechnung gehandelt wird und kein Fall der mittelbaren Stellvertretung in Form der Kommission oder einfachen Verfügungsermächtigung vorliegt.[82]

c) Sonderfall: Doppelverfügung[83]

Konstellationen, in denen der Eigentümer einer Sache mehrere Kaufverträge über dieselbe Sache abschließt, sind vom Wortlaut des § 2 Abs. 1 GFL im Grundsatz nicht erfasst, da der Vertragsschluss noch nicht die eigentliche Rechtsänderung bewirkt. Der Eigentümer verfügt dann im Grunde zweimal als Eigentümer. Der schwedische Gesetzgeber wollte allerdings auch diese Fälle der Doppelverfügungen unter das GFL fassen und damit dem zweiten Käufer die Möglichkeit einräumen, trotz des prinzipiellen Schutzes des ersten Erwerbs aus Kap. 5, § 1 HB, die Sache (gutgläubig) zu erwerben. Aus den Gesetzgebungsmaterialien zum GFL ergibt sich, dass der erste Käufer deshalb im Sinne des Gesetzes als Eigentümer angesehen werden soll.[84] Dementsprechend ist der eigentliche Eigentümer einer Sache im Rahmen des als zweites abgeschlossenen Kaufvertrages weder als Eigentümer noch als Verfügungsberechtigter und damit als Nichtberechtigter i.S.d. § 2 Abs. 1 GFL anzusehen.[85]

---

77 NJA 1913, B. 62 (Notiz B. 341); *Undén*, 141.
78 Dazu s.o. 163 ff.
79 Prop. 1985/86:123, 18.
80 *Ibid.*
81 *Håstad*, 65; vgl. auch o. 147 ff.
82 Hierzu s.o. 149 ff.
83 S. auch o. 145 ff.
84 Prop. 1985/86:123, 17 f.; *Håstad*, 65.
85 *Håstad*, 65.

3. *Verkäufer durch Besitz legitimiert*

Des Weiteren muss der Veräußerer Besitz an der Sache haben, § 2 Abs. 1 GFL. In der schwedischen Rechtsordnung gilt, dass der Besitz den Inhaber im Allgemeinen zur Verfügung legitimiert.[86] Erfasst ist dabei sowohl der unmittelbare als auch der mittelbare Besitz.[87] Insofern ist die Funktion des Besitzes für den Gutglaubenserwerb im deutschen und schwedischen Recht vergleichbar.

4. *Guter Glaube des Käufers an die Verfügungsberechtigung des Verkäufers*

Gemäß § 2 Abs. 1 GFL ist für den Erwerb einer beweglichen Sache vom Nichtberechtigten zudem erforderlich, dass der Erwerber gutgläubig in Bezug auf die Verfügungsbefugnis des Veräußerers ist.

a) Voraussetzungen

Dieses Erfordernis spezifiziert § 2 Abs. 2 GFL[88] näher. Danach ist ein Erwerber nur dann als gutgläubig anzusehen, „[...] wenn es wahrscheinlich ist, dass die Beschaffenheit der Sache, die Verhältnisse[,] unter denen sie angeboten wird[,] und die sonstigen Umstände dergestalt waren, dass er nicht den Verdacht schöpfen musste [...]“[89], dass der Veräußerer nicht zur Verfügung berechtigt war. Damit obliegt es dem Erwerber darzulegen, dass er keinen Verdacht bezüglich der fehlenden Verfügungsbefugnis des Veräußerers schöpfen musste.[90, 91] Erforderlich ist, „[...] dass ein Erwerber einen angemessenen Grad an Aufmerksamkeit bezüglich des Rechts des Veräußerers, über die Sache verfügen zu dürfen [...]“[92], walten lässt. Daraus ergibt sich praktisch, dass der Erwerber im normalen Geschäftsverkehr davon ausgehen darf, dass keine Eigentumsprobleme entstehen.[93] In bestimmten Kaufsituationen, wie beispielsweise auf Privatauktionen oder Flohmärkten, auf der Straße oder auf bestimmten Internetplattformen ist von einem Käufer regelmäßig zu erwarten, dass er sich weitergehende Gedanken bezüglich der Verfügungsbefugnis des Verkäufers macht.[94] Dies gilt insbesondere dann,

86 Prop. 1985/86:123, 19.

87 *Ibid.*; *Millqvist*, 61; *Håstad*, 66.

88 § 3 GFL in der Fassung von 1986.

89 § 2 Abs. 2 GFL.

90 *Millqvist*, 64; Bogdan/*Håstad*, Swedish Legal System, 419, 430.

91 Nach der alten Rechtslage (vgl. prop. 1985/86:123, 20 f.) wurde das Gutglaubenserfordernis negativ formuliert, sodass der ursprüngliche Eigentümer zu beweisen hatte, dass der Erwerber bösgläubig war.

92 Prop. 1985/86:123, 20 f.

93 *Millqvist*, 65 f.

94 *Ibid.* 66.

wenn der Kaufpreis ungewöhnlich niedrig ist oder die Person des Verkäufers, beispielsweise aufgrund des Alters, nicht zu der angebotenen Ware passt.[95] Auch bei bestimmten Kaufgegenständen sind gesteigerte Anforderungen an die Gutgläubigkeit des Käufers zu stellen. Insbesondere beim Kauf gebrauchter Kraftfahrzeuge werden an den Käufer strenge Anforderungen gestellt, was die Kontrolle der Verfügungsbefugnis des Veräußerers anbelangt. Dies gilt vor allem bei neueren und teureren Fahrzeugen.[96] Deshalb hat der Erwerber im Kfz-Handel stets die Eigentumsverhältnisse genau zu untersuchen.[97] Die Anforderungen sind von der Person und insbesondere der Geschäftserfahrung des Erwerbers abhängig.[98] Insgesamt kommt es stets auf eine Gesamtbeurteilung des individuellen Falles an.[99]

b) Zeitpunkt für den guten Glauben

Nach schwedischem Verständnis besteht der gutgläubige Erwerb aus zwei entscheidenden Elementen. Dies sind der Vertragsschluss und die Übergabe der Sache.[100] Dementsprechend müssen die Voraussetzungen des guten Glaubens des Käufers an die Verfügungsbefugnis des Veräußerers vom Vertragsschluss bis einschließlich zur Übergabe der Sache vorliegen.[101]

c) Vertretung auf Erwerberseite

Lässt sich der Erwerber im Rahmen des Vertragsschlusses oder der Abwicklung vertreten, so müssen die Voraussetzungen der Gutgläubigkeit sowohl beim Geschäftsherrn als auch beim Vertreter vorliegen.[102] Für den Erwerb durch juristische Personen lassen die Gesetzgebungsmaterialien aber offen, inwieweit die Bösgläubigkeit von Angestellten auch der juristischen Person zuzurechnen ist. Die Lösung dieses Problems wurde der Rechtsprechung anheim gestellt[103], von dieser aber bislang nicht weiter problematisiert.[104]

---

95 *Ibid.*

96 NJA 2005, 502, 506.

97 *Millqvist*, 67.

98 *Millqvist*, 57. Beispielsweise sind bei gewerblichen Gebrauchtwagenhändlern besonders strenge Anforderungen an die Aufmerksamkeit und damit an die Gutgläubigkeit zu stellen, NJA 2005, 502, 509 f.; 2006, 45, 52 f.

99 Prop. 1985/86:123, 22.

100 Vgl. *ibid.* 20.

101 *Ibid.* 8, 20.

102 *Ibid.* 20.

103 *Ibid.*

104 Vgl. beispielsweise NJA 2006, 45, 52 f., wo der HD nur davon spricht, dass die Aktiengesellschaft ihrer Untersuchungspflicht nicht nachgekommen sei, dies aber nicht weiter ausführt.

5. *Ablieferung der Sache*

Kaufrechtlich ist wie beim Erwerb vom Berechtigten die Ablieferung der Kaufsache erforderlich.[105]

6. *Übergabe/Besitzerlangung*

Neben dem Zusammenhang mit der Ablieferung der Kaufsache kommt der Übergabe bzw. Besitzerlangung durch den Erwerber selbständige Bedeutung zu. Gemäß § 2 Abs. 1 GFL setzt der gutgläubige Erwerb die Übergabe der Sache an den Erwerber voraus. Durch den Besitz erwirbt der Käufer einerseits den Schutz gegenüber den Gläubigern des Veräußerers und damit auch gegenüber dem ehemaligen Eigentümer. § 2 Abs. 1 GFL spricht andererseits aber auch ausdrücklich vom Eigentumserwerb. Zwar wird in der schwedischen Rechtswissenschaft teilweise vertreten, dass es sich insofern um ein Redaktionsversehen des Gesetzgebers handele und es auf das Eigentum nie ankomme.[106] Meines Erachtens ist jedoch davon auszugehen, dass Eigentum und Drittschutz in dieser Situation zeitgleich erworben werden, da letzterer gleichsam als „Minus" im Eigentum enthalten ist.[107] § 2 Abs. 1 GFL knüpft den Eigentumserwerb insofern ausdrücklich an die Besitzerlangung.

Das Besitzerfordernis ist dabei ähnlich ausgestattet wie im deutschen Recht. Regelmäßig ist in beiden Rechtsordnungen die tatsächliche Übergabe an den Erwerber notwendig.[108] Beide Rechtsordnungen kennen darüber hinaus im Rahmen des gutgläubigen Erwerbs auch den gutgläubigen Erwerb durch Abtretung des Herausgabeanspruchs. Gemäß § 934, 1. HS BGB erlangt der gutgläubige Erwerber das Eigentum auch dann, wenn der nichtberechtigte Veräußerer tatsächlich mittelbarer Besitzer ist und ihm den Herausgabeanspruch gegen den unmittelbaren Besitzer abtritt.[109] Das schwedische Recht lässt in diesen Situationen analog § 31 Abs. 1 SkbrL die *denuntiation*, also die Mitteilung über den Erwerb an den unmittelbaren Besitzer, genügen.[110] Ein Erwerb durch Besitzkonstitut (§§ 930, 933 BGB) bzw. Registrierung nach Lkl ist in beiden Rechtsordnungen effektiv nicht möglich.[111]

105 S. hierzu o. 154 ff.

106 Dazu s.o. 93 f.

107 S.o. 94 (Fn. 188).

108 Für das deutsche Recht: Palandt/*Bassenge*, § 932 Rn. 2, 4; für das schwedische Recht: *Millqvist*, 61.

109 Palandt/*Bassenge*, § 934 Rn. 3.

110 *Millqvist*, 61; zur *denuntiation* s. auch o. 167 f.

111 Das deutsche Recht regelt zwar in § 933 BGB den gutgläubigen Erwerb bei Besitzkonstitut, setzt aber stets die zusätzliche Übergabe des Veräußerungsgegenstands voraus. Insofern ist die

Erforderlich sind deshalb wenigstens der mittelbare Besitz des Erwerbers und der vollständige Besitzverlust des Veräußerers.

7. *Zahlung des Kaufpreises*

Gegenüber dem Veräußerer wird, soweit ein *återtagandeförbehåll* vereinbart worden ist, der Erwerb erst mit Zahlung des Kaufpreises definitiv.[112]

8. *Kein Ausschluss des gutgläubigen Erwerbs*

Selbst wenn eigentlich die Voraussetzungen des § 2 GFL vorliegen, kann der gutgläubige Erwerb ausgeschlossen sein. In der Fassung des GFL von 1986 spielte es für den gutgläubigen Erwerb keine Rolle, wie der Veräußerer in den Besitz der Sache gelangt war.[113] Von Bedeutung war ausschließlich der Besitz selbst, sodass der gutgläubige Erwerb auch von gestohlenen oder sonst abhanden gekommenen Sachen möglich war.[114] 2003 wurde das GFL geändert[115] und § 3 GFL in seiner heutigen Fassung eingefügt.[116]

a) *Abhandenkommen*

Gemäß § 3 S. 1 GFL besteht das ursprüngliche Eigentum fort, wenn die Sache dem Eigentümer dadurch entzogen worden ist, dass sie jemand unerlaubterweise entwendet oder sie durch Anwendung von Gewalt oder Drohung erlangt hat. Der gutgläubige Erwerb ist damit ausgeschlossen, wenn der Eigentümer den Besitz an der Sache unfreiwillig verloren hat.[117] Insofern entspricht die schwedische Regelung in § 3 S. 1 GFL seit 2003 inhaltlich der Vorschrift des § 935 Abs. 1 BGB. Einer

---

Vereinbarung eines Besitzkonstituts quasi obsolet, da dann jedenfalls die Voraussetzungen der §§ 929 S. 1, 932 Abs. 1 BGB vorliegen.

112 Vgl. o. 170.

113 Prop. 1985/86:123, 19.

114 *Ibid.*

115 Änderung eingefügt durch: SFS 2003:161 *Lag om ändring i lagen (1986:796) om godtrosförvärv av lösöre:* Gesetz über die Änderung des Gesetzes über den Gutglaubenserwerb an beweglichen Sachen.

116 Der ehemaligen § 3 GFL wurde zum § 2 Abs. 2 GFL (vgl. o. 189 f.).

117 Prop. 2002/03:17, 36. Erfasst sind nach dem Willen des Gesetzgebers vor allem die folgenden Straftaten des 8. Kapitels des *Brottsbalken* (SFS 1962:700; BrB: Strafgesetzbuch): Diebstahl (§§ 1-4 BrB), Wegnahmefälle des Raubes (§§ 5, 6 BrB), Wegnahme von Transportmitteln (§ 7 BrB) und eigenmächtiges Vorgehen (§ 8 BrB). Bei § 3 GFL handelt es sich jedoch um eine selbständige zivilrechtliche Regelung, die eine vom BrB unabhängige Beschreibung der Entwendung beinhaltet. Das Vorliegen einer Straftat ist deshalb keine Voraussetzung von § 3 GFL, *Millqvist*, 72.

Spezialregelung für Geld und Inhaberpapiere entsprechend § 935 Abs. 2 BGB bedarf es im schwedischen Recht nicht, da diese nach schwedischem Verständnis zwar dem „beweglichen Vermögen" *(lös egendom)* zuzuordnen sind, aber nicht zu den beweglichen Sachen *(lösören)* zählen.[118] Sie sind deshalb ohnehin nicht vom Anwendungsbereich des GFL erfasst.[119]

b) Rechtsfolgen des Abhandenkommens

Gemäß § 3 S. 1 GFL verbleibt das Eigentum an der Sache beim ursprünglichen Eigentümer. Dies stellt jedoch keinen definitiven Ausschluss des Erwerbs dar. Der ursprüngliche Eigentümer darf sich nicht passiv verhalten, sondern muss gem. § 3 S. 2 GFL die Herausgabe der Sache verlangen, sobald er vom Besitz des Erwerbers erfährt.[120] Hierfür steht ihm gem. § 3 S. 2 GFL eine Frist von sechs Monaten ab dem Zeitpunkt der Kenntniserlangung zur Verfügung.[121] Lässt der Eigentümer diese Frist verstreichen, so erwirbt der Käufer das Eigentum, obwohl die Sache abhanden gekommen war, wenn die Voraussetzungen des § 2 Abs. 1 GFL bei Besitzerlangung vorlagen.[122] Bei dem Recht des Eigentümers nach § 3 S. 2 GFL handelt es sich um ein Vindikations- und nicht um ein Lösungsrecht.[123] Der Eigentümer kann die Sache, anders als beim Lösungsrecht, ohne Zahlung eines Lösungsbetrages herausverlangen.[124] Zur Fristwahrung hat der Eigentümer ggf. die Möglichkeit, den Besitzer durch öffentliche Bekanntmachung zur Rückgabe aufzufordern.[125]

Das Vindikationsrecht des Eigentümers erlischt damit einerseits nach Ablauf von sechs Monaten ab seiner Kenntnis vom Besitz des Erwerbers. Andererseits wird eine zeitliche Obergrenze für den Fall gezogen, dass der Eigentümer erst sehr spät Kenntnis vom Erwerbsvorgang respektive dem Besitz des Erwerbers erlangt.[126] Diese Grenze stellt die Ersitzung nach § 4 GFL dar.[127] Sie setzt voraus, dass der von einem Nichtberechtigten Erwerbende die Sache zehn Jahre als Eigentümer besitzt und während dieser Zeit gutgläubig ist, § 4 S. 1, 2 GFL.[128]

---

118 Vgl. *Agell/Malmström*, 75; Agell/Malmström/*C. Ramberg*[22], 61 f.; vgl. auch prop. 2002/03:17, 18.
119 Prop. 1985/86:123, 16.
120 Vgl. prop. 2002/03:17, 23, 36.
121 *Ibid.* 23.
122 *Ibid.* 36.
123 Vgl. *ibid.* 24.
124 *Ibid.* 36.
125 *Ibid.* 37.
126 *Ibid.* 25 f.
127 *Millqvist*, 60.
128 Vgl. prop. 2002/03:17, 37.

III. Voraussetzungen des gutgläubigen Eigentumserwerbs vom Nichtberechtigten durch Tausch

Entsprechend der Regelung des Eigentumserwerbs beim Berechtigten ist auch ein Erwerb des Eigentums vom Nichtberechtigten durch Tausch möglich. Die Voraussetzungen entsprechen dabei denen des gutgläubigen Erwerbs durch Kauf vom Nichtberechtigten. Erforderlich ist demnach, dass

1. ein wirksamer Tauschvertrag vorliegt,
2. die erste Partei des Tauschvertrages nicht zur Verfügung über die Sache berechtigt ist,
3. die nichtberechtigte Partei durch den Besitz der Sache legitimiert ist,
4. die andere Partei des Tauschvertrages in Bezug auf die Verfügungsberechtigung der ersten Partei gutgläubig ist,
5. die Tauschsache im Sinne des KöpL abgeliefert wird,
6. die andere Partei des Tauschvertrages den Besitz an der Sache erlangt,
7. die andere Partei des Tauschvertrages ihre Verpflichtung aus dem Vertrag erfüllt, und
8. kein Ausschluss des gutgläubigen Erwerbs nach § 3 GFL vorliegt.

Sind diese Voraussetzungen erfüllt, so ist das Eigentum durch Tausch erworben worden.

IV. Voraussetzungen des gutgläubigen Eigentumserwerbs vom Nichtberechtigten durch Schenkung

Auch durch Schenkung ist ein gutgläubiger Eigentumserwerb möglich.[129] Die Voraussetzungen entsprechen ebenfalls weitgehend denen des Erwerbs vom Berechtigten. Im Einzelnen ist erforderlich, dass

1. ein Schenkungsversprechen abgegeben wird *(utfästelse)*
2. der Schenker nicht zur Verfügung berechtigt ist,
3. das Schenkungsversprechen erfüllt wird *(fullbordan)*,
4. die Sache übergeben wird (sofern dies nicht ohnehin für die Erfüllung des Schenkungsversprechens (3.) erforderlich war),
5. der Beschenkte während des Zeitraums zwischen Schenkungsversprechen und Besitzerlangung in Bezug auf die Verfügungsbefugnis des Schenkers gutgläubig war, und
6. der gutgläubige Erwerb nicht gem. § 3 GFL ausgeschlossen ist.

---

129 Prop. 1985/86:123, 19.

V. Rechtsfolgen

1. Eigentum des gutgläubigen Erwerbers

Liegen die Voraussetzungen des gutgläubigen Erwerbs nach § 2 GFL vor und ist der Erwerb nicht nach § 3 GFL ausgeschlossen, so erhält der gutgläubige Erwerber das Eigentum an der erworbenen Sache.[130] Dabei handelt es sich um vollwertiges Eigentum, wie es auch durch den Erwerb vom Berechtigten erworben wird. Einschränkungen ergeben sich allenfalls aus einem Lösungsrecht des ursprünglichen Eigentümers.[131]

2. Schutz gegenüber den Gläubigern des Veräußerers

Als Minus ist im erworbenen Eigentum der Schutz des Erwerbers gegenüber den Gläubigern des Veräußerers enthalten. Diesem Punkt kommt zwar grundsätzlich selbständige Bedeutung zu, im Falle des gutgläubigen Erwerbs erlangt ihn der Erwerber m.E. aber zeitgleich mit dem Eigentum.[132]

3. Beseitigung von Rechtsmängeln der Kaufsache

Der Käufer darf in kaufrechtlicher Hinsicht grundsätzlich davon ausgehen, dass der Verkäufer zum Verkauf der Kaufsache berechtigt ist.[133] Folglich kann er davon ausgehen, dass er uneingeschränktes Eigentum an der Kaufsache erwirbt.[134] Kaufrechtliche Probleme entstehen jedoch, wenn der Verkäufer nicht zur Verfügung über die Kaufsache befugt ist. Gemäß § 41 Abs. 1, 1. HS KöpL (§ 21a KköpL) liegt ein Rechtsmangel vor, wenn einer dritten Person das Eigentum, ein Pfandrecht oder ein vergleichbares Recht an der Ware zusteht, oder sie ein solches geltend macht (§ 41 Abs. 3 KöpL). Demnach führt die fehlende Verfügungsbefugnis des Verkäufers regelmäßig zur Mangelhaftigkeit der Kaufsache. Für den durch diesen Rechtsmangel verursachten Schaden gilt im schwedischen Recht eine verschuldensunabhängige Haftung, § 41 Abs. 2 KöpL.[135]

Der Rechtsmangel kann aber bisweilen durch einen gutgläubigen extinktiven Erwerb des Käufers behoben werden. Hat dieser gutgläubig Eigentum erworben, so liegt der rechtliche Mangel nicht mehr vor, da das Eigentum des ursprünglichen Eigentümers durch den Erwerb ausgelöscht wird. Aber selbst wenn der

130 *Millqvist*, 63.

131 Dazu s.u. 196 f.

132 Detailliert hierzu s.o. 93 f.

133 *C. Ramberg*, Kontraktstyper, 41.

134 *Ibid.*

135 *J. Ramberg/Herre*, Allmän köprätt, 109.

Erwerber das Eigentum gutgläubig erwirbt, kann ihm aufgrund des ehemaligen Eigentums des Dritten ein Schaden entstehen. Zum einen können bereits die von einem Dritten geltend gemachten Vindikationansprüche einen Rechtsmangel i.S.v. § 41 Abs. 1, Abs. 3 KöpL darstellen. Zum anderen kann dem Käufer, der ein gutes Geschäft gemacht hat, dennoch ein Schaden entstehen, den er sodann gem. § 41 Abs. 2 KöpL vom Verkäufer ersetzt verlangen kann, wenn der ursprüngliche Eigentümer von seinem Lösungsrecht Gebrauch macht.[136]

4. Lösungsrecht des ursprünglichen Eigentümers

Gemäß § 5 Abs. 1 GFL steht demjenigen, der aufgrund des gutgläubigen Erwerbs sein Eigentum verloren hat, ein sog. Lösungsrecht *(lösenrätt)* zu. Er kann die Sache also gegen die Zahlung eines Lösungsbetrages zurückerhalten. Begründet wird dies mit Gerechtigkeitserwägungen, insbesondere in Fällen, in denen ein Affektionsinteresse oder sonstige persönliche Gründe des früheren Eigentümers für die Wiedererlangung der Sache bestehen.[137] Das Lösungsrecht ist zeitlich begrenzt. Es muss gem. § 5 Abs. 2 GFL binnen sechs Monaten ab tatsächlicher oder anzunehmender Kenntnis von der Sachinhaberschaft des gutgläubigen Erwerbers geltend gemacht werden. Nach Zeitablauf erlischt es. Die Höhe des Lösungsbetrages entspricht gem. § 6 GFL den Kosten des Erwerbs und der Verbesserung der Sache, die dem neuen Eigentümer entstanden sind *(vederlagsprincipen)*. Das bedeutet, dass der Sachwert nicht Bemessungsgrundlage der Lösungssumme ist.[138] Die Ersatzfähigkeit von Verbesserungskosten und der Kosten des normalen Unterhalts und Betriebs beinhaltet aber gleichzeitig, dass auch das negative Vertragsinteresse des gutgläubigen Erwerbers Berücksichtigung findet.[139] Der Sachwert im allgemeinen Handel stellt die Obergrenze der zu leistenden Summe dar, § 6 Abs. 2 S. 2 GFL. Die Lösungssumme ist an den neuen Sacheigentümer zu bezahlen, § 7 S. 1 GFL. Dabei gebührt aber Personen, die ein dingliches Sicherungsrecht an der Sache haben, in Höhe ihrer gesicherten Forderung gem. § 7 S. 2 GFL der Vorzug an der Lösungssumme.

Seit der Einführung des Vindikationsprinzips für abhanden gekommene Sachen kommt dem Lösungsrecht eine deutlich geringere Bedeutung zu als früher.[140]

---

136 *Ibid.*

137 Prop. 1985/86:123, 10; *Millqvist*, 67 f.

138 Vgl. *Millqvist*, 68.

139 *Ibid.* 68 f.

140 Diese Konsequenz ergibt sich *e contrario* auch aus den tragenden Erwägungen im Rahmen der Einführung der gesetzlichen Regelung des Lösungsrechts. Damals war der gutgläubige Erwerb auch an abhanden gekommenen Sachen möglich und eben diese Fälle waren als Hauptanwendungsfall des Lösungsrechts vorgesehen. Vgl. prop. 1985/86:123, 10 f.

Insbesondere in Fällen des Diebstahls von Kunst oder Antiquitäten oblag das ökonomische Risiko aufgrund des Lösungsrechts früher stets dem ursprünglichen Eigentümer bzw. dessen Versicherung.[141] Dieses Risiko obliegt heute aufgrund der veränderten Gesetzeslage dem Erwerber. Dies erscheint sachgerecht, da er die Möglichkeit hat, den Verkäufer und die Sache genau zu prüfen und dadurch sein Risiko verringern kann. Das Lösungsrecht findet deshalb heute vornehmlich dann Anwendung, wenn der gutgläubige Eigentumserwerb nicht aufgrund von § 3 S. 1 GFL ausgeschlossen ist.[142]

5. Lösungsrecht des ersten Käufers bei der Doppelveräußerung?

Für den Fall der Doppelveräußerung ist das GFL zwar ebenfalls anwendbar, dies muss aber nicht zwangsläufig bedeuten, dass der erste Käufer auch die Möglichkeit erhält, die Sache gegen Zahlung einer Lösungssumme zu erhalten. Im Unterschied zum klassischen Fall des gutgläubigen Erwerbs war er nicht tatsächlich Eigentümer, sondern hatte lediglich einen obligatorischen Anspruch inne, der nicht vollständig gegenüber den Gläubigern des Veräußerers geschützt war. Auch die Erwägungen bezüglich eines Affektionsinteresses des Alteigentümers greifen hier eigentlich nicht, da er die Sache noch nicht wirklich erlangt hatte. Darüber hinaus ist das GFL nur aufgrund einer Anordnung des Gesetzgebers anwendbar.[143] Dennoch geht die Rechtsprechung davon aus, dass das GFL auf die Fälle der Doppelverfügung vollumfänglich, und damit auch in Bezug auf das Lösungsrecht der §§ 5-7 GFL, anzuwenden ist.[144] Demnach steht auch dem ersten Käufer bei der Doppelverfügung ein Lösungsrecht nach den Regelungen des GFL zu.[145]

---

141 Vgl. *Millqvist*, 68.

142 In der Praxis wird das Lösungsrecht wohl eher selten ausgeübt, was damit zusammenhängen soll, dass die zu leistende Lösungssumme aufgrund der Art ihrer Berechnung längerer Zeit nach dem Erwerb nicht mehr dem Wert der Sache entspricht, vgl. *Lurger/Faber*, PEL Acq. Own., 901 (VIII.-3:101, Comment Nr. 41). Ob dies tatsächlich zutrifft, ist aber im Hinblick auf die Obergrenze des § 6 Abs. 2 S. 2 GFL zweifelhaft, wenn für die Sache ein Marktpreis ermittelbar ist.

143 Prop. 1985/86:123, 17 f.

144 Dies wird in den rechtlichen Ausführungen des HD in NJA 2005, 425, 436 ff. deutlich. In dem dort vorliegenden Fall war die zweite Veräußerung jedoch eine Versteigerung nach Zwangsvollstreckungsrecht, sodass das GFL im Ergebnis nicht anwendbar war, da es sich nicht um einen gutgläubigen Erwerb handelte.

145 Davon gehen auch *Agell/Malmström*, 146; Agell/Malmström/*C. Ramberg*[22], 117, aus.

VI. Beurteilung

Betrachtet man den gutgläubigen Eigentumserwerb vom Nichtberechtigten in den beiden Rechtsordnungen, so fällt zunächst ins Auge, dass dieser in Schweden als „extinktiver Erwerb“ und damit als eigene Erwerbskategorie eingeordnet wird. Im deutschen Recht handelt es sich dagegen systematisch um einen rechtsgeschäftlichen Eigentumserwerb, da ein Rechtsgeschäft mit einem nicht zur Verfügung Berechtigten vorliegt.[146]

Die Erwerbsvoraussetzungen unterscheiden sich in den beiden Rechtsordnungen jedoch nur in Nuancen. Sie knüpfen jeweils an die Voraussetzungen des Erwerbs vom Berechtigten an. Ausgangspunkt ist dabei in beiden Ländern die legitimierende Wirkung des Sachbesitzes. Zu einem rechtsgeschäftlichen Moment, in Deutschland die dingliche Einigung und in Schweden ein schuldrechtlicher Vertrag, muss als reales Moment regelmäßig die tatsächliche Übergabe hinzutreten. Das letztere Erfordernis ist dabei wiederum im Wesentlichen gleich ausgestaltet. Zwar lässt das schwedische Recht im Rahmen des gutgläubigen Erwerbs von einem Nichtberechtigten, der selbst nur mittelbaren Besitz hat, die Benachrichtigung des Besitzmittlers über die Transaktion ausreichen, während das deutsche Recht hier eine Abtretung des tatsächlich vorhandenen Herausgabeanspruchs verlangt. Inhaltlich übereinstimmend ist jedoch erforderlich, dass der Veräußerer jeglichen Einfluss auf die Sache verliert. Im deutschen Recht ist deshalb ausdrücklich der vollständige Besitzverlust erforderlich. Im schwedischen Recht ist ein sog. *rådighetsavskärande*[147] notwendig, was faktisch nichts anderes als den Besitzverlust bedeutet.[148]

Auch in Bezug auf das Gutglaubenserfordernis sind große Gemeinsamkeiten zwischen den beiden Rechtsordnungen feststellbar. Während das deutsche Recht in § 932 Abs. 2 BGB negativ formuliert, dass der Erwerber bösgläubig ist, „[...] wenn ihm bekannt oder infolge grober Fahrlässigkeit unbekannt ist, dass die Sache nicht dem Veräußerer gehört“, wählt das schwedische Recht eine positive Festlegung. Dies bedeutet zwar rechtstechnisch, dass die Gutgläubigkeit im schwedischen Recht positiv bewiesen und damit auch festgestellt werden muss; praktisch ist im normalen Geschäftsverkehr aber von der Gutgläubigkeit auszugehen, sofern keine weiteren Anhaltspunkte vorliegen, die eine Untersuchungspflicht begründen würden.[149] Im Unterschied zu § 932 Abs. 2 BGB ist nach § 2 Abs. 2 GFL nicht notwendig, dass der Erwerber gutgläubig in Bezug auf das

146 Vgl. Staudinger/*Wiegand* (2011), § 932 Rn. 108.

147 Dt.: Abschneiden der Herrschaft; zum *rådighetsavskärande* im schwedischen Recht: *Göranson*, FS Håstad (2010), 209.

148 Vgl. *Lurger/Faber*, PEL Acq. Own., 434 (VIII.-2:101, Comment Nr. 51).

149 *Millqvist*, 65 f.

Eigentum des Veräußerers ist. Ausreichend ist vielmehr, dass sich der gute Glaube auf die Verfügungsbefugnis des Veräußerers bezieht. Insofern entspricht die schwedische Regelung eher der des § 366 Abs. 1 HGB i.V.m. §§ 932 ff. BGB. Der gute Glaube muss in beiden Rechtsordnungen wenigstens bei Eintritt der letzten Voraussetzung des Erwerbstatbestandes vorliegen.

Seit einer Gesetzesreform 2003 ist der gutgläubige Erwerb an abhanden gekommenen Sachen auch im schwedischen Recht ausgeschlossen. Wenngleich man in Schweden ausweislich der Gesetzgebungsmaterialien eine Koppelung an gewisse Straftaten wünschte, läuft der Ausschlusstatbestand des § 3 GFL auf dasselbe Ergebnis hinaus wie § 935 BGB. Ausgeschlossen ist der Erwerb dann, wenn der Alteigentümer unfreiwillig den Sachbesitz verloren hat. Der für das schwedische Recht mit der Einführung des § 3 GFL verbundene Übergang zu einem jedenfalls partiellen Vindikationsprinzip im Rahmen des Gutglaubenserwerbs bewirkt jedoch nicht wie im deutschen Recht eine endgültige Unmöglichkeit des zeitnahen Eigentumserwerbs. Der Vindikationsanspruch des Eigentümers ist vielmehr binnen einer Frist von sechs Monaten ab Kenntniserlangung geltend zu machen. Ansonsten erlangt der gutgläubige Erwerber dennoch das Eigentum. § 3 GFL verhindert den Eigentumserwerb an abhanden gekommenen Sachen jedoch nicht schlechthin. Ohne Kenntniserlangung seitens des ursprünglichen Eigentümers scheitert der Eigentumserwerb jedenfalls solange, bis die Voraussetzungen der Ersitzung nach § 4 GFL eintreten, was regelmäßig nach zehn Jahren der Fall ist. Diese äußere zeitliche Grenze der Ersitzung kennt das deutsche Recht in Gestalt von § 937 Abs. 1 BGB ebenfalls.

Die Rechtsfolgen des gutgläubigen Erwerbs sind in beiden Rechtssystemen von der Anlage her identisch. Der Erwerber erwirbt unbelastetes Eigentum. Im schwedischen Recht wird in diesem Zusammenhang häufig versucht, sich auf den „Erwerb des Schutzes gegenüber Dritten" zu fokussieren, da es auf den Eigentumserwerb nicht ankomme. Dem steht jedoch der eindeutige Wortlaut des § 2 Abs. 1 GFL entgegen, der dem Erwerber das „Eigentum" zuspricht. Regelmäßig dürfte der Drittschutz ohnehin als „Minus" im Eigentum enthalten sein, sodass davon auszugehen ist, dass Eigentum und Drittschutz gleichzeitig erworben werden.

Im Unterschied zum deutschen Recht kennen die schwedischen Regelungen ein Lösungsrecht des Alteigentümers für den Fall des geglückten gutgläubigen Erwerbs. Unter bestimmten Voraussetzungen, und unter Wahrung einer Frist von sechs Monaten ab Kenntniserlangung, hat dieser die Möglichkeit, die Sache zurückzuerlangen. Der gutgläubige Erwerber hat im Gegenzug einen Anspruch auf Zahlung eines Lösungsbetrages, der den Aufwendungen entspricht, die der Erwerber im Rahmen des Erwerbs und danach auf die Sache getätigt hat. Hierin spiegeln sich Gerechtigkeitserwägungen wider, die zwar nicht an der grundsätzlichen Zuordnung des Risikos zum Alteigentümer rütteln, ihm aber insbesondere für Sachen, an denen ein Affektionsinteresse besteht, die Möglichkeit zugestehen wollen, trotz der Tragung des ökonomischen Verlustes die Sache wieder in sein Eigentum zu bringen.

Insgesamt lässt sich feststellen, dass die funktionale Herangehensweise im Bereich des gutgläubigen Erwerbs geringeren Einfluss zu haben scheint. Dies beruht m.E. primär auf der gesetzlichen Festlegung eines spezifiken Zeitpunkts, in dem der Erwerber Eigentum erwirbt. Im Übrigen sind die Abweichungen der Regelungen der beiden Rechtsordnungen heute nicht mehr wesentlich, was insbesondere daher rührt, dass die schwedische Rechtsordnung seit 2003 den gutgläubigen Erwerb an abhanden gekommenen Sachen nicht mehr zulässt.

Teil 4
Schutz des Eigentums

Kapitel 10: Schutz des Eigentumsrechts „in Ruhelage" beim Eigentümer (statisches *sakrätt*)

§ 1 Problem

Ist das Eigentum nicht Gegenstand einer Transaktion, sondern befindet es sich „in Ruhelage" beim Eigentümer, so stellt sich für diesen die Frage, wie er den *status quo* erhalten bzw. bei Störungen den *status quo ante* wiederherstellen kann. Für ihn geht es darum, die Ausübung seiner aus dem Eigentum folgenden Befugnisse zu sichern. Ebenso vielschichtig wie diese Befugnisse ist dementsprechend das Schutzbedürfnis. Es lassen sich aber zwei wesentliche Schutzrichtungen ausmachen. Präventiv benötigt der Eigentümer Regeln, die sich an dritte Personen richten und diesen die Beeinträchtigung seines Eigentums untersagen. Hierzu dienen vor allem die strafrechtlichen Normen, die das Vermögen schützen. Zivilrechtlich bedeutsam sind die reaktiven Instrumentarien, die die Rechtsordnung dem Eigentümer an die Hand gibt. Sie versetzen ihn in die Lage, bei Beeinträchtigungen der Nutzbarkeit seines Eigentums gegen Dritte vorzugehen, um seine Befugnisse aus dem Eigentum wieder störungsfrei ausüben zu können. Vor allem dem reaktiven Schutz des Eigentums auf zivilrechtlicher Ebene widmet sich dieses Kapitel. Es wird untersucht, welche Ansprüche die deutsche und die schwedische Rechtsordnung für den Eigentümer zur Eigentumsverwirklichung bereithalten.

§ 2 Deutsches Recht

I. Eigentum als Anknüpfungspunkt

Die Befugnisse des Eigentümers zur freien Verfügung über die Sache und zu deren grundsätzlich uneingeschränkter Nutzung sind im deutschen Recht in § 903 BGB niedergelegt. Diese Vorschrift hält jedoch keine Mechanismen zur Durchsetzung dieser Befugnisse bereit. Die deutsche Rechtsordnung schützt das Eigentum präventiv insbesondere durch strafrechtliche Normen, die die Sachentziehung (vor allem die §§ 242 ff. StGB), aber auch die Beschädigung der Sache (§§ 303 ff. StGB) unter Strafe stellen. Auch in reaktiver Hinsicht benötigt der Eigentümer rechtliche Möglichkeiten, die Eigentumsverwirklichung sicherzustellen. Die mit den Befugnissen des Eigentümers korrespondierenden Schutzansprüche, die eigentlich erst den Inhalt des Eigentums ausgestalten, finden sich in verschiedenen Normen verstreut über das Zivilrecht.[1] Sie dienen vor allem der Verwirklichung der Ausschließungsbefugnis des Eigentümers aus § 903 BGB. Der Inhalt des Eigentums gibt insofern die Reichweite der Schutzansprüche vor und stellt damit deren Anknüpfungspunkt dar.

II. Rechtsbehelfe des Eigentümers

Dem Eigentümer stehen vielfältige Rechtsbehelfe zur Verfügung, die hier nicht erschöpfend dargelegt werden können. Im Wesentlichen lassen sie sich in Ansprüche aus dem Eigentum und Schadensersatzansprüche unterteilen. Unterstützend wirken die Ansprüche des Besitzschutzes.

1. Ansprüche aus dem Eigentum

a) Herausgabeanspruch des Eigentümers nach § 985 BGB

Den wichtigsten Anspruch des Eigentümers im Mobiliarsachenrecht stellt § 985 BGB dar. Abgeleitet aus dem Eigentum,[2] ermöglicht er dem Eigentümer, von einem Besitzer die Herausgabe der Sache zu verlangen. Ergänzt wird dieser Anspruch durch die Vorschrift des § 986 BGB, die diese Regelung erst handhabbar macht und bei Bestehen eines Rechts zum Besitz den sog. Vindikationsanspruch des Eigentümers ausschaltet.[3] Damit kann der Eigentümer vom Besitzer einer Sache gem. § 985 BGB deren Herausgabe verlangen, soweit letzterem nicht

1 S. Übersicht bei Staudinger/*Seiler* (2002), § 903 Rn. 12.

2 Palandt/*Bassenge*, § 985 Rn. 1.

3 Staudinger/*Gursky* (2006), § 986 Rn. 1.

gem. § 986 BGB gegenüber dem Eigentümer[4] ein Recht zum Besitz zusteht. In Betracht kommen dabei dingliche und obligatorische Rechte, die aufgrund einer Rechtsbeziehung zwischen Eigentümer und Besitzer bestehen und bewirken, dass letzterem der Besitz zumindest vorübergehend zusteht.[5] Schutz erlangt aber auch der Besitzer, der ein Recht zum Besitz mittelbar vom Eigentümer ableiten kann,[6] vgl. § 986 Abs. 1 S. 1, 2. Fall und Abs. 1 S. 2 BGB.

Soweit der Besitzer nicht durch ein solches Recht zum Besitz geschützt ist, kann der Eigentümer die Sache vindizieren und somit die Verschaffung des unmittelbaren Besitzes verlangen. Damit garantiert § 985 BGB zusammen mit § 1004 BGB einen umfassenden Eigentumsschutz.[7] Der Anspruch aus § 985 BGB steht dem jeweiligen Eigentümer einer Sache zu. Folglich kann ihn ein Erwerber ab dem Zeitpunkt des Erwerbs geltend machen. Prozessual steht ihm hierzu eine Leistungsklage, gerichtet auf die Herausgabe der Sache, zur Verfügung.

b) Beseitigungs- und Unterlassungsanspruch nach § 1004 Abs. 1 BGB

Für die Verwirklichung der Befugnisse des Eigentümers bedarf es entsprechender Ansprüche auch für Fälle, in denen die Eigentumsbeeinträchtigung nicht in der Sachentziehung liegt. Hier greift § 1004 Abs. 1 BGB ein.[8] Die Vorschrift erfasst alle dem Inhalt des Eigentums (§ 903 BGB) widersprechenden Eingriffe in die rechtliche oder tatsächliche Herrschaftsmacht des Eigentümers.[9] § 1004 Abs. 1 S. 1 BGB ist auf alle bereits eingetretenen Beeinträchtigungen durch Dritte anwendbar. Der Eigentümer kann von einem störenden Dritten die Beseitigung der Einwirkung verlangen, sofern er nicht gem. § 1004 Abs. 2 BGB zu deren Duldung verpflichtet ist. § 1004 Abs. 1 S. 2 BGB erfasst dieselben Beeinträchtigungen wie § 1004 Abs. 1 S. 1 BGB, mit dem Unterschied, dass dieser Anspruch[10] auf die Abwehr zukünftiger, noch nicht eingetretener Beeinträchtigungen gerichtet ist.[11] Der Unterlassungsanspruch setzt seinem Wortlaut nach eine Wiederholungsgefahr bezüglich der Beeinträchtigung voraus,[12] dafür genügt allerdings nach h.M. auch eine drohende erstmalige Beeinträchtigung.[13]

4 Palandt/*Bassenge*, § 986 Rn. 2.
5 Staudinger/*Gursky* (2006), § 986 Rn. 8.
6 Vgl. Palandt/*Bassenge*, § 986 Rn. 7, 8.
7 *Westermann*, § 29 Rn. 3.
8 Palandt/*Bassenge*, § 1004 Rn. 5.
9 *Ibid.* Rn. 6; Staudinger/*Gursky* (2006), § 1004 Rn. 17.
10 Nach ganz h.M. handelt es sich bei § 1004 Abs. 1 S. 2 BGB um einen materiellen Anspruch, Staudinger/*Gursky* (2006), § 1004 Rn. 212; Palandt/*Bassenge*, § 1004 Rn. 31.
11 Staudinger/*Gursky* (2006), § 1004 Rn. 210; *Baur/Stürner*, § 12 Rn. 25.
12 MüKoBGB[5]/*Baldus*, § 1004 Rn. 134.
13 Palandt/*Bassenge*, § 1004 Rn. 32; Staudinger/*Gursky* (2006), § 1004 Rn. 214; MüKoBGB[5]/*Baldus*, § 1004 Rn. 134.

Der Anspruch des Eigentümers ist trotz tatbestandlich vorliegender Beeinträchtigung ausgeschlossen, wenn er zur Duldung der Beeinträchtigung verpflichtet ist.[14] Darin kommt wie in § 986 BGB zum Ausdruck, dass die Befugnisse des Eigentümers in § 903 ihre Grenzen in den entgegenstehenden Gesetzen und Rechten Dritter finden.[15] Dementsprechend kann hier auf die Ausführungen zur Begrenzung des Eigentums verwiesen werden.[16] Auch die Ansprüche nach § 1004 Abs. 1 BGB sind als Leistungsklage geltend zu machen.

2. Schadens- und Nutzungsersatzansprüche

a) Ansprüche aus dem Eigentümer-Besitzer-Verhältnis

Liegen die Voraussetzungen des Herausgabeanspruchs nach §§ 985, 986 BGB vor, so spricht man vom Vorliegen einer Vindikationslage.[17] Diese ist Voraussetzungen für eine Reihe von Nebenansprüchen des Eigentümers nach §§ 987 bis 993 BGB.[18] Daneben können aber wiederum auch Gegenansprüche des Besitzers gegen den Eigentümer bestehen (§§ 994 bis 1003 BGB). Die Ansprüche des Eigentümers gegen den Besitzer unterteilen sich in Nutzungs- und Schadensersatzansprüche.

aa) Nutzungsersatzansprüche nach §§ 987, 988, 990 BGB

Sinn und Zweck der Regelungen der §§ 987 ff. BGB ist die Privilegierung des gutgläubigen und unverklagten – aber unrechtmäßigen – Besitzers, der den Besitz entgeltlich erlangt hat.[19] Er ist nicht zur Herausgabe der Nutzungen verpflichtet.[20] Gegenüber Besitzern, die diese Voraussetzungen nicht erfüllen, ist der Eigentümer jedoch berechtigt, die Herausgabe von Nutzungen nach §§ 987 Abs. 1, 988 BGB, ggf. i.V.m. § 990 Abs. 1 BGB, zu verlangen.[21] Nutzungen sind gem. § 100 BGB Früchte und Gebrauchsvorteile der herauszugebenden Sache.[22] Erfasst sind dabei unmittelbare (§ 99 Abs. 1 BGB) und mittelbare (§ 99 Abs. 3 BGB) Sachfrüchte, also

---

14 Staudinger/*Gursky* (2006), § 1004 Rn. 172.

15 *Ibid.*

16 S.o. 76 f.

17 Erforderlich ist wegen § 986 BGB der unrechtmäßige Besitz, vgl. *Baur/Stürner*, § 11 Rn. 24, 39.

18 Palandt/*Bassenge*, Vorbem. v. § 987 Rn. 2; Staudinger/*Gursky* (2006), Vorbem. zu §§ 987-993 Rn. 1.

19 Staudinger/*Gursky* (2006), Vorbem. zu §§ 987-993 Rn. 4.

20 *Baur/Stürner*, § 11 Rn. 12.

21 Erfasst wird also der verklagte Besitzer (§ 987 Abs. 1 BGB), der unentgeltliche Besitzer (§ 988 BGB) sowie der bösgläubige Besitzer (§§ 990 Abs. 1 S. 1, 987 Abs. 1 BGB).

22 MüKoBGB^5/*Baldus*, § 987 Rn. 5; Staudinger/*Gursky* (2006), § 987 Rn. 10.

Erzeugnisse der Sache und sonstige bestimmungsgemäße Ausbeute sowie Erträge der Sache aus einem Rechtsverhältnis. „Herausgabe der Nutzungen" bedeutet dabei zunächst eine tatsächliche Übergabe und Übereignung der Sachfrüchte.[23] Bei Unmöglichkeit der Herausgabe, beispielsweise aufgrund der Beschaffenheit der Sache, ist Wertersatz zu leisten.[24] Für die „Herausgabe" der Gebrauchsvorteile kommt regelmäßig ausschließlich Wertersatz in Betracht.[25]

Der Besitzer einer Sache hat diese auch ordnungsgemäß zu bewirtschaften.[26] Deshalb haften der bösgläubige (§§ 990 Abs. 1, 987 Abs. 2 BGB) und der verklagte Besitzer (§ 987 Abs. 2 BGB) auch für nicht gezogene Nutzungen, sofern sie diesbezüglich ein Verschulden trifft.[27]

bb) Schadensersatzansprüche nach §§ 989 bis 993 BGB

Weitere Nebenansprüche des Eigentümers im Rahmen der §§ 987 ff. BGB sind Schadensersatzansprüche gegen den Besitzer. Auch hier gilt für den redlichen, unverklagten und entgeltlichen Besitzer, dass er trotz seines unberechtigten Besitzes grundsätzlich nicht zum Schadensersatz verpflichtet ist, vgl. § 993 BGB.[28] Besitzer, die diese Anforderungen nicht erfüllen, sind nach Maßgabe der §§ 989 bis 993 BGB verpflichtet, dem Eigentümer einen Schaden zu ersetzen. Dabei stellt § 989 BGB den Grundtatbestand dar, auf den auch die §§ 990 und 991 Abs. 2 BGB verweisen. Für deliktische Besitzer verweist § 991 BGB auf die entsprechenden Normen der §§ 823 ff. BGB.

§ 989 BGB setzt im objektiven Haftungstatbestand voraus, dass die Sache verschlechtert wird, untergeht oder aufgrund sonstiger Umstände nicht vom Besitzer herausgegeben werden kann. Die Sachverschlechterung erfasst dabei jede nachteilige Beeinflussung der Sachsubstanz.[29] „Untergang der Sache" ist weit zu verstehen und erfasst alle Vorgänge, in denen die Sache ihre Eigenschaft als selbständiges und identifizierbares Rechtsobjekt verliert.[30] Unter sonstiger Unfähigkeit zur Herausgabe ist das rein tatsächliche Unvermögen zur Herausgabe der Sache aufgrund Besitzverlustes gemeint, nicht das Vorliegen von Unmöglichkeit im Sinne des Leistungsstörungsrechts der §§ 275 ff. BGB.[31] Soweit

23 Staudinger/*Gursky* (2006), § 987 Rn. 15; MüKoBGB[5]/*Baldus*, § 987 Rn. 15.
24 *Ibid.*
25 *Ibid.*
26 MüKoBGB[5]/*Baldus*, § 987 Rn. 22.
27 *Ibid.*
28 *Baur/Stürner*, § 11 Rn. 9; MüKoBGB[5]/*Baldus*, § 993 Rn. 16.
29 MüKoBGB[5]/*Baldus*, § 989 Rn. 3a; Staudinger/*Gursky* (2006), § 989 Rn. 6.
30 MüKoBGB[5]/*Baldus*, § 989 Rn. 5; Staudinger/*Gursky* (2006), § 989 Rn. 9.
31 MüKoBGB[5]/*Baldus*, § 989 Rn. 6; Staudinger/*Gursky* (2006), § 989 Rn. 10.

Verschulden i.S.d. § 276 Abs. 1 BGB in Bezug auf den objektiven Haftungstatbestand vorliegt,[32] steht dem Eigentümer ein Schadensersatzanspruch in Höhe seiner Vermögenseinbuße zu.[33]

b) Schadensersatzansprüche wegen unerlaubter Handlung

Das Eigentum ist als Rechtsgut auch durch das Deliktsrecht geschützt. Es ist Schutzgut des § 823 Abs. 1 BGB und wird zudem von einer Reihe von Schutzgesetzen i.S.d. § 823 Abs. 2 BGB erfasst.[34] Das deutsche Deliktsrecht unterscheidet dabei zwischen dem haftungsbegründenden und dem haftungsausfüllenden Tatbestand. Während der haftungsbegründende Tatbestand die Voraussetzungen der deliktsrechtlichen Haftung betrifft, bemisst sich der Inhalt des zu ersetzenden Schadens und damit der haftungsausfüllende Tatbestand nach den §§ 249 ff. BGB. Das deutsche Recht unterscheidet folglich zwischen der Rechts- bzw. Rechtsgutsverletzung und dem eigentlichen Schaden im Sinne einer Vermögensminderung.

aa) Voraussetzungen („Haftungsbegründender Tatbestand“)

Das deutsche Deliktsrecht geht für den haftungsbegründenden Tatbestand herkömmlich von einem dreistufigen Deliktsaufbau aus. Dieser gliedert sich in Tatbestand, Rechtswidrigkeit und Schuld.

Für den Tatbestand der deliktischen Handlung knüpft § 823 Abs. 1 BGB für das Eigentum an den durch § 903 BGB beschriebenen Eigentumsbegriff an[35] und schützt den Eigentümer vor Beeinträchtigungen seiner Rechtsposition. Verletzungshandlungen können dabei unter anderem der Entzug des Rechts, ein Eingriff in die Sachsubstanz, die Beeinträchtigung der Nutzungsmöglichkeit sowie die unbefugte Nutzung durch Dritte sein.[36, 37] Eine Verletzung führt, soweit kausal[38] auf einer zurechenbaren,[39] rechtswidrigen[40] und schuldhaften[41] Handlung beru-

32 MüKoBGB[5]/*Baldus*, § 989 Rn. 7; Staudinger/*Gursky* (2006), § 989 Rn. 16.

33 Staudinger/*Gursky* (2006), § 989 Rn. 24.

34 Dazu zählen vor allem strafrechtliche Vorschriften, vgl. Staudinger/*Hager* (2009), § 823 Rn. G 42. Zwar sind auch die §§ 242, 303 StGB Schutzgesetze i.S.v. § 823 Abs. 2 BGB, diese Fälle sind jedoch in der Regel schon von § 823 Abs. 1 BGB erfasst.

35 Palandt/*Sprau*, § 823 Rn. 7-10.

36 Staudinger/*Hager* (1999), § 823 Rn. B 62.

37 Eine umfangreiche Darstellung der einzelnen Verletzungshandlungen ist zu finden bei Staudinger/*Hager* (1999), § 823 Rn. B 64-B 123.

38 Dazu MüKoBGB[5]/*Wagner*, § 823 Rn. 308 ff.

39 Palandt/*Sprau*, § 823 Rn. 2.

hend, nach § 823 Abs. 1 BGB zur Pflicht, den Schaden zu ersetzen. Auch § 823 Abs. 2 BGB schützt, in Verbindung mit entsprechenden Schutzgesetzen, den Eigentümer vor Eingriffen in das Eigentum und gewährt ihm Schadensersatz. Unter den Begriff des Schutzgesetzes fallen grundsätzlich alle Rechtsnormen, die zumindest auch dazu dienen sollen, den Einzelnen gegen eine Verletzung eines bestimmten Rechtsguts zu schützen.[42] Diese Vorschriften sind dementsprechend in einer Vielzahl von verschiedenen Rechtsbereichen zu finden. Dabei ist die Kasuistik im Einzelnen schwierig und unübersichtlich.[43] Führt der Verstoß gegen ein Schutzgesetz zur Verletzung des geschützten Rechtsguts, so gewährt § 823 Abs. 2 BGB einen Anspruch auf Schadensersatz, dessen Inhalt sich nach den §§ 249 ff. BGB bemisst.[44] Ein Schadensersatzanspruch des Eigentümers nach § 823 Abs. 1 BGB i.V.m. § 242 Abs. 1 StGB besteht dementsprechend beispielsweise gegenüber dem Dieb einer Sache.

Insbesondere für die Haftung nach § 823 Abs. 1 BGB spielt die Frage nach dem Verschulden eine wesentliche Rolle. Nur die vorsätzliche oder fahrlässige Rechts- oder Rechtsgutsverletzung löst die Haftung nach § 823 Abs. 1 BGB aus, nicht schon das Vorliegen des Tatbestandes an sich. Das deutsche Deliktsrecht geht damit im Grundsatz von einer verschuldensabhängigen Haftung aus.

bb) Inhalt des Schadensersatzanspruchs („Haftungsausfüllender Tatbestand")

Bei der Bemessung des Inhalts des aufgrund der §§ 823 ff. BGB entstandenen Ersatzanspruchs greifen die §§ 249 ff. BGB ein. Sie regeln die Frage, ob ein ersatzfähiger Schaden entstanden ist. Selbst wenn also der haftungsbegründende Tatbestand erfüllt ist, bedeutet dies nicht zwangsläufig, dass auch Ersatz zu leisten ist.

Ein Schaden stellt nach dem im deutschen Recht geltenden natürlichen Schadensbegriff jede Einbuße dar, die jemand an seinen Lebensgütern erleidet.[45] Für die Eigentumsverletzung kommen vor allem Vermögensschäden in Betracht. Ob ein solcher vorliegt, bemisst sich nach der sog. Differenzhypothese.[46] Danach

---

40 Siehe hierzu MüKoBGB[5]/*Wagner*, § 823 Rn. 312-320; Staudinger/*Hager* (1999), § 823 Rn. A 3; Staudinger/*Hager* (2009), § 823 Rn. H 14 ff.

41 Dazu Staudinger/*Hager* (1999), § 823 Rn. A 4.

42 Palandt/*Sprau*, § 823 Rn. 56a, 57.

43 Übersichten über die Rechtsprechung zu den Schutzgesetzen finden sich bei Staudinger/*Hager* (2009), § 823 Rn. G 41-G 70; MüKoBGB[5]/*Wagner*, § 823 Rn. 367-377; Palandt/*Sprau*, § 823 Rn. 61-72.

44 Palandt/*Grüneberg*, Vorbem. v. § 249 Rn. 4; Staudinger/*Schiemann* (2005), Vorbem. zu §§ 249 ff. Rn. 5; MüKoBGB[6]/*Oetker*, § 249 Rn. 3.

45 Palandt/*Grüneberg*, Vorbem. v. § 249 Rn. 9.

46 *Ibid.* Rn. 10; MüKoBGB[6]/*Oetker*, § 249 Rn. 16 ff.

besteht der Vermögensschaden in der Differenz zwischen der (hypothetischen) Güterlage ohne das schädigende Ereignis und der Güterlage nach dessen Eintritt.[47] Bei einer Sachbeschädigung liegt der Schaden demnach in der aufgrund der Beschädigung eingetretenen Wertminderung, bei einem Diebstahl in dem Nicht-länger-Vorhandensein der Sache, das sich auf den Sachwert beziffern lässt. Aber nicht nur der endgültige Sachverlust, sondern auch die vorübergehende Sachentziehung kann einen Sachschaden begründen. Die Rechtsprechung nimmt bei vorübergehender Sachentziehung dann einen Vermögensschaden an, wenn ein Lebensgut kommerzialisiert, also im wirtschaftlichen Verkehr gegen Entgelt erworben werden kann und wertende, normative Gesichtspunkte die Annahme eines Vermögensschadens rechtfertigen.[48] Dies ist beispielsweise für die Gebrauchsvorteile eines Pkw der Fall.[49] Der Geschädigte ist also ersatzberechtigt, wenn er, beispielsweise aufgrund der Entziehung des Pkw, diesen nicht nutzen konnte. Der Vermögensschaden beschränkt sich dann nicht auf den Wert des Pkw, sondern umfasst auch die entgangene Nutzungsmöglichkeit des Eigentümers.

Liegt ein Vermögensschaden vor, so gilt nach § 249 Abs. 1 BGB, dass der Delinquent den Geschädigten so zu stellen hat, wie er ohne das schädigende Ereignis stehen würde.[50] Damit gilt der Grundsatz der Naturalrestitution.[51] Geht man beispielsweise davon aus, dass der Eigentümer ohne den Diebstahl noch unmittelbaren Besitz an der Sache hätte, so hat der Dieb dem Eigentümer diesen unmittelbaren Besitz wieder einzuräumen.[52] Ist die Herstellung nicht möglich, so ist gem. § 251 Abs. 1 BGB eine Entschädigung in Geld zu leisten. Dies gilt beispielsweise auch für einen aufgrund der Kommerzialisierungserwägungen angenommenen Vermögensschaden. Für die Wiederherstellung einer beschädigten Sache kann der Geschädigte wahlweise gem. § 249 Abs. 1 BGB die tatsächliche Wiederherstellung oder gem. § 249 Abs. 2 S. 1 BGB den für die Wiederherstellung erforderlichen Geldbetrag verlangen.

Die Bedeutung dieser deliktischen Ansprüche des Eigentümers ist zwar grundsätzlich groß, bei der Sachentziehung wird sie aber für den Eigentümer durch den regelmäßigen Vorrang des Eigentümer-Besitzer-Verhältnisses eingeschränkt.[53] Nach h.M. sind die §§ 823 ff. BGB mit wenigen Ausnahmen bei Vorliegen einer Vindikationslage und daraus folgender Anwendbarkeit der §§ 987 ff. BGB unanwendbar.[54]

---

47 Palandt/*Grüneberg*, Vorbem. v. § 249 Rn. 10; MüKoBGB^{6}/*Oetker*, § 249 Rn. 19.

48 Vgl. BGH NJW 1987, 50; s. auch Palandt/*Grüneberg*, Vorbem. v. § 249 Rn. 11, 12, m.w.N.

49 BGH NJW 1987, 50, 51 ff.

50 MüKoBGB^{6}/*Oetker*, § 249 Rn. 320, 323.

51 *Ibid.* Rn. 320.

52 Herausgabe als Naturalrestitution, vgl. Staudinger/*Seiler* (2002), § 903 Rn. 12.

53 Dazu umfassend Staudinger/*Gursky* (2006), Vorbem. zu §§ 987-993 Rn. 39, 65, 66, 69.

54 *Ibid.*

3. Besitzschutz

Der Besitz wird als selbständige Rechtsposition von der Rechtsordnung geschützt. Dies bewirkt faktisch eine Verstärkung des Eigentumsschutzes, wenngleich die Besitzschutzrechte gleichermaßen dem besitzenden Eigentümer wie auch dem bloßen Besitzer zustehen. Ausgangspunkt der Besitzschutzrechte ist der Begriff der verbotenen Eigenmacht. Gemäß § 858 Abs. 1 BGB liegt diese vor, wenn jemand dem Besitzer den Besitz ohne dessen Willen entzieht oder stört und hierzu nicht befugt ist.

a) Besitzwehr

Dem Besitzer steht dann gem. § 859 Abs. 1 BGB das Recht zu, sich gegen die Besitzentziehung oder -störung mit Gewalt zu wehren. Dabei handelt es sich um einen Sonderfall der Notwehr.[55] Insofern stellt die verbotene Eigenmacht einen gegenwärtigen rechtswidrigen Angriff auf den Besitz dar,[56] gegen den sich der Besitzer im Rahmen des zur Abwehr Erforderlichen wehren darf.[57] Gegebenenfalls strafbare oder eine deliktische Haftung begründende Handlungen des Besitzers sind dann gerechtfertigt.

b) Besitzkehr

Ist dem Besitzer einer beweglichen Sache der Besitz durch die verbotene Eigenmacht entzogen worden, so gewährt ihm § 859 Abs. 2 BGB das Recht, die Sache dem auf frischer Tat betroffenen oder verfolgten Täter mit Gewalt wieder abzunehmen. Der Täter muss also unmittelbar bei oder alsbald nach der Besitzentziehung angetroffen oder unmittelbar nach der alsbaldigen Entdeckung ununterbrochen verfolgt worden sein.[58] Dieser Sonderfall echter Selbsthilfe erlaubt die Gewaltanwendung nach den für die Besitzwehr geltenden Maßstäben.[59]

c) Possessorischer Besitzschutz

Ist der unmittelbare zeitliche und örtliche Zusammenhang mit der verbotenen Eigenmacht nicht mehr gegeben und stehen dem (ehemaligen) Besitzer die Gewaltrechte aus § 859 Abs. 1, Abs. 2 BGB deshalb nicht mehr zur Verfügung, so hat er daneben die Möglichkeit, entsprechende possessorische Ansprüche ge-

---

55 Staudinger/*Bund* (2007), § 859 Rn. 5.

56 *Ibid.* Rn. 7.

57 Palandt/*Bassenge*, § 859 Rn. 2.

58 *Ibid.* Rn. 3; MüKoBGB[5]/*Joost*, § 859 Rn. 13.

59 Staudinger/*Bund* (2007), § 859 Rn. 15, 19.

richtlich geltend zu machen. Diese Ansprüche beruhen auf dem Besitz an sich und sind von einem Recht zum Besitz unabhängig. Der ehemalige Besitzer kann sie mittels einer Leistungsklage gegen den aktuellen Besitzer geltend machen. Summarische Verfahren stehen ihm nicht zur Verfügung, er hat aber die Möglichkeit des einstweiligen Rechtsschutzes.

aa) Herausgabe des Besitzes, § 861 BGB

Gemäß § 861 Abs. 1 BGB kann der Besitzer von demjenigen, der den Besitz aufgrund verbotener Eigenmacht erlangt hat und deshalb fehlerhaften Besitz innehat (§ 858 Abs. 2 S. 1 BGB), die Wiedereinräumung des Besitzes verlangen. Dies gilt gleichermaßen gegenüber dem aktuellen Besitzer, der die verbotene Eigenmacht nicht selbst verübt hat. Dieser muss gem. § 858 Abs. 2 S. 2 BGB als Nachfolger des fehlerhaft Besitzenden die Fehlerhaftigkeit des Besitzes auch gegen sich gelten lassen.

Der Anspruch des ursprünglichen Besitzers ist gem. § 861 Abs. 2 BGB ausgeschlossen, wenn sein Besitz wiederum gegenüber dem aktuellen Besitzer fehlerhaft war und er diesen im letzten Jahr vor der aktuellen Besitzentziehung erlangt hatte.

bb) Beseitigungs- und Unterlassungsanspruch, § 862 BGB

Wird der Besitzer durch verbotene Eigenmacht in seinem Besitz gestört, ohne dass ihm der Besitz entzogen wird, so steht ihm gem. § 862 Abs. 1 S. 1 BGB unter denselben Voraussetzungen wie im Falle des § 861 Abs. 1 BGB ein Beseitigungsanspruch gegen die die verbotene Eigenmacht ausübende Person zu. Liegt bezüglich einer Besitzentziehung oder Besitzstörung Wiederholungsgefahr vor, so kann er unter eben diesen Voraussetzungen gem. § 862 Abs. 1 S. 2 BGB auch die Unterlassung verlangen. Für den Anspruchsausschluss enthält § 862 Abs. 2 BGB eine § 861 Abs. 2 BGB entsprechende Regelung.

Das deutsche Recht eröffnet dem Eigentümer eine Vielzahl von Rechtsbehelfen, die es ihm ermöglichen, seine aus § 903 BGB folgenden Befugnisse umfassend zu schützen. Alle diese Rechtsbehelfe knüpfen – mit Ausnahme des Besitzschutzes – unmittelbar an das Eigentum an und stehen deshalb dem jeweiligen Eigentümer zu. Insofern ist der Zeitpunkt des Eigentumserwerbs ausschlaggebend für den Erwerb des Schutzes.

§ 3 Schwedisches Recht

Situationen, in denen sich das Eigentumsrecht gleichsam in einer „Ruhelage“ befindet, werden im schwedischen Recht dem statischen *sakrätt* zugeordnet. Dieses stellt ein Sammelsurium von Rechtsregeln dar, die unterschiedlichen Rechtsbereichen entstammen. Ihnen ist aber gemein, dass sie den Eigentümer in die Lage versetzen, seine Befugnisse umfassend zu schützen. Der zentrale Aspekt des statischen *sakrätt* ist folglich der Schutz der Eigentumsverwirklichung.

I. Eigentum als Anknüpfungspunkt

Ausgangspunkt der Eigentumsverwirklichung ist wiederum das Eigentumsrecht selbst. Als absolutes Recht vermittelt es dem Eigentümer auch nach schwedischem Recht umfassende Befugnisse zur Nutzung und Verfügung über die Sache.[60] Es wird deshalb häufig auch als allgemeines Verfügungsrecht *(allmän förfoganderätt)* bezeichnet, um deutlich zu machen, dass es seinem Inhaber eine grundsätzlich unbegrenzte Anzahl an Handlungsmöglichkeiten eröffnet.[61] Damit der Eigentümer diese Möglichkeiten auch faktisch ausnutzen kann, ist er auf den Schutz der Rechtsordnung angewiesen. Diese gibt ihm einerseits den Rahmen seiner Befugnisse vor, versieht ihn aber gleichzeitig auch mit Instrumentarien zu deren Verwirklichung. Die Reichweite dieser Eigentumsverwirklichungsinstrumentarien wird deshalb grundsätzlich durch den Inhalt der Befugnisse des Eigentümers vorgegeben.

II. Schutz des Eigentums respektive Eigentümers

Die schwedische Rechtsordnung schützt den Eigentümer in zweierlei Hinsicht. Zum einen erhält er präventiven Schutz, indem anderen Personen die Beeinträchtigung der Rechtsposition des Eigentümers untersagt wird. Hierzu zählen insbesondere Kap. 2, § 15 RF[62], der den Eigentumsschutz von Verfassungs wegen gewährleistet und die Vorschriften des Kap. 8 BrB[63], die die sog. Entwendungsstraftaten *(tillgreppsbrotten)* sanktionieren.[64] Andererseits hält die Rechtsordnung reaktive Instrumentarien bereit, derer sich der Eigentümer bei Beeinträchtigungen seiner

---

60 S.o. 81 ff.

61 Sandgren/*Bernitz*, Norstedts juridiska handbok[17], 60 f.

62 SFS 2011:109 *Regeringsform*: Regierungsform. Es handelt sich dabei um eines von vier Verfassungsgesetzen des schwedischen Staates.

63 SFS 1962:700 *Brottsbalk*: Strafgesetzbuch.

64 *Millqvist*, 18.

Position bedienen kann. Ihm stehen zivilrechtliche Möglichkeiten offen, um Störungen abzuwehren, sich wieder in den Besitz der Sache zu versetzen und Ersatz für eingetretene Schäden zu erlangen. Vor allem der reaktive Eigentumsschutz ist von großer Bedeutung, wenngleich Interaktionen mit dem präventiven Eigentumsschutz bestehen. Die folgenden Abschnitte widmen sich primär den zivilrechtlichen Instrumentarien der Eigentumsverwirklichung.

1. Ansprüche und Anspruchsgrundlagen

Charakteristisch für das deutsche Recht ist die Kodifizierung von rechtlichen Ansprüchen. Das BGB hält eine Vielzahl von Normen bereit, die einer Person das Recht verleihen, unter bestimmten Voraussetzungen von einer anderen Person ein Tun oder Unterlassen[65] zu verlangen. Im schwedischen Recht sind solche kodifizierten Anspruchsgrundlagen häufig nicht zu finden. Soweit Gesetze vorhanden sind, enthalten diese in der Regel zwar detaillierte Regelungen zu problematischen Rechtsfragen, grundlegende Ansprüche und Aspekte werden jedoch häufig nicht ausdrücklich erwähnt.[66] Wie bereits oben[67] dargelegt, enthält beispielsweise das KöpL keine ausdrückliche Pflicht des Verkäufers, die Kaufsache zu übergeben bzw. zu liefern. Geregelt wird stattdessen der Zeitpunkt der Ablieferung, deren Gegenstand sowie die Rechtsfolgen bei nicht ordnungsgemäßer Ablieferung. Es besteht aber dennoch eine Pflicht zur Übergabe bzw. Ablieferung der Kaufsache. Sie ist nach schwedischem Verständnis selbstverständlich und dem Kaufvertrag immanent (vgl. auch § 64 Abs. 1 KöpL) und bedarf deshalb keiner gesonderten Erwähnung.[68] Eine vergleichbare Herangehensweise ist auch im kodifizierten Grundstücksrecht zu finden. Kap. 5 JB regelt beispielsweise die Rechtsfolgen einer erfolgreichen Herausgabeklage, insbesondere die Ersatzfähigkeit von Aufwendungen des Besitzers (Kap. 5, § 3 JB) und dessen Pflicht zur Herausgabe von Nutzungen (Kap. 5, § 1 JB). Ein Herausgabeanspruch, der logische Voraussetzung einer Herausgabeklage ist, ist aber im geschriebenen Recht nicht vorhanden. Er wird auch in den Urteilen der obersten Gerichte nicht explizit erwähnt.[69]

---

65 Vgl. § 194 BGB.

66 So wohl *Hellner*, Lagstiftning, 192.

67 S.o. 141 ff.

68 *Hellner*, Lagstiftning, 77 f.; *ders.*, Metodproblem, 198.

69 Die Gerichte fragen stets, welche Person ein „besseres Recht" hat. Im Rahmen eines gutgläubigen Erwerbs hat derjenige faktisch ein „besseres Recht", der das Eigentum inne hat. Dem Nichteigentümer steht dann kein Besitzrecht zu. Er muss die Sache herausgeben, vgl. beispielsweise NJA 2008, 282 (Herausgabe im Rahmen eines gutgläubigen Erwerbs). Dieselbe Frage wird aber auch im Zusammenhang mit Forderungen gestellt (vgl. NJA 2009, 846 für die Berechtigung an einer erworbenen Forderung). Der Begriff „besseres Recht" ist deshalb eine prozessuale Formel und bedarf stets der näheren Ausgestaltung. Das „bessere Recht" steht demjenigen zu, der in einer

Der Verzicht auf die explizite Regelung von etwas an sich Selbstverständlichem ist charakteristisch für die schwedische Gesetzgebungstechnik[70] und das schwedische Rechtsverständnis insgesamt. Häufig werden Regeln nicht ausdrücklich ausgesprochen, sondern ergeben sich indirekt aus Bestimmungen, welche die Gültigkeit dieser Regeln voraussetzen.[71] Auch den Gesetzgebungsmaterialien lassen sich oftmals keine Hinweise auf die vorausgesetzten Prinzipien entnehmen.[72] Dies beruht wohl auf dem schwedischen Rechtsverständnis, wonach es im Allgemeinen als wichtiger angesehen wird, die Rechtfolgen als die Rechtsfakten zu regeln.[73] Die Folge sind fragmentarische gesetzliche Regelungen, die aber aus schwedischer Sicht ausreichend sind. Teilweise werden Regeln bei Gesetzesrevisionen auch ersatzlos gestrichen, da sie den Status eines allgemeinen Rechtsgrundsatzes erreicht haben und eine Wiederholung im neuen Gesetz deshalb unnötig erscheint.[74] Es ist dann eine rechtswissenschaftliche Aufgabe, aufgrund der gegebenen Regeln einen Regelkomplex zu konstruieren.[75]

Das Verständnis dieser Herangehensweise ist wichtig, um die Hintergründe und Probleme nachvollziehen zu können, die sich bei einem Rechtsvergleich des Eigentumsschutzes im deutschen und schwedischen Recht ergeben können. Es genügt nicht, eine Konkordanz der entsprechenden Paragraphen in den Gesetzen beider Länder herzustellen. Regelungen, die in der deutschen Rechtsordnung klar und offensichtlich vorhanden sind, verbergen sich in der schwedischen mitunter hinter allgemeinen Prinzipien und dem Selbstverständnis der Rechtsordnung. Gerade im Bereich des statischen *sakrätt*, welcher nur fragmentarisch kodifiziert ist, ist es deshalb mitunter schwierig, eine Regel zu belegen, die nicht explizit genannt ist, sondern als selbstverständlich zugrunde gelegt wird.

---

konkreten Situation gegenüber einer anderen Person in Bezug auf einen Vermögenswert zu etwas berechtigt ist. Dabei kann es beispielsweise um die Herausgabe einer Sache, aber auch deren Nutzung (z.B. aufgrund eines Rechts zur Fruchtziehung) gehen. Vgl. hierzu u. 226 f.

70 *Hellner* formuliert dazu: „Wie [...] bereits erwähnt wurde, [...] bezeichnete es *Lassen* als ein allgemeines Prinzip für die gemeinsame nordische Gesetzgebung im Vertragrecht, dass die Gesetze praktische Probleme lösen sollten, anstatt allgemeine Prinzipien auf die Art wiederzugeben, wie es die zentraleuropäischen Gesetzbücher, vor allem das BGB, anstrebten", Lagstiftning, 77. Diese Aussage gilt auch für die schwedische nationale Gesetzgebung, vgl. *Hellner*, Metodproblem, 198; *ders.*, Lagstiftning, 192.

71 *Hellner*, Metodproblem, 198.

72 Dies gilt insbesondere für ältere Gesetzgebungsmaterialien, vgl. *Hellner*, Metodproblem, 198.

73 *Hellner*, Lagstiftning, 192.

74 *Ibid.* 194.

75 *Hellner*, Metodproblem, 198.

2. *Ansprüche aus dem Eigentum*

a) *Arten von Eigentumsverwirklichungsansprüchen*

Der Anwendungsbereich des statischen *sakrätt* beschränkt sich aus Sicht des Eigentümers auch im schwedischen Recht im Wesentlichen auf das Innehaben und Nutzen seines Eigentums. Für das Mobiliarsachenrecht ergibt sich deshalb auf zivilrechtlicher Ebene ein Schutzerfordernis in zwei Richtungen. Zum einen soll dem Eigentümer die ungestörte Nutzung der Sache ermöglicht und zum anderen sonstige Personen von der Beeinflussung der Sache und ihrer Nutzbarkeit ausgeschlossen werden. Das faktische Schutzbedürfnis des Eigentümers ist folglich im deutschen und schwedischen Recht identisch. Es stellt sich aber die Frage, ob und inwieweit auch vergleichbare Schutzansprüche bestehen.

b) *Herausgabeanspruch des Eigentümers*

Der Vindikationsanspruch des Eigentümers macht die Stärke des Eigentums aus,[76] denn nur der Besitz verleiht dem Eigentümer tatsächlich die weitgehend uneingeschränkte Möglichkeit zur Sachnutzung.[77] Gleichzeitig liegt in der Herausgabe auch der Ausschluss anderer Personen von der Sachnutzung. Insofern stellt der Herausgabeanspruch vor allem für bewegliche Sachen ein unverzichtbares Instrument der Eigentumsverwirklichung dar.[78]

aa) *Materiellrechtlicher Vindikationsanspruch?*

Das weitgehend nicht kodifizierte Mobiliarsachenrecht Schwedens kennt keine dem § 985 BGB entsprechende Vorschrift. Ein gesetzlich verankerter Herausgabeanspruch des Eigentümers ist dem vorhandenen Gesetzesmaterial nicht zu entnehmen. Auch in Urteilen der obersten Gerichte wird ein materieller Anspruch regelmäßig nicht erwähnt.[79] Aufgrund des Zusammenhangs mit dem oben dargestellten schwedischen Verständnis von Gesetzgebungstechnik und -systematik[80] präjudiziert diese Nichterwähnung aber nicht die Nichtexistenz eines solchen Anspruchs.

---

76 *Wieling*, 116.

77 *Rodhe*, 80.

78 *Ibid.*

79 S. hierzu u. 222 f., insbes. Fn. 128.

80 Vgl. o. 212 f.

In Schweden bestand jedenfalls bis ins 17. Jahrhundert ein unbeschränktes Vindikationsrecht des Eigentümers.[81] Dieser konnte von jedem Besitzer die Herausgabe seiner Sache verlangen.[82] Durch die Schaffung und Weiterentwicklung des gutgläubigen Eigentumserwerbs wurde dieses Recht jedoch sukzessive eingeschränkt.[83] Bei einem erfolgten gutgläubigen Erwerb existierte zwar ein Lösungsrecht des Eigentümers;[84] dies beinhaltete aufgrund des zu leistenden Lösungsbetrages aber einen faktischen Verlust des Sachwerts. Aus der älteren juristischen Doktrin[85] ergibt sich, dass im schwedischen Recht bis in die 1920er Jahre ein allgemeiner Vindikationsanspruch des Eigentümers bestand.[86]

(1) Gutgläubiger Erwerb und Vindikationsrecht

Auch heute wird in der schwedischen Literatur ein Vindikationsrecht *(vindikationsrätt)* diskutiert. Die wissenschaftliche Behandlung erfolgt dabei fast ausschließlich im Zusammenhang mit dem gutgläubigen Eigentumserwerb an beweglichen Sachen.[87]

In Schweden galt für den gutgläubigen Erwerb beweglicher Sachen bis 2003 nahezu ausnahmslos das Extinktionsprinzip.[88] Dies beinhaltete, dass das ursprüngliche Eigentumsrecht erlosch, soweit ein Erwerber gutgläubig Eigentum erworben hatte. Der gutgläubige Eigentumserwerb wurde insofern als Einschränkung des Vindikationsrechts angesehen,[89] was systematisch das Vorliegen eines solchen voraussetzt.[90] Einen konkreten gesetzlichen Hinweis auf das Vorliegen eines Vindikationsrechts im schwedischen Mobiliarsachenrecht liefert heute insbesondere § 3 S. 1 GFL. Diese im Jahre 2003 eingeführte Vorschrift soll den gutgläu-

81 *Hasselrot*, Juridiska skrifter V, 5.

82 *Ibid.*

83 *Ibid.* 5 f.

84 *Håstad*, 63.

85 *Schrevelius*, Sveriges allmänna, nu gällande civilrätt, Bd. 2, §§ 149 ff., *Hasselrot*, Juridiska skrifter, V, 5 ff.

86 Erwähnt wird das *vindikationsrätt* auch von *Winroth* in: Nordisk Familjebok², Bd. 32, S. 655 f. Dort heißt es: „[…] Recht, seine Sache von jemandem zurückzuverlangen, in dessen Besitz sich diese befindet. Nach allen bekannten Rechtssystemen steht dem Eigentümer prinzipiell ein solches Recht zu, soweit er nicht zum Inhaber in einem solchen Obligationenverhältnis steht, dass er schuldig ist, ihm den Besitz zu belassen."

87 Vgl. prop. 2002/03:17, 46 f.; *Millqvist*, 60 ff.; *Håstad*, 62 ff.

88 Vgl. *Håstad*, 62 ff.; die Ausnahme des § 3 GFL für abhanden gekommene Sachen wurde erst durch SFS 2003:161 eingefügt.

89 Bet. 1974:LU3, 2; *Undén*, 68; *Hasselrot*, Juridiska skrifter V, 5, 7.

90 Vgl. *Agell/Malmström*, 86: „Ein extinktiver Erwerb beinhaltet offensichtlich, dass die Person, die eigentlich der rechtmäßige Eigentümer war, ihr Vindikationsrecht (Recht die Sache zurückzuverlangen) verliert, welches sie normalerweise hat, wenn die Sache in unrechte Hände gerät."

bigen Erwerb des Eigentums an beweglichen Sachen ausschließen, wenn die Sache dem Eigentümer abhanden gekommen ist.[91] § 3 S. 1 GFL enthält zu diesem Zweck die Feststellung, dass „[…] das Recht des Eigentümers an der Sache besteht […]". Der Eigentümer soll durch diese Vorschrift die Möglichkeit erhalten, die Sache vom Besitzer zu vindizieren.[92] Aus dem Zusammenspiel von Wortlaut und verfolgtem Zweck der Norm lässt sich schließen, dass ein Vindikationsanspruch unabhängig von § 3 S. 1 GFL besteht.[93] Dieser erlischt aufgrund des Scheiterns des gutgläubigen Erwerbs gem. § 3 S. 1 GFL nicht, sondern besteht fort. Anders als in der älteren juristischen Literatur wird die Existenz eines solchen allgemeinen Anspruchs mit einem über den Fall des gescheiterten gutgläubigen Erwerbs hinausgehenden Anwendungsbereich heute aber nicht exakt formuliert, sondern stillschweigend vorausgesetzt. So enthalten einige neuere Lehrbücher und Nachschlagwerke eine allgemein gefasste Definition des Vindikationsrechts.[94] Sie begnügen sich in der Regel aber mit Andeutungen über dessen konkrete Ausgestaltung und Anwendungsbereich.[95] Die verschiedenen Gesetzgebungsmaterialien zum *bona fides*-Erwerb beschränken sich ebenfalls auf Teilaspekte, ohne die genauen Voraussetzungen zu beschreiben. So ist beispielsweise in dem die Änderung des GFL aus dem Jahre 2003[96] vorbereitenden Gutachten eine detaillierte Stellungnahme zum Erlöschen des Vindikationsrechts enthalten:

> **„Ende des Vindikationsrechts**
>
> Im schwedischen Recht gibt es keine Regeln über die Verjährung des Eigentumsrechts an beweglichen Vermögensgegenständen. Wenn die Gesetzgebung einen gutgläubigen Erwerb an beweglichen Sachen in bestimmten Fällen nicht mehr zulässt und keine Regeln eingeführt werden, die beinhalten, dass das Recht des ursprünglichen Eigentümers nach einer bestimmten Zeit endet, wird dieser deswegen sein Eigentumsrecht an dem Vermögensgegenstand für alle Zukunft beibehalten. […]

---

91 Kein Abhandenkommen liegt vor, wenn der Eigentümer die Sache selbst aus den Händen gibt, vgl. prop. 2002/03:17, 19. Der Begriff ist im Wesentlichen wie im deutschen Recht zu verstehen, jedoch knüpft § 3 GFL von den Voraussetzungen her an die nach Kap. 8 BrB strafbare Wegnahmehandlung an, vgl. Karnov/*Persson*, 728, Lag om godtrosförvärv av lösöre, Ziff. 19.

92 Prop. 2002/03:17, 19, 46.

93 *Agell/Malmström*, 86 (Fn. 90), scheinen den gleichen Schluss zu ziehen.

94 Vgl. *Agell/Malmström*, 427; Agell/Malmström/*C. Ramberg*[22], 354; *Zetterström*, Juridiken, 171; *ders.*, Sakrätten, 159; *Bergström/Håstad/Lindblom/Rylander*, Juridikens termer[8], 185; *Martinger*, Norstedts juridiska ordbok, 186.

95 Vgl. bspw. *Agell/Malmström*, 77: „Hat eine andere Person ohne Recht die Sache in ihre Hände bekommen, hat der Eigentümer prinzipiell einen Rechtsanspruch darauf, diese mit Hilfe der Behörde zurück zu bekommen"; *dies.*, 86 (Fn. 90); eine ähnliche Formulierung, jedoch ohne expliziten Verweis auf die Vindikation, ist zu finden bei Agell/Malmström/*C. Ramberg*[22], 62.

96 S. hierzu das das Gesetzgebungsverfahren vorbereitende Gutachten SOU 2000:56.

> Die Untersuchung sieht es als nicht angemessen an, dass derjenige, der eine Sache mit Eigentumsanspruch besitzt, für alle Zukunft riskiert, diese zu verlieren, wenn herauskommt, dass sie gestohlen ist. […]
>
> Die Untersuchung schlägt Regeln vor, die beinhalten, dass das Vindikationsrecht in zwei unterschiedlichen Situationen endet. […].“[97]

Diese Passage deutet ein Vindikationsrecht aus dem Eigentum selbst an, indem ein Bezug zu den Verjährungsvorschriften hergestellt wird. Erfordert aber die Tatsache, dass das Eigentum keiner Verjährung unterliegt, die Einführung einer Beschränkung des Vindikationsrechts, so muss dieses denklogisch aus dem Eigentum selbst folgen. Ein dem Eigentum immanentes Vindikationsrecht ließe wiederum den Schluss zu, dass sich dessen Anwendungsbereich nicht ausschließlich auf den Fall des gescheiterten gutgläubigen Erwerbs beziehen kann, sondern dem Eigentümer unter bestimmten Voraussetzungen auch in anderen Situationen zustehen muss. Dass die oben zitierte Passage des Gutachtens auch der Gesetzgebung zugrunde liegt, folgt aus der nahezu wortwörtlichen Übernahme in die Gesetzesvorlage.[98] Darüber hinaus hat man die vorgeschlagene Befristung der Geltendmachung des Vindikationsrechts im GFL umgesetzt (§ 3 S. 2 GFL) und als äußerste Grenze zudem die Ersitzung in § 4 GFL verankert. Die Gesetzgebungsmaterialien stellen insofern ein starkes Indiz für die Existenz eines situationsunabhängigen Vindikationsrechts dar, lassen aber eine konkrete Beschreibung der allgemeinen Voraussetzungen des Herausgabeanspruchs aus dem Eigentum vermissen. Im Dreipersonenverhältnis steht dem Eigentümer jedenfalls dann ein Vindikationsrecht zu, wenn der gutgläubige Erwerb einer besitzenden dritten Person gescheitert ist.

Für die Existenz eines allgemeinen materiellen Vindikationsrechts spricht folglich zweierlei. Systematisch müsste ein solches angesichts des Wortlauts von § 3 S. 1 GFL („das Recht des Eigentümers besteht“) dem Eigentümer immer dann zustehen, wenn eine Person die Sache ohne Recht zum Besitz in den Händen hält. Zudem lässt die Art und Weise der Behandlung des Vindikationsrechts in den Gesetzgebungsmaterialien den Schluss zu, dass das Vindikationsrecht aus dem Eigentum selbst folgt und deshalb auch in Situationen abseits eines gescheiterten gutgläubigen Erwerbs bestehen müsste. Problematisch ist aber, dass in den vorbereitenden Gesetzgebungsmaterialien von der „Ausformung einer Vindikationsregel“ gesprochen wird.[99] Dies könnte darauf hindeuten, dass eine Vindikationsregel erst eingeführt werden musste. Ob damit die Einführung einer solchen Regel für den gutgläubigen Erwerb oder für die Rechtsordnung insgesamt gemeint ist, lässt sich den verschiedenen Stellungnahmen nicht entnehmen. Meines

---

97 SOU 2000:56, 14 f.; im Wesentlichen inhaltsgleich, aber ohne Erwähnung des Begriffs „Vindikation“: prop. 2002/03:17, 23.

98 Prop. 2002/03:17, 23.

99 Vgl. SOU 2000:56, 13.

Erachtens ist diese Formulierung so zu verstehen, dass es um die Ausformung einer gesetzlich verankerten Vindikationsregel geht, die, wie eingangs gezeigt,[100] der schwedischen Rechtsordnung aber jedenfalls seit dem 17. Jahrhundert als ungeschriebener Rechtsgrundsatz bekannt ist.

(2) Vom bona fides-Erwerb unabhängiges Vindikationsrecht?

Auch losgelöst vom Kontext des gutgläubigen Erwerbs und zeitlich vor Inkrafttreten des § 3 GFL wurde das Vindikationsrecht in der schwedischen Rechtsliteratur erwähnt. Dazu gehören neben älteren Werken auch einige moderne Abhandlungen.[101] *Rodhe* definiert die Vindikationssituation so, dass „[...] der Kläger als Grund für seinen Anspruch [auf Herausgabe] geltend macht, dass er [...] ein besseres Recht an der Sache hat, als der Beklagte".[102] Dabei sei zu beachten, dass zwischen den Parteien kein Vertragsverhältnis bestehe oder bestanden habe.[103] *Rodhe* entkoppelt den Vindikationsanspruch damit von etwaigen Herausgabeansprüchen vertraglicher Natur in Gestalt von Erfüllungsansprüchen, Bereicherungs-, Rücktritts- oder Anfechtungsansprüchen und Rückgabeansprüchen aufgrund der Beendung eines Besitzrechts.[104] Damit könnte er andeuten, dass das Vindikationsrecht nicht parallel zu etwaigen Herausgabeansprüchen vertraglicher oder besitzschutzrechtlicher Natur anwendbar ist.

(a) Vindikationsanspruch in Mehrpersonenverhältnissen[105]

Für Drei- oder Mehrpersonenverhältnisse ist charakteristisch, dass zwischen Eigentümer und dem jetzigen Besitzer der Sache aufgrund der „Zwischenschaltung" einer weiteren Person kein direktes vertragliches Verhältnis besteht oder

---

100 S.o. 214 f.

101 Frühere Auflagen des Lehrbuchs von *Agell/Malmström* sprechen ebenfalls vom Vindikationsrecht. So finden sich die entsprechenden Passagen (Fn. 90) und Definitionen (Fn. 94) auch in *Malmström*, Civilrätt[11], 51, 62, 374 und *Malmström*, Civilrätt[1], 51, 63, 333 wieder. Diese beiden Auflagen stammen aus einer Zeit, zu der ein gutgläubiger Erwerb abhanden gekommener Sachen ohne weiteres möglich war. In *Malmström*, Civilrätt[11], 207, ist zudem im Rahmen der Darstellung der Vindikationsklage im Grundstücksrecht ein Hinweis zu finden, dass diese in Bezug auf bewegliche Sachen beschränkt sei. Bei Grundstücken war ein gutgläubiger Erwerb damals noch nicht möglich. *Rodhe*, 15 ff., stellt die Vindikation in den Mittelpunkt des ersten Teils seiner Arbeit. Vgl. zu dieser Thematik auch *Hessler*, 114 ff.

102 *Rodhe*, 15.

103 *Ibid.*

104 Vgl. hierzu die Unterscheidung zwischen dem Vindikationsanspruch (lit. d) sowie den anderen drei Anspruchsarten (lit. a) – c)), *Rodhe*, 15.

105 Diese Frage gehört systematisch zu Kapitel 11 dieser Arbeit. Sie soll aber zur besseren Verständlichkeit bereits hier behandelt werden.

bestand. Es lassen sich zwei Grundsituationen unterscheiden, abhängig davon, ob die Überlassung der Sache vom Eigentümer A an B freiwillig erfolgte oder nicht. In dem sich anschließenden Verhältnis B – C ist sodann zu unterscheiden, ob ein Eigentumserwerb stattfinden sollte oder ein sonstiges Recht an der Sache vereinbart wurde, also ob das Eigentum des A infrage gestellt wird oder nicht.

Abb. 10: Dreipersonenverhältnisse

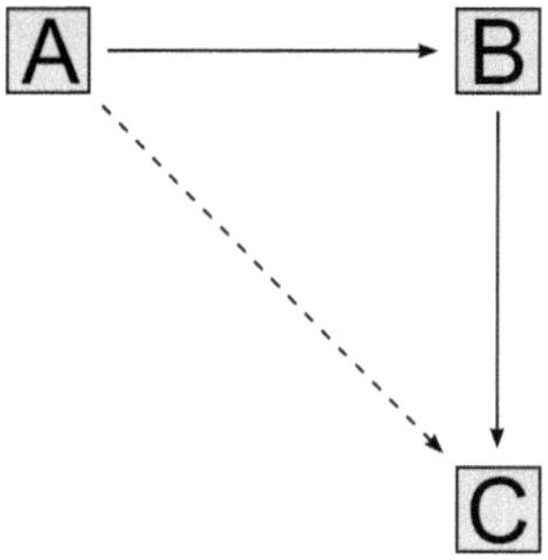

Hat der Eigentümer A die Sache dem B freiwillig überlassen, so steht ihm ein Vindikationsrecht im Verhältnis zu C nur dann zu, wenn dieser nicht gutgläubig Eigentum erworben hat.[106] Sollte im Verhältnis B – C kein Eigentumserwerb erfolgen, sondern ein sonstiges Recht in Bezug auf die Sache begründet werden, stellt sich die Frage, inwiefern A sich dieses entgegenhalten lassen muss. Dies hängt davon ab, ob das Recht wirksam erworben wurde.[107] Ein Vindikationsrecht kann ihm im Ergebnis nur dann zustehen, wenn C ihm gegenüber nicht zum Besitz berechtigt ist.[108]

Ist die Sache dem Eigentümer A durch verbotene Eigenmacht und damit unfreiwillig abhanden gekommen, so steht ihm grundsätzlich ein Vindikationsrecht gegenüber C zu, da ein Eigentumserwerb wegen § 3 S. 1 GFL ausscheidet.[109] Der gescheiterte Gutglaubenserwerb vom Nichtberechtigten stellt den – gesetzlich geregelten – Grundfall des Vindikationsrechts im Dreipersonenverhältnis dar. Ob ihm auch für den Fall, dass zwischen B und C ein sonstiges Rechtsverhältnis vereinbart wurde, ein Vindikationsrecht zusteht, hängt auch hier davon ab, inwiefern A dies gegen sich geltend lassen muss. Im Grundsatz muss es ihm aber auch hier zustehen, da insofern „das Recht des Eigentümers an der Sache" ver-

106 *Zackariasson*, SvJT 2003, 753, 765.

107 Diese Fragestellung liegt außerhalb des Rahmens dieser Arbeit.

108 So sinngemäß auch *Björkman/Stuart*, 22 ff.

109 *Zackariasson*, SvJT 2003, 753, 765; vgl. auch o. 215 ff.

gleichbar § 3 S. 1 GFL „besteht". Es wird deutlich, dass in Dreipersonenverhältnissen ein weiter Anwendungsbereich für das Vindikationsrecht besteht und dass dessen Voraussetzungen im Allgemeinen das Eigentum des Anspruchstellers und der unberechtigte Besitz des Anspruchsgegners sind.

(b) Vindikationsanspruch in Zweipersonenverhältnissen

In der Beschreibung der materiellen Regeln über die Vindikation beschränken sich schwedische Autoren in aller Regel auf Dreipersonensituationen, in denen zwei Personen behaupten, Eigentümer derselben Sache zu sein.[110] Fraglich ist, ob der Anwendungsbereich des Vindikationsanspruchs sich auch auf Zweipersonenverhältnisse erstreckt.

(aa) Bedürfnis für einen Vindikationsanspruch

In Zweipersonenverhältnissen, die dem statischen *sakrätt* oder dem Vertragsrecht zuzuordnen sind, besteht bei freiwilliger Überlassung der Sache durch den Eigentümer regelmäßig ein Rückgabe- und damit Herausgabeanspruch aus dem zugrunde liegenden Vertrag, der wenigstens einen Leihvertrag darstellt.[111] Bei unfreiwilligem Besitzverlust seitens des Eigentümers hat dieser die Möglichkeit, die Sache durch possessorischen Besitzschutz aufgrund verbotener Eigenmacht zurückzuerlangen.[112] Ein Bedürfnis für einen Vindikationsanspruch würde dementsprechend bei Zweipersonenverhältnissen in der Praxis häufig nicht bestehen.

Indes handelt es sich beim Herausgabeanspruch aufgrund verbotener Eigenmacht um einen possessorischen Rechtsbehelf, der im Rahmen einer petitorischen Herausgabeklage[113] wirkungslos wäre. Wenn es dem Eigentümer nicht möglich ist, die verbotene Eigenmacht zu beweisen, hätte sein Antrag auf Herausgabe in einem possessorischen Verfahren nach § 4 Nr. 1 BfL[114, 115] keine Aussicht auf Erfolg. Bei einer auf sein materielles Recht gestützten petitorischen Klage[116] stünde er, bei Unanwendbarkeit des Vindikationsanspruchs, im Falle des unfreiwilligen Besitzverlustes ohne Herausgabeanspruch da, als insofern auch keine deliktischen

---

110 *Rodhe*, 17 f. Insbesondere der Verweis dort in Fn. 6 auf *Hessler*, 66, 114 ff., macht dies deutlich, da dieser seiner Darstellung die Dreipersonenverhältnisse zugrunde legt. Vgl. hierzu auch *Hessler*, 64 f.; *Millqvist*, 70 f.

111 Für die Leihe *(saklån)* existieren nur rudimentäre Regeln in Kap. 13 HB. Der Entleiher hat die Sache jedenfalls auf Verlangen des Verleihers zurückzugeben, vgl. *Agell/Malmström*, 153.

112 S.u. 237 ff.

113 Die Vindikationsklage ist petitorischer Natur, *Rodhe*, 83.

114 SFS 1990:746 *Lag om betalningsföreläggande och handräckning:* Gesetz über Mahnbescheide und Vollstreckungshilfe.

115 Hierzu s.u. 227 ff., 237 ff.

116 *Rodhe*, 83.

Verhaltensweisen nachweisbar sein dürften. Die schwedische Rechtsordnung geht aber davon aus, dass der Eigentümer die ihm abhanden gekommene Sache vom Besitzer zurück erhalten soll.[117] Dementsprechend ist ein Herausgabeanspruch aus dem Eigentum in Zweipersonenverhältnissen jedenfalls bei Abhandenkommen der Sache notwendig.

(bb) Existenz des Vindikationsanspruchs im Zweipersonenverhältnis

Dass ein Vindikationsanspruch tatsächlich auch in Zweipersonenverhältnissen existiert, wird in der juristischen Literatur angedeutet, aber nicht ausdrücklich formuliert.[118] Man beschränkt sich in aller Regel darauf, allgemein zu beschreiben, dass der Eigentümer einen Anspruch auf Rückgabe gegen den Besitzer hat, wenn die Sache zu unrecht in dessen Hände gelangt ist.[119] Es ist anzunehmen, dass dies im schwedischen Recht als eine selbstverständliche Folge des Eigentums angesehen wird und deshalb keine detaillierte Erwähnung findet.[120] Aus der Gesamtheit der Definitionen und Stellungnahmen in der Literatur lässt sich ableiten, dass der Eigentümer im Allgemeinen das Recht hat, von einer nicht zum Besitz berechtigten Person die Herausgabe zu verlangen. Wenngleich dies nicht immer ausdrücklich als Vindikationsrecht *(vindikationsrätt)* bezeichnet wird,[121] handelt es sich doch der Sache nach um ein solches. Dieses Recht steht dem Eigentümer zu und folgt damit, wie oben dargelegt,[122] aus dem Eigentum selbst.

(cc) Anwendung des Vindikationsrechts neben anderen Herausgabeansprüchen

Der praktische Anwendungsbereich des Vindikationsanspruchs ist im schwedischen Recht nicht vollständig geklärt. Es existiert weder detaillierte Rechtsprechung noch ausführliche Literatur zu seiner Anwendung im Zweipersonenverhältnis. Deshalb stellt sich vor allem die Frage, ob das Vindikationsrecht des

---

117 Dies ergibt sich aus dem Wortlaut der verschiedenen Definitionen und Beschreibungen des Vindikationsrechts in der Literatur (s. Fn. 119). Zudem muss sich aus der Tatsache, dass ein bösgläubiger Zweiterwerber die Sache herauszugeben hat *a fortiori* ergeben, dass der Entwender einer Sache ebenso hierzu verpflichtet ist.

118 So hat der ursprüngliche Eigentümer einen Vindikationsanspruch gegenüber demjenigen, der ihm die Sache entwendet hat, wenn dieser die Sache wieder erwirbt, vgl. NJA 1942, 467; *Håstad*, 71.

119 Vgl. *Hessler*, 29; *Agell/Malmström*, 77, 427; *Martinson*, 23 f.; Faber/Lurger/*Lilja*, National Reports Vol. 5, 34; *Martinger*, Norstedts juridiska ordbok^{4}, 186; *Bergström/Håstad/Lindblom/Rylander*, Juridikens termer, 185; *Undén*, 64.

120 *Björkman/Stuart*, 10.

121 Bisweilen wird einfach nur erwähnt, dass der ursprüngliche Erwerber ein „besseres Recht" in Bezug auf die Sache und der Beklagte die Sache deshalb herauszugeben hat. Vgl. dazu u. 226 f.

122 S.o. 215 ff.

Eigentümers parallel zu anderen Herausgabeansprüchen anwendbar ist. Für den Besitzschutz müsste dies zu bejahen sein, da die Wirkungsebenen verschieden sind: Während der Besitzschutz rein possessorischen Charakters ist und nur bei offensichtlich fehlender materieller Berechtigung trotz des Vorliegens verbotener Eigenmacht verweigert werden kann,[123] kommt der Vindikationsanspruch bei einer Klage über ein „besseres Recht" und damit als petitorischer Anspruch zum Tragen.[124] Dafür spricht auch Kap. 15, § 4 RB[125], demzufolge das Gericht bei einem Verfahren über ein „besseres Recht"[126] die unmittelbare Herausgabe der Sache anordnen kann, wenn sich zeigt, dass eine der Parteien verbotene Eigenmacht ausgeübt hat. Die Besitzherausgabe aufgrund des Besitzschutzes ist dementsprechend von der materiellen Berechtigung in Gestalt eines Vindikationsanspruchs, die Gegenstand eines Verfahrens über ein „besseres Recht" ist, zu unterscheiden und kann diese nicht ersetzen. Praktisch liegen die Voraussetzungen des petitorischen Vindikationsanspruchs und des possessorischen Herausgabeanspruchs fast immer gleichzeitig vor, sind aber verschiedenen Verfahren zuzuordnen.[127]

Anders verhält es sich bei der Konkurrenz zu vertraglichen Herausgabeansprüchen. Hier hätte der Eigentümer bei Anspruchskonkurrenz die Möglichkeit, die Herausgabe sowohl aufgrund des vertraglichen Anspruchs als auch aufgrund des Vindikationsanspruchs zu verlangen. Ob dies möglich ist, wird in der schwedischen Literatur nicht diskutiert. Auch in der Rechtsprechung lassen sich hier keine Hinweise finden. In Urteilen nennen die Gerichte die Anspruchsgrundlage in aller Regel nicht, sondern beschränken sich darauf, die faktischen Umstände zu analysieren.[128] Es geht ihnen bei der Analyse eher darum, die hinter den ge-

---

123 Vgl. § 24 BfL.

124 *Rodhe*, 83.

125 SFS 1942:740 *Rättegångsbalk*: Gerichtsverfahrensgesetzbuch.

126 Also einem Verfahren über die materielle Berechtigung an der Sache.

127 *Rodhe*, 83, 84.

128 Vgl. für das Vindikationsrecht die folgenden Urteile: In NJA 1942, 467 wurde dem Eigentumsvorbehaltsverkäufer das Recht zugestanden, das Auto von einem bösgläubigen Zweiterwerber zurückzuerlangen. Dabei wurde nur festgestellt, dass er ein „besseres Recht" habe, ohne dabei auf die genaue Anspruchsgrundlage einzugehen. NJA 1973, 170 behandelte ebenfalls den Anspruch des Vorbehaltsverkäufers auf Herausgabe bzw. Ablösung des ausstehenden Kaufpreises gegen eine dritte Person, die nicht gutgläubig Eigentum erworben hatte. Dabei wurde nicht auf die eigentliche Anspruchsgrundlage Bezug genommen, sondern es wurden schlicht die Voraussetzungen des Erwerbs des Dritten geprüft. In NJA 1982, 312 war ein gutgläubiger Erwerb gescheitert, da der Erwerber die Voraussetzungen der Gutgläubigkeit nicht erfüllte. Für den vom ursprünglichen Eigentümer geltend gemachten Wertersatzanspruch nannte das Gericht keine Anspruchsgrundlage, sondern untersuchte ausschließlich die Voraussetzungen des gutgläubigen Erwerbs. NJA 2004, 52 behandelte die Vindikation des Surrogats eines Leasingobjekts. Auch hierbei wurde keine genaue Anspruchsgrundlage genannt. Den vier Entscheidungen ist gemein, dass in Bezug auf das Herausgabeverlangen die Voraussetzungen des Erwerbs bzw. gutgläubigen

wünschten Rechtsfolgen stehenden Interessen zu gewichten, als das materiell-rechtliche Vorliegen eines Anspruchs auf die gewünschte Rechtsfolge ausdrücklich zu prüfen.[129] Dies ist Ausfluss der funktionalen Herangehensweise, die in Schweden praktiziert wird.[130] Die Anspruchskonkurrenz wird in Schweden offensichtlich nicht als Problem angesehen. Es hat in der Sache keine praktischen Auswirkungen, welcher der beiden Ansprüche zum Tragen kommt, sodass diese Frage funktional obsolet ist und deshalb wohl keiner Beantwortung bedarf.[131]

(3) Voraussetzungen des Vindikationsanspruchs

Der Vindikationsanspruch folgt aus dem Eigentum selbst.[132] Er kann dementsprechend nur vom Eigentümer geltend gemacht werden. Anspruchsgegner ist der Besitzer der Sache des Eigentümers.[133] Aufgrund der systematischen Stellung des in der Rechtswissenschaft entwickelten Besitzrechts[134] ist anzunehmen, dass mittelbarer Besitz zur Begründung der Passivlegitimation ausreichend ist. Wie sich aus den vorhandenen Definitionen des Vindikationsanspruchs ergibt, setzt dieser die Nichtberechtigung des Anspruchsgegners zum Sachbesitz voraus.[135] Gegenüber einer zum Besitz berechtigten Person steht dem Eigentümer folglich kein Vindikationsanspruch zu. Inwiefern es sich hierbei um eine echte Anspruchsvoraussetzung oder um eine Einwendung gegen den Anspruch handelt, bleibt im schwedischen Recht offen. Diese Frage dürfte nach schwedischem Verständnis auch unerheblich sein, da sie für das faktische Ergebnis des Anspruchs nicht von Bedeutung ist.[136]

Der Vindikationsanspruch des Eigentümers ist im schwedischen Recht dementsprechend an drei Voraussetzungen geknüpft:

Erwerbs dezidiert analysiert wurden, eine Anspruchsgrundlage für die Herausgabe aber nicht erwähnt wurde.

129 So sinngemäß Faber/Lurger/*Lilja*, National Reports Vol. 5, 15, 20; *Lurger/Faber*, PEL Acq. Own., 269 (VIII.-1:202, Note Nr. 38), 280 (VIII.-1:202, Nr. 74).

130 Vgl. *Martinson*, 10.

131 Hier zeigt sich eine Ausprägung des Funktionalismus im schwedischen Recht. Rechtsfragen werden nur erörtert und beantwortet, soweit sie sich im Ergebnis niederschlagen und deshalb praktisch relevant sind.

132 S.o. 215 ff.

133 Vgl. *Agell/Malmström*, 427; Agell/Malmström/*C. Ramberg*[22], 354; *Zetterström*, Juridiken, 171; *ders.*, Sakrätten, 159; *Bergström/Håstad/Lindblom/Rylander*, Juridikens termer[8], 185; *Martinger*, Norstedts juridiska ordbok, 186.

134 S.o. 102 ff.

135 *Ibid.* (Fn. 133).

136 Aufgrund der flexiblen Beweislastverteilung im Zivilprozess hat dies auch prozessual keine Bedeutung.

1. Eigentum des Anspruchstellers,
2. Besitz des Anspruchsgegners,
3. Keine Berechtigung des Anspruchsgegners zum Sachbesitz gegenüber dem Anspruchsteller.

(4) Erlöschen und Begrenzung des Vindikationsrechts

Neben dem Erlöschen des Vindikationsrechts durch gutgläubigen Erwerb[137] wird das Vindikationsrecht im schwedischen Recht auch durch die Ersitzung *(hävd)* begrenzt.[138] Gemäß § 4 GFL erwirbt derjenige Eigentum, der eine Sache gutgläubig zehn Jahre „mit Eigentumsanspruch" in Eigenbesitz gehabt hat, also während dieser Zeit davon ausging, Eigentümer zu sein.[139] Diese Regelung zielt insbesondere auf die Fälle ab, in denen ein gutgläubiger Erwerb am Abhandenkommen der Sache scheitert. Die abhanden gekommene Sache soll nicht für alle Zeit ihrer Verkehrsfähigkeit beraubt sein.[140] Eine wichtige Voraussetzung von § 4 GFL ist, dass die Sache durch Rechtsgeschäft erworben worden sein muss.[141] Zudem müssen die gem. § 2 GFL erforderlichen Voraussetzungen der Gutgläubigkeit des Erwerbers bei Inbesitznahme und während der gesamten Ersitzungszeit vorliegen.[142] Die Zeiträume des sukzessiven Besitzes mehrerer Personen sind kumulierbar, § 4 S. 3 GFL.[143] Nach erfolgtem Eigentumserwerb steht dem ehemaligen Eigentümer unter denselben Voraussetzungen wie beim gutgläubigen Erwerb ein Lösungsrecht gem. § 5 GFL zu. Diese „Begrenzung" des Vindikationsrechts stellt sich systematisch als keine solche dar. Da das Vindikationsrecht aus dem Eigentum folgt, verliert es der alte Eigentümer, sobald sein Eigentum erlischt. Der gutgläubige Eigentumserwerb einer anderen Person stellt damit ebenso wie die Ersitzung keine Begrenzung im Sinne einer Fristenregelung, sondern einen Erlöschensgrund für das Vindikationsrecht dar.

Ein weiterer Erlöschensgrund des Vindikationsrechts ist § 3 S. 2 GFL. Macht der Eigentümer seinen Herausgabeanspruch nicht binnen sechs Monaten ab Kenntnis vom Besitz des gutgläubigen Erwerbers geltend, so erhält dieser das Eigentum, obwohl der Erwerb aufgrund des Abhandenkommens der Sache eigentlich ausgeschlossen war. Damit scheidet die Geltendmachung des Vindikations-

137 *Agell/Malmström*, 86.

138 Prop. 2002/03:17, 23; *Millqvist*, 74.

139 *Millqvist*, 74.

140 Prop. 2002/03:17, 25.

141 § 4 GFL verlangt, dass die Sache durch *överlåtelse* erlangt worden sein muss. Dies beinhaltet, dass der Besitzer einen Kauf-, Schenkungs- oder Tauschvertrag über die Sache abgeschlossen haben muss und sie zur Abwicklung dieses Vertrages erhalten hat.

142 Prop. 2002/03:17, 37 f.

143 *Ibid.* 38.

rechts wiederum nicht aufgrund zeitlicher Befristung, sondern aufgrund des eintretenden Eigentumsverlustes aus. Dieser Erlöschensgrund greift zudem nicht außerhalb von Dreipersonenverhältnissen, in denen ein Eigentumserwerb vom Nichtberechtigten bezweckt ist. Ist ein Eigentumserwerb nicht vorgesehen, so kann auch kein Erlöschen aufgrund des mit dem Fristablauf verbundenen Eigentumserwerbs nach § 3 S. 2 GFL eintreten.

Fraglich ist, ob die Berechtigung des Besitzers zum Sachbesitz eine Begrenzung des Vindikationsrechts darstellt. Das schwedische Recht unterscheidet, anders als das deutsche Recht, nicht ausdrücklich zwischen echten Anspruchsvoraussetzungen und Einwendungen des Anspruchsgegners. Funktional macht es dort keinen Unterschied, ob der Anspruch nicht besteht oder nur nicht fällig bzw. durchsetzbar ist. Der Anspruchsgegner ist jedenfalls nicht verpflichtet, die Sache herauszugeben, da ihm ein „besseres Recht" zusteht. Insofern wird das Vindikationsrecht faktisch durch ein Recht zum Besitz begrenzt, ohne dass hier eine exakte Klassifizierung der Wirkungsweise vorgenommen werden kann.

bb) Prozessuale Geltendmachung des Vindikationsrechts

Auch der prozessuale Kontext des schwedischen Rechts ist anders ausgestaltet als im deutschen Recht. Die Klage des Eigentümers gegen den Besitzer auf Herausgabe, die *rei vindicatio* wird im schwedischen Recht als *klandertalan*[144], als *talan om bättre rätt*[145] oder als *vindikationstalan*[146] bezeichnet.[147] Die Vindikationsklage stellt dabei eigentlich eine Unterform der allgemeinen *talan om bättre rätt* dar. Das Charakteristische an der *vindikationstalan* ist, dass zwei prozessuale Ziele verfolgt werden: die Feststellung des Eigentums an der Sache und deren Herausgabe.[148] In der neueren juristischen Literatur wird die *vindikationstalan* zumeist nicht mehr ausführlich behandelt.[149] Dort weist man für die Geltendmachung von Vindikationsansprüchen vor allem auf ein summarisches Verfahren vor der Vollstreckungsbehörde[150] nach dem 1990 eingeführten BfL hin.[151]

---

144 Dt. Einspruchsklage. Dieser Begriff wird für eine Reihe von Klagen verwendet, die nicht zwingend der Durchsetzung eines Vindikationsanspruchs dienen müssen, vgl. *Undén*, 66 f.

145 Dt. Klage wegen eines besseren Rechts.

146 Dt. Vindikationsklage.

147 *Undén*, 66; *ders.*, Svensk sakrätt II, Bd. 1, 69 f.; *Malmström*, Civilrätt[11], 206 f.; *Rodhe*, 17; *Zetterström*, Sakrätten, 159.

148 *Undén*, 67.

149 Der Abschnitt über die Vindikationsklage in *Malmström*, Civilrätt[11], 206, wird wohl seit Einführung des gutgläubigen Erwerbs an Grundstücken (vgl. prop. 1970:20, 458 ff.) als obsolet angesehen. Er findet sich in neueren Auflagen nicht wieder.

150 *Kronofogdemyndighet.*

151 Vgl. *Martinson*, 44; Faber/Lurger/*Lilja*, National Reports Vol. 5, 34.

(1) Talan om bättre rätt

In Schweden geht man davon aus, dass „Vindikation“ die Geltendmachung eines „besseren Rechts“ bedeutet.[152] Dabei wird mitunter der Eindruck vermittelt, dass ein „besseren Recht“ selbst eine Art materieller Rechtsbehelf in Gestalt eines Herausgabeanspruchs sei, welcher dem Eigentümer zustehe. Tatsächlich ist der Ausdruck „besseres Recht“ ein Hybrid, der aus einer prozessualen und einer materiellrechtlichen Komponente besteht.[153] Das „Recht“ besteht dabei aus einem materiellen zivilrechtlichen Anspruch.[154] Diese Ansprüche können vielfältiger Natur sein. Der Herausgabeanspruch aufgrund des Eigentums ist dabei nur eine denkbare Variante.[155] Auch Ansprüche aus beschränkten dinglichen Rechten[156] sowie obligatorischen Rechtsverhältnissen sind erfasst.[157] „Besser“ ist dieser Anspruch stets nur im Verhältnis zu einem anderen geltend gemachten Recht oder der Position einer anderen Person, wenn er dieser gegenüber besteht und diese dem Antragsteller das andere Recht nicht entgegengehalten kann.[158] Die Geltendmachung eines „besseren Rechts“ ist folglich ein Sammelbegriff[159] für Situationen, in denen mindestens zwei Beteiligte Ansprüche geltend machen, deren gewünschte Rechtsfolgen nicht miteinander kompatibel sind.[160] Das Eigentum als Recht ist noch nicht für sich ein besseres Recht. Dazu wird es erst dann, wenn dem Eigentümer gegenüber einer anderen Person ein Herausgabeanspruch zusteht und sein Begehren deswegen berechtigt ist. Verfügt der Besitzer über ein beschränktes dingliches oder ein obligatorisches Recht, welches ihn seinerseits zum Sachbesitz berechtigt, so ist er umgekehrt im Verhältnis zum Eigentümer „besser berechtigt“. Der Eigentümer behält zwar sein Eigentum, kann aber nicht die Herausgabe der Sache verlangen. Der Begriff „besseres Recht“ ist folglich relativer Natur. Das „bessere Recht“ ist stets von den individuellen Unständen abhängig und bezieht sich nur auf das Rechtsverhältnis zwischen zwei konkreten Personen.[161]

---

152 Vgl. *Rodhe*, 15.

153 *Westberg*, Det provisoriska rättsskyddet i tvistemål, Bd. 4, 74.

154 *Ibid.*

155 Eine Übersicht über die unter diese Kategorie fallenden materiellrechtlichen Ansprüche findet sich bei *Westberg*, Det provisoriska rättsskyddet i tvistemål, Bd. 4, 76 ff.

156 *Fitger*, Rättegångsbalken, Kap. 15, § 2.

157 Vgl. die *„talan om bättre rätt“* in Bezug auf die Auszahlung einer Rechtsschutzversicherungssumme in NJA 1996, 400.

158 Faber/Lurger/*Lilja*, National Reports Vol. 5, 15; Faber/Lurger/*Faber*, Rules for the transfer of movables, 97, 109.

159 *Westberg*, Det provisoriska rättsskyddet i tvistemål, Bd. 4, 74.

160 *Ibid.* 75, Ziff. 3.

161 Faber/Lurger/*Lilja*, National Reports Vol. 5, 15, 22 f.

(2) Voraussetzungen der Vindikationsklage

Die Vindikationsklage kann gem. Kap. 13, § 1 RB als sog. *fullgörelsetalan*[162] beim Gericht erster Instanz erhoben werden. Die Parteien haben dann die entsprechenden Beweise zu erbringen (Kap. 35, § 6 RB). Dabei gilt der Grundsatz der freien Beweisbarkeit.[163] Die Verteilung der Beweislast wird im schwedischen Recht nicht explizit geregelt.[164] Auch die materiellrechtlichen gesetzlichen Regelungen sind in aller Regel nicht so ausgestaltet, dass sich ihnen Hinweise zur Beweislast entnehmen lassen.[165] In der Rechtspraxis wird die Beweislast flexibel gehandhabt und oftmals davon abhängig gemacht, für wie gesichert das Gericht eine vorgebrachte Tatsache hält. Für den Vindikationsanspruch, der nicht gesetzlich geregelt ist, dürfte praktisch gelten, dass jede Partei die von ihr geltend gemachten Umstände zu beweisen hat. Der Anspruchsteller hätte dementsprechend sein Eigentum und den Besitz des Anspruchsgegners zu beweisen. In Bezug auf das Besitzrecht bzw. das fehlende Besitzrecht des Beklagten dürfte die Beweislast mangels der klaren Einordnung als Einwendung nicht eindeutig zuzuordnen sein. Regelmäßig dürfte es aber dem Anspruchsgegner obliegen darzulegen, dass ein Besitzrecht besteht, da das vom Kläger behauptete Nichtbestehen eines Besitzrechts bei Fehlen jedweder vertraglicher Beziehungen zwischen den Parteien schwer zu beweisen sein dürfte. Nur für den Fall des „Nicht-Mehr-Bestehens" eines Besitzrechts dürfte die Beweislast beim Anspruchsteller liegen. Eine definitive Aussage hierzu lässt sich jedoch ob der fehlenden Anhaltspunkte in Literatur und Rechtsprechung nicht treffen.

Kommt das Gericht zu dem Schluss, dass der Kläger ein „besseres Recht" an der Sache hat, folgert es daraus im Urteilstenor, dass der Besitzer die Sache an den Eigentümer herauszugeben hat. Aus dem rechtskräftigen Urteil kann gem. Kap. 3, § 1 Nr. 1, § 3 UB[166] vollstreckt werden.

(3) Summarische Verfahren

Neben der zivilrechtlichen Klage steht dem Eigentümer im schwedischen Recht auch die Möglichkeit offen, sein Vindikationsrecht in einem summarischen Ver-

162 Dt.: Erfüllungsklage. Es handelt sich dabei um das schwedische Äquivalent zur Leistungsklage nach deutschem Recht. Das schwedische Prozessrecht kennt daneben noch die Feststellungsklage *(fastställelsetalan)*, vgl. *Lindell*, 207.

163 *Fitger*, Rättegångsbalken, Kap. 35, *Inledning*.

164 *Ekelöf/Boman*, Rättegång IV^6, 67, 68 f.; *Fitger*, Rättegångsbalken, Kap. 35, § 1, *Bevisbördan*.

165 *Ekelöf/Boman*, Rättegång IV^6, 68, 83; *Fitger*, Rättegångsbalken, Kap. 35, § 1, *Bevisbördan*.

166 SFS 1981:774 *Utsökningsbalk:* Zwangsvollstreckungsgesetzbuch.

fahren nach dem BfL geltend zu machen.[167] Das BfL unterscheidet für Ansprüche, die nicht in der Bezahlung einer Geldschuld bestehen, zwischen der gewöhnlichen (*vanlig handräckning*, § 3 BfL) und der besonderen Vollstreckungshilfe (*särskilt handräckning*, § 4 BfL). Diese summarischen Verfahren finden vor der Vollstreckungsbehörde *(Kronofogdemyndighet)* statt.[168] Nach obsiegendem Beschluss ist die Vollstreckung gem. § 45 BfL i.V.m. Kap. 2 § 1 Abs. 3 UB von Amts wegen von der Vollstreckungsbehörde vorzunehmen.

(a) Vanlig handräckning

Gemäß § 3 Nr. 2 BfL kann das Begehren, eine andere Person zur Herausgabe eines beweglichen Vermögensgegenstandes zu verpflichten, Gegenstand des Verfahrens der *vanlig handräckning* sein.[169] Seiner Natur nach ist dieses Verfahren an das Mahnbescheidsverfahren nach § 2 BfL angelehnt, welches dem deutschen Mahnverfahren nach §§ 688 ff. ZPO vergleichbar ist. Die Vollstreckungsbehörde nimmt grundsätzlich keine materiellrechtliche Prüfung des Antrags vor, hat den Antrag aber so zu behandeln, als wenn ihm seitens des Antragsgegners widersprochen worden wäre (§ 25 BfL), wenn angenommen werden kann, dass er unbegründet oder unberechtigt ist, § 23 BfL. Wird der im Antrag geltend gemachten Rechtsfolge nicht rechtzeitig widersprochen, so hat die Vollstreckungsbehörde gem. § 42 BfL antragsgemäß zu entscheiden. Wird der Anspruch bestritten, verweist die Vollstreckungsbehörde das Verfahren auf Antrag an das Gericht erster Instanz, §§ 33, 34 BfL. Das Verfahren der *vanlig handräckning* eignet sich deshalb primär für Herausgabeansprüche, bei denen zu erwarten ist, dass sie der Herausgabeschuldner nicht bestreiten wird.[170] Ansonsten ist die direkte Erhebung einer Vindikationsklage beim *Tingsrätt* oder das Verfahren der *särskilt handräckning* zweckgemäß.

(b) Särskilt handräckning

Das Verfahren der besonderen Vollstreckungshilfe *(särskilt handräckning)* ist gem. § 4 Nr. 1 BfL anwendbar, wenn der Antragsteller unter bestimmten Umständen die Korrektur einer faktischen Situation begehrt. Erfasst sind die eigenmächtige

---

167 Für Sonderfälle existieren zusätzliche spezialgesetzliche Vorschriften über die *handräckning*, vgl. bspw. §§ 11 ff. AvbtL, 43 ff. KkrL für die Rückerlangung einer unter Rücknahmevorbehalt veräußerten Sache.

168 Vgl. § 1 BfL.

169 Vgl. *Häggman/Boström/Linders*, Betalningsföreläggande och handräckning, § 3 BfL, *Andra punkten*; § 4 BfL, *Första punkten*.

170 Prop. 1989/90:85, 47, 100.

Störung *(rubbning)*[171] des Besitzes, sonstige unzulässige Maßnahmen bezüglich des Vermögens sowie die anderweitige unzulässige Behinderung der Ausübung eines Rechts an einem Vermögensgegenstand. Das Herausgabeverlangen aufgrund des Eigentums wird von der letzten Variante des § 4 Nr. 1 BfL erfasst.[172] Sie betrifft unter anderem Fälle, in denen sich jemand weigert, eine Sache herauszugeben, die er aufgrund eines Vertrages oder eines Dienstes in Besitz bekommen hat.[173] Der Anwendungsbereich der *särskilt handräckning* ist sehr weit formuliert, erfasst aber jedenfalls auch das Herausgabeverlangen des Eigentümers gegenüber dem Besitzer.[174]

Die Besonderheit der *särskilt handräckning* im Vergleich zur *vanlig handräckning* liegt in der prozessualen Ausgestaltung. Bei der *särskilt handräckning* handelt sich um ein kontradiktorisches schriftliches Verfahren, in dem auch die materielle Begründetheit des geltend gemachten Herausgabeanspruchs zu prüfen ist. Dabei hat der Antragsteller die Umstände, die er für seinen Antrag geltend macht, nachzuweisen (§ 39 BfL). Offensichtlich unbegründete Anträge sind gem. § 24 BfL bereits in diesem Stadium zurückzuweisen. Nach Abschluss der „Beweiserhebung" hat die Vollstreckungsbehörde über den Antrag zu beschließen und gem. § 43 BfL eine materielle Prüfung des Antrags auf Grundlage der bewiesenen oder unbestrittenen Tatsachen durchzuführen. Den Parteien steht nach §§ 57, 63 BfL die Möglichkeit offen, binnen drei Wochen beim Gericht erster Instanz Rechtsmittel einzulegen.

cc) Bewertung

Wie gezeigt, kennt auch das schwedische Recht einen allgemeinen Herausgabeanspruch des Eigentümers gegen unberechtigte Besitzer seiner Sache. Dieser ist im schwedischen Recht jedoch nicht gesetzlich geregelt. Die Voraussetzungen dieses Vindikationsrechts entsprechen im Wesentlichen denen des deutschen Rechts, wenngleich eine strikte und schematische Unterteilung in Schweden nicht existiert. Dies spiegelt sich auch in den Entscheidungen der Gerichte wider. Man fokussiert sich nicht darauf, strikt die Voraussetzungen des Anspruchs zu

171 *Rubbning* umfasst auch Störungen, die nicht in der Sachentziehung liegen, sondern die Besitzausübung anderweitig erschweren. Vgl. *Berggren* u.a., Brottsbalken, Kap. 8, § 8 BrB, *Olovlig besittningsrubbning utan tillgrepp*.

172 Liegt verbotene Eigenmacht vor, so ist auch die Variante 1 des § 4 Nr. 1 BfL für das possessorische Herausgabeverlangen anwendbar.

173 *Häggman/Boström/Linders*, Betalningsföreläggande och handräckning, § 4 BfL, *Första punkten*.

174 Beispielsweise die spätere Herausgabe bei Erwerb durch Besitzkonstitut nach Lkl, vgl. *Häggman/Boström/Linders*, Betalningsföreläggande och handräckning[5], 67 f.

prüfen, sondern untersucht, wer in Bezug auf die Sache über ein „besseres Recht“ verfügt. Das „bessere Recht“ selbst stellt dabei der Vindikationsanspruch dar, wenn dessen Voraussetzungen vorliegen. Der Besitzer wird dann zur Herausgabe der Sache verurteilt, ohne dass aber der Vindikationsanspruch selbst Erwähnung im Urteil findet. Diese Herangehensweise wirkt aus deutscher Sicht befremdlich, soll aber nach schwedischem Verständnis den Vorteil haben, dass den individuellen Umständen des einzelnen Falles Rechnung getragen werden kann, was bei einer schematischen Lösung anhand der Anspruchsvoraussetzungen als unmöglich empfunden wird. In der Sache lässt sich aber kein nennenswerter Unterschied feststellen. In aller Regel liegen die Voraussetzungen des Herausgabeverlangens des Eigentümers nach deutschem und schwedischem Recht gleichermaßen vor, sodass es sich um rein methodische Unterschiede handelt, die sich im Ergebnis nicht auswirken.

Dem Eigentümer, der seinen Vindikationsanspruch durchsetzen möchte, stehen im schwedischen Recht vielfältige prozessuale Möglichkeiten offen. Während ihm im deutschen Recht kein summarisches Verfahren zur Verfügung steht und ihm nur die Erhebung einer Leistungsklage möglich ist, kann er in Schweden – je nach den Umständen des individuellen Falles – neben dem klassischen Weg über eine Leistungsklage auf Herausgabe seiner Sache auch den Weg eines summarischen Verfahrens beschreiten. Insbesondere bei einfach gelagerten Fällen dürfte es für den Eigentümer deshalb in Schweden schneller und einfacher sein, seinen Vindikationsanspruch durchzusetzen als in Deutschland.

c) Beseitigungs- und Unterlassungsanspruch

Die zweite Säule der zivilrechtlichen Schutzansprüche des Eigentümers besteht im deutschen Recht aus dem Beseitigungsanspruch des Eigentümers, der auch vorbeugend als Unterlassungsanspruch geltend gemacht werden kann. Eine § 1004 BGB entsprechende ausdrückliche Regelung des negatorischen Rechtsschutzes des Eigentümers kennt das schwedische Recht nicht. Der negatorische Schutz des Eigentümers findet auch kaum Erwähnung in der juristischen Literatur. *Undén* bringt jedoch zum Ausdruck, dass dem Eigentümer bei eher partiellen Eingriffen in das Eigentum ein Anspruch auf Unterlassung der Störung gegen den Störer zusteht.[175] Er unterscheidet dabei nicht ausdrücklich zwischen einem Beseitigungs- und einem Unterlassungsanspruch, weist aber darauf hin, dass der negatorische Rechtsschutz im Mobiliarsachenrecht von untergeordneter Bedeutung sei und vornehmlich im Grundstücksrecht zum Tragen komme.[176]

175 *Undén*, 66; *ders.*, Svensk sakrätt II, Bd. 1, 72.
176 *Undén*, 66.

Hinweise auf die Möglichkeit des negatorischen Schutzes des Eigentümers liefert das schwedische Prozessrecht. Neben der Möglichkeit, eine auf Unterlassen gerichtete Leistungsklage *(förbudstalan* als Unterform der Erfüllungsklage *(fullgörelsetalan))* zu erheben und so ein Verbotsurteil *(förbudsdom)* zu erreichen,[177] besteht auch hier die Option eines summarischen Verfahrens. Gemäß § 4 Nr. 1 BfL ist das Verfahren der *särskilt handräckning* nicht nur für die Wiedererlangung von beweglichen Sachen anwendbar, sondern gilt allgemein zur Korrektur, „[...] wenn [...] eine [...] unerlaubte Maßnahme in Bezug auf feste oder bewegliche Vermögenswerte vorgenommen worden ist, oder die Ausübung eines Rechts des Antragsstellers an bestimmten Vermögensgegenständen auf andere Art und Weise behindert wird [...]". Dabei ist Unterlassen ebenso erfasst wie positives Handeln.[178] Das Verfahren nach § 4 Nr. 1 BfL ist folglich anwendbar, wenn ein Eigentümer von einer anderen Person die Beseitigung einer Eigentumsbeeinträchtigung verlangt.[179] Problematisch ist, dass § 4 Nr. 1 BfL diesbezüglich keine ausdrückliche materielle Regelung enthält. Allerdings erfasst der Begriff *besittningsrubbning* (Besitzstörung) auch Fälle, in denen der Sachbesitz anders als durch Besitzentzug beeinträchtigt wird.[180] Eine ausdrückliche materiellrechtliche Regelung des Anspruchs auf Beseitigung und Unterlassung von Störungen des Eigentums kennt das schwedische Recht nicht. Grundsätzlich dürfte aber jedem Inhaber eines dinglichen Rechts ein spiegelbildlich zu seinen Befugnissen ausgestalteter Unterlassungsanspruch gegen Beeinträchtigungen durch andere zustehen.[181] Ob für den Beseitigungsanspruch vergleichbares gilt, ist unklar. Die Ausführungen zur *förbudstalan* in der schwedischen Literatur beschränken sich vornehmlich auf prozessuale Erwägungen, insbesondere zur Gegenwärtigkeit der Störung. Die materiellrechtlichen Anspruchsgrundlagen für Beseitigung und Unterlassung dürften existieren, werden aber nicht genannt, sondern vorausgesetzt.

Im Grundsatz ist davon auszugehen, dass das schwedische Recht einen ungeschriebenen Beseitigungs- und Unterlassungsanspruch des Eigentümers gegenüber Störern kennt. Dafür spricht einerseits, dass die prozessualen Voraussetzungen für die Geltendmachung eines solchen Anspruchs bestehen. Zum anderen werden Unterlassungsansprüche auch in der schwedischen Literatur erwähnt. Klar ist jedoch, dass die Bedeutung des Beseitigungsanspruchs im Mobiliarsa-

177 *Lindell*, 207; *Fitger*, Rättegångsbalken, Kap. 13, Inledning, De olika kategorierna av talan.

178 Prop. 1989/90:85, 102.

179 Gleichwohl ergibt sich auch aus den Gesetzgebungsmaterialien, dass der Gesetzgeber vorwiegend an das Grundstücksrecht gedacht hat, vgl. prop. 1989/90:85, 102.

180 Vgl. *Berggren* u.a., Brottsbalken, Kap. 8, § 8 BrB, Olovlig besittningsrubbning utan tillgrepp.

181 Vgl. *Larsson*, FS Ekelöf (1972), 462, 466, Fn. 11; vgl. insoweit auch: *Lurger/Faber*, PEL Acq. Own., 1255 (VIII.-6:101, Note Nr. 24).

chenrecht ohnehin gering ist.[182] Zur Beseitigung von Eigentumsstörungen bei beweglichen Sachen reicht in aller Regel der Vindikationsanspruchs aus, denn in der Mehrzahl der Fälle wird es möglich sein, eine Beeinträchtigung durch eine Veränderung der Belegenheit der Sache zu vermeiden oder zu beseitigen. Aufgrund dieser geringen Praxisrelevanz des Beseitigungsanspruchs bei Mobilien dürfte dessen eingehende Behandlung nach schwedischem Verständnis obsolet sein, was im Fehlen entsprechenden Schrifttums zum Ausdruck kommen dürfte.

3. Schadensersatzansprüche

Das schwedische Recht verfügt über detaillierte Regelungen über den Schadensersatz. Dabei fällt zunächst die allgemeine Regel des Kap. 2, § 1 SkL[183] ins Auge. Danach gilt: „Derjenige, der vorsätzlich oder aus Fahrlässigkeit einen Personenschaden oder Sachschaden verursacht, muss den Schaden ersetzen.“ Im Vergleich zum deutschen verfügt das schwedische Recht mit Kap. 2, § 1 SkL damit über eine Generalklausel, die grundsätzlich eine Ersatzpflicht für alle Sach- und Personenschäden begründet.[184]

Im schwedischen Recht verzichtet man rechtstechnisch auf den Zwischenschritt des Feststellens einer Rechts- oder Rechtsgutsverletzung und spricht direkt vom „Schaden“. Dadurch ist das Eigentum als dingliches Recht selbst nicht Schutzgut von Kap. 2, § 1 SkL. Mittelbar wird das Eigentum aber dennoch geschützt, da sich die Kategorie „Sachschaden“ auf das Objekt des Eigentums, das Eigentum im objektiven Sinne (vgl. § 253 ABGB) bezieht. Ersetzt wird bei Sachschäden aber dennoch nur der Verlust, der sich aus dem physischen Schaden ergibt.[185]

a) Anspruchsvoraussetzungen

In der Sache folgt auch das schwedische Recht einem dreigliedrigen Tatbestandsaufbau. Es muss (aa) ein physischer Schaden an einer anderen Person oder einer fremden Sache entstanden sein,[186] der dem Verhalten des Anspruchsgegners adäquat-kausal zugerechnet werden kann. Das Verhalten des Anspruchsgegners darf (bb) nicht gerechtfertigt sein und muss von diesem (cc) schuldhaft verursacht worden sein.

---

182 *Undén*, 66; Staudinger/*Gursky* (2006), § 1004 Rn. 14.

183 SFS 1972:207 *Skadeståndslag:* Schadensersatzgesetz.

184 § 823 Abs. 1 BGB begründet eine Ersatzpflicht hingegen nur bei der Verletzung enumerativ aufgezählter Rechtsgüter, vgl. Staudinger/*Hager* (2012), Eckpfeiler, T. Das Recht der unerlaubten Handlungen Rn. 105.

185 Vgl. *Radetzki*, Skadeståndsberäkning vid sakskada, 23.

186 Der Schaden muss also jemand anderen als den Schadensverursacher selbst treffen, *Hellner/Radetzki*, Skadeståndsrätt, 108.

aa) Sachschaden

Für den Eigentümer sind prinzipiell vor allem Ersatzansprüche wegen Sachschäden relevant. Dabei stellt sich zunächst die Frage, was einen Sachschaden i.S.v. Kap. 2, § 1 SkL ausmacht. Sachschäden sind physische Schäden an unbeweglichen und beweglichen Sachen.[187] Es geht dementsprechend um Eingriffe, die den körperlichen Zustand einer Sache verändern. Der physischen Veränderung ist der Verlust der Sache gleichgestellt, auch wenn dieser nur vorübergehend ist.[188] Ein Sachschaden wird deshalb regelmäßig nicht nur bei Diebstahl, sondern auch in solchen Situationen eintreten, in denen dem Eigentümer zeitweise die Möglichkeit genommen wird, die Sache zu benutzen.[189] Die Befugnisse des Eigentümers werden folglich weitgehend geschützt, indem Beeinträchtigungen eine Schadensersatzpflicht des Störers begründen.

Der Schaden muss adäquat[190]-kausal[191] auf dem Verhalten des Schädigers beruhen und diesem dadurch zurechenbar sein. Hier gelten die gleichen Grundsätze wie im deutschen Recht.

bb) Rechtswidrigkeit

Die Schadensverursachung muss auch rechtswidrig sein. Dies ist regelmäßig der Fall, aber auch das schwedische Recht kennt Umstände, die die Schadensersatzpflicht entfallen lassen, weil die Schadenszufügung gerechtfertigt ist.[192] Zu den allgemein anerkannten Rechtfertigungsgründen gehören gem. Kap. 24 BrB Notwehr (§1), Dienstpflicht (§§ 2, 3, 8) und Einverständnis (§ 7).[193] Insbesondere Notwehr[194] und Einverständnis[195] entsprechen im Wesentlichen den deutschen Regelungen.

---

187 *Agell/Malmström*, 333.

188 Prop. 1975:5, 580; *Hellner/Radetzki*, Skadeståndsrätt, 105; *Bengtsson/Strömbäck*, Skadeståndslagen[4], 373.

189 *Hellner/Radetzki*, Skadeståndsrätt, 105.

190 *Hellner/Radetzki*, Skadeståndsrätt, 202 ff.; *Agell/Malmström*, 336; Agell/Malmström/*C. Ramberg*[22], 280. Wie im deutschen Recht wird das Kausalitätsergebnis durch die Adäquanzbeurteilung korrigiert.

191 Dabei verwendet man in Schweden wie im deutschen Recht die Bedingungstheorie, vgl. *Agell/Malmström*, 336, die vom „[...] Ursachenzusammenhang in Form einer notwendigen Bedingung [...]“ sprechen.

192 *Hellner/Radetzki*, Skadeståndsrätt, 119.

193 *Ibid.*; *Agell/Malmström*, 335 f.; Agell/Malmström/*C. Ramberg*[22], 279 f.

194 § 227 BGB, § 32 StGB.

195 Vgl. MüKoBGB[5]/*Wagner*, § 823 Rn. 729 ff.

cc) Verschulden

Kap. 2, § 1 SkL enthält die sog. *culpa*-Regel, die die Grundlage des schwedischen Schadensersatzrechts darstellt.[196] Danach erfordert die Haftung für einen verursachten Schaden das Vorliegen von Verschulden seitens des Verursachers. Unter Verschulden ist gem. Kap. 2, § 1 SkL Vorsatz und Fahrlässigkeit zu verstehen. Fahrlässigkeit genügt dementsprechend regelmäßig für die Haftungsbegründung.[197] Sie liegt vor, wenn der Schadensverursacher sich nicht so verhalten hat, wie es eine vernünftige und rücksichtsvolle Person aus seinem Personenkreis in seiner Situation getan hätte.[198] Der Fahrlässigkeitsvorwurf ist dementsprechend abhängig von objektiven Anforderungen an das Verhalten, die im Hinblick auf die subjektiven Fähigkeiten des Schadensverursachers korrigiert werden. Im Hinblick auf den Vorsatz gelten die dogmatischen Unterscheidungen zwischen *dolus eventualis* und *dolus directus* wie im deutschen Recht.[199]

b) Anspruchsinhalt

Als grundlegendes Prinzip der Schadensersatzberechnung gilt, dass der Geschädigte in die gleiche ökonomische Situation versetzt werden soll, die ohne das schadenstiftende Ereignis bestanden hätte. Hierin wird bisweilen eine Übersetzung der deutschen Regelung in § 249 Abs. 1 BGB gesehen.[200] Indes bezieht sich der schwedische Grundsatz nicht auf eine faktische Wiederherstellung im Sinne von Naturalrestitution, wie sie § 249 Abs. 1 BGB vor Augen hat. Eine Möglichkeit, die Herausgabe als Form der Naturalrestitution zu verlangen, wird wohl aus diesem Grund nicht in der schwedischen Rechtsliteratur diskutiert. Es geht vielmehr ausschließlich um die ökonomische Lage des Geschädigten. Dies spiegelt auch Kap. 5, § 7 SkL wider, der den Inhalt des Schadensersatzanspruchs wegen eines Sachschadens regelt. Der Schadensersatz umfasst demnach grundsätzlich den Wert der Sache bzw. die Reparaturkosten und Wertverlust (Nr. 1), sonstige Folgekosten des Schadens (Nr. 2) und Einkommensverlust oder Beeinträchtigung der beruflichen Tätigkeit (Nr. 3). Seine Höhe wird, wie im deutschen Recht, grundsätzlich mit Hilfe der Differenzmethode bestimmt.[201] Die so berechnete Summe wird aber durch verschiedene Faktoren korrigiert.[202]

---

196 *Agell/Malmström*, 334.

197 *Ibid.*; *Hellner/Radetzki*, Skadeståndsrätt, 128.

198 *Bengtsson/Strömbäck*, Skadeståndslagen[4], 51.

199 Vgl. *Hellner/Radetzki*, Skadeståndsrätt, 128, die auf den Vorsatzbegriff des Strafrechts verweisen.

200 *Hellner/Radetzki*, Skadeståndsrätt, 355.

201 *Ibid.* 356.

202 Dazu gehört bspw. die Mitverursachung durch den Geschädigten *(medvållande)* im Rahmen einer Billigkeitsbewertung (sog. *jämkning)*, vgl. Kap. 6, §§ 1, 2 SkL; Agell/Malmström/*C. Ramberg*[22], 284, 285.

Für den Sachentzug, der als Sachschaden i.S.v. Kap. 2, § 1 SkL gilt, bemisst sich die Frage nach einem ersatzfähigen Schaden vorrangig danach, ob in ökonomischer Hinsicht ein Verlust eingetreten ist. Ein solcher kann im Einzelfall bereits in der fehlenden Nutzbarkeit der Sache liegen.[203] Vor allem stellen die Kosten der Ersatzbeschaffung für den Zeitraum der fehlenden Nutzbarkeit einen nach Kap. 5, § 7 Nr. 2 SkL ersatzfähigen Schaden dar. Aber auch die bloße Unmöglichkeit der Sachnutzung kann einen Schaden darstellen.[204] Bei dieser Beurteilung kommt es regelmäßig, aber nicht zwingend darauf an, ob der Eigentümer die Sache genutzt hätte oder nicht.[205] Jedenfalls wenn der Delinquent die Sache selbst genutzt hat, ist Ersatz für die dem Eigentümer entzogene Möglichkeit der Sachnutzung zu leisten.[206]

c) Ersatzberechtigte

Über den Kreis der Ersatzberechtigten schweigt das Kap. 5, § 7 SkL. Ersatzberechtigt ist aber jedenfalls der Eigentümer der beschädigten Sache.[207] Darüber hinaus kann im Einzelfall auch der Inhaber eines sonstigen Rechts an der Sache ersatzberechtigt sein.[208] Die Regelung dieser Fälle ist vom Gesetzgeber der Rechtsprechung anheimgestellt worden.[209] Im Rahmen einer Transaktion kann aber zweifelhaft sein, wer als Ersatzberechtigter anzusehen ist, da das schwedische Recht von einem sukzessiven Eigentumsübergang ausgeht, sodass das Eigentum dann als Anknüpfungspunkt ausscheidet. Deshalb dürfte der Zeitpunkt des Gefahrübergangs maßgeblich sein, da er gewissermaßen die Verteilung des Sachrisikos regelt. Im Einzelfall zeigen sich die Gerichte sehr flexibel, um zu sachgerechten Lösungen bezüglich des Kreises der Ersatzberechtigten zu gelangen.

d) Zwischenergebnis

Dem Eigentümer einer beweglichen Sache steht demnach gem. Kap. 2, § 1 SkL ein Anspruch auf Schadensersatz zu, wenn sein Eigentum verletzt wird. Dabei fällt auf, dass er anders als im deutschen Recht als Schadensersatz nicht die He-

203 In diesem Fall sollte wohl regelmäßig eine angemessene Entschädigung erfolgen. Hierbei wird insbesondere auf das deutsche Recht hingewiesen, vgl. *Hellner/Radetzki*, Skadeståndsrätt, 420.

204 *Ibid.*

205 *Ibid.*

206 *Ibid.* 421.

207 *Bengtsson/Strömbäck*, Skadeståndslagen[4], 381.

208 Prop. 1972:5, 581; *Hellner/Radetzki*, Skadeståndsrätt, 362.

209 *Bengtsson/Strömbäck*, Skadeståndslagen[4], 381. Vgl. Übersicht bei *Hellner/Radetzki*, Skadeståndsrätt, 362 f.

rausgabe einer entzogenen Sache verlangen kann.[210] Körperliche Schäden an der Sache sind dagegen wie auch im deutschen Recht ersatzfähig. Wohl etwas weitergehender[211] als im deutschen Recht sind die Möglichkeiten des Eigentümers, Schadensersatz für die durch die Sachentziehung hervorgerufene Unmöglichkeit der Sachnutzung zu verlangen.

4. Besitzschutz

In der schwedischen Rechtsliteratur wird der Besitzschutz bisweilen dem Eigentumsschutz gleichgestellt.[212] Mit Blick auf die ältere Literatur handelt es sich dabei aber um eine eigene Schutzkategorie.[213] Wie im deutschen Recht ist Ausgangspunkt nicht das Eigentum, sondern der (ggf. frühere) Besitz des Antragstellers. Dementsprechend handelt es sich beim Besitzschutz um Instrumentarien, die vorrangig den Schutz des Besitzes selbst bezwecken, aber auch der Verstärkung des Eigentumsschutzes dienen.[214]

Wie auch das deutsche, kennt das schwedische Recht primär drei Möglichkeiten des Besitzschutzes: Besitzwehr, Besitzkehr und die Herausgabe des durch verbotene Eigenmacht erlangten Besitzes. Die gesetzlichen Regelungen hierzu basieren zum Großteil auf den Vorschriften des Strafrechts.

a) Besitzwehr

Das schwedische Recht erlaubt dem Besitzer, sich gegen verbotene Eigenmacht *(egenmäktigt förfarande)* zu wehren. Gemäß Kap. 8, § 8 BrB stellt die verbotene Eigenmacht eine Straftat dar. Erfasst sind dabei sowohl die Fälle des Wegnehmens, Gebrauchens oder sonstigen Zueinens einer Sache als auch sonstige Störungen des Besitzes.[215] Kap. 8, § 8 S. 2 BrB nennt hierbei ausdrücklich das Anbringen oder Brechen eines Schlosses und die gewaltsame Hinderung der Ausübung des Rechts, etwas zurückzuhalten oder zu nehmen. Gegen diese Straftat steht dem Besitzer

---

210 Ein solcher Anspruch dürfte nach schwedischem Verständnis ohnehin entbehrlich sein, da der Eigentümer Herausgabe bereits aufgrund seines Vindikationsrechts verlangen kann.

211 In der schwedischen Rspr. wird diese Form des Ersatzes nicht auf zentrale Güter der Lebensführung beschränkt. So wurde in NJA 1950, 409 dem Kläger beispielsweise Schadensersatz für die entzogene Möglichkeit, Holz an einem Strand anzulanden und zum Transport bis zu den in der Nähe befindlichen Eisenbahnschienen zu befördern, zugesprochen.

212 Faber/Lurger/*Lilja*, National Reports Vol. 5, 34; *Millqvist*, 39 f.

213 Vgl. *Undén*, 67, der dementsprechend deutlich zwischen Vindikationsklage und Besitzschutzklage unterscheidet; *Håstad*, 52, beschreibt den Zweck des Besitzschutzes als „Verstärkung des Eigentums oder eines anderen Rechts an einer Sache".

214 *Håstad*, 52.

215 *Berggren* u.a., Brottsbalken, Kap. 8, § 8 BrB, Olovlig besittningsrubbning utan tillgrepp; *Jareborg*, Brotten II, 42.

gem. Kap. 24, § 1 Nr. 1 BrB ein Notwehrrecht zu. Das Notwehrrecht besteht bei einem drohenden oder begonnenen strafbaren Angriff auf die Person oder das Vermögen.[216] Aufgrund von Kap. 8, § 8 BrB ist zu den vom Notwehrrecht erfassten Schutzgütern auch der Besitz zu zählen. Die Notwehrhandlung ist die zur Abwehr dieses Angriffs vorgenommene Handlung gegen den Angreifer.[217] Dabei ist aber die Verhältnismäßigkeit der Mittel zu wahren, sodass nicht jede Handlung zur Verteidigung des Besitzes zulässig ist.[218] Hierbei existiert eine kasuistische Rechtsprechung. Im Allgemeinen kann man aber davon ausgehen, dass für die Besitzwehr keine extremen Maßnahmen gerechtfertigt sind, da der Angriff „nur" einer beweglichen Sache gilt.

b) Besitzkehr

Auch in Schweden ist es grundsätzlich verboten, eine Sache einfach an sich zu nehmen, selbst wenn man glaubt, eine gestohlene oder verlorene Sache wiedergefunden zu haben.[219] Diese Fälle sind gem. Kap. 8, § 9 BrB wegen *självtäkt* (verbotene Wiederansichnahme) ebenso strafbar wie die vorhergehende Besitzentziehung gem. Kap. 8, § 8 BrB. Eine Ausnahme von der Strafbarkeit nach Kap. 8, § 9 BrB existiert in § 16 Nr. 6, 2. HS KF 1863:11, 101. Wenn eine Person auf frischer Tat bei der Ausübung verbotener Eigenmacht angetroffen wird, darf der ehemalige Besitzer die Sache wieder an sich nehmen.[220] Erfasst ist damit die gewaltsame Wiederansichnahme der Sache am Tatort oder wenn der Täter von dort aus kontinuierlich verfolgt wurde.[221] Diese Regel entspricht weitgehend § 859 Abs. 2 BGB.

c) Herausgabe des entzogenen Besitzes

Neben Besitzwehr und Besitzkehr kennt das schwedische Recht eine Möglichkeit, den durch verbotene Eigenmacht verlorenen Besitz wiederherzustellen. Ursprüng-

---

216 *Berggren* u.a., Brottsbalken, Kap. 24, § 1 BrB, *Nödvärnssituationen*, Ziff. 1.

217 *Ibid.* § 1 BrB, Einleitung.

218 *Ibid.* § 1 BrB, *Försvarligheten*.

219 Vgl. Kap. 8, § 9 BrB und § 16 Nr. 6, 1. HS Königliche Verordnung (KF 1863:11, 101) vom 16. Februar 1864 über die Einführung des neuen Strafgesetzes und was in Bezug darauf beachtet werden soll. Diese Vorschrift gilt aufgrund von § 14 des *Lag (1964:163) om införande av brottsbalken* (Gesetz über die Einführung des Strafgesetzbuchs) fort.

220 *Martinson*, 44; *Millqvist*, 40, *Håstad*, 53. Dieses Recht wird durch ein Notwehrrecht des Besitzers bei Gegenwehr der die verbotene Eigenmacht ausübenden Person gem. Kap. 24, § 1 Nr. 2 BrB ergänzt. Dieses Notwehrrecht bezieht sich allerdings nur auf eine „gegenwärtige" und nicht auf eine „frische" Tat und ist damit enger als das Recht zur Besitzkehr nach § 16 Nr. 6, 2. HS KF 1863:11, 101, vgl. *Berggren* u.a., Brottsbalken, Kap. 24, § 1 BrB, *Nödvärnssituationen*, Ziff. 2.

221 Karnov/*Zila*, 2853, Brottsbalk, Ziff. 1093.

lich ermöglichte dies § 191 UL[222], der hierfür eine Möglichkeit des possessorischen Besitzschutzes durch *handräckning* bereithielt.[223] Der *överexekutor*[224] konnte das aufgehobene Besitzverhältnis wiederherstellen, ohne dass es auf die materielle Rechtslage ankam.[225] Ausreichend war nachzuweisen, dass verbotene Eigenmacht vorlag.[226] 1981 wurde § 191 UL durch das HL[227] ersetzt. Danach sollte die allgemeinen Gerichte über die Erfüllung einer Pflicht entscheiden, die nicht in einer Zahlungspflicht bestand.[228] Die noch in § 191 UL enthaltene materiellrechtliche Regel, dass es ausschließlich auf die verbotene Eigenmacht ankam, wurde nicht in das HL übernommen.[229] Aus den Gesetzgebungsmaterialien ergab sich aber, dass das Gericht die possessorische Klage nur dann als unbegründet abweisen sollte, wenn das Fehlen eines materiellen Rechts des Klägers offensichtlich war.[230] Dementsprechend blieb der possessorische Charakter der Klage auf Wiedereinräumung des Besitzes auch unter Geltung des HL bestehen.[231] Seit dem 1. Januar 1992 fällt der Anspruch des ehemaligen Besitzers auf Herausgabe wegen verbotener Eigenmacht, ebenso wie der Vindikationsanspruch des Eigentümers, unter den Anwendungsbereich der *särskilt handräckning* nach § 4 Nr. 1 BfL.[232] Das dahinter liegende Rechtsverhältnis, also das materielle Recht an der Sache, ist bei einer Begrenzung des Antrags auf den Besitzschutz nicht Gegenstand der Prüfung.[233] Nur bei offensichtlich fehlender materieller Berechtigung des Anspruchstellers darf die Vollstreckungsbehörde den Antrag gem. § 24 BfL sofort zurückweisen.[234] Dementsprechend hat der frühere Besitzer, wie im deutschen Recht gem. § 861 BGB, auch im schwedischen Recht die Möglichkeit, possessorischen Rechtsschutz geltend zu machen und allein aufgrund seines früheren

---

222 SFS 1877:31 s. 1 *Utsökningslag:* Zwangsvollstreckungsgesetz (mittlerweile aufgehoben).

223 *Rodhe*, 83.

224 Die Person, die örtlich für die Zwangsvollstreckung auf öffentlicher Auktion sowie für Mahnverfahren zuständig war. Heute ist die *Kronofogdemyndighet* (Vollstreckungsbehörde) hierfür zuständig.

225 NJA 1962, 531; *Undén*, 34; *Häggman/Boström/Linders*, Betalningsföreläggande och handräckning, § 15 BfL, *Äldre rätt.*

226 Vgl. § 191 S. 1 UL; *Olivecrona*, Utsökning, 199; *Häggman/Boström/Linders*, Betalningsföreläggande och handräckning, § 15 BfL, *Äldre rätt.*

227 SFS 1981:847 *Handräckningslagen:* Gesetz über Vollstreckungshilfe (aufgehoben).

228 *Håstad*, 52.

229 *Rodhe*, 83.

230 Prop. 1980/81:88, 55.

231 Vgl. *Rodhe*, 84.

232 Für den Besitzschutz vgl. *Håstad*, Supplement 2004 till Sakrätt avseende lös egendom, 7, Abs. 2; für das Vindikationsrecht s.o. 228 f.

233 Prop. 1989/90:85, 102; vgl. auch *Lurger/Faber*, PEL Acq. Own., 1325 (VIII.-6:204, Note Nr. 38).

234 Vgl. Karnov/*Madstedt/Forsyth*, 3649, Lag om betalningsföreläggande och handräckning, Ziff. 33.

Besitzes, der durch verbotene Eigenmacht aufgehoben worden ist, und unabhängig von seiner materiellen Berechtigung die Besitzeinräumung zu verlangen.[235] Das Kriterium der Fehlerhaftigkeit des Besitzes des Antragsgegners wird dabei weder in § 4 BfL noch in der Literatur erwähnt. Dem Wortlaut von § 4 BfL nach ist nur erforderlich, dass dem Antragssteller der Besitz unberechtigterweise entzogen worden ist.

III. Bewertung

Im Hinblick auf den Eigentumsschutz in „Ruhelage" ergeben sich erhebliche Unterschiede zwischen deutschem und schwedischem Recht. Die in den Rechtsordnungen jeweils vorhandenen Schutzmechanismen gewährleisten im Ergebnis jedoch ein vergleichbares Schutzniveau für den Eigentümer.

1. Herausgabeanspruch aus dem Eigentum

Sowohl die deutsche als auch die schwedische Rechtsordnung stellen dem Eigentümer einen Herausgabeanspruch aus dem Eigentum zur Verfügung. Voraussetzung dieses Anspruchs ist jeweils das Eigentum des Anspruchstellers, der Besitz des Anspruchsgegners sowie dessen Nichtberechtigung zum Sachbesitz. Markante Unterschiede zeigen sich jedoch bereits bei der Suche nach der Anspruchsgrundlage. Während im deutschen Recht § 985 BGB diesen Anspruch im Zusammenspiel mit § 986 BGB eindeutig regelt, verfügt das schwedische Recht über keine kodifizierte Regelung. Wie die Untersuchung ergeben hat, wird der Vindikationsanspruch des Eigentümers in der schwedischen Rechtsordnung als allgemeiner Grundsatz vorausgesetzt. Seine Bedeutung scheint aber hinter der aus dem deutschen Recht Geläufigen zurückzubleiben. In Situationen, die nur die Beteiligung von zwei Personen beinhalten, besteht nicht stets ein zwingendes Bedürfnis für einen Herausgabeanspruch aus dem Eigentum, da hier in der Regel auch vertragliche oder deliktsrechtliche Ansprüche in Betracht kommen. Ein Grund für die Nichterwähnung des Anspruchs im schwedischen Recht ist zudem in der prozessualen Ausgestaltung der Geltendmachung zu finden. Die regelmäßig verwandte prozessuale Formel des „besseren Rechts" beinhaltet die Notwendigkeit eines materiellen Anspruchs auf Herausgabe und ist Ausdruck der in Schweden praktizierten funktionalen Herangehensweise. Zwar soll derjenige die Sache erhalten, der ein „besseres Recht" innehat. Was im Einzelfall das „bessere Recht" ausmacht, bleibt jedoch regelmäßig im Verborgenen. Dadurch wird das Eigentum als ausdrückliches Anknüpfungsmoment für den Herausgabeanspruch

235 *Häggman/Boström/Linders*, Betalningsföreläggande och handräckning, § 4 BfL, *Första punkten.*

auch im Prozessrecht nicht erwähnt und den Gerichten vermeintlich die Möglichkeit gegeben, den Interessen der Parteien des individuellen Streites besser Rechnung tragen zu können. In der Sache erfordert das „bessere Recht" aber das Vorliegen eines materiellen Anspruchs auf Herausgabe, der sich jedoch nicht zwingend aus dem Eigentum ableiten muss, sondern sich auch aus Vertrag oder Delikt ergeben kann. Faktisch nennen die Gerichte den im Einzelfall angewandten materiellen Anspruch nicht, sondern analysieren nur die tatsächlichen Umstände, aus denen sich das „bessere Recht" ergibt. Zwar lässt sich aufgrund dieser Umstände häufig erahnen, welchem Bereich der „verdeckt angewandte" Anspruch zuzuordnen ist, der Vindikationsanspruch des Eigentümers findet jedoch ob dieser Herangehensweise keine ausdrückliche Erwähnung und bleibt infolgedessen in seinen Voraussetzungen teilweise vage. Wie die Untersuchung gezeigt hat, ist der Vindikationsanspruch des Eigentümers faktisch aber mit den genannten Voraussetzungen in der schwedischen Rechtsordnung vorhanden.

Anders als im deutschen Recht steht dem Eigentümer im schwedischen Recht nicht nur die Möglichkeit offen, seinen Herausgabeanspruch aus dem Eigentum im Wege einer Leistungsklage geltend zu machen. Daneben hat er zudem die im deutschen Recht unbekannte Möglichkeit, seinen Anspruch in einem summarischen Verfahren endgültig durchzusetzen. Dieses summarische Verfahren der *handräckning* eröffnet ihm dabei unterschiedliche Möglichkeiten. Er kann, je nach tatsächlicher Situation, auf eine an das Mahnverfahren angelehnte Vorgehensweise ohne materielle Prüfung des Anspruchs *(vanlig handräckning)* oder auf ein schriftliches kontradiktorisches Verfahren *(särskilt handräckning)* zurückzugreifen. Das schwedische Recht gibt ihm dadurch die Möglichkeit, seinen Herausgabeanspruch schneller und kostengünstiger durchzusetzen, als dies im deutschen Recht der Fall ist.

2. Beseitigungs- und Unterlassungsanspruch

Schwierig gestaltet sich die Untersuchung des negatorischen Rechtsschutzes. Während das deutsche Recht auch hier ausdrückliche Regelungen in Gestalt eines Beseitigungs- und Unterlassungsanspruchs gem. § 1004 BGB bereithält, finden sich im schwedischen Recht keine entsprechenden kodifizierten Regeln. Nur vereinzelt wird in der rechtswissenschaftlichen Literatur zu einem materiellen negatorischen Anspruch des Eigentümers Stellung genommen. Im Ergebnis sprechen aber die prozessualen Regelungen der schwedischen Rechtsordnung dafür, dass der Eigentümer auch die Möglichkeit hat, die Unterlassung der Eigentumsstörung zu verlangen. Inwiefern ihm zudem die Möglichkeit offensteht, die Beseitigung der Eigentumsstörung zu verlangen, bleibt jedenfalls für das Mobiliarsachenrecht offen. In aller Regel wird in Bezug auf Mobilien der Herausgabeanspruch aus dem Eigentum zur Störungsbeseitigung ausreichend sein, sodass es auf einen expliziten Beseitigungsanspruch wohl nicht ankommt.

3. Schadensersatz- und Nutzungsersatzansprüche

Das deutsche Recht hält in Gestalt der Ansprüche des Eigentümer-Besitzer-Verhältnisses nach §§ 987 ff. BGB eine Reihe von Schadensersatz- und Nutzungsersatzansprüchen des Eigentümers gegen den nicht zum Besitz berechtigten unredlichen Besitzer bereit. Entsprechende Ansprüche kennt das schwedische Recht nicht. Es ermöglicht dem Eigentümer aber ohne weiteres, Schadensersatz auf deliktsrechtlicher Grundlage geltend zu machen. Zwar kennt das deutsche Recht diese Möglichkeit ebenfalls, aufgrund des Vorrangs der §§ 987 ff. BGB treten die deliktsrechtlichen Ansprüche der §§ 823 ff. BGB für den Eigentümer im Verhältnis zum Besitzer jedoch in den Hintergrund.

Bei einem Blick auf das Deliktsrecht beider Länder fällt zunächst auf, dass das schwedische Recht über eine Generalklausel verfügt, während das deutsche Recht nur für die Verletzung von bestimmten Rechten und Rechtsgütern eine Ersatzpflicht begründet. Im Hinblick auf die Voraussetzungen der Ersatzpflicht ergeben sich zudem rechtstechnische Unterschiede. Während das deutsche Recht eine Rechts- oder Rechtsgutsverletzung voraussetzt, die ihrerseits erst zum Schaden im technischen Sinne führt, folgt der Schaden im schwedischen Recht unmittelbar aus der Verletzungshandlung. Im Ergebnis hat dies jedoch keine Auswirkungen. Ebenso wie das deutsche Recht setzt das schwedische Recht voraus, dass der Schaden durch eine kausale, zurechenbare, rechtswidrige und schuldhafte Handlung verursacht worden ist. Dabei gelten die aus dem deutschen Recht bekannten Grundsätze für Kausalität und Verschulden. Auch die Gründe für das Entfallen der Rechtswidrigkeit sind vergleichbar.

Bei der Schadensfeststellung bedient man sich in beiden Rechtsordnungen primär der Differenzmethode. Daneben kennen beide Rechtsordnungen normative Korrekturen des ersatzfähigen Schadens. Hierbei ist das schwedische Recht jedoch großzügiger, insbesondere betreffend die Ersatzfähigkeit entgangener Nutzungsmöglichkeiten. Ein wesentlicher Unterschied besteht zudem betreffend die Art des Ersatzes. Während das deutsche Recht in § 249 Abs. 1 BGB vom Grundsatz der Naturalrestitution ausgeht, geht die schwedische Rechtsordnung grundsätzlich von einem Ersatz in Geld aus, was sich auch in Kap. 5, § 7 SkL niederschlägt. Im Ergebnis gewähren beide Rechtsordnungen dem Eigentümer aber Ersatzansprüche für Eigentumsverletzungen, die aufgrund der weitgehend korrespondierenden Berechnungsmethoden für den ersatzfähigen Schaden auch der Höhe nach nicht wesentlich voneinander abweichen.

4. *Besitzschutz*

Im Hinblick auf den Besitzschutz ergeben sich ebenfalls Gemeinsamkeiten und Unterschiede. Wie bereits in Teil 2 dieser Arbeit dargestellt wurde, lehnt sich das schwedische Besitzverständnis im Allgemeinen stark an das deutsche Recht an. Dies gilt auch für die Schutzrichtung des Besitzes. Beide Rechtsordnungen gestatten dem Besitzer die Besitzwehr und die Besitzkehr und halten einen possessorischen Herausgabeanspruch bereit. Das deutsche Recht gewährt dem Besitzer zudem einen Beseitigungs- und Unterlassungsanspruch vergleichbar dem des Eigentümers. Rechtstechnisch handelt es sich bei dem Recht auf Besitzwehr und Besitzkehr im schwedischen Recht jedoch nicht um zivilrechtliche Instrumentarien wie im deutschen Recht, sondern um strafrechtliche Regelungen. Die Selbsthilferechte des Besitzers ergeben sich mittelbar aus dem Zusammenspiel der Regelungen des Kap. 24 BrB, über die Rechtfertigung von an sich strafbaren Handlungen, mit Vorschriften aus dem 19. Jahrhundert, die fortwährend in Kraft sind. Weitgehender als im deutschen Recht sind aber die prozessualen Möglichkeiten des Besitzers. Während ihm im deutschen Recht neben den Selbsthilferechten und den Möglichkeiten des einstweiligen Rechtsschutzes nur die Möglichkeit offensteht, Klage gegen die die verbotene Eigenmacht ausübende Person einzureichen, eröffnet ihm das schwedische Recht zudem den Weg eines summarischen Verfahrens, das ggf. zu einer der Rechtskraft fähigen, endgültigen Entscheidung führt. Dadurch kann er seinen possessorischen Anspruch auf Herausgabe vergleichsweise schnell durchsetzen.

Kapitel 11: Schutz des Eigentumsrechts in Transaktion (dynamisches *sakrätt*)

§ 1 Problem

Von der soeben behandelten Situation des Eigentums „in Ruhelage“ lassen sich Konstellationen unterscheiden, in denen sich das Eigentumsrecht in einer Transaktion befindet. Es geht dann darum, dass das Eigentumsrecht im weiteren Sinne Gegenstand einer Verfügung ist. Hauptsächlich handelt es sich mithin um Situationen, in denen das Eigentum auf einen Erwerber übertragen werden soll. Transaktionen im weiteren Sinne können aber auch die Einräumung von beschränkten dinglichen Rechten betreffen, die im Ergebnis zu einer Sachüberlassung führen. Innerhalb dieser Transaktionen stellt sich die Frage, wie das Eigentumsrecht geschützt werden kann. Es geht darum, wie der Veräußerer oder der Erwerber sein Recht gegen Dritte verteidigen kann. Aufgrund der Verschiedenheit der Transaktionen sind dabei unterschiedliche Konstellationen denkbar, abhängig davon, wer die Transaktion durchführt und was ihr Gegenstand ist. Unterschiede können sich aber auch aus der Form des Zugriffsverlangens des Dritten in Bezug auf die Sache, an der das Recht besteht, ergeben.

Dem deutschen Recht ist die Unterscheidung zwischen dynamischen und statischen Situationen fremd. Das Eigentum ist in aller Regel in beiden Bereichen Anknüpfungspunkt der Schutzansprüche. Im schwedischen Recht ist diese Unterteilung jedoch essentiell. Sie ist eine Folge des schwedischen Verständnisses des rechtsgeschäftlichen Eigentumserwerbs und des damit verbundenen sukzessiven Eigentumsübergangs ohne spezifischen Zeitpunkt des „Übergangs“.

I. Absatzschutz

Der dynamische Teil des schwedischen *sakrätt* unterteilt sich in den Absatzschutz und den Gläubigerschutz. Innerhalb der Fragen, die den Absatzschutz betreffen, geht es um den Schutz eines bestehenden dinglichen Rechts im Verhältnis zu einem (möglicherweise) neu erworbenen Recht, wenn der Erwerb des neuen Rechts von einer nicht zur Verfügung berechtigten Person erfolgt.[1] Mit „Absatz“ ist hier folglich die Veräußerung von Vermögensgegenständen durch eine nicht berechtigte Person gemeint. Der Absatzschutz bezieht sich also darauf, wie ein bestehender Rechtsinhaber vor dem Verlust der Sache bzw. des Eigentums aufgrund

1 *Millqvist*, 16.

des Absetzens durch einen Nichtberechtigten geschützt wird. Hierbei ist eine Vielzahl von Konstellationen denkbar, denn der Absatzschutz bezieht sich nicht ausschließlich auf das Eigentum. Auch Situationen, in denen beispielsweise ein Nichtberechtigter einem Dritten ein beschränktes dingliches Recht einräumt, sind erfasst. Die Regeln des dynamischen *sakrätt* entscheiden dann darüber, inwieweit der Eigentümer das beschränkte dingliche Recht zu tolerieren hat und dadurch in der Nutzung seines Eigentums eingeschränkt ist, bzw. sein Recht sogar verliert.

II. Gläubigerschutz

Der zweite Bereich des dynamischen *sakrätt* ist der Gläubigerschutz *(borgenärsskydd)*. Es geht dabei um die Kollision von Ansprüchen, die darauf gerichtet sind, aus dem Vermögen einer Person Befriedigung für Forderungen zu suchen.[2] Die Grundkonstellation gestaltet sich so, dass der Gläubiger C in das Vermögen des Schuldners B vollstrecken möchte, die Person A aber geltend macht, dass sie über ein zu respektierendes Recht an einem Vermögensgegenstand verfügt, der für die Vollstreckung vorgesehen ist.[3] Ein solches Recht kann beispielsweise das Eigentum von A sein. Kollisionssituationen dieser Art entstehen vor allem bei der Zwangsversteigerung oder im Konkurs des Schuldners B. Die Person A beansprucht in allen diesen Situationen Gläubigerschutz bzw. Priorität in Bezug auf eine Sache und im Verhältnis zu den Gläubigern des B.

§ 2 Deutsches Recht

I. Ausgangsposition

Für den Schutz in den „dynamischen" Situationen ist im deutschen Recht wie auch im „statischen" Bereich das Eigentum der maßgebliche Anknüpfungspunkt. Die oben beschriebenen Schutzansprüche des Eigentümers kann dieser selbstverständlich auch in Situationen geltend machen, in denen das Eigentum übertragen wird. Dies gilt natürlich nur so lange, bis die Eigentumsübertragung erfolgt ist. Hat der Veräußerer sein Eigentum verloren, so stehen ihm auch die aus dem Eigentum folgenden Schutzansprüche nicht mehr zu.[4] Diese hat ab dem Übergang vielmehr der Erwerber inne.

---

2 *Ibid.* 17.

3 *Ibid.*

4 Eine Ausnahme gilt insofern für den Besitzschutz, der nicht an das Eigentum gekoppelt ist.

II. Absatzschutz – Schutz eines bestehenden Rechts im Verhältnis zu einem neu erworbenen Recht

Fraglich ist, inwiefern sich im deutschen Recht überhaupt ein Bereich des „Absatzschutzes“ eingrenzen lässt. Zwar kennt es ebenso wie das schwedische Recht einen gutgläubigen Erwerb vom Nichtberechtigten. Indes handelt es sich dabei um einen derivativen Erwerb, der um gewisse Momente, die der Nichtberechtigung des Veräußernden geschuldet sind, ergänzt wird. Von „Absatzschutz“ kann folglich nur insoweit gesprochen werden, als die deutsche Rechtsordnung in Gestalt des Erfordernisses der Gutgläubigkeit und der verschärften Anforderungen an das dingliche Vollzugsmoment eine verstärkte Hürde für den Erwerb vom Nichtberechtigten aufstellt. Wie bereits erörtert wurde, unterscheiden sich das deutsche und schwedische Recht insofern jedoch kaum.

Die im schwedischen Recht dem Absatzschutz zuzuordnende Fragestellung der Doppelveräußerung stellt sich im deutschen Recht faktisch nicht als eigenständiges Problem auf der Ebene des Sachenrechts. Aufgrund des Trennungsprinzips ist der Übereignungsvorgang unabhängig von zuvor abgeschlossenen schuldrechtlichen Verträgen. Tritt die durchaus denkbare Situation ein, dass der Veräußerer nach erfolgter Übereignung im Besitz der Sache bleibt und diese dann an einen anderen weiterveräußert, so ist dies schlicht eine Frage des gutgläubigen Erwerbs, denn er verfügt insofern nicht mehr als Eigentümer, sondern als Nichtberechtigter.

Vergleichbares gilt auch für Rechtsgeschäfte mit einem Nichtberechtigten, die auf ein sonstiges sachbezogenes Recht gerichtet sind. Auch hier gilt, dass der Eigentümer ein solches Recht gegen sich gelten lassen muss, soweit die Voraussetzungen für den Rechtserwerb vorliegen. Ob ein sonstiges Recht an einer Sache wirksam von einem Nichtberechtigten erworben wurde, ist gesetzlich geregelt. Regelmäßig wird auch hierbei an die Gutgläubigkeit des Erwerbers bezüglich der Befugnis des Verfügenden sowie die Besitzverschaffung als den Gutglaubenstatbestand rechtfertigendes Moment abgestellt. In aller Regel ist es jedoch nicht möglich, ein obligatorisches Recht gutgläubig von einem Nichtberechtigten zu erlangen.

III. Gläubigerschutz

Das geschilderte Problem des Gläubigerschutzes stellt sich auch im deutschen Recht, allerdings ist auch hier das Eigentum in der Regel das entscheidende Moment.

1. Schutz des Veräußerers/Eigentümers gegenüber den Gläubigern des Erwerbers/Besitzers

Der Herausgabeanspruch des Eigentümers aus § 985 BGB wirkt sich bis in das Vollstreckungsrecht aus.[5] Aufgrund des verfassungsrechtlichen Schutzes des Eigentums sind im Vollstreckungs- und Insolvenzrecht Vorschriften vorhanden, die es ermöglichen, eine Vollstreckung in, bzw. die Verwertung von schuldnerfremden Sachen zu verhindern.[6]

a) Rechtsbehelfe

Einem Veräußerer, der beispielsweise aufgrund eines Eigentumsvorbehalts noch Eigentümer ist, aber auch einem Eigentümer, der seine Sache aufgrund eines Rechtsgeschäfts an einen anderen überlassen, aber nicht veräußert hat, stehen gewisse Rechtsbehelfe zu, die es ihm ermöglichen, sich dem Zugriff der Gläubiger des Erwerbers bzw. Besitzers auf die Sache zu erwehren.

aa) Drittwiderspruchsklage, § 771 ZPO

Versuchen die Gläubiger des Erwerbers bzw. Besitzers, auf eine bei diesem befindliche bewegliche Sache zuzugreifen, so steht dem Eigentümer der Sache die Möglichkeit offen, eine Drittwiderspruchsklage zu erheben. Dabei handelt es sich um eine prozessuale Gestaltungsklage.[7] Ihr Zweck ist die Geltendmachung, dass ein Gegenstand nicht materiell zum haftenden Vermögen zählt, sondern lediglich aus formalen Gründen vom Vollstreckungszugriff erfasst wurde.[8] Gemäß § 771 Abs. 1 ZPO muss dem Kläger dabei „ein die Veräußerung hinderndes Recht“ zustehen, dessen Geltendmachung nicht durch ein Gegenrecht des Beklagten ausgeschlossen sein darf.[9] Die deutsche Rechtsordnung kennt allerdings kein „die Veräußerung hinderndes Recht“.[10] Abgesehen von dem insoweit vorliegenden Redaktionsversehen, kommt es für ein „die Veräußerung hinderndes Recht“ darauf an, „[...] ob und inwieweit der Pfändungsschuldner [...] im Verhältnis zu dem widersprechenden Dritten [...] berechtigt ist, [...] [die Sache] zu verwerten [...].“[11] Als stärkstes dingliches Recht ist das Eigentum damit ein die

---

5 Staudinger/*Seiler* (2002), § 903 Rn. 12.

6 MüKoInsO²/*Ganter*, § 47 InsO Rn. 3; Gottwald/*Gottwald/Adolphsen*, § 39 Rn. 2.

7 Baumbach/*Hartmann*, Einf. §§ 771-774 Rn. 1; Musielak/*Lackmann*, § 771 ZPO Rn. 1; *Baur/Stürner/Bruns*, Zwangsvollstreckungsrecht, Rn. 46.2.

8 Vgl. Musielak/*Lackmann*, § 771 ZPO Rn. 1; Gottwald/*Gottwald/Adolphsen*, § 39 Rn. 2.

9 Musielak/*Lackmann*, § 771 ZPO Rn. 11.

10 Vgl. die Kritik bei MüKoZPO³/*Schmidt*, § 771 ZPO Rn. 16.

11 BGHZ 72, 141, 145.

Veräußerung hinderndes Recht.[12, 13] Dementsprechend genießt der Eigentümer Schutz gegenüber den Vollstreckungsgläubigern des Besitzers der Sache, den er nach § 771 ZPO geltend machen kann. Steht das Eigentum an einer für die Zwangsvollstreckung in Betracht kommenden Sache einer anderen Person als dem Schuldner zu, so ist die Zwangsvollstreckung in diese Sache unzulässig. Entscheidend ist also der Eigentumserwerb nach den §§ 929 ff. BGB.

Aber nicht nur das Eigentum stellt ein „die Veräußerung hinderndes Recht" dar. Daneben kommen auch manche beschränkte dingliche Rechte, obligatorische Ansprüche auf Herausgabe und Regeln über Sondervermögen in Betracht.[14]

bb) Aussonderungsrecht, § 47 Abs. 1 InsO

Den gleichen Ansatz wie § 771 ZPO im Rahmen der Einzelvollstreckung verfolgt § 47 InsO für das Insolvenzrecht.[15] § 47 S. 1 InsO ermöglicht es, Gegenstände, die nicht zum Vermögen des Schuldners gehören, aus der Insolvenzmasse auszuscheiden,[16] zu der gem. § 35 Abs. 1 InsO ausschließlich das dem Schuldner gehörende Vermögen zählt. Aussonderungsfähig sind dabei sämtliche Vermögensbestandteile, die Gegenstand besonderer Rechte sein können.[17] Zu den Gegenständen zählen dabei Sachen, Forderungen sowie dingliche und persönliche Rechte.[18] Stehen diese einer anderen Person als dem Insolvenzschuldner zu, so sind sie gem. § 35 Abs. 1 InsO nicht Bestandteil der „Soll-Insolvenzmasse". Entscheidend ist dabei die materielle Rechtslage.[19]

Aussonderungsberechtigt ist derjenige, dem ein Aussonderungsrecht zusteht.[20] Hauptfall eines Aussonderungsrechts ist das Eigentum an einer Sache.[21] Damit zählt der Eigentümer einer sich im Besitz des Insolvenzschuldners befindenden Sache zu den Aussonderungsberechtigten. Er kann nach § 985 BGB die Herausgabe verlangen,[22] denn dieser Anspruch wirkt gem. § 47 S. 2 InsO auch

12 Musielak/*Lackmann*, § 771 ZPO Rn. 15; vgl. auch MüKoZPO³/*Schmidt*, § 771 ZPO Rn. 17.

13 Das gilt auch für Miteigentum, Bruchteilseigentum sowie Gesamthandseigentum. Für Vorbehaltseigentum sowie Sicherungsübereignungen gelten Besonderheiten. Vgl. Musielak/*Lackmann*, § 771 ZPO Rn. 15, 16-19.

14 *Baur/Stürner/Bruns*, Zwangsvollstreckungsrecht, Rn. 46.10 ff.

15 Gottwald/*Gottwald/Adolphsen*, § 40 Rn. 1.

16 *Hess*, § 47 InsO Rn. 3; MüKoInsO²/*Ganter*, § 47 InsO Rn. 3, 34.

17 MüKoInsO²/*Ganter*, § 47 InsO Rn. 15.

18 *Hess*, § 47 InsO Rn. 5

19 Gottwald/*Gottwald/Adolphsen*, § 40 Rn. 2; MüKoInsO²/*Ganter*, § 47 Rn. 34.

20 *Hess*, § 47 InsO Rn. 13.

21 MüKoInsO²/*Ganter*, § 47 Rn. 37.

22 *Hess*, § 47 InsO Rn. 14; Gottwald/*Gottwald/Adolphsen*, § 40 Rn. 5. Steht dem Insolvenzschuldner nach § 986 BGB ein Recht zum Besitz zu, so kann der Eigentümer lediglich Feststellungs-

im Insolvenzverfahren.[23] Denkbar ist auch ein Aussonderungsanspruch gem. § 47 S. 2 InsO i.V.m. § 1004 BGB auf Beseitigung oder Unterlassung einer (zukünftigen) Störung.[24] Das Eigentum verleiht seinem Inhaber damit indirekt ein Aussonderungsrecht im Falle der Insolvenz eines besitzenden Dritten.[25]

Damit ist Aussonderung und Drittwiderspruchsklage gemein, dass aufgrund der materiellen Rechtslage ein Dritter geltend macht, dass die Inbeschlagnahme der Sache unberechtigt erfolgte.[26]

cc) Ersatzaussonderung, § 48 InsO

Das Aussonderungsrecht gem. § 47 Abs. 1 InsO besteht nur an einem konkreten Gegenstand. Verfügt der Schuldner vor der Eröffnung des Insolvenzverfahrens unberechtigt über den Gegenstand des Aussonderungsrechts, so wäre der eigentlich Aussonderungsberechtigte aufgrund seines Bereicherungs- oder Schadensersatzanspruchs gegen den Insolvenzschuldner nur noch Massegläubiger.[27] Um dem zuvor Aussonderungsberechtigten einen Ausgleich bereitzustellen, versieht die InsO den schuldrechtlichen Erstattungsanspruch aus Billigkeitsgründen mit Aussonderungskraft.[28]

Gemäß § 48 Abs. 1 InsO kann der Aussonderungsberechtigte die Abtretung des Rechts auf die Gegenleistung verlangen, wenn der Schuldner vor oder der Insolvenzverwalter nach der Eröffnung des Insolvenzverfahrens den Gegenstand des Aussonderungsrechts unberechtigt veräußert hat und die Gegenleistung noch nicht erbracht worden ist. Hier greift der Gedanke der Surrogation.[29] Der Anspruch auf die Gegenleistung tritt an die Stelle des Gegenstandes des Aussonderungsrechts. Es handelt sich damit bei der Ersatzaussonderung um eine echte Aussonderung.[30] Daneben kann der Gläubiger unter den Voraussetzungen von § 48 S. 2 InsO auch die bereits erbrachte Gegenleistung aus der Insolvenzmasse herausverlangen. Dazu muss diese noch unterscheidbar in der Masse vorhanden

---

klage nach § 256 ZPO erheben, soweit der Insolvenzverwalter das Eigentum nicht anerkennt, *Hess*, § 47 InsO Rn. 16.

23 Gottwald/*Gottwald/Adolphsen*, § 39 Rn. 3, 5.

24 *Ibid.* § 40 Rn. 7.

25 Ausnahmen gelten hier insbesondere für den Fall des Sicherungseigentums, das dem Sicherungseigentümer nur ein Absonderungsrecht gewährt (§ 50 Nr. 1 InsO), vgl. Gottwald/*Gottwald*, § 39 Rn. 6, 7; *Hess*, § 47 InsO Rn. 184 ff.

26 MüKoInsO²/*Ganter*, § 47 Rn. 10; Gottwald/*Gottwald/Adolphsen*, § 39 Rn. 2.

27 MüKoInsO²/*Ganter*, § 48 Rn. 3; Gottwald/*Gottwald/Adolphsen*, § 41 Rn. 1.

28 MüKoInsO²/*Ganter*, § 48 Rn. 3; Gottwald/*Gottwald/Adolphsen*, § 41 Rn. 2.

29 BT-Drs. 12/7302, 160; MüKoInsO²/*Ganter*, § 48 Rn. 4 spricht nur von einer „haftungsrechtlichen Surrogation".

30 MüKoInsO²/*Ganter*, § 48 Rn. 5, 6.

sein. Dies bedeutet, dass sie im Zuge der Ersatzaussonderung gegenständlich individualisiert und ausgesondert werden können muss.[31] Eine Wertvindikation ist ausgeschlossen.[32]

§ 48 InsO stellt sich folglich als eine Verlängerung von § 47 Abs. 1 InsO dar, indem auch Ansprüche auf das Surrogat des Gegenstandes, der ursprünglich ausgesondert hätte werden können, im Rahmen einer Ersatzaussonderung von der Insolvenzmasse abgeschieden werden können.

b) Bedeutung des Eigentumserwerbs für den Gläubigerschutz

Wie sich aus den Ausführungen ergibt, hängt der Gläubigerschutz direkt mit dem Eigentumserwerb zusammen. Zwar können auch andere Rechte Gegenstand einer Drittwiderspruchsklage oder eines Aussonderungsrechts sein. Das Eigentum stellt aber gleichsam den Grundfall der erfassten Rechte dar, sodass der Eigentumserwerb seinerseits dazu führt, dass die Möglichkeit zur Drittwiderspruchsklage bzw. Geltendmachung eines Aussonderungsrechts besteht. Rechtstechnisch sind die Voraussetzungen des Eigentumserwerbs damit mittelbar auch die Grundvoraussetzungen des Schutzes gegenüber den Gläubigern.

2. Schutz gegenüber den Gläubigern des Veräußerers

Für den Schutz des Erwerbers gegenüber den Gläubigern des Veräußerers gilt insofern nichts anderes. Maßgeblich ist wiederum die Frage, ob dem Erwerber ein Aussonderungsrecht oder „ein die Veräußerung hinderndes Recht" an der beweglichen Sache zusteht. Auch hier geht es also um die § 771 ZPO, §§ 47, 48 InsO. Der Zeitpunkt des Schutzerwerbs ist damit auch für den Erwerber der Zeitpunkt des Eigentumserwerbs, sodass es wieder auf die Voraussetzungen des Eigentumserwerbs nach den §§ 929 ff. BGB ankommt. In diesem Zeitpunkt gehen alle Befugnisse auf ihn über. Er ist damit vollumfänglich geschützt.

Damit setzten Absatz- und Gläubigerschutz nach deutschem Recht faktisch nichts anderes als den (vorhergehenden) Eigentumserwerb nach §§ 929 ff. BGB bzw. das Fortbestehen des Eigentums im Falle der Sachüberlassung voraus. Der Schutz des Erwerbers bzw. Eigentümers stellt sich insofern stets als Folge des Eigentumserwerbs dar.

31 *Ibid.* Rn. 55.
32 Gottwald/*Gottwald/Adolphsen*, § 41 Rn. 3.

§ 3 Schwedisches Recht

Der dynamische Bereich stellt im schwedischen Recht den zentralen Teil dessen dar, was als *sakrätt* bezeichnet wird. Alle Konstellationen, in denen mindestens drei Personen beteiligt sind und sich zwei von diesen um dieselbe Sache streiten, sind hier anzusiedeln, soweit ein Transaktionsbezug gegeben ist. Dabei soll das Eigentum grundsätzlich keine Rolle für die Konfliktlösung spielen. Dies bedeutet jedoch nicht, dass keine Zusammenhänge mit dem Eigentum bestehen. Insbesondere für den Bereich des Absatzschutzes ist ein Obsiegen in der Konfliktsituation m.E. gleichbedeutend mit dem Erwerb des Eigentums. Beim Gläubigerschutz spielt das Eigentum zumindest für die Sachüberlassung eine entscheidende Rolle.

I. Allgemeines

Zetterström systematisiert das dynamische *sakrätt*, indem er vier Hauptfälle unterscheidet *(sakrättens fyra huvudfall)*:[33]

- der gutgläubige Erwerb vom Nichtberechtigten,
- Doppelverfügungen,
- der Gläubigerschutz bzgl. veräußerter/überlassener Vermögensgegenstände,
- der Gläubigerschutz bzgl. erworbener Vermögensgegenstände.

Die ersten beiden Kategorien sind dem Absatzschutz, die letzten beiden dem Gläubigerschutz zuzuordnen.

II. Absatzschutz (*Omsättningsskydd*)

1. Gutgläubiger Erwerb vom Nichtberechtigten

Die Regeln zum gutgläubigen Erwerb vom Nichtberechtigten werden dem Absatzschutz zugerechnet. Obwohl sie jedenfalls zum Teil den Absatz von veräußererfremden Sachen im Interesse des Verkehrsschutzes ermöglichen, schützen sie aber vor allem auch den ursprünglichen Eigentümer. Er kann sein Eigentum nur dann verlieren, wenn der Erwerber aufgrund seiner Gutgläubigkeit schutzwürdig ist und sich hierauf berufen kann. Der Absatzschutz behandelt also die Abwägung, ob das bestehende oder das neu erworbene Recht in einer Absatzsituation

33 *Zetterström*, Sakrätten, 20.

geschützt werden soll.[34] Die Details des gutgläubigen Erwerbs wurden bereits oben analysiert.[35]

2. *Doppelverfügungen*

Auch die Lösung von Konflikten, die aufgrund von Doppelverfügungen entstehen, wird dem Absatzschutz zugerechnet. Der Verkäufer einer beweglichen Sache verliert durch den Abschluss des auf den Sacherwerb bezogenen Vertrages seine Verfügungsbefugnis über die Sache. Es sind sodann zwei Konstellationen denkbar. Entweder bezweckt das nachfolgende Rechtsgeschäft ebenfalls die Übereignung der Sache, oder aber es geht um die Einräumung eines beschränkten dinglichen oder eines obligatorischen Rechts an der Sache.

a) Gutglaubenserwerb bei Doppelverkauf (tvesala)

Für den Fall des Doppelverkaufs ist das GFL aufgrund einer Anordnung des Gesetzgebers anwendbar, obwohl die Voraussetzungen von § 1 GFL nicht vorliegen. Der Verkäufer ist nicht mehr als Eigentümer im Sinne des GFL anzusehen.[36] Deshalb hat der zweite Erwerber nur noch die Möglichkeit, aufgrund der Regeln über den gutgläubigen Erwerb vom Nichtberechtigten nach Maßgabe der §§ 2 ff. GFL das Eigentum zu erlangen. Die Voraussetzungen sind mit denen des allgemeinen Falles des gutgläubigen Erwerbs identisch. Für die Gutgläubigkeit des Erwerbers dürften aber teilweise Erleichterungen gelten, da das GFL die Verhinderung des Handels mit Diebesgut bezweckt, was in dieser Konstellation jedoch regelmäßig nicht der Fall ist.[37]

b) Kollision von Eigentum mit Pfand- bzw. Zurückbehaltungsrechten

Situationen, in denen ein Eigentümer zwei Verfügungsgeschäfte vornimmt und mit dem ersten Erwerber einen Kauf und mit der zweiten Person ein Pfandrecht vereinbart, fallen ebenfalls unter den Anwendungsbereich des GFL, da auch Pfandrechte gem. § 8 Abs. 1 GFL gutgläubig erworben werden können. Der Käufer ist dementsprechend gezwungen, das Pfandrecht abzulösen, um den Sachbesitz zu erhalten.[38] Für den umgekehrten Fall, dass das Pfandrecht zuerst bestellt wird, findet das GFL zwar eigentlich keine Anwendung, da der Verfügende trotz der Bestellung

34 *Millqvist*, 16.

35 S.o. 184 ff.

36 *Håstad*, 84, s. auch o. 188.

37 *Ibid.* 85.

38 *Ibid.* 87 f.

des Pfandsrechts Eigentümer bleibt.[39] Dennoch löst man diese Kollision ebenso wie den Fall des Doppelverkaufs.[40] Das Eigentum wird gutgläubig und lastenfrei erworben, wenn der Erwerber den Sachbesitz erhält.[41] Da auch Schweden nur ein Faustpfandrecht *(handpanträtt)* kennt,[42] ist diese Situation jedoch nicht besonders praxisrelevant.

Für Zurückbehaltungsrechte gilt Vergleichbares.[43] Auch sie können gutgläubig erworben werden. Dabei ist das GFL aber nicht anwendbar. Nach älterer Rechtspraxis[44] ist nur der gute Glaube an das Eigentum des Besitzers der Sache sowie der Sachbesitz des Zurückbehaltungsberechtigten erforderlich.

c) Kollision von Eigentum und Nutzungsrecht

Nicht geklärt ist, wie die Kollision zwischen zuerst abgeschlossenem Kaufvertrag und zeitlich nachfolgend an der Kaufsache bestelltem Nutzungsrecht *(nyttjanderätt)* zu lösen ist.[45] Gesetzliche Regelungen oder Rechtsprechung existieren hierzu nicht.[46] Auch ist unklar, inwiefern dem Nutzungsrecht dinglicher Schutz zukommt. In Betracht kommt ein solcher allenfalls bei Leasingverträgen und sonstigen Konstellationen, die dem Abzahlungskauf nahe stehen.[47] Mangels dinglicher Wirkung kann sich ein zeitlich nach Abschluss des Kaufvertrages bestelltes Nutzungsrecht folglich in aller Regel nicht gegen das Eigentum durchsetzen.[48, 49] Anders wäre dies nur, soweit dem jeweiligen Nutzungsrecht dingliche Wirkungen beigemessen werden und dieses dadurch *erga omnes*-Wirkung hätte.[50]

39 *Ibid.* 88.

40 *Zetterström*, Sakrätten, 43.

41 *Håstad*, 88; *Zetterström*, Sakrätten, 43.

42 Vgl. *Agell/Malmström*, 175.

43 *Håstad*, 90, 72.

44 Vgl. NJA 1936, 650; 1948, 10.

45 *Zetterström*, Sakrätten, 44; *Millqvist*, 84 f.

46 *Håstad*, 431.

47 *Ibid.* 437 f.

48 *Ibid.* 438; *Millqvist*, 84.

49 Insofern kommt wohl das alte Prinzip *köp bryter legostämma* (Kauf bricht Nutzungsrecht) zum Tragen, das für den Bereich des Grundstücksrechts aber teilweise durchbrochen wird (vgl. Kap. 7, §§ 11 ff. JB). Inwiefern der HD dieses Prinzip heute noch anwenden würde, ist aber teilweise unsicher. Agell/Malmström/*C. Ramberg*[22], 124, 201.

50 *Håstad*, 438.

III. Gläubigerschutz (*Borgenärsskydd*)

Die sachenrechtlichen Konflikte, die sich in Dreipersonenverhältnissen mit Personen „auf Seiten des Schuldners“ ergeben, sind die am häufigsten in der Praxis vorkommenden sachenrechtlichen Probleme.[51] Sie treten vor allem im Zusammenhang mit Zwangsvollstreckung und Konkurs auf.[52] Es geht durchweg um die Frage, ob einer Person A in Bezug auf eine bestimmte Sache, die sich bei Person B befindet, ein *separationsrätt* zusteht, wenn die Person C als Vollstreckungs- oder Konkursgläubiger des B auf einen bestimmten Vermögensgegenstand zugreifen möchte.[53] Dabei treten zwei Konstellationen auf. Zum einen ist denkbar, dass A der Veräußerer oder Eigentümer einer Sache ist, die sich bei B befindet. Diese Konstellation wird unter der Rubrik „Separationsrätt aufgrund des beibehaltenen Eigentums“ behandelt.[54] Zum anderen kann A aber auch als Erwerber einer Sache in Erscheinung treten, auf die der Gläubiger C im Konkurs oder der Zwangsvollstreckung in das Vermögen des B zugreifen will. *Millqvist* behandelt diese Konstellationen unter der Überschrift „[...] Separationsrätt aufgrund des erworbenen Eigentums“.[55]

Abb. 11: Grundkonstellation des Gläubigerschutzes

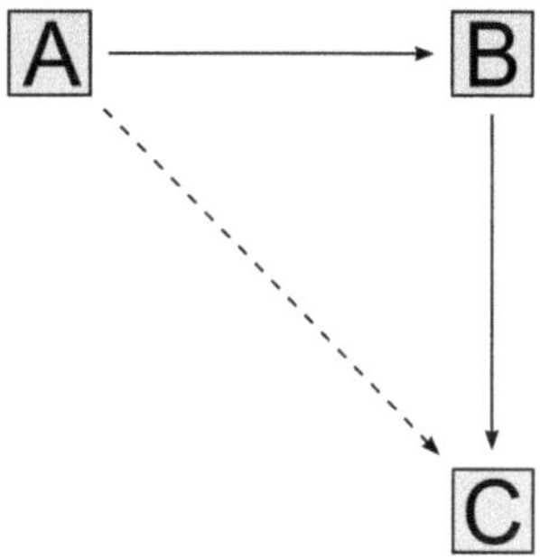

1. Separationsrätt

Der Begriff *separationsrätt* wird gesetzlich nicht erwähnt.[56] Es handelt sich dabei nicht um ein dingliches Recht wie das Eigentum oder das Pfandrecht. Unter

51 *Zetterström*, Sakrätten, 45.
52 *Ibid.*
53 *Millqvist*, 86.
54 *Ibid.* 86 f.; *Håstad*, 145, 177.
55 *Millqvist*, 118; vgl. auch *Håstad*, 205.
56 *Walin*, Separationsrätt, 12.

einem *separationsrätt* ist in der schwedischen Rechtsordnung vielmehr eine bestimmte Rechtsfolge zu verstehen.[57] Es geht – allgemein formuliert – darum, einen bestimmten ökonomischen Wert aus einer Vermögensmasse „herauszuhalten" oder „herauszulösen".[58] Das *separationsrätt* ist dabei jedoch nicht auf eine bestimmte Situation beschränkt, sondern findet gleichermaßen in den vergleichbar gelagerten Konstellationen der Zwangsvollstreckung und des Konkurses Anwendung.[59] In beiden Fällen stellt sich die Frage, welche Gegenstände der Vermögensmasse zuzuordnen sind, die das pfändbare Vermögen bzw. die Konkursmasse ausmacht.

Grundsätzlich geht die schwedische Rechtsordnung davon aus, dass nur das Vermögen des Schuldners für dessen Verbindlichkeiten haftet.[60] Welches Vermögen dem Schuldner zum relevanten Zeitpunkt gehört, bemisst sich nach den Regeln des Zivilrechts.[61] Kommt es nun dazu, dass sich eine schuldnerfremde Sache beim Schuldner befindet, und deshalb zunächst als zur Konkursmasse bzw. dem vollstreckbaren Vermögen zugehörig angesehen wird, so kennt das schwedische Recht die Möglichkeit des tatsächlich an der Sache Berechtigten, ein sog. *separationsrätt*[62] geltend zu machen und den richtigerweise seinem Vermögen zuzurechnenden Vermögensgegenstand dem Schuldnervermögen oder der Konkursmasse zu entziehen.[63] Das *separationsrätt* entspricht funktional demnach dem Aussonderungsrecht nach § 47 InsO und dem „die Veräußerung hindernden Recht" im Rahmen der Drittwiderspruchsklage nach § 771 ZPO.[64] Begrifflich lässt sich *separationrätt* als „Aussonderungsrecht" übersetzen, wenngleich dabei der im Vergleich zum deutschen Recht weitere Anwendungsbereich beachtet werden muss.[65]

---

57 *Ibid.* 12, 14.

58 *Ibid.* 12.

59 *Ibid.*

60 Vgl. für die Zwangsvollstreckung Kap. 4, § 17 UB und *Gregow*, 26. Für den Konkurs vgl. Kap. 3, § 3 Abs. 1 KonkL.

61 *Mellqvist*, 30, 73.

62 Dt. Aussonderungsrecht.

63 Zu diesem Begriff: *Walin,* Separationsrätt, 11 f.

64 Im deutschen Recht besteht zwischen den beiden Vorschriften eine Parallele dahingehend, dass ein Dritter geltend macht, dass ein Gegenstand zu Unrecht in Beschlag genommen sei. Prozessual ist die Drittwiderspruchsklage jedoch gegen den Vollstreckungsgläubiger zu richten, während die Aussonderung gegenüber dem Insolvenzverwalter geltend gemacht werden muss. Vgl. Gottwald/*Gottwald/Adolphsen*, § 39 Rn. 2; MüKoInsO[2]/*Ganter*, § 47 Rn. 10.

65 Die sprachlich mögliche Übersetzung als Absonderungsrecht wäre nicht treffend, da das deutsche Absonderungsrecht als Recht auf Vorzugsbefriedigung in Schweden funktional dem *förmånsrätt* (Vorteilsrecht) entspricht. Vgl. *Witte*, 170, Fn. 465.

a) *Aussonderungsrecht im Rahmen der Zwangsvollstreckung*

Das Aussonderungsrecht eines dinglich Berechtigten im Rahmen der Zwangsvollstreckung ist gesetzlich nur sporadisch geregelt. Gemäß Kap. 4, § 17 UB dürfen bewegliche Vermögensgegenstände im Rahmen der Zwangsvollstreckung gepfändet werden, wenn sich ergibt, dass diese zum Vermögen des Schuldners gehören. Wie auch im deutschen Recht enthält Kap. 4, § 18 UB eine widerlegbare gesetzliche Vermutung dafür, dass die sich im Besitz des Schuldners befindlichen Sachen auch seinem Vermögen zuzurechnen sind. Befindet sich eine Sache im Besitz des Schuldners B, die jedoch zum Vermögen des A zu zählen ist, so ist die Zwangsvollstreckung also zunächst möglich. A kann sodann ein „besseres Recht" an der Sache geltend machen. Dazu benötigt er einen im Verhältnis zu B dinglich geschützten Anspruch auf die Sache.[66] „Anspruch" erfasst dabei einerseits das Eigentum selbst. Regelmäßig ist aber der Anspruch, „das Eigentum an einer Sache zu erhalten" gemeint. Wie oben dargelegt,[67] ist das *bättre rätt* nicht schon für sich ein Recht, sondern eine prozessuale Formel, die der materiellrechtlichen Ausfüllung durch einen Anspruch bedarf. Das Aussonderungsrecht im Rahmen der Zwangsvollstreckung ist dementsprechend nicht einfach an das Eigentum geknüpft, sondern davon abhängig, inwiefern der Anspruch des Gläubigers in Bezug auf die Sache dinglich geschützt wird und deshalb „besser" als der Anspruch des Vollstreckungsgläubigers ist.

Der materiellrechtliche Anspruch auf Aussonderung ist gesetzlich nicht verankert. Wird das Eigentum des Anspruchstellers jedoch seitens des Schuldners und des Vollstreckungsgläubigers bestritten, kann die Vollstreckungsbehörde ihm gem. Kap. 4, § 20 Abs. 1 UB aufgeben, sein Recht auf dem Klageweg geltend zu machen. Dies gilt auch dann, wenn der Anspruchsteller sein Recht erst nach Pfändung des Vermögensgegenstandes geltend macht. Die Klage über ein „besseres Recht" ist wie die Drittwiderspruchsklage nach § 771 ZPO gegen den Vollstreckungsgläubiger zu richten.

b) *Aussonderungsrecht im Konkurs*

Für den Fall des Konkurses gilt vom Prinzip her das Gleiche. Gemäß Kap. 3, § 3 Abs. 1 KonkL besteht die Konkursmasse nur aus dem Vermögen des Konkursschuldners. Fremde Vermögenswerte zählen nicht dazu. Ein Aussonderungsrecht besteht dementsprechend für den dinglich geschützten Eigentümer einer Sache, sowie für denjenigen, der einen dinglich geschützten Anspruch auf Eigentumsüber-

---

66 *Zetterström*, Sakrätten, 46.

67 S.o. 226 f.

tragung gegen den Konkursschuldner hat.[68] Auch hier ist der dingliche Schutz folglich das entscheidende Kriterium für das Vorliegen des ansonsten nicht gesetzlich geregelten Aussonderungsrechts. Prozessual muss der Aussonderungsberechtigte das Aussonderungsrecht als „besseres Recht" im Rahmen einer Erfüllungsklage *(fullgörelsetalan)* gegen die Konkursmasse geltend machen.[69]

2. *Spezialität als allgemeine Voraussetzung des Aussonderungsrechts*

Das Spezialitätsprinzip *(specialitetsprincipen)* spielt im Rahmen des Gläubigerschutzes eine wichtige Rolle. Es zieht die Grenze zwischen einem allgemeinen Forderungsrecht und einem auf einen bestimmten Vermögensgegenstand konkretisierten Anspruch.[70] Ein Aussonderungsrecht kann grundsätzlich nur für dingliche Ansprüche bestehen, die *erga omnes*-Schutz genießen.[71] Deshalb kann es sich nur auf individualisierte Vermögensgegenstände beziehen,[72] die sich eindeutig vom sonstigen Vermögen des Schuldners abgrenzen lassen. Erforderlich ist also grundsätzlich, wie im deutschen Recht, dass genau der Vermögensgegenstand beim Schuldner B vorhanden ist und identifiziert werden kann, den A überlassen hat.[73]

Dabei kommt es auf die tatsächliche Situation an, sodass es für das Aussonderungsrecht grundsätzlich unerheblich ist, ob B zur Vermengung oder Verfügung über den Vermögensgegenstand berechtigt war.[74] Auch an vertretbaren Vermögensgegenständen *(fungibel egendom)* kann aufgrund des Spezialitätserfordernisses grundsätzlich ein Aussonderungsrecht bestehen. Es ist dann vielmehr ein praktisches Problem, inwiefern die ursprünglich überlassenen Sachen noch beim Schuldner identifiziert werden können.[75]

3. *Schutz des Eigentümers/Veräußerers gegenüber den Gläubigern des Erwerbers/ Besitzers aufgrund des beibehaltenen Eigentums*

Für die Frage des Gläubigerschutzes bei einem Vermögensgegenstand, der sich bei einer anderen Person befindet, in deren Vermögen vollstreckt werden soll oder über deren Vermögen ein Konkursverfahren eröffnet worden ist, ist ebenfalls entscheidend, ob ein Aussonderungsrecht besteht. Ein Aussonderungsrecht steht

68 *Mellqvist*, 73.
69 Vgl. bspw. NJA 1985, 836.
70 *Millqvist*, 90.
71 *Håstad*, 152.
72 *Zetterström*, Sakrätten, 17, 48; *Håstad*, 152.
73 Vgl. *Millqvist*, 91.
74 *Ibid.* 91 f.
75 *Ibid.*

jedenfalls dem Sacheigentümer zu.[76] Da für das schwedische Recht als Grundsatz gilt, dass eine Person Eigentümer einer Sache bleibt, auch wenn diese einer anderen Person anvertraut worden ist,[77] liegt bei Rechtsverhältnissen, in denen eine Besitzübertragung ohne Eigentumsübertragung vereinbart wird, regelmäßig ein Aussonderungsrecht vor. Dabei sind die jeweiligen Situationen stets an den oben genannten Voraussetzungen des Spezialitätsprinzips zu messen.

a) Fallgruppen

aa) Sachleihe und Sachdarlehen

Bei der Sachleihe *(saklån)* übergibt der Verleiher als Eigentümer die Sache an den Entleiher zur Nutzung. Sein Eigentum an der individuell bestimmten Sache bleibt bestehen und ist deshalb dinglich geschützt. Ist die Sache bei der Zwangsvollstreckung oder im Konkurs noch beim Schuldner vorhanden,[78] steht dem Eigentümer aufgrund seines Eigentums ein Aussonderungsrecht zu.[79]

Für den Fall des Sachdarlehens *(försträckning)* gilt dies jedoch nicht.[80] Hier bezieht sich der Rückgabeanspruch nur auf einen Gegenstand, der gattungsmäßig bestimmt ist.[81] Ist der Gegenstand – was regelmäßig der Fall sein dürfte – nicht mehr im Vermögen des Schuldners vorhanden, so sind die Voraussetzungen des Spezialitätsprinzips nicht erfüllt. Ein Aussonderungsrecht besteht dann nicht.[82]

bb) Miete beweglicher Sachen und Leasing

Die Miete *(hyra)* und damit auch das rechtlich gleich zu behandelnde Leasing geben dem Vermieter bzw. Leasinggeber grundsätzlich aufgrund seines beibehaltenen Eigentums ein Aussonderungsrecht.[83] Auch hier sind Einschränkungen möglich, wenn die Mietsache nicht mehr im Vermögen des Schuldners identifizierbar ist.

cc) Verwahrung

Für die gesetzlich nur bruchstückhaft in Kap. 12 HB geregelte Verwahrung beweglicher Sachen *(deposition)* gilt im Grundsatz Vergleichbares wie für die Miete. Der Rückgabeanspruch bezieht sich ausschließlich auf den in Verwahrung gege-

76 Vgl. *Håstad*, 145 f.

77 Prop. 2008/09:88, 54.

78 *Zetterström*, Sakrätten, 50 f..

79 Der Verleiher wollte sein Eigentum schließlich nie aufgeben, vgl. NJA 2008, 444.

80 *Walin*, Separationsrätt, 12; *Zetterström*, Sakrätten, 51.

81 *Håstad*, 153 f.

82 *Ibid.*

83 *Zetterström*, Sakrätten, 51.

benen Gegenstand, an dem das Eigentum des Auftragsgebers fortbesteht.[84] Im Gegensatz zur Miete ist aber der Eigentümer zur Tragung der Verwahrungskosten verpflichtet. Dem Verwahrer steht für seinen Ersatzanspruch gem. Kap. 12, § 8 HB ein Zurückbehaltungsrecht an der verwahrten Sache zu. Dementsprechend steht das Aussonderungsrecht des Eigentümers unter dem Vorbehalt des Zurückbehaltungsrechts, sodass der Kostenersatzanspruch des Verwahrers zunächst befriedigt werden muss.[85]

dd) Kommission

Voraussetzung der Kommission ist, dass der Kommissionär im eigenen Namen, aber für Rechnung des Kommittenten Sachen kauft oder verkauft.[86] Wie oben bereits dargelegt wurde, ist darüber hinaus erforderlich, dass es sich um eine „echte" Kommission handelt und der Kommittent das Geschäftsrisiko trägt.[87]

Für die Kommission gilt, dass das Kommissionsgut weder bei der Verkaufs- noch bei der Einkaufskommission zum haftenden Vermögen oder zur Insolvenzmasse des Kommissionärs gehört.[88] Bei der Verkaufskommission bleibt der Kommittent gem. § 23 Abs. 1 KommL bis zur Übereignung an den Käufer Eigentümer. Bei der Einkaufskommission erfolgt der Eigentumserwerb des Kommittenten gem. § 23 Abs. 2 KommL direkt vom Vertragspartner des Kommissionärs. Die Ware wird folglich auch hier zu keinem Zeitpunkt Bestandteil des Vermögens des Kommissionärs. Das dem Kommittenten damit grundsätzlich zustehende Aussonderungsrecht besteht folglich direkt an der Kommissionsware. Darüber hinaus sind gem. § 23 Abs. 3 KommL auch die Forderungen des Kommissionärs gegen den Käufer vom Aussonderungsrecht des Kommittenten erfasst.

ee) Rücknahmevorbehalt

Wie bereits oben[89] dargelegt, kennt das schwedische Recht heute keinen dinglichen Eigentumsvorbehalt im Sinne einer aufschiebend bedingten Übereignung. Stattdessen bedient man sich des dinglich geschützten Rücknahmevorbehalts. Dabei handelt es sich um die vertraglich vereinbarte Möglichkeit des Verkäufers, bei Nichtzahlung des Kaufpreises durch den Käufer die Sache zurückzuerlangen. Dieses obligatorische Recht wird in der schwedischen Rechtsordnung unter be-

---

84 *Ibid.*
85 *Ibid.* 52.
86 *Ibid.* 62; *Håstad*, Köprätt, 305, 328.
87 S.o. 150 ff.
88 Prop. 2008/09:88, 54.
89 S.o. 163 ff.

stimmten Voraussetzungen dinglich geschützt, d.h. es entfaltet Wirkung auch gegenüber dritten Personen und damit gegenüber den Gläubigern des Käufers.[90] Für ein Aussonderungsrecht müssen auch hier stets die Erfordernisse des Spezialitätsgrundsatzes erfüllt sein.

Um Wirksamkeit zu entfalten, muss der Vorbehalt im Kaufvertrag vereinbart worden sein. Der Käufer darf zudem nicht zur Weiterveräußerung der Sache[91] oder einer anderen Handlung berechtigt sein, die die Identifizierbarkeit im Vermögen des Schuldners entgegen dem Spezialitätsprinzip verhindert.[92] Im letzteren Fall ist der Vorbehalt zwar an sich gültig, wirkt aber nur *inter partes*[93] und verfehlt deshalb seinen eigentlichen Zweck.

(1) Rücknahmevorbehalt in der Zwangsvollstreckung

Der wirksam vereinbarte Rücknahmevorbehalt hindert gem. Kap. 5, § 5 Abs. 2 UB nicht die Pfändung der Sache beim Schuldner. Der Vorbehaltsverkäufer hat kein unmittelbares Recht, die Sache aus dem haftenden Vermögen zu entfernen.[94] Dies ist der Sache nach konsequent, denn der Rücknahmevorbehalt bewirkt keine aufschiebende Bedingung der Übereignung. Der Käufer ist bereits Eigentümer der Sache geworden.[95] Der dinglichen Absicherung der Ansprüche des Verkäufers aus dem Kaufvertrag wird aber bei der Realisierung des Sachwerts durch Verkauf im Rahmen der Zwangsvollstreckung Rechnung getragen.[96] Gemäß Kap. 9, § 10 Abs. 1 UB darf die Sache deshalb nach der Pfändung nur dann verkauft werden, wenn der Kaufpreis wenigstens die Forderung des Vorbehaltsverkäufers deckt.[97] Gleichzeitig wird aber auch darauf Rücksicht genommen, dass der Käufer bereits einen gewissen Teil des Kaufpreises beglichen hat und die Sache damit, vergleichbar dem deutschen Anwartschaftsrecht, in Höhe des die Restforderung übersteigenden Wertes den Gläubigern als Haftungsunterlage zur Verfügung stehen sollte.[98] Der Erlös aus der Sache kommt also primär dem Vorbehaltsverkäufer zugute und erst ein die Restforderung übersteigender Anteil steht, abzüglich der Verfahrenskosten, den Vollstreckungsgläubigern zu.[99] Alternativ kann eine Veräußerung der gepfändeten Sache auch dann geschehen, wenn der

90 *J. Ramberg/Herre*, Allmän köprätt, 203; *Persson*, Förbehållsklausuler, 422 f.
91 Prop. 1980/81:8, 627.
92 *Millqvist*, 99 f.
93 *Håstad*, 191.
94 *Ibid.* 200.
95 Prop. 1980/81:8, 626.
96 *Ibid.* 628.
97 *Ibid.* 629.
98 *Ibid.*
99 *Ibid.* 630.

Vorbehaltsverkäufer einer solchen unter Fortbestehen seines Rechts zustimmt, Kap. 9, § 10, 2. Var. UB. Damit tritt der neue Erwerber in die Pflichten des Vollstreckungsschuldners aus dem Kaufvertrag mit dem Vorbehaltskäufer ein. Es handelt sich mithin um einen Schuldnerwechsel, wobei der Erwerber als Kaufpreis regelmäßig nur die Differenz zwischen dem Sachwert und der noch offenen Kaufpreisforderung aus dem Kaufvertrag mit dem Vorbehaltsverkäufer erbringen wird.[100]

(2) Rücknahmevorbehalt im Konkurs

Aufgrund eines wirksamen dinglich geschützten Rücknahmevorbehalts steht dem Verkäufer auch im Konkurs des Käufers ein Aussonderungsrecht zu.[101] Er hat die Möglichkeit, den Vertrag aufzuheben und die Sache zurückzunehmen, soweit nicht die Konkursmasse als juristische Person gem. § 63 KöpL in den Vertrag eintritt und die Restschuld des Käufers aus dem Kaufvertrag ablöst.[102] Ähnlich wie bei der Zwangsvollstreckung sollen die vom Konkursschuldner bereits an den Vorbehaltskäufer erbrachten Zahlungen den Insolvenzgläubigern zugute kommen, da seine Rechte aus dem Kaufvertrag insofern einen Vermögenswert ausmachen, der zur Konkursmasse gehört.[103] Es bleibt allerdings offen, in welcher Form dies erfolgen soll. Gesetzliche Regelungen existieren hierzu nicht.

b) Ausnahmen vom Spezialitätserfordernis

Neben diesen „klassischen" Fällen, die allesamt die Anforderungen des Spezialitätsprinzips erfüllen und deshalb dem Eigentümer bzw. Vorbehaltsverkäufer ein Aussonderungsrecht geben, kennt das schwedische Recht Fallgruppen, in denen ein Aussonderungsrecht auch dann besteht, wenn die Sache nicht mehr unterscheidbar im Vermögen des Schuldners vorhanden ist.

aa) Aussonderungsrecht trotz Vermischung gem. dem RVL[104]

Trotz Vermischung und Identitätsverlust kann nach schwedischem Recht unter Umständen ein Aussonderungsrecht bestehen.[105] Die Grundlage hierfür bildet das RVL. Es trat 1944 in Kraft und regelt die rechtliche Behandlung sog. *redo-*

---

100 Vgl. *ibid.*
101 *Håstad*, 184; Strömholm/Engwall/Andersson/*Persson*, Svensk rätt, 222 f.
102 *Håstad*, 201.
103 *Ibid.*
104 SFS 1944:181 *Lag om redovisningsmedel:* Gesetz über Gelder, für die Rechnung zu legen ist.
105 *Millqvist*, 110.

visiningsmedel. Darunter sind Geldmittel zu verstehen, die ein Verwalter für seinen Auftraggeber in Empfang nimmt und ggf. verwaltet.[106] Die Bedeutung für das Mobiliarsachenrecht ergibt sich daraus, dass das RVL nach dem Willen des Gesetzgebers entsprechende Anwendung auf andere vertretbare Sachen finden soll.[107] Im Folgenden werden deshalb die Voraussetzungen eines Aussonderungsrechts nach dem RVL für bewegliche Sachen dargelegt.

(1) Rechnungslegungspflicht

Voraussetzung für ein Aussonderungsrecht für bewegliche Sachen analog dem RVL ist zunächst, dass dem Besitzer der in Betracht kommenden Sache eine Rechnungslegungspflicht obliegt. Nach dem Wortlaut des RVL ist für seine Anwendung notwendig, dass jemand Geld oder vertretbare Sachen für einen anderen als fremden Wert innehat (Abs. 1 S. 1 RVL).[108] Darüber hinaus muss diese Person verpflichtet sein, der anderen Person Rechenschaft abzulegen. Die Rechnungslegungspflicht beinhaltet vor allem die Pflicht, die vertretbaren Sachen getrennt zu verwahren.[109] Im Kern geht es darum, dass alle Situationen erfasst werden, in denen der Besitzer verpflichtet ist, die Mittel oder vertretbaren Sachen als einen fremden Wert zu behandeln und über diese jederzeit Rechenschaft ablegen und sie dem Berechtigten aushändigen können muss.[110] Diese Pflicht betrifft natürlich Auftragsverhältnisse[111], aber auch Rechtsverhältnisse, denen die Pflicht zur getrennten Verwahrung der Mittel bzw. Sachen aufgrund ungeschriebener Regeln immanent ist.[112] Dazu gehört unter anderem auch die Situation, dass gar kein vertragliches Verhältnis zwischen den Personen besteht, wobei allerdings Straftaten und sonstiges deliktisches Handeln in der Regel nicht zu einem *separationsrätt* nach dem RVL führen werden.[113] Die Rechnungslegungspflicht ergibt sich dementsprechend im Grundsatz daraus, dass eine Person eine Sache als fremden Vermögenswert innehat, über sie nicht für eigene Rechnung verfügen darf und die Absicht hat, über diese Vermögenswerte Rechnung zu legen.[114]

---

106 Bergström/Håstad/Lindblom/Rylander, Juridikens Termer[8], 138.

107 NJA II 1944, 405 u. 410; *Walin*, Separationsrätt, 154. Vgl. hierzu auch NJA 1994, 506.

108 *Millqvist*, 111.

109 Abs. 1 RVL.

110 *Millqvist*, 111.

111 Z. B. Kap. 8, § 4 Abs. 3 RB für Rechtsanwälte und Kap. 7, § 18 KonkL für den Konkursverwalter.

112 Vgl. *Millqvist*, 112.

113 Zwar wird grundsätzlich auch der Dieb als zur Rechnungslegung nach dem RVL verpflichtet angesehen, vgl. *Millqvist*, 111 f.; *Zetterström*, Sakrätten, 55; Håstad, 160 f. Der HD hat in NJA 2009, 500 jedoch klargestellt, dass trotz einer solchen Rechnungslegungsverpflichtung des Diebes kein *separationsrätt* besteht, wenn der Dieb keine Absicht zur Rechnungslegung hat.

114 *Millqvist.*, 111 f.

(2) Erfordernis der Absonderung

Auch für vertretbare Sachen gilt analog Abs. 1, erster Punkt RVL, dass das, was für den Auftraggeber vom Vermögen des Rechnungslegungsverpflichteten abgesondert wurde, dem Auftraggeber vorbehalten ist.[115] Dabei ist für bewegliche Sachen, anders als für Geld, nicht zwingend erforderlich, dass diese gesondert behandelt werden.[116] Dies trifft z.B. zu, wenn der Rechnungslegungsverpflichtete keine anderen Waren dieser Art verwahrt.[117] Ansonsten genügt die Markierung als dem Auftraggeber zugehörig.[118] Wichtig ist insgesamt, dass das dem Auftraggeber Zuzurechnende erkennbar ist. So können identische Waren sogar vermengt werden, solange erkennbar ist, welche Anteile an der Gesamtmenge welchen Auftraggebern zuzuordnen sind. Dann dürfte gem. Abs. 3 RVL dennoch ein Aussonderungsrecht für die Auftraggeber an der entsprechenden Teilmenge bestehen.[119] Zur Sicherheit insbesondere in strafrechtlicher Hinsicht hält *Walin* es jedoch für notwendig, dass eine Vermengung unterbleibt und auch vertragsrechtlich ausgeschlossen wird.[120]

Die Absonderung des für die Rechnungslegung bestimmten Geldbetrages, bzw. der hierfür vorgesehenen Sachen, muss gem. Abs. 2 RVL ohne Verzug erfolgen, um Wirksamkeit zu entfalten.[121] Dabei ist die Auslegung des Begriffs „ohne Verzug" nach den Umständen des individuellen Falles zu bestimmen. Verzug dürfte aber spätestens nach drei bis vier Tagen vorliegen.[122] Sofern der Rechnungslegungsverpflichtete solvent ist, genügt auch eine spätere Absonderung.[123] Ohne diese entsteht das Aussonderungsrecht des Rechnungslegungsberechtigten jedoch nicht. Mit „Solvenz" ist im RVL das Gegenteil der Regelung in Kap. 1, § 2 KonkL gemeint. Zahlungsfähigkeit liegt demnach auch dann vor, wenn der Rechnungslegungsverpflichtete seine fälligen Schulden nur vorübergehend nicht bezahlen kann, solange also die Voraussetzungen des Konkurses nicht vorliegen.[124]

Das Absonderungserfordernis zur Begründung eines Aussonderungsrechts analog RVL ist für vertretbare Sachen, anders als bei Geld, scheinbar eher weit

---

115 *Walin*, Separationsrätt, 157.
116 *Ibid.* 158.
117 *Ibid.* 157.
118 *Ibid.*
119 *Ibid.* 158.
120 *Ibid.*
121 *Millqvist*, 115.
122 *Ibid.*
123 *Walin*, Separationsrätt, 159.
124 *Millqvist*, 115.

auszulegen. Es genügt offensichtlich, dass die Sache dem jeweiligen Auftraggeber zugeordnet werden kann. Im Unterschied zum Spezialitätsprinzip muss aber keine Identität mit einer bereits im Eigentum des Auftraggebers befindlichen Sache, an der ein Aussonderungsrecht bestand, bestehen.

(3) Praktischer Anwendungsbereich

Vorrangiger Zweck des RVL ist das Aussonderungsrecht an Geldmitteln. Dementsprechend ist der Anwendungsbereich des Aussonderungsrechts nach RVL für bewegliche Sachen nicht vollständig klar. Vor allem bei einem Kommissionär, der für mehrere Kommittenten aktiv ist und deshalb ein Warenlager unterhält, in dem die Waren verschiedener Kommittenten aufbewahrt werden, dürften die Vorschriften des RVL ergänzend zu den Regelungen des KommL analoge Anwendung finden. Dies ist zweckgemäß, denn das KommL beschränkt sich auf das Verhältnis zwischen Kommissionär und einem Kommittenten sowie den Gläubigern des Kommissionärs, regelt aber nicht die Einbeziehung mehrerer Kommittenten.

(4) Verfahren bei Zwangsvollstreckung und Konkurs

Gesetzliche Regelungen über die prozessuale Behandlung des Aussonderungsrechts aufgrund des RVL bestehen nicht. Der Aussonderungsberechtigte dürfte aber auch hier gem. Kap. 4, § 20 UB sein Aussonderungsrecht durch Klage entsprechend der deutschen Drittwiderspruchsklage geltend machen können.[125] Im Konkurs schreibt Kap. 7, § 24 KonkL dem Konkursverwalter für nach dem RVL verwaltete Geldmittel vor, dass er gegenüber dem Berechtigten Rechnung zu legen und die Mittel mitsamt angefallenen Zinsen auszukehren hat. Die Mittel sind demnach der Konkursmasse zu entziehen. Allerdings dürfte Kap. 7, § 24 KonkL, ebenso wie seine Vorgängerregelung, nicht analog auf bewegliche Sachen anwendbar sein.[126] Stattdessen sind die allgemeinen Regeln über die Geltendmachung eines Aussonderungsrechts an einer beweglichen Sache im Besitz des Konkursschuldners anzuwenden.

bb) Surrogation

Eine Ausnahme vom strengen Spezialitätsprinzip kann auch in Situationen eingreifen, in denen eine andere Sache an die Stelle der Sache tritt, an der ursprüng-

125 *Walin*, Separationsrätt, 161. Er bezieht sich auf § 69 UL, der mittlerweile durch die weitgehend inhaltsgleiche Regelung in Kap. 4, § 20 UB ersetzt worden ist.

126 Zur inhaltsgleichen Vorgängerregelung § 194a KonkL a.F.: *Walin*, Separationsrätt, 161.

lich ein Aussonderungsrecht bestand. Dieser Fall ist in zwei Konstellationen gesetzlich geregelt.[127]

(1) Ersatzaussonderung nach Kap. 7, § 23 KonkL

Gemäß Kap. 7, § 23 Abs. 2 KonkL steht dem Gläubiger ein Recht auf Ersatzaussonderung an dem als Kaufpreis nach Eröffnung des Konkursverfahren erhaltenen Geld zu, wenn der Schuldner dessen Sache vor dem Konkurs verkauft hat.[128] Ist der Kaufpreis noch nicht beglichen, so kann der Gläubiger die Übertragung des Anspruchs auf die Gegenleistung verlangen. Der schwedische Gesetzgeber entscheidet sich hier, wie es auch der deutsche[129] in § 48 InsO getan hat, unter engen Voraussetzungen für den Schutz des Gläubigers vor den Konkurs- bzw. Insolvenzgläubigern.

(2) Versicherungsvertrag

Besondere Regeln der Surrogation[130] gelten für den Fall, dass Leistungen aus einem Versicherungsvertrag des Schuldners in Bezug auf die Sache des Gläubigers ausgezahlt werden.[131] Gemäß Kap. 9, § 1 Abs. 1 Nr. 2 FAL[132] gilt eine Versicherung über den Wert einer beweglichen Sache auch zugunsten des Eigentümers der Sache, der nicht selbst Versicherungsnehmer ist sowie zugunsten einer Person, die ein gegenüber den Gläubigern des Versicherungsnehmers geschütztes Sicherungsrecht innehat. Erfasst ist deshalb neben dem Sacheigentümer auch ein Verkäufer, der unter Rücknahmevorbehalt veräußert, wenn der Erwerber die Sache versichert.[133] Mit anderen Worten wird der Inhaber eines Separationsrechts in allen oben genannten Fällen durch den vom Besitzer geschlossenen Versicherungsvertrag gesetzlich geschützt, sofern keine abweichende vertragliche Regelung zwischen Versicherung und Versicherungsnehmer getroffen wird (Kap. 9, § 1 Abs. 2 FAL).[134] Ist die Sache, an der das Aussonderungsrecht be-

127 *Walin* befürwortet Surrogationsmöglichkeiten auch außerhalb des gesetzlich geregelten Bereichs, vgl. *Walin*, Separationsrätt, 164 f.; *ders.,* Om separationrätt efter surrogation, FS Ekeberg (1950), 532, 554.

128 Prop. 1986/87:90, 279; NJA II 1921, 619.

129 Vgl. den Verweis auf das deutsche Recht in den schwedischen Gesetzgebungsmaterialien, NJA II, 1921, 619.

130 Auch in diesem Zusammenhang handelt es sich um eine Form der Surrogation, wenngleich dies nicht immer ausdrücklich so erwähnt wird. Vgl. *Walin*, Separationsrätt, 163.

131 Zum FAL a.F.: *Håstad*, 166.

132 SFS 2005:104 *Försäkringsavtalslag:* Versicherungsvertragsgesetz.

133 Prop. 2003/04:150, 474.

134 *Ibid.*

steht, also nicht mehr beim Besitzer vorhanden, so kann der Aussonderungsberechtigte eine fällige Versicherungsleistung anstelle des Versicherungsnehmers beanspruchen. Im Falle des Konkurses des Versicherungsnehmers darf der an sich Aussonderungsberechtigte gem. Kap. 9, § 7 Abs. 1 Nr. 2 FAL den Ersatzanspruch direkt gegen die Versicherung geltend machen. Nur für den Fall, dass der Versicherungsersatz nicht mehr als 10 % des Wertes der versicherten Sache beträgt, hat der Versicherungsnehmer[135] gem. Kap. 9, §§ 1-6 i.V.m. § 2 Abs. 1 SiF[136] stets einen Anspruch hierauf, da hierbei davon auszugehen ist, dass sich die Sicherungslage bei solch geringen Schäden für den Sicherungsnehmer nicht wesentlich verschlechtert.[137] Insofern ist der Versicherungsnehmer gem. § 2 Abs. 2 S. 1 SiF beweispflichtig. Weist der Eigentümer seine Berechtigung an der Versicherungssumme nicht nach, so hinterlegt der Versicherer diese gem. § 2 Abs. 2 S. 1 SiF bei der Distriktsverwaltung *(länsstyrelse)*. Diese kümmert sich sodann in einer Zusammenkunft gem. §§ 3 ff. SiF um die Zuordnung des Geldes an die Gläubiger in Übereinstimmung mit Kap. 9 FAL.

Das deutsche Recht kennt zwar in Gestalt von § 110 VVG auch eine Vorschrift, die ein Absonderungsrecht des Geschädigten an der Versicherungssumme festlegt, diese Vorschrift beschränkt sich jedoch ausschließlich auf Haftpflichtversicherungen.[138]

c) Zusammenfassung

Im Allgemeinen steht dem Eigentümer einer Sache folglich aufgrund seines Rechts ein Aussonderungsrecht zu, wenn in das Vermögen des Sachbesitzers vollstreckt oder über dessen Vermögen das Konkursverfahren eröffnet wird. Daneben können aber auch dinglich geschützte Ansprüche ein Aussonderungsrecht begründen. Dies gilt insbesondere für den schuldrechtlichen Rücknahmevorbehalt. Grundvoraussetzung des Aussonderungsrechts ist, dass die Sache noch unterscheidbar im Schuldnervermögen vorhanden ist (Spezialitätsprinzip). Ausnahmen hiervon gelten jedoch nach Maßgabe des RVL für gewisse Rechnungsle-

---

135 Das Gesetz spricht vom „Eigentümer“. Gemeint ist damit jedoch der Versicherungsnehmer, der in der Regel auch das Eigentum innehat, wenn er Sicherungsrechte an der Sache innehat. Der Vorbehaltsverkäufer verliert im Übrigen bereits durch den Verkauf und die Übergabe sein Eigentum und hat nur einen Vorbehalt, die Sache zurückzuerlangen.

136 SFS 2005:105 *Lag om säkerhetsrätt i försäkringsersättning:* Gesetz über das Sicherungsrecht an Versicherungsentschädigungen.

137 Prop. 2003/04:150, 646.

138 Dazu Prölss/Martin/*Lücke*, § 110 VVG Rn. 1, der betont, dass es um den Freistellungsanspruch nach § 100 VVG geht, der den Versicherungsnehmer vor den Ansprüchen des Geschädigten schützen soll. Daraus ergibt sich schon, dass sich der Anwendungsbereich des § 110 VVG nicht auf sonstige Versicherungen, insbesondere nicht auf Sachversicherungen erstreckt.

gungspflichten sowie für Fälle der Surrogation bei Ersatzaussonderung und Versicherungsverträgen.

4. Schutz des Erwerbers gegenüber den Gläubigern des Veräußerers

Der Schutz des Erwerbers gegenüber den Gläubigern des Veräußerers stellt nach schwedischem Verständnis den selbständig zu behandelnden Kern des dynamischen *sakrätt* dar.

a) Allgemeines

aa) Problem

Dabei geht es um die Frage, unter welchen Voraussetzungen und damit auch ab welchem Zeitpunkt die Sache nicht mehr dem Vermögen des Veräußerers zuzuordnen ist, sondern dem Erwerber zusteht. Man vermeidet im schwedischen Recht eine begriffliche Verknüpfung mit dem Eigentum und seinem Erwerb.[139] Vielmehr widmet man sich dieser Frage funktional, das heißt auf der Grundlage von Regeln, deren Zweck nicht über die Lösung dieser konkreten Fragestellung hinausgeht.

Auch der Gläubigerschutz des Erwerbers lässt sich in das von *Hessler* eingeführte Dreipersonenschema einordnen. Es stellt sich die Frage, wann und wie der Erwerber A gegenüber dem Gläubiger C des Veräußerers B geschützt ist und ein Aussonderungsrecht geltend machen kann.

bb) Bedeutung für den Erwerb

Für den Erwerb bedeutet dies, dass der mit der Entstehung des Aussonderungsrechts einhergehende dingliche Schutz der Rechtsposition des Sacherwerbers eine Erwerbsvoraussetzung darstellt. Natürlich ist der Eigentümer auch im schwedischen Recht umfassend geschützt.[140] Ein Aussonderungsrecht kann einem Erwerber jedoch auch dann zustehen, wenn sein Eigentumserwerb, z.B. aufgrund der noch ausstehenden Zahlung des Kaufpreises, noch nicht definitiv geworden ist. Insofern ist das Bestehen des Aussonderungsrechts nicht an den „vollendeten Eigentumserwerb" geknüpft, sondern unterliegt selbständigen Voraussetzungen.

---

139 Man betrachtet diese Verknüpfung von Eigentum und dinglichem Schutz in Schweden als „Begriffsjurisprudenz", da von ihr keine Rechtsfolgen ausgingen, denn das Eigentum ginge nicht „einfach so" auf den Erwerber über, *Håstad*, 209.

140 Dies belegen die oben dargelegten umfassenden Schutzansprüche.

cc) Sachenrechtliches Moment

Das Vorliegen des Aussonderungsrechts ist nach schwedischem Verständnis quasi mit dem dinglichen Schutz des Erwerbers gleichzustellen.[141] Dementsprechend ist die Terminologie austauschbar. Ist die Position des Erwerbers dinglich geschützt, so steht ihm ein Aussonderungsrechts zu, und umgekehrt. Maßgeblich für das Entstehen von Aussonderungsrecht und damit dinglichem Schutz ist neben dem Bestehen eines auf die Übertragung des Eigentums gerichteten obligatorischen Vertrags, das Vorliegen der sog. sachenrechtlichen Momente *(sakrättsmomenten).*[142] Dabei handelt es sich um überprüfbare reale Vorgänge, die den dinglichen Schutz des Erwerbers auslösen.[143]

Die sachenrechtlichen Momente sind dabei keineswegs stets identisch. Sie sind vielmehr von zwei Faktoren abhängig.[144] Zum einen lässt sich eine Unterscheidung nach der Art der Transaktion treffen.[145] Sie sind abhängig davon, ob es sich um einen Kauf, eine Schenkung oder eine Auktion handelt. Hierbei erfolgt eine weitere Differenzierung dahingehend, ob es sich beispielsweise um einen von einem Verbraucher geschlossenen Vertrag oder einen Vertrag über eine bei einem Dritten befindliche Sache handelt. Zum anderen ist das maßgebliche sachenrechtliche Moment aber auch davon abhängig, welche Art von Sachen Gegenstand der Transaktion ist.[146] Für den Bereich der beweglichen Sachen *(lösöre)* erschöpft sich diese zusätzliche Unterteilung jedoch in einer Spezialregelung für Holz.[147]

b) Voraussetzungen des Aussonderungsrechts des Erwerbers beweglicher Sachen

Zwar stellt die physische Übergabe der Sache wie im deutschen Recht den Grundsatz dar. Die sachenrechtlichen Momente sind in Schweden allerdings zum großen Teil nicht gesetzlich geregelt, sodass es teilweise schwer fällt, die Erfordernisse für die jeweilige Transaktion genau zu definieren. Im Überblick stellen sich die realen Momente folgendermaßen dar:

---

141 Vgl. insofern *Håstad*, 144, der das Aussonderungsrecht als Folge des dinglichen Schutzes darstellt, im Folgenden aber stets vom Erwerb des Aussonderungsrechts *(separationsrätts)* spricht.

142 *Millqvist*, 118.

143 *Ibid.*

144 *Ibid.*

145 *Ibid.*

146 *Ibid.*

147 Für den Bereich des *lös egendom*, der auch Forderungsrechte etc. umfasst, kann eine detailliertere Unterteilung vorgenommen werden.

Abb. 12: Sachenrechtliche Momente für bewegliche Sachen[148]

Transaktionskategorie	**Sachenrechtliches Moment**
Kauf beweglicher Sachen im Besitz des Verkäufers Schenkung	Übergabe der Sache an den Käufer oder dessen Repräsentanten (NJA 1925, 130; 1997, 660) Registrierung nach Lkl Übergabe der Sache (vgl. § 1 Abs. 2, § 2 GåvoL)
Verbrauchsgüterkauf gem. §§ 1, 2 KköpL	Kaufvertrag ausreichend, sofern die Sache beim Käufer individualisiert ist (vgl. § 49 KköpL).
Kauf beweglicher Sachen auf öffentlicher Auktion	Vertrag ist ausreichend (NJA 1985, 159)
Kauf beweglicher Sachen im Besitz Dritter Schenkung	Mitteilung *(denuntiation)* an den Dritten Mitteilung sollte ausreichen.
Kauf von Holz, das beim Verkäufer belassen wird. Schenkung	Markierung nach dem Holzmarkierungsgesetz. Unsicher: Holzmarkierungsgesetz nicht anwendbar.

aa) Regelfall: Tradition

Das schwedische folgt ebenso wie das deutsche Recht dem Traditionsprinzip. Für das schwedische Recht lässt sich jedoch nicht schlechthin sagen, dass Tradition stets das alles entscheidende Moment für den Eigentumserwerb ist.[149] Für den Erwerb des dinglichen Schutzes ist dies jedoch regelmäßig zutreffend.

(1) Regelung und Zweck

Seit NJA 1925, 130 gilt in Schweden das Traditionsprinzip als von der Rechtsprechung etablierter Grundsatz für den dinglichen Schutz des Erwerbers gegenüber den Gläubigern des Veräußerers. Eine gesetzliche Regelung existiert nicht. Das Traditionsprinzip erfüllt im Wesentlichen zwei Zwecke. Zum einen stellt es einen Publizitätsakt dar, der nach außen für jedermann deutlich macht, dass eine Sache fortan dem Vermögen einer anderen Person zugerechnet werden soll.[150] Zum anderen und vor allem beugt das Traditionserfordernis Scheintransaktionen vor, die ein Schuldner tätigen könnte, um in einer ökonomischen Krise Vermögenswerte beiseite zu schaffen.[151]

---

148 Die Tabelle ist ein Auszug der von *Millqvist*, 121 ff., zusammengestellten Liste über die sachenrechtlichen Momente. Eine ähnliche Übersicht ist zu finden bei *Zetterström*, Sakrätten, 86 f.

149 Es handelt sich dabei zwar um das herausragende Element des Übertragungsvorgangs, anders als im deutschen Recht stellt es jedoch nicht das Moment dar, das als unmittelbare Rechtsfolge den Eigentumsübergang auslöst, vgl. *Håstad*, 210, der den Eigentumsübergang als einen sukzessiven Vorgang beschreibt.

150 *Millqvist*, 124; *Zetterström*, Sakrätten, 74.

151 NJA 2008, 684.

Das Traditionsprinzip ist von zentraler Bedeutung für das Sachenrecht. Wie bereits erwähnt, entfaltet es seine Bedeutung nicht nur für die Frage des Aussonderungsrechts des Erwerbers, sondern daneben auch als Voraussetzung des gutgläubigen Erwerbs.[152] Dennoch ist es bis heute nicht gesetzlich geregelt und nicht vollkommen durch die Rechtsprechung geklärt. Für Verbrauchsgüterkaufverträge existiert zudem eine gesetzliche Ausnahme vom Traditionsprinzip.[153]

(2) Anforderungen an die Übergabe

Wie auch im deutschen Recht ist für die Übergabe grundsätzlich der Besitzverlust auf Seiten des Veräußerers erforderlich. Dieser muss nicht zwingend mit der Besitzbegründung auf Seiten des Käufers einhergehen. Erforderlich ist vor allem der Verlust der rechtlichen Herrschaft des Veräußerers über die Sache *(rådighetsavskärande)*.[154] Erst dieser bewirkt, dass die Sache nicht mehr als zum Vermögen des Veräußerers gehörig anzusehen ist. Auf Seiten des Erwerbers genügt, dass ein Repräsentant die Sache in Besitz nimmt und diese damit der Herrschaft des Veräußerers entzieht.[155] Dabei darf der (mittelbare) Besitz des Erwerbers nicht nur vorübergehend sein, wenn die Sache danach zum Veräußerer zurückgelangt.[156] Dies dient vor allem der Verhinderung von Scheintransaktionen. Der Besitzwechsel muss vergleichbar mit dem deutschen Recht auf Veranlassung des Veräußerers erfolgen. Setzt sich der Erwerber eigenmächtig in den Besitz der Sache, stellt dies nicht nur strafbare verbotene Eigenmacht dar, sondern bewirkt zudem nicht den dinglichen Schutz des Erwerbers.[157]

(3) Bewertung

Das Traditionserfordernis wird in Schweden anders als im deutschen Recht sehr restriktiv und streng ausgelegt. Einem Käufer in Schweden ist zu raten, die erworbene Sache sofort mitzunehmen, um nicht Gefahr zu laufen, die Sache an die

---

152 *Millqvist*, 125.

153 § 49 KköpL.

154 NJA 1998, 379; *Millqvist*, 123 f.; dazu und insbesondere zum rechtshistorischen Hintergrund: *Göranson*, FS Håstad (2010), 209.

155 Die Besitzbegründung dürfte heute nicht mehr zwingende Voraussetzung des Schutzes des Erwerbers sein, solange der Veräußerer nicht mehr zur Verfügung über die Sache in der Lage ist. Vgl. *Zetterström*, Sakrätten, 77; *Millqvist*, 125 f.

156 Die genauen Anforderungen sind hier unklar, vgl. *Millqvist*, 127 ff. Der Erwerber dürfte aber wenigstens dann geschützt sein, wenn das Gut nur vorübergehend wieder in den Besitz des Veräußerers gelangt, z.B. zur Reparatur, soweit seitens des Erwerbers wirklicher Besitz begründet worden ist, vgl. NJA 2008, 684; 2007, 413.

157 *Håstad*, 229.

Gläubiger des Veräußerers zu verlieren. Grundsätzlich begründet nur die tatsächliche Übergabe den Schutz des Erwerbers. Konstruierte Übergaben, wie sie das deutsche Recht zulässt, sind unzulässig.[158] Dabei mutet die Anwendung des Traditionsprinzips im Hinblick auf das Erfordernis der tatsächlichen Übergabe und den Ausschluss des Veräußerers von der Verfügung über die Sache häufig formalisiert und realitätsfremd an. In Fällen, in denen der Veräußerer aufgrund der praktischen Gegebenheiten auch nach der Übergabe auf die Sache zugreifen konnte, verweigerten die obersten Gerichte in der Vergangenheit oft den Schutz des Erwerbers. So wurde in Konstellationen, in denen Veräußerer und Erwerber zusammenwohnten und der Veräußerer deshalb noch wie zuvor auf die Sache zugreifen konnte, die Übergabe als nicht erfolgt angesehen.[159] Auch bei Geschäften zwischen einer Einpersonenhandelsgesellschaft und dem einzigen Gesellschafter stellt dies ein Problem dar, welches sich wohl nur durch die umständliche Registrierung des Kaufes nach dem Lkl vermeiden lässt.[160] Vergleichbare Probleme treten bei gesellschaftsrechtlichen Verflechtungen auf.[161]

Rechtssystematisch begründet die Übergabe ein Aussonderungsrecht des Erwerbers im Konkurs des Veräußerers oder bei der Zwangsvollstreckung in dessen Vermögen. Diese Konstruktion ist m.E. in diesem Zusammenhang verwirrend. Faktisch bewirkt die Übergabe den Eigentumserwerb des Erwerbers, wodurch die Sache nicht mehr zum Vermögen des Veräußerers zu zählen ist.[162] Dementsprechend sind Verfahren praktisch in aller Regel auch so gelagert, dass die Konkurs- oder Vollstreckungsgläubiger geltend machen, dass eine Sache aufgrund einer nicht wirksam vorgenommenen Transaktion immer noch zum Vermögen des Schuldners gehört. Systematisch macht diese Einordnung Sinn, denn in den Fällen, in denen die Übergabe surrogiert wird und der Veräußerer die Sache deshalb immer noch in seinem Besitz hat, macht der Erwerber ein genau solches Recht geltend. Will man die Erwerbsvoraussetzungen aber einheitlich systematisch beurteilen, so kommt man nicht umhin, auch der Übergabe das Aussonderungsrecht als Rechtsfolge zuzuordnen.

158 *Göranson*, Traditionsprincipen, 691.

159 Vgl. NJA 1923, 372; 1924, 193; 1927, 633.

160 NJA 1972, 246.

161 Auch in diesen Fällen wird das *rådighetsavskärande* der entscheidende Aspekt sein, vgl. NJA 2007, 413 und auch *Millqvist*, 132 f.

162 Hierfür spricht auch die Formulierung von *Håstad*, 144: „Wenn ein Prätendent […] als Eigentümer und damit sachenrechtlich geschützt angesehen wird, so hat der Prätendent ein Aussonderungsrecht […]".

bb) Ausnahmen vom Traditionserfordernis

Das schwedische Recht kennt eine Reihe von gesetzlich niedergelegten Ausnahmen vom Traditionsprinzip.

(1) Besitzkonstitut nach Lkl

Seit langer Zeit stellt die Registrierung eines Kaufs nach Lkl eine Ausnahme vom Traditionsprinzip dar. Quasi als *constitutum possessorium* konzipiert, eröffnet das Lkl dem Erwerber die Möglichkeit, ein Aussonderungsrecht zu erlangen und die Sache gleichzeitig beim Veräußerer zu belassen. Dabei setzt das Verfahren nach dem Lkl einen schriftlichen und beglaubigten Kaufvertrag voraus, der in der örtlichen Presse bekanntgemacht und bei der Vollstreckungsbehörde registriert werden muss. Sind die Formalien eingehalten worden, so erhält der Käufer gem. §§ 1, 3 Abs. 1 Lkl nach 30 Tagen ab Einreichung der Unterlagen bei der Vollstreckungsbehörde ein Aussonderungsrecht an der gekauften Sache, wenn über das Vermögen des Verkäufers ein Konkursverfahren eröffnet oder in dessen Vermögen vollstreckt wird.

Für einfache Absatzgeschäfte ist das Verfahren nach Lkl von vernachlässigbarer Bedeutung. Das umständliche Verfahren und der recht lange Zeitraum von praktisch über einem Monat bis zur Erlangung des dinglichen Schutzes machen es für reale Kaufverträge sehr impraktikabel.[163] Dementsprechend handelt es sich nur bei etwa 1 % der in den Jahren 1977-1981 im Großraum Stockholm registrierten Transaktionen nach Lkl um Absatzkaufverträge.[164] 588 der insgesamt 599 in dem genannten Zeitraum dort registrierten Transaktionen bezogen sich auf Sicherungsübereignungen in Gestalt eines Sicherungskaufes.[165] Der praktische Anwendungsbereich des Verfahrens nach der Lkl erstreckt sich dementsprechend vor allem auf Sicherungsübereignungen. Betrachtet man dabei den Zweck der Sicherungsübereignung, so erklärt sich die hohe Anzahl zum Ende der 1970er Jahre mit einer Lücke in der damaligen Mehrwertsteuergesetzgebung in Bezug auf Zinskosten, die 1979 geschlossen wurde.[166] Im Folgenden sank deshalb auch die Anzahl der Sicherungskäufe nach Lkl.

163 So sinngemäß: *Martinson*, 62; *Lurger/Faber*, PEL Acq. Own., 557 (VIII.-2:103, Note Nr. 24).
164 Vgl. *Eckerberg*, SvJT 1983, 643, 644 f.
165 *Ibid.*
166 *Eckerberg*, SvJT 1983, 643, 646.

Abb. 13: Nach Lkl abgewickelte Kaufverträge in Schweden (1974-1992)[167]

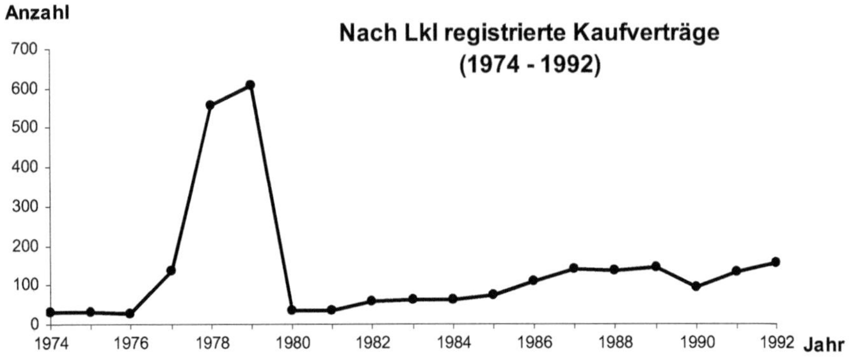

Insgesamt ist das Lkl heute von geringer Bedeutung für die Rechtspraxis. Sein rechtssystematischer und rechtsgeschichtlicher Wert übersteigt den praktischen bei weitem. Lange Zeit stellte das Lkl als *e contrario*-Argument den Ansatzpunkt für die Begründung des Tradtionsprinzips dar.[168] Da dieses mittlerweile aber als allgemeiner Rechtsgrundsatz anerkannt ist, erfüllt das Lkl hier keine zwingende rechtssystematische Funktion mehr. Heute findet das Lkl nur noch in geringem Maße Anwendung, und dann vor allem im Rahmen von größeren Sicherungsübereignungen.[169] Als vorrangiges Sicherungsmittel bei regelmäßigen Transaktionen hat sich stattdessen die Unternehmenshypothek etabliert.[170]

167 Anzahl der nach Lkl registrierten Käufe 1974 (32); 1975 (33), 1976 (28), 1977 (138); 1978 (558), 1979 (606), 1980 (35), 1981 (35), 1982 (59), 1983 (64), 1984 (63), 1985 (75), 1986 (110), 1987 (140), 1988 (138), 1989 (143), 1990 (92), 1991 (133), 1992 (155). Eigene Darstellung aufgrund der Daten des *statistiska årsbok* 1981, 299; 1985, 346; 1991, 340; 1994, 334 und *Eckerberg*, SvJT 1983, 643, 644. Im *statistiska årsbok* 1995 und fortan wurden die Zahlen nicht mehr ausgewiesen. Eine offizielle Statistik über die Anzahl der registrierten Kaufverträge ist nicht verfügbar. Aktuellere Zahlen hat der Verf. auch auf Nachfrage bei den schwedischen Behörden nicht erhalten können.

168 Faber/Lurger/*Lilja*, National Reports Vol. 5, 62.

169 *Millqvist*, 137. So hat bspw. die dem schwedischen Staat gehörende schwedische Eisenbahngesellschaft (SJ) ihre Loks und Waggons im Wege des Sicherungskaufs ihren Großgläubigern nach Lkl als Kreditsicherheit zur Verfügung gestellt, *ibid.*

170 *Håstad*, 353. Der Vorteil der Unternehmenshypothek liegt darin, dass der Sicherungsvertrag nicht „zum Schein" als Kaufvertrag ausgestaltet sein muss, wie es bei einem Sicherungskauf nach Lkl notwendig ist. Zur Unternehmenshypothek s. *Millqvist*, 187 ff.

(2) Denuntiation

In Fällen, in denen sich bewegliche Sachen im Besitz einer dritten Person befinden und dort auch verbleiben sollen, ist die Übergabe als sachenrechtliches Moment für das Aussonderungsrecht des Erwerbers nicht sinnvoll. Auch eine Registrierung nach Lkl ist nicht möglich.[171] In diesen Fällen erlaubt die schwedische Rechtsordnung den Vertragsparteien, die Übergabe durch eine Mitteilung an den Besitzer *(denuntiation)* zu ersetzen.[172] Dem besitzenden Dritten ist mitzuteilen, dass seine Herausgabepflicht, die bislang gegenüber dem Veräußerer der Sache bestand, nunmehr gegenüber dem Erwerber besteht.[173] Dies soll bewirken, dass der Veräußerer seine Verfügungsmöglichkeit *(rådighet)* über die Sache verliert und nunmehr dem Erwerber die Verfügungsmöglichkeit offensteht.[174] Eine Manifestation der nunmehr geänderten Besitzverhältnisse ist nicht erforderlich.[175]

Diese Regel findet sich im geschriebenen schwedischen Recht nicht wieder, sondern wurde vom *Högsta Domstol* durch eine Analogie zu § 31 Abs. 1 SkbrL etabliert.[176] Entsprechend der durch § 31 Abs. 1 SkbrL aufgestellten Voraussetzungen für die Übertragung einfacher Schuldverschreibungen können sowohl der Veräußerer als auch der Erwerber die Mitteilung an den Besitzer formlos vornehmen. Dabei gilt aber, dass aus der Mitteilung klar und ohne Vorbehalte hervorgehen muss, dass die Sache verkauft worden ist und dass der Erwerber fortan über die Sache verfügen soll.[177] Die Unzulässigkeit von Reservationen beinhaltet, dass zur Verhinderung von Scheintransaktionen solche Konstellationen grundsätzlich nicht möglich sind, die dem Veräußerer die faktische Möglichkeit einräumen, die Sache in Besitz zu bekommen.[178]

(3) Verbraucherverträge

Besonderheiten für die Voraussetzungen des Aussonderungsrechts des Erwerbers gelten seit 2003 für Kaufverträge zwischen einem Unternehmer und einem Verbraucher i.S.v. §§ 1, 2 KköpL.[179] Gemäß § 49 KköpL steht dem Verbraucher als Käufer bereits ab dem Zeitpunkt des Vertragsschlusses ein Aussonderungsrecht an

171 *Håstad*, 229. Das Lkl ist nur anwendbar, wenn die Kaufsache in der Obhut des Verkäufers verbleibt.

172 *Millqvist*, 147.

173 *Ibid.*

174 *Håstad*, 230; *Millqvist*, 147.

175 *Håstad*, 230.

176 NJA 1949, 164.

177 Vgl. NJA 1949, 164; 1995, 367 I, II; *Millqvist*, 148.

178 *Håstad*, 231.

179 Prop. 2001/02:134, 77.

der Kaufsache zu. Um die Anforderungen des Spezialitätsprinzips zu wahren, gilt dies jedoch erst dann, wenn die Kaufsache, ggf. zeitlich nachfolgend, individualisiert ist.[180] Dabei sind die Anforderungen an die Individualisierung geringer als beispielsweise für die Fälle des Aussonderungsrechts an vermieteten beweglichen Sachen.[181] Insbesondere genügt hier eine einseitige Handlung des Verkäufers.[182] Für den dinglichen Schutz des Käufers verzichtet man in Schweden für Verbrauchsgüterkaufverträge somit auf ein sachenrechtliches Moment. Für den Erwerb des Aussonderungsrechts gilt in diesem Zusammenhang das Vertragsprinzip.[183]

(4) Holz

Eine weitere gesetzliche Ausnahme vom Traditionsprinzip sieht das Gesetz über das Recht des Käufers an markiertem Holz[184] vor, das Feuerholz und sonstiges Rohholz[185] erfasst. Durch die ordnungsgemäße Markierung des erworbenen Holzes erwirbt der Käufer daran ein Aussonderungsrecht auch dann, wenn sich das Holz noch im Besitz des Verkäufers, z.B. in dessen Wald, befindet. Dabei handelt es sich nicht um eine Inbesitznahme, sodass ein gutgläubiger Erwerb einer weiteren Person nicht gem. § 3 GFL aufgrund des Abhandenkommens des Holzes ausscheidet.[186] Durch die Markierung erwirbt der Käufer somit zwar ein Aussonderungsrecht und damit Gläubigerschutz, der oben erwähnte Absatzschutz bleibt ihm aber verwehrt.[187]

(5) Spezialfälle

Neben den allgemeinen Ausnahmen vom Traditionsprinzip ist die Übergabe in zwei Spezialfällen für das Entstehen des Aussonderungsrechts ebenfalls entbehrlich.

(a) Öffentliche Auktion

Werden gepfändete Sachen eines Schuldners auf einer öffentlichen Auktion versteigert, so ist für den Erwerb eines Aussonderungsrechts der Zuschlag ausreichend. Selbst wenn die Sachen weiter beim Schuldner belassen werden bzw. dieser sie unmittelbar aufgrund eines Leihvertrages wieder in Besitz nimmt, sind sie dem

---

180 *Millqvist*, 134.
181 *Ibid.*
182 Prop. 2001/02:134, 77.
183 *Ibid.* 71 f.
184 SFS 1944:302 *Lag om köpares rätt till märkt virke*.
185 Gemeint sind damit die gefällten und ggf. gekürzten Baumstämme, vgl. *Millqvist*, 153.
186 So wohl auch *Millqvist*, 153.
187 *Millqvist*, 153.

Zugriff der Gläubiger entzogen.[188] Diese Ausnahme vom Traditionsprinzip wird damit begründet, dass aufgrund der hoheitlich durchgeführten Auktion sichergestellt sei, dass es sich nicht um eine Scheinübereignung der Sache handelt.[189]

(b) Anteil oder Miteigentumsanteil an einer beweglichen Sache

Problematisch ist das Traditionsprinzip im Zusammenhang mit der Überlassung von Miteigentumsanteilen an beweglichen Sachen. Will ein bisheriger Alleineigentümer einer Sache einer anderen Person einen Miteigentumsanteil einräumen, so stellt sich die Frage, ob die Übergabe der Sache erforderlich ist, damit der Erwerber des Miteigentumsanteils gegenüber den Gläubigern des zukünftig anderen Miteigentümers dinglich geschützt ist. Der *Högsta Domstol* hat in der Entscheidung NJA 1987, 3 das grundsätzliche Erfordernis der Übergabe klargestellt, welches bei Miteigentum durch gemeinsamen Besitz erfüllt werden müsse, um Scheintransaktionen vorzubeugen. In NJA 1998, 545 entschied der *Högsta Domstol* später, dass der bloße Überlassungsvertrag ausreiche, wenn bereits vor der Verfügung über den Miteigentumsanteil gemeinsamer Besitz der Parteien vorlag.[190]

Für den Fall, dass ein bestehender Miteigentumsanteil übertragen werden soll, dürfte das Aussonderungsrecht des Erwerbers bei Besitz eines Dritten die Mitteilung *(denuntiation)* an diesen erfordern.[191] Für den Fall, dass der besitzende Miteigentümer seinen Anteil übertragen will, dürfte aber auch ein Traditionserfordernis in Betracht kommen. Zu diesen Fragen existieren jedoch weder gesetzliche Regelungen noch Rechtsprechung. Insofern bestehen hier erhebliche Unklarheiten.

c) Zusammenfassung

Das schwedische Recht rückt in Konfliktsituationen das Aussonderungsrecht in den Fokus. Es ist nur teilweise an das Eigentum geknüpft. Für den Schutz des Erwerbers gegenüber den Gläubigern des Veräußerers sind für den Erwerb des Aussonderungsrecht eigene sachenrechtliche Momente maßgeblich. Diese Momente entsprechen aber weitgehend den realen Momenten des Eigentumserwerbs im deutschen Recht, sodass praktisch kein nennenswerter Unterschied zwischen deutschem und schwedischem Recht hinsichtlich der Voraussetzungen des Schutzes und des Schutzniveaus feststellbar ist. Für die Fragen des Schutzes des die Sache ohne Eigentumstransfer überlassenden Eigentümers wird vergleichbar

188 NJA 1985, 159.

189 *Ibid.*

190 NJA 1998, 545, 551. *Håstad*, 480.

191 *Zetterström*, Sakrätten, 84; *Millqvist*, 153.

dem deutschen Recht an das Eigentum als für das Aussonderungsrecht maßgeblichen Faktor angeknüpft. Trotz terminologischer und rechtstechnischer Unterschiede ist folglich kein erheblicher praktischer Unterschied feststellbar.

IV. Stellungnahme

Hat der Erwerber einer Sache eine dinglich geschützte Position und damit ein Aussonderungsrecht im Konkurs oder der Zwangsvollstreckung erworben, so genießt er im schwedischen Recht weitgehenden Schutz gegenüber den Gläubigern des Veräußerers. Die unmittelbaren rechtlichen Folgen beschränken sich im schwedischen Recht auf diesen Aspekt. Zwar deutet beispielsweise *Millqvist* an, dass „[...] es zu entscheiden gilt, wann ein Erwerber beweglicher Sachen ein definitives Eigentumsrecht erlangt [...].“[192] Diese Aussage muss aber in den Kontext des schwedischen Rechts eingeordnet werden. Ein enger Zusammenhang mit dem rechtsgeschäftlichen sukzessiven Eigentumserwerb, in dessen Ablauf der Erwerb des dinglichen Schutzes neben dem schuldrechtlichen Vertrag zweifelsohne das entscheidende Element darstellt, besteht definitiv. Allerdings wird der Begriff „Eigentumsrecht“ in der schwedischen sachenrechtlichen Literatur mit wechselnden Bedeutungen verwendet und ist mit dem deutschen Begriffsbild nicht durchweg vergleichbar. So wird der Begriff im Bereich des dynamischen Sachenrechts überwiegend als ein Synonym für „Priorität gegenüber den Gläubigern des Veräußerers“ und nicht im Sinne eines integralen Rechtsgebildes verwendet, von dem sich gewisse Rechtsfolgen ableiten ließen. Für Einzelfragen, wie beispielsweise das Aussonderungsrecht des Eigentümers, der seine Sache jemandem anvertraut hat, erinnert die Verwendung des Begriffs jedoch wiederum an das integrale Begriffsverständnis des deutschen Rechts. Wie *Millqvist* an anderer Stelle formuliert „[...] hängt das Eigentum von so vielen Faktoren ab, dass sich kaum eine Zusammenfassung des Inhalts des Eigentums auf eine kurz gefasste und verständliche Art und Weise geben lässt.“[193] Insofern lässt sich der Begriff *äganderätt* inhaltlich nicht stets mit dem deutschen Begriff „Eigentum“ übersetzen, sondern muss – je nach Situation – bisweilen gedanklich mit Funktionsbegriffen wie „Aussonderungsrecht“ oder „Priorität“ ersetzt werden. Wie von *Ross* in seinem legendären Aufsatz „Tû-Tû“[194] entwickelt, wird der Begriff „Eigentum“ somit als eine Art „Präsentationstechnik“ verwandt, sodass man sich als deutscher Jurist von der gedanklichen Enge unseres systematisch-

192 *Millqvist*, 118.
193 *Ibid.* 25.
194 *Ross*, Sc.St.L. 1 (1957), 137.

deduktiven Rechtssystems befreien muss, um die schwedische Herangehensweise wirklich zu verstehen.

Die Unterscheidung zwischen Aussonderungsrecht und Eigentumserwerb wird auch bei Betrachtung der Regelung für Verbrauchsgüterkaufverträge deutlich. Aufgrund des Aussonderungsrechts kann der Käufer die Sache gegenüber den Gläubigern des Verkäufers verteidigen. Die oben analysierten sonstigen Rechte aus dem Eigentum stehen ihm jedoch noch nicht zu. Sie hängen vielmehr von der vollständigen Abwicklung des Kaufvertrages und damit auch wesentlich vom Besitz des Erwerbers ab. Dabei kann aber nicht in Abrede gestellt werden, dass die unterschiedlichen Rechtsfolgen praktisch häufig gleichzeitig eintreten und diese Aufteilung in Einzelaspekte sich insofern in der Lebenswirklichkeit zumeist nicht wiederfindet.

Die Voraussetzungen für den Erwerb des Aussonderungsrechts entsprechen in der Lebenswirklichkeit also größtenteils denen des deutschen Rechts. Im deutschen Recht wird jedoch ein Zwischenschritt unternommen. Einigung und Übergabe führen zum Eigentumserwerb. Das Eigentum hat wiederum ein Aussonderungsrecht zur Folge. Im schwedischen Recht wird hingegen durch schuldrechtliche Einigung und Übergabe direkt ein Aussonderungsrecht erworben. Man lässt im schwedischen Recht folglich den „Umweg" über das Eigentum entfallen und widmet sich direkt der eigentlich maßgeblichen Frage nach dem Schutz durch das Aussonderungsrecht.

Insbesondere in den Fällen des Schutzes des Eigentümers in Überlassungssituationen ist die Herangehensweise des schwedischen Rechts somit nicht grundlegend von der deutschen verschieden. Aus dem beibehaltenen Eigentumsrecht des Vermieters, Verleihers etc. folgt das Aussonderungsrecht. Dementsprechend kann man für diesen Bereich des dynamischen *sakrätt* durchaus davon sprechen, dass das zuvor erworbene Eigentum einen für den Konfliktfall entscheidenden Faktor darstellt. Würde man die vermeintlich funktionale Herangehensweise konsequent vollziehen, müsste man fragen, ob der Vermieter irgendwann zuvor einen dinglich geschützten Anspruch auf die Sache erworben hat, aus dem sich die Priorität im Verhältnis zu den Gläubigern des Mieters folgern ließe. Dies ist längere Zeit nach Abwicklung dieses Rechtsgeschäfts und eben des damit verbundenen Eigentumserwerbs weder praktikabel noch sachgemäß. Stattdessen lässt man in diesem Bereich das Eigentum als Grundlage für das Aussonderungsrecht genügen, behandelt aber den quasi spiegelbildlich gelagerten Fall des Schutzes des Erwerbers gegenüber den Gläubigern des Veräußerers ohne Rückgriff auf das Eigentum. Die Folge ist, dass sich hier keine allgemeine Regel für das Vorliegen des Aussonderungsrechts herausbilden lässt, sondern die beiden Konstellationen verschieden behandelt werden müssen.

Als praktisch weniger problematisch erweist sich die Behandlung der Doppelverfügungen im schwedischen Recht. Durch die Verweisung auf den gutgläubigen Erwerb kann hier auf die dort entwickelten Grundsätze zurückgegriffen werden. Die Einordnung des gutgläubigen Erwerbs und damit auch der Doppelverfügung als Frage des Absatzschutzes mutet auf den ersten Blick ein wenig künstlich an, da es ja um den Eigentumserwerb geht. Vor dem Hintergrund der schwedischen Herangehensweise, die eben von der konkreten Frage nach dem Schutz einer Person im Verhältnis zu einer anderen ausgeht, erscheint die Einordnung innerhalb des dynamischen *sakrätt* jedoch konsequent. Meines Erachtens hätte man den Absatzschutz aber ebenso gut als Unterabschnitt des Gläubigerschutzes einordnen können, denn der ursprüngliche Eigentümer dürfte in der Regel gerade auch Gläubiger des unberechtigt Verfügenden sein, der durch die Verfügung jedenfalls eine Eigentumsverletzung verursacht und deshalb ersatzpflichtig sein dürfte.

Teil 5
Schluss

Kapitel 12: Bewertung und Ausblick

§ 1 Bewertung

Diese Arbeit hat aufgezeigt, dass zwischen der deutschen und schwedischen Rechtsordnung erhebliche Unterschiede im Hinblick auf Behandlungs- und Herangehensweise beim Eigentumserwerb und -schutz bestehen. Daneben existieren jedoch auch Gemeinsamkeiten.

I. Allgemeines

Dieser Zwiespalt zwischen Unterschieden und Gemeinsamkeiten hat seine Ursache vor allem darin, dass man sich in Schweden früher stark an der deutschen Rechtsordnung orientierte, im Laufe des 20. Jahrhunderts aber dazu überging, das Recht eigenständig weiterzuentwickeln.[1] Von wesentlicher Bedeutung waren dabei die rechtsphilosophischen Theorien des skandinavischen Realismus und im Besonderen der Uppsala-Schule um den Rechtsphilosophen *Axel Hägerström*.[2] Ein weiterer die Unterschiede hervorrufender Faktor war und ist daneben die schwedische Rechtstradition selbst. Das schwedische Recht verfügt in weiten Bereichen über eine fragmentarische Gesetzgebung, die im Zivilrecht andere Schwerpunkte setzt, als man es aus dem deutschen Recht gewohnt ist. Man orientiert sich vor allem daran, welches konkrete Ziel eine Regelung bezweckt und lässt systematische Erwägungen in den Hintergrund treten. So ist das schwedische Zivilrecht anders als das deutsche nicht als deduktives System konzipiert,[3] das jeden erdenklichen Fall abdecken soll. Geregelt wird in aller Regel nur das Wesentliche, nämlich die Rechtsfolgen.[4] Daneben kommt vor allem der Rechtsprechung die

1 S.o. 45 ff.
2 S.o. 46 ff.
3 *Hellner*, Metodproblem, 70.
4 S.o. 43 f.

Aufgabe zu, die gesetzlich nicht geregelten Rechtsbereiche auszufüllen. Dies führt dazu, dass den Gerichten im Einzelfall ein weitreichenderer Spielraum zugebilligt wird, als dies im deutschen Rechtssystem der Fall ist. Der Vorteil wird darin gesehen, dass man dem individuellen Fall und den hinter den verschiedenen Positionen verborgenen Interessen besser gerecht werden und eine fall- und sachbezogene Abwägung vornehmen könne.[5]

Für den Eigentumserwerb und den Eigentumsschutz waren die rechtsphilosophischen Entwicklungen des 20. Jahrhunderts von zentraler Bedeutung. Die Uppsala-Schule der Rechtsphilosophie als schwedische Richtung des skandinavischen Realismus wollte metaphysische Elemente aus dem Rechtssystem entfernen.[6] Als eines dieser Elemente wurde das Eigentum identifiziert. Es sei sinnwidrig, aus dem Eigentum gewisse Rechtsfolgen abzuleiten, da sich das Eigentum selbst nicht in der erfahrbaren Wirklichkeit widerspiegele.[7] *Alf Ross* zeigte in seinem Aufsatz *Tû-Tû* auf, dass das Eigentum eine reine „Präsentationstechnik" sei, da es rechtstechnisch zwischen den Rechtfakten und den Rechtsfolgen platziert sei.[8] Das Eigentum wurde deshalb als obsolet angesehen. Man solle die Rechtsfolgen stattdessen direkt aus den Rechtsfakten ableiten.[9] Diesen Ansatz griff man für die Lösung sachenrechtlicher Konflikte in Transaktionssituationen auf. Für die Frage nach dem Schutz des Erwerbers gegenüber den Gläubigern des Veräußerers soll deshalb nicht der Eigentumserwerb maßgeblich sein. Entscheidend soll vielmehr sein, ob der Schutz selbständig erworben wurde.[10] Projiziert auf das deutsche Recht würde dies bedeuten, dass man nicht durch Einigung und Übergabe das Eigentum erwürbe, welches sodann gem. § 47 Abs. 1 InsO zur Aussonderung in der Insolvenz des Veräußerers berechtigte. Stattdessen würden Einigung und Übergabe als Rechtsfakten das Aussonderungsrecht nach § 47 Abs. 1 InsO als Rechtsfolge auslösen, ohne dass das Eigentum dabei von Bedeutung wäre.

II. Aufteilung des Eigentums in seine Einzelaspekte

Diese Betrachtung des Aussonderungsrechts als ein Aspekt des Eigentums lässt sich nach schwedischem Verständnis auf das Eigentum insgesamt projizieren. Sämtliche „Rechtsfolgen" des Eigentums sollen entsprechend dieses Beispiels

---

5 Faber/Lurger/*Lilja*, National Reports Vol. 5, 15, 20.

6 S.o. 88 ff.

7 *Ross*, Sc.St.L. 1 (1957), 137, 150

8 *Ibid.* 148.

9 *Ibid.* 151.

10 *Martinson*, 9.

aufgrund ihrer eigenen tatsächlichen Voraussetzungen behandelt werden.[11] Welche Einzelaspekte dabei zum Tragen kommen sollen, ist aber nicht völlig klar. In der schwedischen Literatur wird hier auf eine Reihe von Aspekten verschiedener Rechtsbereiche Bezug genommen. Genannt werden unter anderem[12]

- die Zuordnung des Risikos für den zufälligen Untergang oder eine zufällige Verschlechterung der Sache,
- die Verantwortlichkeit gegenüber Personen, die nicht Vertragspartei sind,
- der Vorrang gegenüber Personen, die nicht Vertragspartei sind, sowie gegenüber anderen Erwerbern,
- die Verfügungsbefugnis über die Sache,
- das Recht zur Sachnutzung,
- das Vindikationsrecht,
- das Besitzrecht und
- das Recht, Schadensersatz zu verlangen.

Betrachtet man diese Aspekte im Einzelnen, so fällt auf, dass die Lösung der damit verbundenen Fragen verschiedenen Rechtsgebieten zu entnehmen ist. Für die Zuordnung des Sachrisikos ist beispielsweise das Kaufrecht entscheidend, für die Verantwortlichkeit gegenüber anderen Personen und das Recht, Schadensersatz zu verlangen, hingegen das Deliktsrecht. Der Schutz gegenüber den Gläubigern der anderen Person weist enge Verknüpfungen mit dem Zwangsvollstreckungs- und Insolvenzrecht auf. Dabei muss man sich aber verdeutlichen, dass es sich bei dieser Aufzählung sämtlich um Fragen mit Transaktionsbezug handelt. Die Frage ist also stets nur, welche von zwei Personen in Bezug auf den jeweiligen Aspekt berechtigt oder verpflichtet ist.

In Situationen, in denen sich die Sache fest bei einer Person befindet und deshalb kein Transaktionsbezug vorliegt, können diese Aspekte nicht dergestalt funktional behandelt werden, dass man aus dem Vorliegen bestimmter tatsächlicher Voraussetzungen eine Rechtsfolge ableitet. Dies spiegelt sich im statischen Bereich des *sakrätt* wider. Ist eine Sache nicht Gegenstand einer Transaktion, also einer irgendwie gearteten Verfügung tatsächlicher oder rechtlicher Natur, so bleibt als Anknüpfungsmoment nur das Eigentum an der Sache. Während man also für den dynamischen Bereich in Schweden meint, das Eigentum als Rechtskonzept aufgegeben zu haben, gilt dies nicht gleichermaßen für das statische *sakrätt*.[13] Fragen wie die nach dem Vindikationsrecht und die Berechtigung,

11 *Ibid.* 23; Faber/Lurger/*Lilja*, National Reports Vol. 5, 14.

12 Vgl. hierzu *Martinson*, 39 ff.; s. auch o. 135 f.

13 Dies gilt auch deshalb, weil es sich im statischen Bereich in aller Regel um Zweipersonenverhältnisse handelt, vgl. auch Faber/Lurger/*Martinson*, Transfer of Movables, 69, 93.

Schadensersatz zu verlangen, knüpfen an das Eigentum an.[14] Aber auch im dynamischen Bereich wird die Aufgabe des Eigentums nicht stringent vollzogen. Für Fragen wie die nach dem Schutz des die Sache unter Beibehaltung des Eigentums zur Nutzung an einen anderen überlassenden Eigentümers ist das Eigentum maßgeblich.[15] Da er Eigentümer verbleibt, ist er gegenüber den Gläubigern des Besitzers geschützt. Andere Anknüpfungsmomente sind schlicht nicht denkbar. Wenn einige Autoren meinen, dass der Begriff „Eigentum" ein Synonym für den Begriff „Priorität" sei,[16] so kann dies in diesem Zusammenhang nicht gelten. Dann müsste man das Aussonderungsrecht in den dynamischen Überlassungssituationen als „Priorität durch Aussonderungsrecht aufgrund beibehaltener Priorität" bezeichnen,[17] was m.E. jedoch ein Zirkelschluss wäre.

Mit Ausnahme des Eigentumstransfers und der damit verbundenen sachenrechtlichen Konflikte verwendet man im schwedischen Recht insofern eine Herangehensweise, die der deutschen vergleichbar ist. Das deutsche Recht knüpft gewisse „Rechtsfolgen" an das Eigentum. Dabei verfährt man aber – anders als in Skandinavien wahrgenommen[18] – nicht so, dass das Eigentum stets und überall maßgeblich ist. Auch im deutschen Recht existieren funktionale Erwägungen, die dazu führen, dass eben nicht das Eigentum, sondern reale Momente im Einzelfall für die Rechtsfolgen maßgeblich sind. Ein Beispiel hierfür ist der Gefahrübergang i.S.v. § 446 S. 1 BGB. Das Risiko des zufälligen Untergangs trägt außerhalb von Transfersituationen der Eigentümer. Im Rahmen der Übereignung geht das Risiko zwar regelmäßig zeitgleich mit dem Eigentum im Moment der Übergabe auf den Erwerber über, jedoch wird explizit an die Übergabe und nicht den Eigentumserwerb angeknüpft.[19] Dem liegt die Überlegung zugrunde, dass die Person die Gefahr tragen soll, in deren Machtbereich sich die Sache befindet. Aufgrund der verschiedenen Möglichkeiten der Übereignung auch ohne Übergabe können Eigentum und Gefahrtragung hier verschiedenen Personen zugeordnet sein.

---

14 Vgl. o. 239 ff.

15 S.o. 256 ff., 265 f.

16 Bspw. Faber/Lurger/*Lilja*, National Reports Vol. 5, 22.

17 Dieser Satz ist angelehnt an die Überschrift „Gläubigerschutz durch Aussonderungsrecht aufgrund des beibehaltenen Eigentums" bei *Millqvist*, 86.

18 Kritisch zur Wahrnehmung europäischer sachenrechtlicher Herangehensweisen in Skandinavien: Faber/Lurger/*Faber*, Transfer of Movables, 97, 99.

19 Vgl. auch *Mugdan*, II, 179, 113. Die Gesetzgebungsmaterialien zum BGB weisen aus, dass man sich bei der Schaffung der Regelung für den Gefahrübergang von den Erwägungen zur Unmöglichkeit hat leiten lassen und der Eigentumsübergang insofern von zweitrangiger Bedeutung war.

III. Auswirkungen auf den Eigentumserwerb

Im Gegensatz zum deutschen Recht kommen dem Eigentum also im schwedischen Recht unterschiedliche Bedeutungen in statischen und dynamischen Situationen zu. Der Eigentumserwerb vermittelt aufgrund seines Transaktionscharakters die Dynamik für den Bereich des dynamischen *sakrätt*. Daraus folgt, dass hier das Eigentum entsprechend in seine Einzelaspekte zerlegt werden und jeder Aspekt für sich behandelt werden muss. Infolge dessen ist es für den Eigentumserwerb notwendig, dass jeder Einzelaspekt vom Veräußerer auf den Erwerber übergeht.[20] Erforderlich ist also, dass der tatsächliche Ablauf der Vertragsabwicklung so ausgestaltet ist, dass der Erwerber in Bezug auf alle Aspekte berechtigt bzw. verpflichtet wird. Da der Zeitpunkt des Übergangs der Einzelaspekte für jeden Aspekt individuell festgelegt wird und nicht alle in einem Zeitpunkt auf den Erwerber übertragen werden, lässt sich nicht von einem „Eigentumsübergang" im eigentlichen Sinne sprechen. Es handelt sich dabei vielmehr um einen sukzessiven Vorgang,[21] zu dessen Beginn der Veräußerer und zu dessen Ende der Erwerber vollumfänglich berechtigt ist. Das Eigentum als Recht spielt keine Rolle, da es nicht „als Ganzes" in einem Augenblick auf den Erwerber übergeht. Insofern spricht *Martinson* zutreffend davon, dass das Eigentum für den Transfer als Konzept aufgegeben worden sei.[22]

IV. Voraussetzungen des Eigentumserwerbs

Die tatsächlichen Voraussetzungen des Eigentumserwerbs im schwedischen Recht ergeben sich infolge der Herangehensweise aus der Gesamtheit der für eine vollständige Berechtigung des Erwerbers notwendigen Momente.[23] Hierzu gehören neben den für den Gläubigerschutz erforderlichen Momenten vor allem auch die sich aus dem Kaufrecht selbst ergebenden Voraussetzungen. So erfordert der Übergang der Gefahrtragung und des Rechts zur Nutzung nach schwedischem Kaufrecht die „Ablieferung" im Sinne des KöpL.[24] Dabei handelt es sich um einen kaufrechtlichen Begriff. Die Ablieferung setzt nicht zwingend auch die physische Übergabe der Sache voraus, sondern knüpft an eigene Voraussetzungen an. Aufgrund der Möglichkeit, einen sog. Rücknahmevorbehalt zu vereinbaren, kann im Einzelfall sogar die Kaufpreiszahlung erforderlich sein, um die Transaktion und

20 S.o. 134 ff.

21 *Krimphove*, 133; *Håstad*, 210.

22 *Martinson*, 13, 15; Faber/Lurger/*Martinson*, Transfer of Movables, 69, 70.

23 S.o. 136 ff.

24 S.o. 154 ff.

damit den Eigentumserwerb abzuschließen.[25] Dieser Vorbehalt entspricht in seinen Wirkungen jedoch nicht dem Eigentumsvorbehalt deutscher Ausgestaltung, da es im schwedischen Recht nicht möglich ist, den eigentlichen Eigentumstransfer aufschiebend zu bedingen.

Im Einzelnen müssen nach schwedischem Recht fünf Voraussetzungen erfüllt sein, damit man definitiv von einem vollendeten rechtsgeschäftlichen Eigentumserwerb sprechen kann:[26]

1. Abschluss eines (wirksamen) Kaufvertrages,
2. Verfügungsbefugnis des Verkäufers,
3. Ablieferung der Kaufsache,
4. Erwerb des dinglichen Schutzes des Erwerbers gegenüber Dritten (regelmäßig: Übergabe),
5. Bezahlung des Kaufpreises (kann situationsabhängig auch entbehrlich sein).

Für den Erwerb durch Tausch gilt entsprechendes.[27] Für den rechtsgeschäftlichen Eigentumserwerb aufgrund eines Schenkungsvertrages ergeben sich jedoch gewisse Abweichungen.[28] Erforderlich ist dann, dass

1. ein Schenkungsversprechen abgegeben wird *(utfästelse)*,
2. der Schenker zur Verfügung berechtigt ist,
3. das Schenkungsversprechen erfüllt wird *(fullbordan)* (Übergabe der Sache).

V. Voraussetzungen des dinglichen Schutzes in dynamischen Situationen

In der schwedischen Rechtsordnung steht im Rahmen des Schutzes in dynamischen Situationen vor allem die Frage nach dem Verhältnis zu den Gläubigern der anderen Vertragspartei im Fokus des Interesses. Auf die deutsche Rechtsordnung übertragen, handelt es sich primär um die Frage nach der Möglichkeit zur Erhebung einer Drittwiderspruchsklage gem. § 771 ZPO und dem Bestehen eines Aussonderungsrecht gem. § 47 Abs. 1 InsO. Im schwedischen Recht entspricht diesen Rechtsbehelfen ein allgemeines Aussonderungsrecht *(separationsrätt)*.[29]

Bei den Voraussetzungen dieser Rechtbehelfe zeigen sich in beiden Rechtsordnungen große Parallelen. Wie eingangs bereits aufgezeigt, verzichtet das

25 S.o. 163 ff., 170.
26 S.o. 138 f.
27 S.o. 170.
28 S.o. 171 f.
29 S.o. 253 ff.

schwedische Recht hier aber auf das Eigentum als „Zwischenschritt". Dementsprechend hat die Untersuchung ergeben, dass die Voraussetzungen des schwedischen *separationsrätt* im Wesentlichen denen des Eigentumserwerbs nach deutschem Recht entsprechen, die wiederum aufgrund des Eigentums zu den entsprechenden Rechtsbehelfen führen. In der Sache wird der *erga omnes*-Schutz des Erwerbers also in beiden Rechtsordnungen durch rechtsgeschäftliche Übereinkunft und Übergabe erlangt.[30] Während der Erwerber im deutschen Recht aber auch Eigentümer wird, ist dies im schwedischen Recht nicht zwingend der Fall, sondern setzt den Erwerb aller weiteren Aspekte des Eigentums voraus. Bezüglich der rechtsgeschäftlichen Übereinkunft zeigt sich eine weitere Verschiedenheit. Während das deutsche Recht eine vom schuldrechtlichen Grundgeschäft zu separierende und abstrakte dingliche Einigung erfordert,[31] lässt das schwedische Recht hier den auf Übertragung gerichteten schuldrechtlichen Vertrag genügen.[32] Im Hinblick auf den *erga omnes*-Schutz folgt das schwedische Recht damit quasi dem Konsensprinzip, aber ergänzt um ein Traditionserfordernis.[33] Das deutsche Recht folgt hier dem Trennungs-, Abstraktions- und Traditionsprinzip.[34] Dennoch lässt sich das schwedische Recht aufgrund der Sukzessivität des Eigentumserwerbs nicht in das in Europa übliche Schema von Trennungs- und Konsensprinzip einfügen, sondern sollte als „skandinavisches Konsensprinzip der sukzessiven Einzelwirkungen" bezeichnet werden, um deutlich zu machen, dass der Eigentumserwerb selbst erst Folge des abgeschlossenen Erwerbs der einzelnen „Rechtsfolgen" des Eigentums ist.[35]

Bemerkenswert ist, dass deutsches und schwedisches Recht in Teilbereichen des dynamischen Schutzes dennoch eine vergleichbare, eigentumsbezogene Herangehensweise verwenden. Dies gilt für den Fall, dass ein Eigentümer eine Sache einer Person zur Nutzung überlässt, ohne das Eigentum daran zu verlieren. Konsequenterweise müsste man hier nach schwedischer Herangehensweise prüfen, ob der Eigentümer selbst den Schutz gegenüber den Gläubigern Dritter erworben hat und dieser Schutz fortbesteht. Dies erscheint jedoch impraktikabel, da ggf. lange zurückliegende Sachverhalte einer erneuten Prüfung unterzogen werden müssten. Da zwischen dem Zeitpunkt der Abwicklung des Erwerbs und der durch den Vertrag mit dem Sachnutzer eine Ruhephase eingetreten ist, sich also alle Momente des Eigentums auf eine Person vereinigt hatten und die Sache nicht mehr Gegenstand einer Transaktion war, kann aus dem Eigentum des Verleihers,

30 S.o. 276 ff.

31 S.o. 116 ff.

32 S.o. 139 ff., 267 f.

33 S.o. 165 f., 268 f.

34 S.o. 115.

35 So *Krimphove*, 133; vgl. auch o. 135 ff.

Vermieters etc. ein Aussonderungsrecht gefolgert werden. In diesen Fallkonstellationen sind also keineswegs tatsächliche Momente maßgebend, sondern man stellt auch in Schweden auf das Eigentum als Anknüpfungspunkt ab.[36] Dies erscheint inkonsequent und führt dazu, dass das schwedische Sachenrecht hier vermeintlich gleich, bzw. spiegelbildlich gelagerte Fälle vollkommen unterschiedlich anknüpft. Insofern stellt diese Inkonsistenz eine Schwäche der schwedischen Herangehensweise dar.

Das Schutzniveau für den Erwerber bzw. Eigentümer ist in beiden Rechtsordnungen vergleichbar. Er hat die Möglichkeit, in der Insolvenz oder Zwangsvollstreckung einen den Vorschriften § 47 InsO und § 771 ZPO vergleichbaren Rechtsbehelf – das Aussonderungsrecht – geltend zu machen. In der Praxis zeigen sich insofern keine gewichtigen Unterschiede.

VI. Voraussetzungen des Schutzes in statischen Situationen

Auch im Bereich des statischen Eigentumsschutzes, also in Situationen, in denen sich die Sache und damit auch das Eigentum fest beim Eigentümer befindet und keine Transaktionen vorgenommen werden, besteht hinsichtlich des Schutzniveaus weitgehende Übereinstimmung zwischen den Rechtsordnungen.[37] Beide Rechtsordnungen geben dem Eigentümer die Möglichkeit, ein Vindikationsrecht und negatorischen Rechtsschutz geltend zu machen.[38] Daneben bestehen in beiden Rechtsordnungen Schadensersatzansprüche bei Eigentumsverletzungen.[39] Ergänzend greifen gleichermaßen die Rechtsbehelfe des Besitzschutzes ein.[40]

Unterschiede zeigen sich jedoch im Hinblick auf die rechtstechnische Herleitung der Ansprüche. Das schwedische Recht verfügt nicht über einen kodifizierten Herausgabeanspruch des Eigentümers.[41] Ein solcher Anspruch besteht stattdessen in Gestalt eines allgemeinen Rechtsgrundsatzes, der jedoch nur schwer zu belegen ist.[42] Dies hängt auch mit der prozessualen Herangehensweise für Herausgabeansprüche zusammen,[43] denn auch hier kommt zum Tragen, dass die schwedische Rechtsordnung der Rechtspraxis weit reichende Möglichkeiten zur Berücksichtigung einzelfallbezogener Umstände gewährt. Man prüft demnach vor allem die

36 S.o. 257 ff., 265 f.
37 S.o. 239 ff.
38 S.o. 239 ff.
39 S.o. 241 f.
40 S.o. 242.
41 S.o. 214 ff., 239 ff.
42 S.o. 229 f.
43 S.o. 225 ff.

tatsächlichen Umstände im Hinblick darauf, welche Partei in Bezug auf die Sache über ein „besseres Recht verfügt“.[44] Dabei handelt es sich um einen hybriden Begriff, der prozessuale mit materiellrechtlichen Aspekten vermengt.[45] Grundlage ist jedoch ein materiellrechtlicher Herausgabeanspruch, dessen Voraussetzungen vorliegen müssen.[46] Die tatsächlichen Voraussetzungen des Herausgabeanspruchs aus dem Eigentum sind für das deutsche und schwedische Recht identisch.[47] Im Hinblick auf die Durchsetzung des Herausgabeanspruchs hält das schwedische Recht jedoch weitergehende Möglichkeiten bereit. Dazu zählen insbesondere vielfältige summarische Verfahren, die an das Mahnbescheidsverfahren für Geldforderungen angelehnt sind und eine schnelle und effiziente Durchsetzung des Herausgabebegehrens ermöglichen.[48] Das deutsche Recht kennt keine solchen Verfahren für andere Ansprüche als Geldforderungen.

Der negatorische Rechtsschutz ist im schwedischen Recht ebenfalls nicht eindeutig gesetzlich geregelt. Es existieren zwar vereinzelt Hinweise darauf, dass auch das schwedische Recht einen Beseitigungsanspruch ähnlich § 1004 BGB kennt.[49] Die genauen Voraussetzungen bleiben jedoch unklar. Dies gilt ebenso für einen Unterlassungsanspruch.[50] Im Hinblick auf die Möglichkeiten, ein Unterlassungsverlangen durchzusetzen, existieren jedoch zivilprozessuale Regelungen, die es nahe legen, dass auch ein entsprechender Anspruch bestehen müsste.

In deliktsrechtlicher Hinsicht sind Schutzniveau und Voraussetzungen ebenfalls vergleichbar geregelt. Hierbei zeigen sich jedoch rechtstechnische Unterschiede. So unterscheidet das schwedische Recht, anders als das deutsche, nicht zwischen haftungsbegründendem und haftungsausfüllendem Tatbestand und trifft insofern keine deutliche Differenzierung zwischen Rechtsverletzung und eigentlichem Schaden.[51] Hinsichtlich der Voraussetzungen wie Kausalität und Zurechnung sowie der Schadensberechnung wird jedoch auf die aus dem deutschen Recht bekannten Theorien zurückgegriffen.[52]

Das Recht des Besitzes ist im deutschen und schwedischen Recht ebenfalls vergleichbar geregelt. Auch das Schutzniveau ist gleichwertig. Dem Besitzer stehen die Selbsthilferechte „Besitzwehr“ und „Besitzkehr“ zur Verfügung und werden um einen possessorischen Herausgabeanspruch ergänzt, der wiederum

44 S.o. 226 f.
45 *Ibid.*
46 *Ibid.*
47 S.o. 202 f., 223 f., 239 ff.
48 S.o. 227 ff.
49 S.o. 229 ff.
50 *Ibid.*
51 S.o. 232 ff.
52 S.o. 234 ff.

anders als im deutschen Recht auch mit Hilfe eines summarischen Verfahrens durchgesetzt werden kann.[53] Ein besitzrechtlicher Beseitigungs- und Unterlassungsanspruch ist, anders als im deutschen Recht, wohl nicht vorhanden. Rechtstechnisch unterscheiden sich deutsches und schwedisches Recht aber wiederum. Während das deutsche Recht das Recht des Besitzes im BGB als zivilrechtliche Regelungen kodifiziert hat,[54] greift das schwedische Recht auf strafrechtliche Regeln zur Rechtfertigung von eigentlich strafbaren Handlungen zurück,[55] aus denen sich, teilweise erst im Zusammenspiel mit vergleichsweise alten Rechtsregeln,[56] die eben genannten Selbsthilferechte ergeben. Hinsichtlich des possessorischen Herausgabeanspruchs wird auf einen allgemeinen Rechtsgrundsatz zurückgegriffen, der in einer früheren Regelung des summarischen Verfahrens für Herausgabebegehren enthalten war.[57]

VII. Kritik an der schwedischen Herangehensweise

Die vorliegende Arbeit zeigt, dass es durchaus möglich ist, sachenrechtliche Konflikte in bestimmten Situationen auch ohne das Eigentum als Anknüpfungspunkt zu lösen. Das schwedische Rechtssystem hält, trotz der Verwendung einer außerhalb Skandinaviens als ungewöhnlich empfundenen Herangehensweise, vernünftige und in der Mehrzahl der Fälle nicht einmal von den Ergebnissen der deutschen Rechtsordnung abweichende Lösungen sachenrechtlicher Konflikte in Übertragungssituationen bereit. Dass das Eigentum dabei in seine funktionalen Aspekte untergliedert wird, ist m.E. zwar nicht zwingend, aber vor dem Hintergrund der rechtsphilosophischen Überlegungen des die Herangehensweise prägenden skandinavischen Realismus konsequent.

Anders als manche Stellungnahmen in der schwedischen Literatur vermuten lassen, hat man das Eigentum im schwedischen Zivilrecht jedoch nicht abgeschafft. Zudem wird es auch nur für bestimmte Arten von Konfliktsituationen, nämlich solche im Rahmen von Transaktionen, als Anknüpfungsmoment abgelehnt. Selbst in Transaktionssituationen spielt das Eigentum jedoch eine Rolle, nämlich dann, wenn nicht das Eigentum übertragen werden soll, sondern nur eine Sachüberlassung erfolgt. Insofern ist zu formulieren, dass das Eigentum für die Eigentumsübertragung in seine Einzelbestandteile zerlegt worden ist und die

53 S.o. 209 f., 236 ff., 242.
54 S.o. 209 ff.
55 S.o. 236 ff.
56 S.o. 237 f.
57 S.o. 237 ff.

auf diese Einzelaspekte bezogenen Konfliktsituationen jeweils für sich behandelt werden, ohne dass es auf das Eigentum als Recht ankäme.

Speziell an der schwedischen Herangehensweise ist deshalb nicht die Herangehensweise an sich, sondern vielmehr die Tatsache, dass innerhalb der denkbaren sachbezogenen Konflikte verschiedene Herangehensweisen Anwendung finden. Für eine Reihe von Konflikten, die eben nicht mit der Übertragung des Eigentumsrechts selbst zusammenhängen, stellt das Eigentum nämlich trotzdem das maßgebliche Anknüpfungsmoment dar. Problematisch ist außerdem eine gewisse Unsicherheit dahingehend, wie der einzelne Fall zu entscheiden ist. In der schwedischen Literatur wird betont, dass auf den individuellen Fall Rücksicht genommen werden soll und die Lösungen im Einzelfall durch die Rechtsprechung flexibel gefunden werden sollen. Insbesondere im Handelsverkehr ergeben sich dadurch m.E. Situationen, in denen nicht vollkommen klar ist, welche Momente erfüllt sein müssen, damit der Erwerber Gläubigerschutz erlangt. Dabei zeigt sich, dass das schwedische Recht im Bereich des Sachenrechts größtenteils Fallrecht darstellt. Dies ist zwar nicht *per se* problematisch, führt aber zu Unklarheiten im Hinblick auf die tatsächlichen Voraussetzungen der Schutzmechanismen im Einzelfall. So ist beispielsweise teilweise unklar, wie zusammen wohnende Menschen oder der Alleingesellschafter einer Handelsgesellschaft mit seiner Gesellschaft eine bewegliche Sache untereinander praktikabel so übereignen können, dass auch der Schutz gegenüber den Gläubigern des Veräußerers gewährleistet ist.[58] Hier machen sich insbesondere das stringente Festhalten am Traditionsprinzip und das Fehlen einer praktikablen Möglichkeit der Vereinbarung eines Besitzkonstituts bemerkbar.

Für das schwedische Recht stellt die organisch gewachsene funktionale Methode jedoch eine praktikable Herangehensweise dar. Sie erfordert keine umfangreichen Kodifikationsmaßnahmen und ermöglicht trotzdem die Lösung aller praktisch relevanten Fälle.

§ 2 Ausblick

In der schwedischen Rechtsliteratur klingt teilweise an, dass die Kontinentaleuropäer im Rahmen der Arbeiten zum DCFR versuchten, ihren „Hokus-Pokus“ des Eigentumsübergangs bzw. ihre von Begriffsjurisprudenz geprägten Ansätze durchzusetzen.[59] Man scheint in Schweden die Hoffnung zu haben, ganz Europa von seinem „funktionalen Ansatz“ überzeugen zu können.

58 S.o. 269 f.

59 So z.B. *C. Ramberg*, SvJT 2004, 459, 472.

Meines Erachtens ist eine Übernahme der schwedischen Herangehensweise ist für eine einheitliche europäische sachenrechtliche Regelung jedoch nicht erstrebenswert. Dagegen spricht nicht nur, dass Schweden mit seiner Herangehensweise eher eine Nische innerhalb der europäischen Rechtssysteme einnimmt. Vielmehr halte ich es zudem für einfacher, die schwedische Herangehensweise an die kontinentaleuropäische Herangehensweise anzupassen als umgekehrt. Es wäre schwierig, das europäische Sachenrecht unter Verwendung der schwedischen Herangehensweise zu kodifizieren, denn es erscheint praktisch unmöglich, die Regeln einer Kodifikation inhaltlich nach dem Vorbild des schwedischen Rechts so zu formulieren, dass ausreichend Platz für die Berücksichtigung der individuellen Interessen bleibt, aber die Rechtssicherheit gleichzeitig gewährleistet ist. Eine Regelung durch Richterrecht ist auf europäischer Ebene ebenfalls nicht denkbar, da der Aufwand immens wäre und es zudem Jahre dauern würde, bis sich ein funktionierendes System herausgebildet hätte. Es würde sich bei einer europäischen Regelung eben nicht um eine – wie in Schweden – organisch gewachsene Regelung handeln.

Wie sich aus dem Vortrag von *Claes Martinson* auf dem Nordischen Juristentreffen 2008[60] ergibt, müsste man in der schwedischen Herangehensweise zudem nur einen Zwischenschritt einfügen, nämlich den Eigentumserwerb, der erst dann zum „Schutzerwerb" führt. *Martinson* legte in seinem Vortrag dar, warum der Eigentumserwerb obsolet sei und dass, im Rahmen der Entwürfe zum CFR, aus dem Vertrag zuzüglich der Übergabe der Eigentumserwerb resultiere, während dies im schwedischen Recht zum Schutz des Erwerbs gegenüber den Gläubigern des Veräußerers führe. Bei einer Veränderung der Herangehensweise müsste man sich in Schweden noch nicht einmal wesentlich umstellen, denn Schutzerwerb und Eigentumserwerb würden gleichzeitig eintreten und zudem den bisherigen Voraussetzungen des Schutzerwerbs entsprechen. Da das Eigentum der schwedischen Rechtsordnung auch jetzt schon bekannt ist, würde dies für die schwedische Herangehensweise auch nicht die Einführung eines bislang unbekannten dinglichen Rechts oder einer vollkommen unbekannten Herangehensweise bedeuten.[61] Der von schwedischen Rechtswissenschaftlern gewünschten Funktionalität könnte insofern Rechnung getragen werden, als Fragen, die nicht

---

60 *Martinson*, Ejendomsrettens overgang – Norden kontra verden, NJM 2008 (abrufbar unter: http://jura.ku.dk/njm/38/MartinsonEjendomsRF.pdf/).

61 So formuliert *Millqvist* in Bezug auf die Eigentumsdefinition in Art. VIII.-1:202 des DCFR: „Die Definition an sich ist kaum kontrovers aus schwedischer Perspektive. Sie spiegelt auch unserere Sicht auf den Inhalt des Eigentums wider. [...] Aber rechtstheoretisch liegt ein Unterschied darin, den Ausgangspunkt in einer Definition dieser Art zu nehmen, wenn eine konkrete Streitfrage zu beantworten ist, beziehungsweise stattdessen direkt darauf einzugehen, was die Sache gilt." *Millqvist*, 27 f.

sinnvoll an das Eigentum angeknüpft werden sollten, von anderweitigen Momenten abhängig gemacht werden könnten, wie es auch jetzt schon in fast allen Rechtsordnungen der Fall ist.

Die schwedische Herangehensweise funktioniert, aufgrund ihrer organischen Entwicklung über einen langen Zeitraum, zwar im schwedischen Rechtssystem. Eine Übertragung auf den europäischen Kontext halte ich jedoch aus den dargelegten Gründen für impraktikabel und deshalb nicht sinnvoll. Insofern sollte der Praktikabilität der Vorzug vor einer primär rechtsphilosophisch motivierten Herangehensweise gebühren, wenngleich ein großer Vorteil der schwedischen funktionalen Herangehensweise in der Tat darin zu sehen ist, dass den individuellen Interessen der beteiligten Personen im Einzelfall Rechnung getragen werden kann und damit Billigkeitserwägungen in größerem Umfang Berücksichtigung finden können, als dies im Rahmen der deutschen Herangehensweise der Fall ist.

Literaturverzeichnis

Adlercreutz, Axel: Avtalsrätt I, 12. Aufl., Lund 2002.

Agell, Anders / Malmström, Åke: Civilrätt, 20. Aufl., Malmö 2007.

Agell, Anders / Malmström, Åke / Ramberg, Christina: Civilrätt, 21. Aufl., Malmö 2010 (zit. Agell/Malmström/*C. Ramberg*[21]).

– Civilrätt, 22. Aufl., Malmö 2012 (zit. Agell/Malmström/*C. Ramberg*[22]).

Alexander, Gregory S.: Comparing the Two Legal Realisms – American and Scandinavian, Am.J.Comp.L. 50 (2002), 131.

Almén, Tore: Om äganderättsförbehåll till föremål som införlivas med fast egendom, SvJT 1918, 5.

Andreasson, Jens: Inlösen, äganderättsövergång och "legal transplants", SvJT 2005, 522.

Baumbach, Adolf / Lauterbach, Wolfgang / Albers, Jan / Hartmann, Peter: Zivilprozessordnung mit FamFG, GVG und anderen Nebengesetzen, 70. Aufl., München 2010 (zit. *Baumbach/Hartmann*).

Bar, Christian v.: Sachenrecht in Europa. Systematische Einführungen und Gesetzestexte, 4 Bände, Osnabrück 1999 (zit. v. Bar/*Bearbeiter*).

Bar, Christian v. / Clive, Eric (Hrsg.): Principles, Definitions and Model Rules of European Private Law – Draft Common Frame of Reference (DCFR), Full Edition, 6 Bände, München 2009 (zit. *v. Bar/Clive*, DCFR Bd.).

Bartels, Hans-Joachim: Methode und Gegenstand intersystemarer Rechtsvergleichung, Tübingen 1982.

Baur, Jürgen F. / Stürner, Rolf: Sachenrecht, 18. Aufl., München 2009.

Baur, Fritz / Stürner, Rolf / Bruns, Alexander: Zwangsvollstreckungsrecht, 13. Aufl., Heidelberg 2006.

Bengtsson, Bertil / Strömbäck, Erland: Skadeståndslagen – En kommentar, 4. Aufl., Stockholm 2011.

Berggren, Nils-Oluf / Bäcklund, Agneta / Holmqvist, Lena / Leijonhufvud, Madeleine / Munck, Johan / Träskman, Per Ole / Wennberg, Suzanne / Wersäll, Fredrik / Dag, Victor: Brottsbalken – En kommentar, Promulgationslag, Följdförfattningar, Loseblattsammlung, Stand: 26. Ergänzungslieferung (1. Juli 2011), Abruf über Zeteo* (www.nj.se/zeteo), Stockholm (zit. *Berggren*, Brottsbalken).

Bergman, Cecilia / Bogdan, Michael / Eriksson, Anders / Hirschfeldt, Johan (Red.): Karnov – Svensk lagsamling med kommentarer, 16. Aufl., Stockholm 2011 (zit. Karnov/*Bearbeiter*).
Bergström, Sture / Håstad, Torgny / Lindblom, Per Henrik / Rylander, Staffan: Juridikens termer, 8. Aufl., Stockholm 1993.
Bjarup, Jes: Skandinavischer Realismus – Hägerström, Lundstedt, Olivecrona, Ross, Freiburg 1978.
Björkman, Annie / Stuart, Anna: Sakrättsliga anspråk och obligationsrättsliga invändningar i kontraktskedjor – Vindikation och retention, Magisterarbeit, Jönköping 2009.
Björling, Carl Georg: Lärobok i Civilrätt för nybörjare, 5. Aufl., Lund 1923 (zit. *Björling*, Lärobok i Civilrätt för nybörjare[5]).
– Lärobok i Civilrätt för nybörjare, 9. Aufl., Lund 1943 (zit. *Björling*, Lärobok i Civilrätt för nybörjare[9]).
Björling, Carl Georg / Malmström, Åke: Lärobok i Civilrätt för nybörjare, 10. Aufl., Lund 1945 (zit. *Börling/Malmström*, Lärobok i Civilrätt för nybörjare[10]).
– Civilrätt – Lärobok för nybörjare, 12. Aufl., Lund 1950 (zit. *Björling/Malmström*, Civilrätt[12]).
– Civilrätt – Lärobok för nybörjare, 13. Aufl., Lund 1953 (zit. *Björling/Malmström*, Civilrätt[13]).
Björne, Lars: Nordische Rechtssysteme, Ebelsbach 1987 (zit. *Björne*, Nordische Rechtssysteme).
– Brytningstiden – Den nordiska rättsvetenskapens historia, Del II 1815-1870, Lund 1998 (zit. *Björne*, Brytningstiden).
– Den konstruktiva riktningen – Den nordiska rättsvetenskapens historia, Del III 1871-1910, Lund 2002 (zit. *Björne*, Den konstruktiva riktningen).
– Det nordiska rättsarvet – myt eller verkligket?, NJM 2002, 519.
– Realism och skandinavisk realism – Den nordiska rättsvetenskapens historia, Del IV 1911-1950, Lund 2007 (zit. *Björne*, Realism).
Bogdan, Michael (Hrsg.): Swedish law in the new millennium, Stockholm 2000 (zit. Bogdan/*Bearbeiter*, Swedish Law).
– Komparativ rättskunskap, 2. Aufl., Stockholm 2003 (zit. *Bogdan*).
– Swedish Legal System, Stockholm 2010 (zit. Bogdan/*Bearbeiter*, Swedish legal system)
Braun, Johann: Einführung in die Rechtswissenschaft, 3. Aufl., Tübingen 2007.
Brockhaus Enzyklopädie: 30 Bände, 21. Aufl., Mannheim 2005.
Coing, Helmut: Europäisches Privatrecht. Bd. II: 19. Jahrhundert: Überblick über die Entwicklung des Privatrechts in den ehemals gemeinrechtlichen Ländern, München 1989.

Eckerberg, Per Johan: Lösöreköp i praktiken – en undersökning, SvJT 1983, 643.

Ekelöf, Per Olof / Boman, Robert: Rättegång. Fjärde Häftet, 6. Aufl., Stockholm 1992 (zit. *Ekelöf/Boman*, Rättegång IV[6]).

Epping, Volker: Grundrechte, 5. Aufl., Heidelberg 2012.

Erman – *Westermann, Harm Peter / Grunewald, Barbara / Maier-Reimer, Georg* (Hrsg): Erman – Bürgerliches Gesetzbuch; 13. Aufl., Köln 2011 (zit. Erman/*Bearbeiter*).

Eschelsson, Elsa: Bidrag till läran om besittning enligt svensk rätt. Besittningsbegreppet – en rättsencyklopedisk studie, Uppsala 1904.

Faber, Wolfgang / Lurger, Brigitta (Hrsg.): Rules for the transfer of movables – A candidate for European harmonisation or national reforms?, München 2008 (zit. Faber/Lurger/*Bearbeiter*, Transfer of movables).

– National Reports on the transfer of movables in Europe. Volume 5: Sweden, Norway and Denmark, Finland, Spain, München 2011 (zit. Faber/Lurger/*Bearbeiter*, National Reports Vol. 5).

Fehr, Martin: Bidrag till läran om fordringspreskription enligt svensk rätt, Uppsala 1913 (zit. *Fehr*, Fordringspreskription).

– Två spörsmål ur svensk civilrätt. I: Öfvergår äganderätten vid köp av lösöre genom blotta aftalet? II: Publicitetsprincipen, Uppsala 1913 (zit. *Fehr*, två spörsmål).

Fischer, Thomas: Strafgesetzbuch und Nebengesetze, 59. Aufl., München 2012.

Fitger, Peter: Rättegångsbalken, Loseblattsammlung, Stand: 71. Ergänzungslieferung (20. Oktober 2011), Abruf über Zeteo* (www.nj.se/zeteo), Stockholm.

Forhandlinge paa det tiende nordiske Juristmøde. i Kjøbenhavn den 27de, 28de og 29de August 1902, Kopenhagen 1902 (zit. NJM 1902).

Forssell, Hans: Tredjemansskyddets gränser. En studie av principen 'köp bryter lega' och indelningen i sakrätter och obligatoriska rättigheter, Stockholm 1976.

Gerhard, Peter: Köprättens grunder, 11. Aufl., Malmö 2011.

Göranson, Ulf: Traditionsprincipen. De svenska reglerna om köparens skydd mot säljarens borgenärer i komparativ och historisk belysning, Uppsala 1985 (zit. *Göranson*, Traditionsprincipen).

– Besittning och rådighet – är det samma sak? FS Torgny Håstad, Uppsala 2010, 209.

Gottwald, Peter (Hrsg.): Insolvenzrechts-Handbuch, 4. Aufl., München 2010 (zit. Gottwald/*Bearbeiter*).

Grauers, Folke / Martinson Claes: Studiematerial för juridisk grundkurs, 18. Aufl., Lund 2009.

Gregow, Torkel: Tredje mans rätt vid utmätning, Stockholm 1987.

Gretton, George L.: Review: Rules for the transfer of movables: A candidate for european reforms?, Edin.L.R. 2009, 169.

Grönfors, Kurt: Sakbegreppet och sakrätten, JFT 1999, 107.
Grönfors, Kurt / Dotevall, Rolf: Avtalslagen – en kommentar, 4. Aufl., Stockholm 2010 (zit. *Grönfors/Dotevall*, AvtL).
Häggman, Bertil / Boström, John / Linders, Jan (Hrsg.): Betalningsföreläggande och handräckning – En kommentar, Internetausgabe, Stand: 1. Februar 2012 (7. Aufl.), Abruf über Zeteo* (www.nj.se/zeteo), Stockholm.
– Betalningsföreläggande och handräckning, 5. Aufl., Stockholm 1999.
Hasselrot, Berndt: Juridiska Skrifter, Bd. V, Malmö 1923.
Håstad, Torgny: Sakrätt, avseende lös egendom, 6. Aufl. mit Supplement März 2000, Stockholm 1996 und 2000 (zit. *Håstad*).
– Inför en europeisk sakrätt – några principfrågor, JT 2002-2003, 745.
– Supplement 2004 till Sakrätt avseende lös egendom, 6. Aufl. 1996; Stockholm 2004 (zit. *Håstad*, Supplement 2004 till Sakrätt avseende lös egendom).
– Äganderättens övergång i en gemensam europeisk rättsordning, JFT 2009, 327.
– Derivative Acquisition of Ownership of Goods, ERPL 2009, 725.
– Köprätt och annan kontraktsrätt, 6. Aufl., Uppsala 2009 (zit. *Håstad*, Köprätt).
Hellner, Jan: Lagstiftning inom förmögenhetsrätten. Praktik, teori och teknik, Stockholm 1990 (zit. *Hellner*, Lagstiftning).
– The Law of Obligations and the Structure of Swedish Statute Law, Sc.St.L. 40 (2000), 325.
– Metodproblem i rättsvetenskapen. Studier i förmögenhetsrätt, Stockholm 2001 (zit. *Hellner*, Metodproblem).
Hellner, Jan / Hager, Richard / Persson, Annina H.: Speciell avtalsrätt II, Kontraktsrätt, Bd. 1, 5. Aufl., Stockholm 2010.
Hellner, Jan / Radetzki, Marcus: Skadeståndsrätt, 8. Aufl., Stockholm 2010.
Herre, Johnny: Konsumentköplagen – En kommentar, Stand: 1. Januar 2009 (3. Aufl.), Abruf über Zeteo* (www.nj.se/zeteo), Stockholm.
Hess, Harald (Hrsg.): Insolvenzrecht – Großkommentar in drei Bänden, Heidelberg 2007.
Hessler, Henrik: Några synpunkter om allmän sakrätt, FS Håkan Nial, Stockholm 1966, 272.
– Allmän sakrätt – Om det förmögenhetsrättsliga tredjemansskyddets principer, Stockholm 1973 (zit. *Hessler*).
Horn, Norbert: Ein Jahrhundert Bürgerliches Gesetzbuch, NJW 2000, 40.
Isensee, Josef / Kirchhof, Paul (Hrsg.): Handbuch des Staatsrechts, 3. Aufl., Heidelberg 2010.
Jareborg, Nils: Brotten, 2. Aufl., Stockholm 1988.

Jauernig, Othmar (Hrsg.): Bürgerliches Gesetzbuch. Mit Allgemeinem Gleichbehandlungsgesetz (Auszug), 14. Aufl., München 2011 (zit. Jauernig/*Bearbeiter*).

Kihlman, Jon: Köprätten – En introduktion, 6. Aufl., Stockholm 2011.

Kirchhof, Hans-Peter / Lwowski, Hans-Jürgen / Stürner, Rolf: Münchener Kommentar zur Insolvenzordnung, 2. Aufl., München 2007 (zit. MüKoInsO²/*Bearbeiter*).

Krimphove, Dieter: Das europäische Sachenrecht. Eine rechtsvergleichende Analyse nach der komparativen Institutionenökonomik, Lohmar 2006.

Kropholler, Jan / Jacoby, Florian / v. Hinden, Michael: Bürgerliches Gesetzbuch – Studienkommentar, 13. Aufl., München 2011 (zit. *Kropholler*).

Larenz, Karl / Wolf, Manfred: Allgemeiner Teil des Bürgerlichen Rechts, 9. Aufl., München 2004.

Larsson, Sven: Fullgörelsetalan, FS Per Olof Ekelöf, Stockholm 1972, 462.

Lehrberg, Bert: Praktisk juridisk metod, 5. Aufl., Uppsala 2006.

– Praktisk juridisk metod, 6. Aufl., Uppsala 2010 (zit. *Lehrberg*).

Lejman, Fritjof: En handbok i obligationsrätt, SvJT 1957, 383.

Lindblom, Per Henrik / Nordback, Kenneth (Hrsg.): Svensk lag 2012, 15. Aufl., Stockholm 2012.

Lindell, Bengt: Civilprocessen, 2. Aufl., Uppsala 2003.

Lundstedt, Vilhelm: Några rättssystematiska reflexioner, FS Birger Ekeberg, Stockholm 1950, 331.

– Legal Thinking Revised. My Views on Law, Uppsala 1956 (zit. *Lundstedt*, Legal Thinking Revised).

Lurger, Brigitta / Faber, Wolfgang (Hrsg.): Principles of European Law on Acquisition and Loss of Ownership of Goods (PEL Acq. Own.), München 2011.

Malmström, Åke: Civilrätt – jämte några grunddrag av den allmänna rättsläran. Lärobok för nybörjare, 1. Aufl., Lund 1962 (zit. *Malmström*, Civilrätt¹).

– National Report Sweden, Int.Enc.Comp.L. 1983, S-157.

– Civilrätt, 11. Aufl., Malmö 1986 (zit. *Malmström*, Civilrätt¹¹).

Martin, Michael: Legal realism – American and Scandinavian, New York 1997.

Martinek, Michael: Traditionsprinzip und Geheißerwerb, AcP 188 (1988), 573.

Martinger, Sten: Norstedts juridiska ordbok. Juridik från A till Ö, 4. Aufl., Stockholm 2002.

Martinson, Claes: Transfer of Title Concerning Movables Part III – Eigentumsübertragung an beweglichen Sachen in Europa Teil III. National Report: Sweden, Frankfurt am Main 2006 (zit. *Martinson*).

– Ejendomsrettens overgang – Norden kontra verden, NJM 2008, online abrufbar unter http://jura.ku.dk/njm/38/MartinsonEjendomsRF.pdf/ (Abruf am 31. Mai 2012).

– Funktionalismen och bättre rätt till fast egendom, SvJT 2008, 669.
– Sakrätt avseende annat än egendom, FS Torgny Håstad, Uppsala 2010, 529.

Mattsson, Dag: En återgång till avtalsprincipen?, SvJT 2005, 319.

Mellqvist, Mikael: Diocletianus vs. Grotius – om den sakrättsliga traditionsprincipens berättigande, SvJT 2010, 217.
– Obeståndsrätten – En introduktion, 6. Aufl., Stockholm 2011 (zit. *Mellqvist)*

Millqvist, Göran: Sakrättens grunder. En lärobok i sakrättens grundläggande frågeställningar avseende lös egendom, 6. Aufl., Stockholm 2011.

Millqvist, Göran / Persson, Annina H.: Förmögenhetsrätten under de senaste hundra åren och där bortom – några spridda nedslag, JT Jubileumshäfte 2007, 88.

Motive zu dem Entwurfe eines Bürgerlichen Gesetzbuches für das Deutsche Reich. Amtliche Ausgabe, Band III: Sachenrecht, 2. Aufl., Berlin 1896 (zit. Motive III).

Mugdan, Benno: Die gesamten Materialien zum Bürgerlichen Gesetzbuch für das Deutsche Reich, Band II: Recht der Schuldverhältnisse; Band III: Sachenrecht, Berlin 1899 (zit. *Mugdan* II bzw. III).

Mühlenbruch, Christian Friedrich: Lehrbuch des Pandekten-Rechts. Nach der dritten Auflage der Doctrina Pandectarum deutsch bearbeitet, Erster Teil, Halle 1835.

Münchener Kommentar zum Bürgerlichen Gesetzbuch, hrsg. von *Säcker, Franz Jürgen / Rixecker, Roland*
– 5. Aufl., München 2009 (zit. MüKoBGB^{5}/*Bearbeiter*).
– 6. Aufl., München 2012 (zit. MüKoBGB^{6}/*Bearbeiter*).

Münchener Kommentar zum Handelsgesetzbuch, hrsg. von *Schmidt, Karsten*, 2. Aufl., München 2009 (zit. MüKoHGB^{2}/*Bearbeiter*).

Münchener Kommentar zur Zivilprozessordnung – mit Gerichtsverfassungsgesetz und Nebengesetzen, hrsg. von *Rauscher, Thomas / Wax, Peter / Wenzel, Joachim*, 3. Aufl., München 2007 (zit. MüKoZPO^{3}/*Bearbeiter*).

Musielak, Hans-Joachim (Hrsg.): Kommentar zur Zivilprozessordnung. Mit Gerichtsverfassungsgesetz, 9. Aufl., München 2012 (zit. Musielak/*Bearbeiter*).

Nordisk familjebok. Hrsg. von *Lagerheim, Gustaf / Leche, Vilhelm / Nordensvan, Georg / Westrin, Theodor*. Konversationslexikon och Realencyklopedi, aktualisierter Nachdruck, Stockholm 1921 (zit. Nordisk familjebok).

Obligationsrättskommitténs förslag till lag om avtal och andra rättshandlingar på förmögenhetsrättens område, lag m.m. om avbetalningsköp., Stockholm 1914 (zit. Förslag till AvtL)

Olivecrona, Karl: Law as Fact, Kopenhagen 1939 (zit. *Olivecrona*, Law as Fact).
– The legal Theories of Axel Hägerström and Vilhelm Lundstedt, Sc.St.L. 3 (1959), 125.

– Utsökning, 9. Aufl., Lund 1978 (zit. *Olivecrona,* Utsökning).
Palandt, Otto (Begr.): Bürgerliches Gesetzbuch mit Nebengesetzen, 71. Aufl., München 2012 (zit. Palandt/*Bearbeiter*).
Persson, Annina H.: Förbehållsklausuler. En studie om en säkerhetsrätts nuvarande och framtida ställning, Stockholm 1998.
Prölss, Erich R. / Martin, Anton (Begr.): Versicherungsvertragsgesetz, 28. Aufl., München 2010 (zit. Prölss/Martin/*Bearbeiter*).
Radetzki, Marcus: Skadeståndsberäkning vid sakskada, Stockholm 2004.
Ramberg, Christina: Kontraktstyper, Stockholm 2005 (zit. *C. Ramberg*, Kontraktstyper).
– Mot en gemensam europeisk civillagstiftning, SvJT 2004, 459.
Ramberg, Jan / Herre, Johnny: Allmän köprätt, 5. Aufl., Stockholm 2009.
Ramberg, Jan / Ramberg, Christina: Allmän avtalsrätt, 8. Aufl., Stockholm 2010.
Redden, Kenneth Robert / Schlueter, Linda L. (Hrsg.): Modern legal systems cyclopedia, Buffalo, New York 1984.
Rodhe, Knut: Handbok i sakrätt, Stockholm 1985 (zit. *Rodhe*).
– Till frågan om förmögenhetsrättens systematik, FS Birger Ekeberg, Stockholm 1950, 436.
Ross, Alf: Tû-Tû, FS Henry Ussing, Kopenhagen 1951, 468.
– Tû-Tû, Sc.St.L. 1 (1957), 137.
Rummel, Peter (Hrsg.): Kommentar zum Allgemeinen bürgerlichen Gesetzbuch, 3. Aufl., Wien 2000 (zit. Rummel[3]/*Bearbeiter*).
Samuelsson, Joel: Om harmoniseringen av den europeiska privaträtten och funktionalismens funktionalitet, ERT 2009, 63.
Sandgren, Claes (Hrsg.): Norstedts juridiska handbok, 17. Aufl., Stockholm 2001. (zit. Sandgren/*Bearbeiter*).
Schmidt, Folke: The Uppsala School of Legal Thinking, Sc.St.L. 22 (1978), 149.
Schrevelius, Fredrik: Sveriges Allmänna nu gällande civil-rätt. Förmögenhetsrätten. Andra Delen, 1. Aufl., Lund 1847 (*Schrevelius*, Sveriges Allmänna nu gällande civil-rätt).
– Lärobok i Sveriges Allmänna nu gällande Civil-rätt. Inledning eller allmänna praenotioner. Första Delen, 2. Aufl., Lund 1851 (zit. *Schrevelius*, Lärobok[2]).
Statistiska Centralbyrån: Statistisk årsbok för Sverige 1981, Stockholm 1980.
– Statistisk årsbok för Sverige 1985, Stockholm 1984.
– Statistisk årsbok för Sverige 1991, Stockholm 1990.
– Statistisk årsbok för Sverige 1994, Stockholm 1993.

Staudinger, Julius v. (Begr.): Kommentar zum Bürgerlichen Gesetzbuch, mit Einführungsgesetz und Nebengesetzen:
Buch 1: Allgemeiner Teil
– §§ 1-14; VerschG (Einleitung zum BGB und Allgemeiner Teil 1), Neubearbeitung 2004 von Norbert Habermann, Heinrich Honsell, Günter Weick, Redaktor Herbert Roth)
Buch 2: Recht der Schuldverhältnisse
– Einleitung zum Schuldrecht; §§ 241-243 (Treu und Glauben), Neubearbeitung 2009 von Dirk Looschelders, Dirk Olzen, Gottfried Schiemann, Redaktor Michael Martinek
– §§ 249-254 (Schadensersatzrecht), Neubearbeitung 2005 von Gottfried Schiemann, Redaktor Michael Martinek
– §§ 433-487; Leasing (Kaufrecht und Leasingrecht), Neubearbeitung 2004 von Roland Michael Beckmann, Peter Mader, Michael Martinek, Annemarie Matusche-Beckmann, Markus Stoffels, Redaktor Michael Martinek
– §§ 812-822 (Ungerechtfertigte Bereichung), Neubearbeitung 2007 von Stephan Lorenz, Redaktor Norbert Horn
– §§ 823-825, 13. Bearbeitung 1999 von Johannes Hager, Redaktor Norbert Horn
– §§ 823 E-I, 824, 825 (Unerlaubte Handlungen 1 – Teilband 2), Neubearbeitung 2009 von Johannes Hager, Redaktor Johannes Hager
Buch 3: Sachenrecht
– Einleitung zum Sachenrecht; §§ 854-882 (Allgemeines Liegenschaftsrecht 1), Neubearbeitung 2007 von Elmar Bund, Karl-Heinz Gursky, Hans-Dieter Kutter, Hans Hermann Seiler, Redaktor Karl-Heinz Gursky
– §§ 883-902 (Allgemeines Liegenschaftsrecht 2), Neubearbeitung 2008 von Karl-Heinz Gursky
– §§ 903-924, Neubearbeitung 2002 von Herbert Roth, Hans Hermann Seiler, Redaktor Karl-Heinz Gursky
– §§ 925-984; Anhang zu §§ 929 ff.: Sonderformen der Übereignung (Eigentum 2), Neubearbeitung 2011 von Karl-Heinz Gursky, Axel Pfeifer, Wolfgang Wiegand, Redaktor Karl-Heinz Gursky
– §§ 985-1011 (Eigentum 3), Neubearbeitung 2006 von Karl-Heinz Gursky
Eckpfeiler des Zivilrechts, Neubearbeitung 2012/2013 von Roland Michael Beckmann, Jan Busche, Michael Coester, Volker Emmerich, Beate Gsell, Stefan Habermeier, Johannes Hager, Heinrich Honsell, Peter Huber, Florian Jacoby, Dagmar Kaiser, Sibylle Kessal-Wulf, Fabian Klinck, Michael Martinek, Rudolf Meyer-Pritzl, Jürgen Oechsler, Dirk Olzen, Frank Peters, Reinhard Richardi, Gottfried Schiemann, Martin Schmidt-Kessel, Hans Hermann Seiler, Klaus Vieweg, Reinhard Voppel, Redaktor Michael Martinek
(zit. Staudinger/*Bearbeiter* [Jahr])

Strahl, Ivar: Idealism och realism i rättsvetenskapen, SvJT 1941, 302.

Strömholm, Stig / Engwall, Lars / Andersson, Sten: Svensk rätt – En översikt, Uppsala 2001.

Torp, Carl: Hvilke Grundsætninger bør være afgørende for Spørgsmaalet om Ejendomsovergangen ved Køb och Salg af individuelt bestemte Løsøregenstande, og hvorvidt egner dette Forhold sig til positiv Lovordning?, NJM 1902, 1.

Undén, Östen: Svensk sakrätt I – Lös egendom, 1. Aufl., Lund 1927.

– Svensk sakrätt I – Lös egendom, 10. Aufl., Lund 1976; unveränderter Nachdruck (Faksimile), Lund 1995 (zit. *Undén*).

– Svensk sakrätt II – Fast egendom, Förra avdelningen, Band 1, Lund 1969 (zit. *Undén*, Svensk sakrätt II, Band 1).

Wagner, Wolfgang (Hrsg.): Das schwedische Reichsgesetzbuch (Sveriges Rikes Lag) von 1734. Beiträge zur Entstehungs- und Entwicklungsgeschichte einer vollständigen Kodifikation, Frankfurt am Main 1986 (zit. Wagner/*Bearbeiter*).

Walin, Gösta: Om separationsrätt efter surrogation, FS Birger Ekeberg, Stockholm 1950, 532.

– Separationsrätt, Stockholm 1975 (zit. *Walin*, Separationsrätt).

– Samäganderätt. En studie rörande samäganderättsanspråk och samäganderättslagen m.m., Stockholm 2000 (zit. *Walin*, Samäganderätt).

Weber, Ralph: Sachenrecht I, Bewegliche Sachen, 2. Aufl., Baden-Baden 2010.

Westberg, Peter: Det provisoriska rättsskyddet i tvistemål, Lund 2004.

Westermann, Harm Peter / Gursky, Karl-Heinz / Eickmann, Dieter: Sachenrecht, 8. Aufl., Heidelberg 2011 (zit. *Westermann*).

Wieling, Hans Josef: Sachenrecht, 5. Aufl., Heidelberg 2007.

Witte, Henning: Die Anerkennung schwedischer Insolvenzverfahren in der Bundesrepublik Deutschland, Dissertation, Frankfurt am Main 1995.

Zackariasson, Laila: Svensk rättspraxis: Sakrätt 1982-2001, SvJT 2003, 753.

– Legal begränsning av säljarens rätt vid återtagande av vara som sålts på kredit med återtagandeförbehåll – Studie kring svårfångad eller rentav vilseledande reglering av kreditköp, FS Torgny Håstad, Uppsala 2010, 745.

Zetterström, Stefan: Juridiken och dess arbetssätt – En introduktion, 2. Aufl., Uppsala 2012 (zit. *Zetterström*, Juridiken).

– Sakrättens fyra huvudfall, 3. Aufl., Uppsala 2012 (zit. *Zetterström*, Sakrätten).

Zweigert, Konrad / Kötz, Hein: Einführung in die Rechtsvergleichung auf dem Gebiete des Privatrechts, 3. Aufl., Tübingen 1996.

* Verweise auf Literatur, die über die Datenbank Zeteo (www.nj.se/zeteo) abgerufen worden ist, orientieren sich hinsichtlich der Zitierweise an den Empfehlungen des Verlages Norstedts Juridik, Stockholm. Seitenzahlen oder Randnummern sind für diese Kommentare in Zeteo nicht verfügbar.

Anhang
Schwedische Gesetzestexte[1, 2]

A. Kaufgesetz

Köplag (1990:931)

Kaufgesetz (1990:931)

Inledande bestämmelser
Tillämpningsområde
1 §

(1) Denna lag gäller köp av lös egendom.

(2) Lagen gäller i tillämpliga delar även byte av lös egendom.

(3) Lagen gäller inte överlåtelse av tomträtt.

(4) [1]Vid köp av byggnad som uppförts för stadigvarande bruk gäller i stället för bestämmelserna i 3, 13, 17-21 samt 30-40 §§ vad som föreskrivs i 4 kap. 11, 12 och 18-19d §§ jordabalken. [2]Om en tomträttsupplåtelse enligt 13 kap. 5 § jordabalken har innefattat överlåtelse av en byggnad, gäller de nämnda bestämmelserna i jordabalken dock inte om något annat följer av 13 kap. 8 § jordabalken.

Einleitende Bestimmungen
Anwendungsbereich
§ 1

(1) Dieses Gesetz gilt für den Kauf von beweglichen Vermögensgegenständen.

(2) Das Gesetz gilt in seinen anwendbaren Teilen auch für den Tausch von beweglichen Vermögensgegenständen.

(3) Das Gesetz gilt nicht für die Übertragung von Erbbaurechten.

(4) [1]Beim Kauf von Gebäuden, die für den dauerhaften Gebrauch errichtet wurden, gelten anstelle der Bestimmungen der §§ 3, 13, 17 bis 21 sowie 30 bis 40 die Vorschriften Kap. 4, §§ 11, 12 und 18 bis 19d des Grundstücksgesetzbuchs. [2]Wenn die Bestellung eines Erbbaurechts nach Kap. 13, § 5 des Grundstücksgesetzbuchs die Übertragung eines Gebäudes eingeschlossen hat, gelten die genannten Bestimmungen des Grundstücksgesetzbuchs jedoch nicht, wenn etwas anderes aus Kap. 13, § 8 des Grundstücksgesetzebuchs folgt.

---

1 Eigene Übersetzungen des Verf. Es gilt die jeweilige amtliche schwedische Fassung.

2 Die schwedischen Gesetzestexte sind der Internetseite *Regeringskansliets rättsdatabaser* (http://62.95.69.15/), der offiziellen Gesetzes- und Verordnungsdatenbank der Regierungskanzlei des Königreichs Schweden, entnommen und vom Verf. editiert und insbesondere mit Absatz- und Satzziffern versehen worden. Gesetzesstand ist der 30. April 2012.

2 §

(1) $_{1}$Lagen gäller beställning av en vara som skall tillverkas utom när beställaren skall tillhandahålla en väsentlig del av materialet. $_{2}$Lagen gäller inte avtal om uppförande av byggnad eller annan fast anläggning på mark eller i vatten.

(2) Lagen gäller inte avtal som innebär att den som skall leverera en vara även skall utföra arbete eller någon annan tjänst, om tjänsten utgör den övervägande delen av hans förpliktelse.

§ 2

(1) $_{1}$Das Gesetz gilt für die Bestellung einer Ware, die hergestellt werden muss, außer wenn der Besteller einen wesentlichen Teil des Materials bereitzustellen hat. $_{2}$Das Gesetz gilt nicht für Verträge über die Errichtung von Gebäuden oder anderen festen Anlagen auf dem Boden oder im Wasser.

(2) Das Gesetz gilt nicht für Verträge, die beinhalten, dass derjenige, der eine Ware liefern muss, auch Arbeit oder einen anderen Dienst ausführen muss, wenn der Dienst den überwiegenden Teil seiner Verpflichtung ausmacht.

Avtalsfrihet

3 §

Lagens bestämmelser tillämpas inte i den mån annat följer av avtalet, av praxis som har utbildats mellan parterna eller av handelsbruk eller annan sedvänja som måste anses bindande för parterna.

Vertragsfreiheit

§ 3

Die Bestimmungen des Gesetzes werden nicht angewendet, soweit sich etwas anderes aus dem Vertrag, aus Parteigebrauch oder aus Handelsbrauch oder sonstiger Gewohnheit ergibt, die als für die Parteien bindend angesehen werden muss.

Konsumentköp

4 §

Lagen gäller inte i fall då konsumentköplagen (1990:932) är tillämplig.

Verbraucherkauf

§ 4

Das Gesetz gilt nicht für den Fall, dass das Verbraucherkaufgesetz (1990:932) anwendbar ist.

Internationella köp

5 §

Lagen gäller inte i fall då lagen (1987:822) om internationella köp är tillämplig.

Internationale Käufe

§ 5

Das Gesetz gilt nicht für den Fall, dass das Gesetz (1987:822) über internationale Käufe anwendbar ist.

Varans avlämnande

Hämtningsköp

6 §

(1) $_{1}$Varan skall hållas tillgänglig för avhämtning där säljaren vid köpet hade sitt affärsställe eller, om han saknade affärsställe som hade samband med köpet, sitt hemvist. $_{2}$Visste parterna vid köpet att varan eller det parti ur vilket den skall tas fanns på en annan plats, skall varan hållas tillgänglig för avhämtning på denna plats.

(2) Varan är avlämnad när köparen har tagit hand om den.

Ablieferung der Ware

Abholkauf

§ 6

(1) $_{1}$Die Ware muss dort zur Abholung bereitgehalten werden, wo der Verkäufer zur Zeit des Kaufs seine Geschäftsstelle hatte oder, wenn keine Geschäftsstelle existierte, die mit dem Kauf im Zusammenhang stand, wo er seinen Wohnsitz hatte. $_{2}$Wussten die Parteien beim Kauf, dass die Ware oder das Gros, aus welchem diese entnommen werden sollte, sich an einem anderen Platz befand, so ist die Ware an diesem Platz zur Abholung bereit zu halten.

(2) Die Ware ist abgeliefert, wenn sich der Käufer der Sache angenommen hat.

Transportköp

7 §

(1) Skall varan transporteras till köparen inom en och samma ort eller inom ett område där säljaren vanligen ombesörjer transporten av liknande varor, sker avlämnandet när varan överlämnas till köparen.

Transportkauf

§ 7

(1) Muss die Ware innerhalb ein und desselben Ortes oder innerhalb eines Gebiets, in dem der Verkäufer für gewöhnlich den Transport vergleichbarer Waren unternimmt, zum Käufer transportiert werden, erfolgt die Ablieferung, wenn die Ware an den Käufer übergeben wird.

(2) $_{1}$Om varan i annat fall skall transporteras till köparen och annat inte följer av en leveransklausul eller av avtalet i övrigt, sker avlämnandet när varan överlämnas till den transportör som har åtagit sig transporten från avsändningsorten. $_{2}$Om säljaren själv utför transporten, sker avlämnandet först när varan överlämnas till köparen.

(2) $_{1}$Wenn die Ware in anderen Fällen zum Käufer transportiert werden muss und sich nichts anderes aus einer Lieferklausel oder dem Vertrag im Übrigen ergibt, geschieht die Ablieferung, wenn die Ware an den Transporteur übergeben wird, der den Transport vom Absendeort übernommen hat. $_{2}$Wenn der Verkäufer den Transport selbst ausführt, erfolgt die Übergabe erst, wenn die Sache an den Käufer übergeben wird.

(3) Har varan sålts "fritt", "levererad" eller "fritt levererad" med angivande av en viss ort, anses den inte avlämnad förrän den har kommit fram till denna ort.

(3) Wurde die Ware „frei", „geliefert" oder „frei geliefert" mit der Angabe eines bestimmten Ortes verkauft, wird sie nicht als abgeliefert angesehen, bevor sie an diesen Ort gelangt ist.

8 §

Skall säljaren ordna transporten av varan, skall han ingå avtal om transporten till bestämmelseorten med lämpligt transportmedel och på sedvanliga villkor för en sådan transport.

§ 8

Muss der Verkäufer für den Transport der Ware sorgen, so muss er einen Vertrag über den Transport zum Bestimmungsort unter Verwendung eines geeigneten Transportmittels und zu für einen solchen Transport üblichen Bedingungen eingehen.

Tiden för avlämnandet

9 §

(1) Skall varan inte avlämnas efter anfordran eller utan uppskov och följer tiden för avlämnandet inte heller annars av avtalet, skall varan avlämnas inom skälig tid från köpet.

Zeitpunkt für die Ablieferung

§ 9

(1) Muss die Ware nicht auf Anforderung oder muss sie ohne Aufschub abgeliefert werden und ergibt sich die Zeit für die Ablieferung auch nicht anderweitig aus dem Vertrag, muss die Ware innerhalb eines angemessenen Zeitraumes nach dem Kauf abgeliefert werden.

(2) Skall varan avlämnas inom en viss tidrymd och framgår det inte av omständigheterna att det ankommer på köparen att bestämma tidpunkten för avlämnandet, skall denna bestämmas av säljaren.

(2) Muss die Ware innerhalb eines bestimmten Zeitraumes abgeliefert werden und ergibt sich nicht aus den Umständen, dass es dem Käufer obliegt, den Zeitpunkt für die Ablieferung zu bestimmen, ist dieser vom Verkäufer zu bestimmen.

(3) Om säljaren vid hämtningsköp skall bestämma tidpunkten för avlämnandet, skall han i tid underrätta köparen om när varan finns tillgänglig för avhämtning.

(3) Wenn der Verkäufer beim Abholkauf den Zeitpunkt für die Ablieferung zu bestimmen hat, muss er den Käufer rechtzeitig darüber unterrichten, wann die Ware zur Abholung bereitgestellt ist.

Rätt att hålla inne varan

10 §

(1) Har säljaren inte gett kredit eller anstånd med betalningen, är han inte skyldig att lämna ut varan eller, genom överlåtelse av dokument eller på annat sätt, frånhända sig förfoganderätten över den förrän betalning sker.

(2) $_{1}$Skall säljaren sända varan från den ort där den skall avlämnas, får han inte med stöd av första stycket underlåta att avsända den. $_{2}$Han får dock hindra att varan eller dokument avseende varan lämnas ut till köparen innan betalning sker.

Recht, die Ware zurückzuhalten

§ 10

(1) Hat der Verkäufer keinen Kredit oder Aufschub der Bezahlung gewährt, ist er nicht verpflichtet die Ware auszuliefern oder, durch Übereignung von Dokumenten oder auf sonstige Weise, das Verfügungsrecht über die Ware abzugeben, bevor die Bezahlung erfolgt.

(2) $_{1}$Muss der Verkäufer die Ware von dem Ort, an dem sie abzuliefern ist, versenden, darf er es nicht aufgrund von Absatz 1 unterlassen, sie abzusenden. $_{2}$Er darf jedoch verhindern, dass die Ware oder die Ware betreffende Dokumente herausgegeben werden, bevor die Bezahlung erfolgt.

Kostnaderna för varan

11 §

Säljaren svarar för sådana kostnader för varan som uppkommer före avlämnandet och som inte beror på att avlämnandet har försenats till följd av något förhållande på köparens sida.

Die Kosten für die Ware

§ 11

Der Verkäufer haftet für solche Kosten der Ware, die vor der Ablieferung entstehen und nicht darauf beruhen, dass die Ablieferung aufgrund eines Umstands auf Seiten des Käufers verspätet wurde.

Risken för varan

Vad risken innebär

12 §

Bär köparen risken för varan, är han skyldig att betala varan även om den har förstörts, kommit bort, försämrats eller minskat genom en händelse som inte beror på säljaren.

Das Risiko für die Ware

Was das Risiko beinhaltet

§ 12

Trägt der Käufer das Risiko für die Ware, ist er auch dann verpflichtet, die Ware zu bezahlen, wenn sie durch ein Ereignis zerstört wurde, abhanden gekommen ist, verschlechtert oder verringert wurde, das nicht auf dem Verkäufer beruht.

Riskens övergång

13 §

(1) Risken går över på köparen, när varan avlämnas enligt avtalet eller enligt 6 eller 7 §.

(2) Avlämnas varan inte i rätt tid och beror det på köparen eller något förhållande på hans sida, går risken över på köparen när säljaren har gjort vad som ankommer på honom för att avlämnandet skall kunna ske.

(3) Skall köparen hämta varan på en annan plats än hos säljaren, går risken över när tiden för

Übergang des Risikos

§ 13

(1) Das Risiko geht auf den Käufer über, wenn die Ware in Übereinstimmung mit dem Vertrag oder gemäß §§ 6 oder 7 abgeliefert wird.

(2) Wird die Ware nicht rechtzeitig abgeliefert und beruht dies auf dem Käufer oder einem Umstand auf seiner Seite, geht das Risiko auf den Käufer über, wenn der Verkäufer alles seinerseits Notwendige getan hat, damit die Ablieferung erfolgen kann.

(3) Muss der Käufer die Ware an einem anderen Platz als beim Verkäufer abholen, geht das Risiko

avlämnandet är inne och köparen har fått veta att varan finns tillgänglig för avhämtning.

über, wenn der Zeitpunkt für die Ablieferung eingetreten ist und der Käufer Kenntnis davon erlangt hat, dass die Ware zur Abholung bereit steht.

14 §

Risken går aldrig över på köparen förrän det genom märkning, anteckning i transportdokument eller på annat sätt har gjorts klart att varan är avsedd för köparen.

§ 14

Das Risiko geht niemals auf den Käufer über, bevor durch Markierung, Verzeichnung in den Transportdokumenten oder auf sonstige Weise deutlich gemacht worden ist, dass die Ware für den Käufer bestimmt ist.

Varor under transport

15 §

$_{1}$Avser köpet en vara under transport, går risken över på köparen vid köpet, om det inte framgår av omständigheterna att köparen har åtagit sig att bära risken från den tidpunkt då varan överlämnades till den transportör som har utfärdat transportdokumentet. $_{2}$Säljaren bär dock alltid risken för att varan vid köpet har förstörts, kommit bort, försämrats eller minskat, om han kände till eller borde ha känt till detta men inte har upplyst köparen om det.

Waren auf dem Transport

§ 15

$_{1}$Betrifft der Kauf eine Ware auf dem Transport, geht das Risiko beim Kauf auf den Käufer über, wenn sich nicht aus den Umständen ergibt, dass der Käufer die Tragung des Risikos ab dem Zeitpunkt der Übergabe der Ware an den Transporteur, der das Transportdokument ausgestellt hat, übernommen hat. $_{2}$Der Verkäufer trägt jedoch immer das Risiko dafür, dass die Ware bei Vertragsschluss zerstört, abhandengekommen, verschlechtert oder verringert worden ist, wenn er dies wusste oder wissen musste, aber den Käufer nicht darauf hingewiesen hat.

Öppet köp

16 §

Har öppet köp avtalats och varan avlämnats, bär köparen risken till dess att varan lämnas tillbaka.

Offener Kauf

§ 16

Wurde ein offener Kauf vereinbart und die Ware abgeliefert, trägt der Käufer das Risiko bis die Ware zurückgegeben wird.

Varans beskaffenhet
Överensstämmelse med avtalet m. m.

17 §

(1) Varan skall i fråga om art, mängd, kvalitet, andra egenskaper och förpackning stämma överens med vad som följer av avtalet.

(2) Om inte annat följer av avtalet, skall varan

1. vara ägnad för det ändamål för vilket varor av samma slag i allmänhet används,
2. vara ägnad för det särskilda ändamål för vilket varan var avsedd att användas, om säljaren vid köpet måste ha insett detta särskilda ändamål

Beschaffenheit der Ware
Übereinstimmung mit dem Vertrag u.a.

§ 17

(1) Die Ware muss im Hinblick auf Art, Menge, Qualität, andere Eigenschaften und Verpackung mit dem übereinstimmen, was sich aus dem Vertrag ergibt.

(2) Wenn sich aus dem Vertrag nichts anderes ergibt, muss die Ware

1. für den Zweck geeignet sein, für welchen Waren der gleichen Art im Allgemeinen verwendet werden,
2. für den besonderen Zweck geeignet sein, für den die Ware zu verwenden bestimmt war, wenn der Verkäufer diesen besonderen Zweck

och köparen har haft rimlig anledning att förlita sig på säljarens sakkunskap och bedömning,

beim Kauf einsehen musste und der Käufer vernünftigen Anlass hatte, sich auf die Sachkenntnis und Beurteilung des Verkäufers zu verlassen,

3. ha egenskaper som säljaren har hänvisat till genom att lägga fram prov eller modell, och
4. vara förpackad på vanligt eller annars försvarligt sätt, om förpackning behövs för att bevara eller skydda varan.

3. Eigenschaften aufweisen, auf die der Verkäufer hingewiesen hat, indem er Proben oder Modelle vorgelegt hat, und
4. auf gewöhnliche oder ansonsten vertretbare Art und Weise verpackt sein, wenn eine Verpackung erforderlich ist, um die Sache zu erhalten oder zu schützen.

(3) Om varan avviker från vad som föreskrivs i första eller andra stycket eller i något annat avseende avviker från vad köparen med fog kunnat förutsätta, är varan att anse som felaktig.

(3) Wenn die Ware von dem abweicht, was in Absatz 1 oder 2 vorgeschrieben wird oder in anderer Hinsicht von dem abweicht, was der Käufer mit Fug voraussetzen konnte, ist die Sache als mangelhaft anzusehen.

18 §

§ 18

(1) Fel föreligger även om varan inte överensstämmer med sådana uppgifter om varans egenskaper eller användning som säljaren har lämnat vid marknadsföringen av varan eller annars före köpet och som kan antas ha inverkat på köpet.

(1) Ein Mangel liegt auch vor, wenn die Ware nicht mit solchen Angaben über ihre Eigenschaften oder Anwendung übereinstimmt, die der Verkäufer bei der Vermarktung der Ware oder sonst vor dem Kauf gemacht hat und von denen anzunehmen ist, dass sie Einfluss auf den Kauf gehabt haben.

(2) $_1$Varan skall vidare anses felaktig, om den inte överensstämmer med sådana uppgifter om dess egenskaper eller användning som någon annan än säljaren, i tidigare säljled eller för säljarens räkning, före köpet har lämnat vid marknadsföringen av varan och som kan antas ha inverkat på köpet. $_2$Varan skall dock inte anses felaktig, om säljaren varken kände till eller borde ha känt till uppgifterna.

(2) $_1$Die Ware ist des Weiteren als mangelhaft anzusehen, wenn sie nicht mit solchen Angaben über ihre Eigenschaften oder Anwendung übereinstimmt, die jemand anderes als der Verkäufer zu einem früheren Zeitpunkt in der Verkaufskette oder für die Rechnung des Verkäufers vor dem Kauf bei der Vermarktung der Ware gemacht hat und von denen anzunehmen ist, dass sie Einfluss auf den Kauf gehabt haben. $_2$Die Sache darf aber nicht als mangelhaft angesehen werden, wenn der Verkäufer die Angaben weder kannte, noch kennen musste.

(3) Första och andra styckena gäller inte, om uppgifterna har rättats i tid på ett tydligt sätt.

(3) Die Absätze 1 und 2 gelten nicht, wenn die Angaben rechtzeitig auf eine deutliche Art berichtigt wurden.

Befintligt skick

19 §

Befindlicher Zustand

§ 19

(1) Även om varan har sålts i "befintligt skick" eller med ett liknande allmänt förbehåll skall den anses felaktig, om

(1) Auch wenn die Ware „in befindlichem Zustand“ oder mit vergleichbarem allgemeinen Vorbehalt verkauft wurde, ist sie als mangelhaft anzusehen, wenn

1. varan inte överensstämmer med sådana uppgifter om dess egenskaper eller användning som säljaren har lämnat före köpet och som kan antas ha inverkat på köpet,

1. die Ware nicht mit solchen Angaben über ihre Eigenschaften oder Anwendung übereinstimmt, die der Verkäufer vor dem Kauf gemacht hat und von denen anzunehmen ist, dass sie Einfluss auf den Kauf gehabt haben,

2. säljaren före köpet har underlåtit att upplysa köparen om ett sådant väsentligt förhållande rörande varans egenskaper eller användning som han måste antas ha känt till och som köparen med fog kunde räkna med att bli upplyst om, under förutsättning att underlåtenheten kan antas ha inverkat på köpet, eller

2. es der Verkäufer vor dem Kauf unterlassen hat, den Käufer über einen solchen wichtigen Umstand bezüglich der Eigenschaften oder Anwendung der Ware hinzuweisen, von dem angenommen werden muss, dass er ihn kannte und in Bezug auf welchen der Käufer mit Fug damit rechnen konnte, darüber aufgeklärt zu werden, unter der Voraussetzung, dass anzunehmen ist, dass die Unterlassung Einfluss auf den Kauf gehabt hat, oder

3. varan är i väsentligt sämre skick än köparen med hänsyn till varans pris och övriga omständigheter med fog har kunnat förutsätta.

3. die Ware in wesentlich schlechterem Zustand ist, als der Käufer mit Rücksicht auf den Preis und die übrigen Umstände mit Fug voraussetzen konnte.

(2) $_1$När en begagnad vara har sålts på auktion, anses den såld "i befintligt skick". $_2$Vid tillämpning av första stycket 3 skall hänsyn i så fall tas till utropspriset.

(2) $_1$Wenn eine gebrauchte Ware auf einer Auktion verkauft worden ist, ist sie als „in befindlichem Zustand“ verkauft anzusehen. $_2$Bei der Anwendung von Absatz 1 Nr. 3 ist insofern Rücksicht auf den Aufrufpreis zu nehmen.

Undersökning av varan före köpet
20 §

Untersuchung der Ware vor dem Kauf
§ 20

(1) Köparen får inte såsom fel åberopa vad han måste antas ha känt till vid köpet.

(1) Der Käufer darf etwas, von dem anzunehmen ist, dass er es beim Kauf gekannt hat, nicht als Mangel geltend machen.

(2) Har köparen före köpet undersökt varan eller utan godtagbar anledning underlåtit att följa säljarens uppmaning att undersöka den, får han inte såsom fel åberopa vad han borde ha märkt vid undersökningen, om inte säljaren har handlat i strid mot tro och heder.

(2) Hat der Käufer die Ware vor dem Kauf untersucht oder es ohne akzeptablen Grund unterlassen, der Aufforderung des Verkäufers, die Sache zu untersuchen, nachzukommen, darf er etwas, das er bei der Untersuchung bemerkt haben müsste, nicht als Mangel geltend machen, wenn nicht der Verkäufer entgegen Treu und Glauben gehandelt hat.

(3) Andra stycket gäller även när köparen före köpet har fått tillfälle att undersöka prov på varan och felet gäller en egenskap som skulle framgå av provet.

(3) Absatz 2 gilt auch, wenn der Käufer vor dem Kauf die Gelegenheit bekommen hat, eine Probe der Ware zu untersuchen und der Mangel eine Eigenschaft betrifft, die sich aus der Probe ergeben hätte.

Avgörande tidpunkt för bedömningen av om fel föreligger

21 §

(1) $_1$Frågan om varan är felaktig skall bedömas med hänsyn till dess beskaffenhet när risken för varan går över på köparen. $_2$Säljaren svarar för fel som har funnits vid denna tidpunkt även om felet visar sig först senare.

(2) $_1$Uppkommer en försämring av varan efter det att risken har gått över på köparen, skall varan anses felaktig, om försämringen är en följd av säljarens avtalsbrott. $_2$Detsamma gäller om säljaren genom en garanti eller liknande utfästelse har åtagit sig att under en viss tid svara för varans användbarhet eller andra egenskaper och försämringen avser en egenskap som omfattas av utfästelsen.

Entscheidender Zeitpunkt für die Beurteilung, ob ein Mangel vorliegt

§ 21

(1) $_1$Die Frage, ob die Ware mangelhaft ist, ist mit Rücksicht auf deren Beschaffenheit im Zeitpunkt des Risikoübergangs zu beurteilen. $_2$Der Verkäufer hat für Mängel, die zu diesem Zeitpunkt vorhanden waren auch dann einzustehen, wenn sich der Mangel erst später zeigt.

(2) $_1$Entsteht eine Verschlechterung der Ware, nachdem das Risiko auf den Käufer übergegangen ist, so ist die Ware als mangelhaft anzusehen, wenn die Verschlechterung Folge einer Vertragsverletzung des Verkäufers ist. $_2$Dasselbe gilt, wenn es der Verkäufer durch eine Garantie oder ein ähnliches Versprechen übernommen hat, während eines gewissen Zeitraums für die Anwendbarkeit oder andere Eigenschaften der Sache einzustehen und die Verschlechterung eine Eigenschaft betrifft, die von dem Versprechen umfasst ist.

Påföljder vid dröjsmål med varans avlämnande

Påföljderna

22 §

$_1$Avlämnas inte varan eller avlämnas den för sent och beror det inte på köparen eller något förhållande på hans sida, får köparen enligt 23-29 §§ kräva fullgörelse eller häva köpet samt dessutom kräva skadestånd. $_2$Han får även hålla inne betalningen enligt 42 §.

Rechtsfolgen bei Verzug mit der Ablieferung der Ware

Die Rechtfolgen

§ 22

$_1$Wird die Ware nicht oder zu spät abgeliefert und beruht dies nicht auf dem Käufer oder einem Umstand auf seiner Seite, darf der Käufer gemäß §§ 23 bis 29 Erfüllung verlangen oder den Kauf aufheben und außerdem Schadensersatz verlangen. $_2$Er darf auch die Bezahlung gemäß § 42 zurückhalten.

Fullgörelse

23 §

(1) $_1$Köparen får hålla fast vid köpet och kräva fullgörelse. $_2$Säljaren är dock inte skyldig att fullgöra köpet, om det föreligger ett hinder som han inte kan övervinna eller om fullgörelsen skulle förutsätta uppoffringar som inte är rimliga med hänsyn till köparens intresse av att säljaren fullgör köpet.

(2) Om ett förhållande som nyss nämnts upphör inom rimlig tid, får köparen dock kräva att säljaren fullgör köpet.

Erfüllung

§ 23

(1) $_1$Der Käufer darf am Kauf festhalten und Erfüllung verlangen. $_2$Der Verkäufer ist jedoch nicht verpflichtet, den Kauf zu erfüllen, wenn ein Hindernis vorliegt, welches er nicht überwinden kann, oder wenn die Erfüllung Anstrengungen voraussetzten würde, die mit Rücksicht auf das Erfüllungsinteresse des Käufers nicht zumutbar sind.

(2) Wenn ein soeben genannter Umstand innerhalb eines angemessenen Zeitraums wegfällt, darf der Käufer dennoch verlangen, dass der Verkäufer den Kauf erfüllt.

(3) Köparen förlorar rätten att kräva att säljaren fullgör köpet, om han väntar orimligt länge med att framställa kravet.

(3) Der Käufer verliert das Recht, die Erfüllung des Kaufes durch den Verkäufer zu verlangen, wenn er unangemessen lange mit dem Vorbringen seines Verlangens wartet.

24 §

Frågar säljaren om köparen trots dröjsmålet godtar avlämnande inom en viss tid eller meddelar säljaren att han kommer att fullgöra köpet inom en viss tid och svarar köparen inte inom skälig tid efter det att han har fått frågan eller meddelandet, får köparen inte häva köpet om säljaren fullgör det inom den tid som han har angett.

§ 24

Fragt der Verkäufer, ob der Käufer trotz des Verzuges eine Ablieferung innerhalb einer bestimmten Frist akzeptiert, oder teilt der Verkäufer mit, dass er den Kauf innerhalb einer bestimmten Zeit erfüllen wird und antwortet der Käufer nicht innerhalb angemessener Zeit nach Erhalt der Frage oder Mitteilung darauf, darf der Käufer den Kauf nicht aufheben, wenn der Verkäufer ihn innerhalb der von ihm angegebenen Zeit erfüllt.

Hävning
25 §

(1) Köparen får häva köpet på grund av säljarens dröjsmål, om avtalsbrottet är av väsentlig betydelse för köparen och säljaren insåg eller borde ha insett detta.

Aufhebung
§ 25

(1) Der Käufer darf den Kauf aufgrund des Verzuges des Verkäufers aufheben, wenn der Vertragsbruch von wesentlicher Bedeutung für den Käufer ist und der Verkäufer dies eingesehen hat oder eingesehen haben musste.

(2) Har köparen förelagt säljaren en bestämd tilläggstid för varans avlämnande och är den inte oskäligt kort, får köparen även häva köpet om varan inte avlämnas inom tilläggstiden.

(2) Hat der Käufer dem Verkäufer eine bestimmte Frist für die Ablieferung der Ware gesetzt, und ist diese nicht unangemessen kurz, darf der Käufer den Kauf auch aufheben, wenn die Ware nicht innerhalb dieser Frist abgeliefert wird.

(3) Medan tilläggstiden löper får köparen häva köpet endast om säljaren meddelar att han inte kommer att fullgöra köpet inom denna tid.

(3) Während die Frist läuft, darf der Käufer den Kauf nur aufheben, wenn der Verkäufer mitteilt, dass er den Kauf nicht innerhalb der Frist erfüllen wird.

26 §

Avser köpet en vara som skall tillverkas eller skaffas särskilt för köparen efter dennes anvisningar eller önskemål och kan säljaren inte utan väsentlig förlust tillgodogöra sig varan på annat sätt, får köparen häva köpet på grund av säljarens dröjsmål endast om hans syfte med köpet är väsentligen förfelat genom dröjsmålet.

§ 26

Betrifft der Kauf eine Ware, die besonders für den Käufer nach dessen Anweisungen oder Wünschen produziert oder beschafft werden muss und kann der Verkäufer sich diese nicht ohne wesentlichen Verlust auf andere Art und Weise zu Nutze machen, darf der Käufer den Kauf aufgrund des Verzuges des Verkäufers nur aufheben, wenn sein mit dem Kauf verfolgter Zweck durch den Verzug wesentlich verfehlt wird.

Skadestånd
27 §

(1) Köparen har rätt till ersättning för den skada han lider genom säljarens dröjsmål, om inte säljaren visar att dröjsmålet beror på ett hinder

Schadensersatz
§ 27

(1) Der Käufer hat das Recht auf Ersatz des Schadens, den er durch den Verzug des Verkäufers erleidet, wenn nicht der Verkäufer nachweist, dass

utanför hans kontroll som han inte skäligen kunde förväntas ha räknat med vid köpet och vars följder han inte heller skäligen kunde ha undvikit eller övervunnit.

der Verzug auf einem außerhalb seiner Kontrolle liegenden Hindernis beruht, mit dem er nicht vernünftigerweise bei Vertragsschluss rechnen musste und dessen Folgen er auch nicht vernünftigerweise vermeiden oder überwinden konnte.

(2) $_{1}$Beror dröjsmålet på någon som säljaren har anlitat för att helt eller delvis fullgöra köpet, är säljaren fri från skadeståndsskyldighet endast om också den som han har anlitat skulle vara fri enligt första stycket. $_{2}$Detsamma gäller om dröjsmålet beror på en leverantör som säljaren har anlitat eller någon annan i tidigare säljled.

(2) $_{1}$Beruht der Verzug auf jemandem, dessen sich der Verkäufer bedient hat um den Kauf ganz oder teilweise zu erfüllen, so ist der Verkäufer von seiner Schadensersatzpflicht nur dann befreit, wenn auch derjenige, dessen er sich bedient hat, nach Absatz 1 von der Schadensersatzpflicht befreit wäre. $_{2}$Dasselbe gilt, wenn der Verzug auf einem Lieferanten, an den sich der Verkäufer gewandt hat oder jemand anderem in der Lieferkette beruht.

(3) Enligt första och andra styckena ersätts inte sådan indirekt förlust som avses i 67 § andra stycket.

(3) Gemäß der Absätze 1 und 2 wird ein indirekter Verlust im Sinne von § 67 Absatz 2 nicht ersetzt.

(4) Köparen har alltid rätt till ersättning, om dröjsmålet eller förlusten beror på försummelse på säljarens sida.

(4) Der Käufer hat immer das Recht auf Ersatz, wenn der Verzug oder der Verlust auf einem Versäumnis auf Seiten des Verkäufers beruht.

28 §

$_{1}$Hindras säljaren att fullgöra köpet i rätt tid, skall han lämna köparen meddelande om hindret och dess inverkan på möjligheterna till fullgörelse. $_{2}$Om köparen inte får ett sådant meddelande inom skälig tid efter det att säljaren har fått eller borde ha fått kännedom om hindret, har köparen rätt till ersättning för den skada som kunde ha undvikits om han hade fått meddelandet i tid.

§ 28

$_{1}$Wird der Verkäufer daran gehindert, den Kauf rechtzeitig zu erfüllen, so hat er dem Käufer Mitteilung über das Hindernis und dessen Einfluss auf die Möglichkeiten zur Erfüllung zu machen. $_{2}$Wenn der Käufer eine solche Mitteilung nicht innerhalb angemessener Zeit, nachdem der Verkäufer Kenntnis vom Hindernis erlangt hat oder erlangt haben müsste, erhält, hat der Käufer das Recht auf den Ersatz des Schadens, der hätte vermieden werden können, wenn er die Mitteilung rechtzeitig erhalten hätte.

Meddelande om hävning och skadestånd

Mitteilung über Aufhebung und Schadensersatz

29 §

$_{1}$Har varan avlämnats för sent, får köparen inte häva köpet eller kräva skadestånd på grund av dröjsmålet, om han inte inom skälig tid efter det att han fick kännedom om avlämnandet meddelar säljaren att han häver eller vill kräva skadestånd. $_{2}$Om köparen häver köpet, behöver han dock inte lämna särskilt meddelande om att han vill kräva skadestånd.

§ 29

$_{1}$Ist die Ware verspätet abgeliefert worden, darf der Käufer aufgrund des Verzuges nicht den Kauf aufheben oder Schadensersatz verlangen, wenn er nicht innerhalb angemessener Zeit, nachdem er Kenntnis von der Ablieferung erhalten hat, dem Verkäufer mitteilt, dass er aufhebt oder Schadensersatz verlangen will. $_{2}$Wenn der Käufer den Kauf aufhebt, braucht er jedoch keine gesonderte Mitteilung darüber zu geben, dass er Schadensersatz verlangen will.

Påföljder vid fel i varan

Påföljderna

30 §

$_1$Är varan felaktig och beror det inte på köparen eller något förhållande på hans sida, får köparen enligt 31-40 §§ kräva avhjälpande, omleverans eller prisavdrag eller häva köpet samt dessutom kräva skadestånd. $_2$Han får även hålla inne betalningen enligt 42 §.

Rechtsfolgen bei Mängeln der Ware

Die Rechtsfolgen

§ 30

$_1$Ist die Ware mangelhaft und beruht dies nicht auf dem Käufer oder einem Umstand auf seiner Seite, darf der Käufer nach den §§ 31 bis 40 Abhilfe, Neulieferung oder Minderung verlangen oder den Kauf aufheben und Schadensersatz verlangen. $_2$Er darf auch gemäß § 42 die Bezahlung zurückhalten.

Undersökning av varan efter avlämnandet

31 §

(1) När varan har avlämnats skall köparen så snart omständigheterna medger det undersöka den i enlighet med god affärssed.

(2) Framgår det att varan skall transporteras från platsen för avlämnandet, får köparen vänta med undersökningen till dess att varan har kommit fram.

(3) Om köparen ändrar bestämmelseorten medan varan är på väg eller sänder varan vidare utan att ha haft skälig möjlighet att undersöka den och säljaren vid köpet kände till eller borde ha känt till möjligheten av en sådan omdestinering eller vidaresändning, får undersökningen uppskjutas till dess att varan har kommit fram till den nya bestämmelseorten.

Untersuchung der Ware nach der Ablieferung

§ 31

(1) Wenn die Ware abgeliefert worden ist, muss der Käufer, sobald die Umstände es erlauben, die Ware in Übereinstimmung mit guter Geschäftssitte untersuchen.

(2) Ergibt sich, dass die Ware vom Platz der Ablieferung forttransportiert werden muss, darf der Käufer mit der Untersuchung warten, bis die Ware angekommen ist.

(3) Wenn der Käufer den Bestimmungsort ändert, während die Ware auf dem Weg ist, oder er die Ware weitersendet, ohne die zumutbare Möglichkeit der Untersuchung gehabt zu haben, und kannte oder musste der Verkäufer diese Möglichkeit der Änderung des Bestimmungsortes oder die Weitersendung kennen, darf die Untersuchung aufgeschoben werden, bis die Ware am neuen Bestimmungsort angelangt ist.

Reklamation

32 §

(1) Köparen får inte åberopa att varan är felaktig, om han inte lämnar säljaren meddelande om felet inom skälig tid efter det att han märkt eller borde ha märkt felet (reklamation).

(2) Reklamerar köparen inte inom två år från det att han har tagit emot varan, förlorar han rätten att åberopa felet, om inte annat följer av en garanti eller liknande utfästelse.

Reklamation

§ 32

(1) Der Käufer darf nicht geltend machen, dass die Ware mangelhaft ist, wenn er dem Verkäufer nicht binnen angemessener Zeit nachdem er den Mangel bemerkt hat oder bemerkt haben müsste, Mitteilung über den Mangel macht (Reklamation).

(2) Reklamiert der Käufer nicht innerhalb von zwei Jahren ab dem Zeitpunkt der Entgegennahme der Ware, verliert er das Recht, den Mangel geltend zu machen, wenn sich nicht etwas anderes aus einer Garantie oder einem ähnlichen Versprechen ergibt.

33 §

Utan hinder av 31 och 32 §§ får köparen åberopa att varan är felaktig, om säljaren har handlat grovt vårdslöst eller i strid mot tro och heder.

§ 33

Unbeschadet der §§ 31 und 32 darf der Käufer geltend machen, dass die Ware mangelhaft ist, wenn der Verkäufer grob fahrlässig oder entgegen Treu und Glauben gehandelt hat.

Avhjälpande och omleverans

34 §

(1) $_1$Köparen har rätt att kräva att säljaren avhjälper felet utan kostnad för köparen, om avhjälpande kan ske utan oskälig kostnad eller olägenhet för säljaren. $_2$I stället för att avhjälpa felet får säljaren företa omleverans enligt 36 §.

(2) $_1$Köparen har rätt att kräva omleverans, om avtalsbrottet är av väsentlig betydelse för honom och säljaren insåg eller borde ha insett detta. $_2$Köparen har dock inte rätt att kräva omleverans, om det föreligger ett sådant förhållande som avses i 23 §. $_3$Köparen har inte heller rätt att kräva omleverans, om det är fråga om en vara som fanns vid köpet och som, med hänsyn till sina egenskaper och till vad parterna måste antas ha förutsatt, inte kan ersättas med någon annan vara.

(3) Om säljaren inte fullgör sin skyldighet att avhjälpa felet, har köparen rätt till ersättning för försvarliga kostnader för att avhjälpa det.

Abhilfe und Neulieferung

§ 34

(1) $_1$Der Käufer hat das Recht zu verlangen, dass der Verkäufer dem Mangel ohne Kosten für den Käufer abhilft, wenn Abhilfe ohne unangemessene Kosten oder Unannehmlichkeiten für den Verkäufer möglich ist. $_2$Anstatt dem Mangel abzuhelfen, darf der Verkäufer eine Neulieferung nach § 36 vornehmen.

(2) $_1$Der Käufer hat das Recht, Neulieferung zu verlangen, wenn der Vertragsbruch von wesentlicher Bedeutung für ihn ist und der Verkäufer dies eingesehen hat oder einsehen musste. $_2$Dem Käufer steht jedoch kein Recht auf Neulieferung zu, wenn Umstände im Sinne von § 23 vorliegen. $_3$Der Käufer hat auch dann nicht das Recht, Neulieferung zu verlangen, wenn es sich um eine Ware handelt, die beim Kauf bereits vorhanden war und die, mit Rücksicht auf ihre Eigenschaften und das, von dem auszugehen ist, dass es die Parteien vorausgesetzt haben, nicht durch eine andere Ware ersetzt werden kann.

(3) Wenn der Verkäufer seine Pflicht nicht erfüllt, dem Mangel abzuhelfen, hat der Käufer das Recht auf Ersatz der vertretbaren Kosten, um ihm abzuhelfen.

35 §

$_1$Köparen får inte kräva avhjälpande av fel eller omleverans, om han inte lämnar säljaren meddelande om kravet i samband med att han reklamerar eller inom skälig tid därefter. $_2$Detta gäller dock inte om säljaren har handlat grovt vårdslöst eller i strid mot tro och heder.

§ 35

$_1$Der Käufer darf nicht Abhilfe von Mängeln oder Neulieferung verlangen, wenn er dem Verkäufer nicht im Zusammenhang mit seiner Reklamation oder innerhalb angemessener Zeit danach Mitteilung über sein Verlangen macht. $_2$Dies gilt jedoch nicht, wenn der Verkäufer grob fahrlässig oder entgegen Treu und Glauben gehandelt hat.

36 §

(1) Även om köparen inte kräver det, har säljaren rätt att på egen bekostnad avhjälpa felet eller företa omleverans, om detta kan ske utan väsentlig olägenhet för köparen och utan risk för att köparen inte får sina egna kostnader ersatta av säljaren.

§ 36

(1) Auch wenn der Käufer es nicht verlangt, hat der Verkäufer das Recht, auf eigene Kosten dem Mangel abzuhelfen oder Neulieferung vorzunehmen, wenn dies ohne wesentliche Unannehmlichkeiten für den Käufer und ohne das Risiko, dass der Käufer seine eigenen Kosten durch den Verkäufer nicht ersetzt bekommt, erfolgen kann.

(2) Säljaren får ej åberopa att han inte har beretts tillfälle att avhjälpa felet eller företa omleverans, om köparen har avhjälpt felet och det med hänsyn till omständigheterna inte skäligen kunde krävas att köparen skulle avvakta avhjälpande eller omleverans från säljarens sida.

(2) Der Verkäufer darf nicht geltend machen, dass ihm nicht die Möglichkeit zur Abhilfe oder Neulieferung gegeben wurden, wenn der Käufer dem Mangel abgeholfen hat und mit Rücksicht auf die Umstände nicht vernünftigerweise verlangt werden konnte, dass der Käufer Abhilfe oder Neulieferung seitens des Verkäufers abwarten sollte.

Prisavdrag och hävning
37 §

(1) Om avhjälpande eller omleverans inte kommer i fråga eller inte sker inom skälig tid efter reklamationen, får köparen kräva prisavdrag beräknat enligt 38 § eller häva köpet enligt 39 §.

(2) Köparen har dock inte rätt till prisavdrag vid köp av begagnade varor på auktion.

Minderung und Aufhebung
§ 37

(1) Wenn Abhilfe oder Neulieferung nicht infrage kommen oder nicht innerhalb angemessener Zeit nach der Reklamation erfolgen, darf der Käufer Minderung, berechnet nach § 38, verlangen oder den Kauf nach § 39 aufheben.

(2) Der Käufer hat jedoch kein Recht zur Minderung beim Kauf gebrauchter Waren auf einer Auktion.

38 §

Kräver köparen prisavdrag, skall det beräknas så att förhållandet mellan det nedsatta och det avtalsenliga priset svarar mot förhållandet vid tidpunkten för avlämnandet mellan varans värde i felaktigt och i avtalsenligt skick.

§ 38

Verlangt der Käufer Minderung, so ist diese so zu berechnen, dass das Verhältnis zwischen dem geminderten und dem vertraglich festgelegten Preis dem Verhältnis zwischen dem Wert der mangelhaften und der vertragsgemäßen Ware im Zeitpunkt der Ablieferung entspricht.

39 §

(1) Köparen får häva köpet på grund av fel, om avtalsbrottet är av väsentlig betydelse för honom och säljaren insåg eller borde ha insett detta.

(2) [1]Köparen får inte häva köpet på grund av felet, om han inte inom skälig tid efter det att han märkt eller borde ha märkt felet, eller efter den tid för avhjälpande eller omleverans som kan följa av 37 §, meddelar säljaren att han häver köpet. [2]Detta gäller dock inte om säljaren har handlat grovt vårdslöst eller i strid mot tro och heder.

§ 39

(1) Der Käufer darf den Kauf aufgrund von Mängeln aufheben, wenn der Vertragsbruch von wesentlicher Bedeutung für ihn ist und der Verkäufer dies einsah oder eingesehen haben musste.

(2) [1]Der Käufer darf den Kauf nicht aufgrund des Mangels aufheben, wenn er dem Verkäufer nicht innerhalb angemessener Zeit, nachdem er den Mangel bemerkt hat oder bemerkt haben musste oder nach der Zeit für Abhilfe und Neulieferung wie sie sich aus § 37 ergeben kann, mitteilt, dass er den Kauf aufhebt. [2]Dies gilt jedoch nicht, wenn der Verkäufer grob fahrlässig oder entgegen Treu und Glauben gehandelt hat.

Skadestånd
40 §

(1) [1]Köparen har rätt till ersättning för den skada han lider genom att varan är felaktig, om inte säl-

Schadensersatz
§ 40

(1) [1]Der Käufer hat das Recht auf Ersatz für den Schaden, den er dadurch erleidet, dass die Ware

jaren visar att det har förelegat ett sådant hinder som avses i 27 § första eller andra stycket för att avlämna felfri vara. $_{2}$Vad som sägs i 28 § om säljarens skyldighet att lämna köparen meddelande om hinder för att fullgöra köpet i tid gäller på motsvarande sätt, om det föreligger hinder för att avlämna felfri vara.

mangelhaft ist, wenn nicht der Verkäufer nachweist, dass ein Hindernis im Sinne von § 27 Absatz 1 oder Absatz 2 für die Ablieferung einer mangelfreien Ware vorlag. $_{2}$Das, was in § 28 über die Pflicht des Verkäufers, dem Käufer Mitteilung über Hindernisse bezüglich der Erfüllung des Kaufes zu machen, gesagt wird, gilt auf entsprechende Art und Weise, wenn ein Hindernis dafür vorliegt, eine mangelfreie Ware zu liefern.

(2) Enligt första stycket ersätts inte sådan indirekt förlust som avses i 67 § andra stycket.

(2) Gemäß Absatz 1 wird ein indirekter Verlust im Sinne von § 67 Absatz 2 nicht ersetzt.

(3) Köparen har alltid rätt till ersättning, om felet eller förlusten beror på försummelse på säljarens sida eller om varan vid köpet avvek från vad säljaren särskilt har utfäst.

(3) Der Käufer hat immer das Recht auf Ersatz, wenn der Mangel oder Verlust auf einem Versäumnis auf Seiten des Verkäufers beruht oder wenn die Ware beim Kauf von dem abwich, was der Verkäufer besonders versprochen hat.

Påföljder vid rättsligt fel
41 §

(1) Om tredje man har äganderätt till varan eller har panträtt eller annan liknande rätt i den (rättsligt fel) och det inte följer av avtalet att köparen skall överta varan med den begränsning som tredje mans rätt medför, gäller bestämmelserna om reklamation i 32 § första stycket och 33 §, om avhjälpande och omleverans i 34-36 §§, om prisavdrag och hävning i 37-39 §§, om skadestånd i 40 § samt om köparens rätt att hålla inne betalningen i 42 §.

Rechtsfolgen bei Rechtsmangel
§ 41

(1) Wenn eine dritte Person das Eigentum an der Ware oder ein Pfandrecht oder ein anderes vergleichbares Recht an dieser innehat (Rechtsmangel) und sich aus dem Vertrag nicht ergibt, dass der Käufer die Ware mit der Begrenzung, die das Recht des Dritten mit sich bringt, zu übernehmen hat, gelten die Bestimmungen über Reklamation in § 32 Absatz 1 und § 33, über Abhilfe und Neulieferung in den §§ 34-46, über Minderung und Aufhebung in den §§ 37-39, über Schadensersatz in § 40, sowie über das Recht des Käufers, die Bezahlung zurückzuhalten in § 42.

(2) Köparen har alltid rätt till ersättning för den skada han lider genom ett rättsligt fel som förelåg vid köpet, om han varken kände till eller borde ha känt till felet.

(2) Der Käufer hat stets das Recht auf Ersatz für den Schaden, den er durch einen Rechtsmangel erleidet, der beim Kauf vorlag, wenn er den Mangel weder kannte noch kennen musste.

(3) Påföljder av rättsligt fel får även göras gällande, om tredje man påstår att han har en sådan rätt som avses i första stycket och det finns sannolika skäl för påståendet.

(3) Die Rechtsfolgen eines Rechtsmangels können auch dann geltend gemacht werden, wenn ein Dritter behauptet, dass er ein Recht im Sinne von Absatz 1 innehat und hinreichend wahrscheinliche Gründe für die Behauptung bestehen.

Gemensamma bestämmelser om påföljder vid säljarens avtalsbrott

Rätt att hålla inne betalningen

42 §

Har köparen krav på grund av säljarens dröjsmål eller på grund av att varan är felaktig, får köparen hålla inne så mycket av betalningen som motsvarar kravet.

Gemeinsame Vorschriften über Rechtsfolgen bei Vertragsverletzung des Verkäufers

Recht, die Bezahlung zurückzuhalten

§ 42

Hat der Käufer aufgrund des Verzuges des Verkäufers oder aufgrund der Mangelhaftigkeit der Ware Ansprüche, darf der Käufer so viel von der Bezahlung zurückhalten, wie der Forderung entspricht.

Partiell avtalsbrott

43 §

(1) $_1$Är endast en del av leveransen försenad eller felaktig, tillämpas bestämmelserna om ifrågavarande avtalsbrott på denna del. $_2$Köparen får häva köpet i dess helhet, om avtalsbrottet är av väsentlig betydelse för honom i fråga om hela köpet och säljaren insåg eller borde ha insett detta.

(2) Om det kan antas att säljaren anser sig ha fullgjort köpet i dess helhet trots att allt inte har avlämnats, tillämpas bestämmelserna om fel.

Partieller Vertragsbruch

§ 43

(1) $_1$Ist nur ein Teil der Lieferung verspätet oder mangelhaft, werden die Vorschriften über den betreffenden Vertragsbruch auf diesen Teil angewendet. $_2$Der Käufer darf den Kauf insgesamt aufheben, wenn der Vertragsbruch für ihn von wesentlicher Bedeutung für den gesamten Kauf ist und der Verkäufer dies einsah oder eingesehen haben musste.

(2) Wenn angenommen werden kann, dass der Verkäufer davon ausgeht, den Kauf insgesamt erfüllt zu haben obwohl nicht alles abgeliefert worden ist, finden die Vorschriften über Mängel Anwendung.

Hävning vid successiv leverans

44 §

(1) Skall avlämnande ske efter hand och är någon delleverans försenad eller felaktig, får köparen häva köpet i fråga om denna enligt de bestämmelser som i övrigt gäller för hävning.

(2) Om dröjsmålet eller felet ger anledning att anta att ett avtalsbrott som ger rätt till hävning kommer att inträffa beträffande någon senare delleverans, får köparen på denna grund häva köpet i fråga om en sådan senare leverans, om det sker inom skälig tid.

(3) Häver köparen i fråga om en delleverans, får han samtidigt häva i fråga om tidigare eller senare leveranser om han på grund av sammanhanget mellan dem skulle ha betydande olägenhet av att stå fast vid köpet beträffande dessa leveranser.

Aufhebung bei sukzessiver Lieferung

§ 44

(1) Hat die Ablieferung nach und nach zu erfolgen und ist eine Teillieferung verspätet oder mangelhaft, darf der Käufer den Kauf in Bezug auf diese [Teillieferung] nach den Vorschriften aufheben, die im Übrigen für die Aufhebung gelten.

(2) Wenn der Verzug oder der Mangel Anlass zu der Annahme gibt, dass ein Vertragsbruch, der das Recht zur Aufhebung begründet, in Bezug auf eine spätere Teillieferung eintreffen wird, darf der Käufer aufgrund dessen den Kauf in Bezug auf eine solche spätere Lieferung aufheben, wenn dies innerhalb angemessener Zeit erfolgt.

(3) Hebt der Käufer den Kauf in Bezug auf eine Teillieferung auf, so darf er gleichzeitig in Bezug auf frühere oder spätere Lieferungen aufheben, wenn er aufgrund des Zusammenhangs zwischen ihnen bedeutsame Unannehmlichkeiten haben würde, betreffend dieser Lieferungen am Kauf festzuhalten.

Köparens skyldigheter
Prisets bestämmande
45 §

Följer priset inte av avtalet, skall köparen betala vad som är skäligt med hänsyn till varans art och beskaffenhet, gängse pris vid tiden för köpet samt omständigheterna i övrigt.

Pflichten des Käufers
Bestimmung des Preises
§ 45

Folgt der Preis nicht aus dem Vertrag, so hat der Käufer das zu bezahlen, was mit Rücksicht auf die Art und Beschaffenheit der Ware, den üblichen Preis zur Zeit des Kaufes sowie der Umstände im Übrigen angemessen ist.

46 §

(1) Skall priset beräknas efter antal, mått eller vikt, skall varans mängd vid den tidpunkt då risken för varan går över på köparen läggas till grund för beräkningen.

§ 46

(1) Ist der Preis nach Anzahl, Maß oder Gewicht zu berechnen, so ist die Menge der Ware zu dem Zeitpunkt, in dem das Risiko für die Ware auf den Käufer übergeht, der Berechnung zugrunde zu legen.

(2) Om priset skall beräknas efter varans vikt, avräknas först förpackningens vikt.

(2) Wenn der Preis nach dem Gewicht der Ware berechnet werden soll, wird zunächst das Gewicht der Verpackung abgezogen.

47 §

$_1$Har köparen fått en räkning, är han bunden av det pris som har angetts i räkningen. $_2$Detta gäller dock inte, om han inom skälig tid meddelar säljaren att han inte godkänner priset, om ett lägre pris följer av avtalet eller om det fordrade beloppet är oskäligt.

§ 47

$_1$Hat der Käufer eine Rechnung erhalten, ist er an den Preis gebunden, der in der Rechnung angegeben worden ist. $_2$Dies gilt jedoch nicht, wenn er dem Verkäufer innerhalb angemessener Zeit mitteilt, dass er den Preis nicht billigt, wenn ein niedrigerer Preis aus dem Vertrag folgt oder wenn der geforderte Betrag unangemessen ist.

Betalningen
48 §

(1) $_1$Betalning skall ske hos säljaren. $_2$Om betalning skall ske mot överlämnande av varan eller dokument avseende varan, skall den dock ske där överlämnandet äger rum.

Bezahlung
§ 48

(1) $_1$Die Bezahlung hat beim Verkäufer zu erfolgen. $_2$Wenn die Bezahlung gegen Übergabe der Ware oder von Dokumenten, die Ware betreffend, zu erfolgen hat, so hat sie jedoch dort zu erfolgen, wo die Übergabe stattfindet.

(2) Skyldigheten att betala omfattar även skyldighet att i enlighet med avtalet acceptera växel och ställa remburs, bankgaranti eller annan säkerhet samt att vidta de andra åtgärder som behövs för att möjliggöra betalning.

(2) Die Pflicht zu bezahlen umfasst auch die Pflicht, in Übereinstimmung mit dem Vertrag einen Wechsel zu akzeptieren, Akkreditiv, Bankgarantie oder eine andere Sicherheit zu stellen sowie die anderen Maßnahmen vorzunehmen, die notwendig sind, um die Bezahlung zu ermöglichen.

49 §

(1) $_1$Följer tidpunkten för betalningen inte av avtalet, skall köparen betala när säljaren kräver det. $_2$Köparen är dock inte skyldig att betala för-

§ 49

(1) $_1$Folgt der Zeitpunkt der Bezahlung nicht aus dem Vertrag, muss der Käufer bezahlen, wenn der Verkäufer dies verlangt. $_2$Der Käufer ist je-

rän varan hålls honom till handa eller ställs till hans förfogande i enlighet med avtalet.

doch nicht zur Zahlung verpflichtet, bevor ihm die Ware bereitgehalten oder in Übereinstimmung mit dem Vertrag zur Verfügung gestellt wird.

(2) Innan köparen betalar har han rätt att undersöka varan på det sätt som följer av sedvänja eller bör medges med hänsyn till omständigheterna, om inte det avtalade sättet för avlämnandet och betalningen är oförenligt med en sådan undersökning.

(2) Bevor der Käufer bezahlt, hat er das Recht, die Ware auf die gebräuchliche oder mit Rücksicht auf die Umstände angemessene Art zu untersuchen, wenn nicht die vertraglich vereinbarte Art der Ablieferung und Bezahlung mit einer solchen Untersuchung unvereinbar ist.

(3) Har konossement utfärdats för varans transport till bestämmelseorten eller transporteras varan i övrigt på sådana villkor att säljaren inte sedan betalning har skett får förfoga över varan, får utan hinder av första eller andra stycket betalning krävas mot konossement eller när köparen har tagit emot fraktsedel eller annat bevis för att varan transporteras på sådana villkor.

(3) Ist ein Konnossement für den Transport der Ware zum Bestimmungsort ausgestellt worden oder wird die Ware ansonsten zu solchen Bedingungen transportiert, dass der Verkäufer nicht nach erfolgter Bezahlung über die Ware verfügen darf, darf unbeschadet der Absätze 1 und 2 Bezahlung gegen Konnossement oder, wenn der Käufer einen Frachtbrief oder einen anderen Beweis dafür, dass die Ware zu solchen Bedingungen transportiert wird, erhalten hat, verlangt werden.

Köparens medverkan m.m.
50 §

Köparen skall
1. medverka till köpet på ett sådant sätt som skäligen kan förväntas av honom för att säljaren skall kunna fullgöra köpet, och
2. hämta eller ta emot varan.

Mitwirkung des Käufers etc.
§ 50

Der Käufer muss
1. am Kauf auf eine solche Art mitwirken, die angemessener Weise von ihm erwartet werden kann, damit der Verkäufer den Kauf erfüllen kann, und
2. die Ware abholen oder entgegennehmen.

Påföljder vid köparens avtalsbrott
Påföljder
51 §

(1) [1]Betalar köparen inte i rätt tid eller medverkar han inte till köpet enligt 50 § 1 och beror detta inte på säljaren eller något förhållande på dennes sida, får säljaren enligt 52-59 §§ kräva betalning eller annan fullgörelse eller hava köpet samt dessutom kräva skadestånd. [2]Han får även hålla inne varan enligt 10 § och kräva ränta enligt 71 §.

Rechtsfolgen bei Vertragsbruch des Käufers
Rechtsfolgen
§ 51

(1) [1]Bezahlt der Käufer nicht rechtszeitig oder wirkt er am Kauf nicht gemäß § 50 Nr. 1 mit und beruht dies nicht auf dem Verkäufer oder einem Umstand auf dessen Seite, darf der Verkäufer gemäß der §§ 52-59 die Bezahlung oder sonstige Erfüllung fordern oder den Kauf aufheben und außerdem Schadensersatz verlangen. [2]Er darf die Ware auch gemäß § 10 zurückhalten und gemäß § 71 Zinsen verlangen.

(2) Uppfyller köparen inte sin skyldighet att hämta eller ta emot varan och beror detta inte på säljaren eller något förhållande på dennes sida, gäller 55 §, 57 § andra – fjärde styckena och 58 §.

(2) Erfüllt der Käufer seine Pflicht zur Abholung oder Entgegennahme der Ware nicht, und beruht dies nicht auf dem Verkäufer oder einem Umstand auf dessen Seite, so gelten die §§ 55, 57 Absätze 2 bis 4 und § 58.

Krav på betalning och annan fullgörelse

Anspruch auf Bezahlung und sonstige Erfüllung

52 §

§ 52

(1) Säljaren får hålla fast vid köpet och kräva betalning.

(1) Der Verkäufer darf am Kauf festhalten und Bezahlung verlangen.

(2) $_1$Om köparen avbeställer en vara som skall tillverkas eller skaffas särskilt för honom, får säljaren dock inte hålla fast vid köpet genom att fullfölja tillverkningen, vidta andra förberedelser för avlämnandet och kräva betalning. $_2$Detta gäller dock inte, om ett avbrott skulle medföra en väsentlig olägenhet för säljaren eller risk för att hans förlust till följd av avbeställningen inte blir ersatt. $_3$Skadestånd på grund av avbeställningen beräknas enligt 67-70 §§.

(2) $_1$Wenn der Käufer eine Ware abbestellt, die für ihn herzustellen oder speziell zu beschaffen ist, darf der Verkäufer jedoch nicht dadurch am Kauf festhalten, dass er die Herstellung fortsetzt, andere Vorbereitungen für die Ablieferung vornimmt und Bezahlung verlangt. $_2$Dies gilt jedoch nicht, wenn ein Abbruch eine wesentliche Unannehmlichkeit für den Verkäufer oder das Risiko mit sich bringen würde, dass sein Verlust als Folge der Abbestellung nicht ersetzt wird. $_3$Der Schadensersatz aufgrund der Abbestellung wird gemäß der §§ 67-70 berechnet.

(3) Har varan ännu inte avlämnats, förlorar säljaren rätten att kräva betalning, om han väntar orimligt länge med att framställa kravet.

(3) Ist die Ware noch nicht abgeliefert worden, verliert der Verkäufer das Recht, die Bezahlung zu verlangen, wenn er unbillig lange damit wartet, sein Begehren vorzubringen.

53 §

§ 53

(1) $_1$Säljaren får hålla fast vid köpet och kräva att köparen medverkar till köpet enligt 50 § 1. $_2$Köparen är dock inte skyldig att medverka till köpet, om det föreligger ett hinder som han inte kan övervinna eller om hans medverkan skulle förutsätta uppoffringar som inte är rimliga med hänsyn till säljarens intresse av köparens medverkan.

(1) $_1$Der Verkäufer darf am Kauf festhalten und verlangen, dass der Käufer gemäß § 50 Nr.1 am Kauf mitwirkt. $_2$Der Käufer ist jedoch nicht verpflichtet, am Kauf mitzuwirken, wenn ein Hindernis vorliegt, das er nicht überwinden kann oder wenn seine Mitwirkung Aufopferungen voraussetzen würde, die mit Rücksicht auf das Interesse des Verkäufers an der Mitwirkung des Käufers unangemessen sind.

(2) Om ett förhållande som nyss nämnts upphör inom rimlig tid, får säljaren dock kräva att köparen medverkar till köpet.

(2) Wenn ein Umstand der soeben genannten Art innerhalb angemessener Zeit wegfällt, darf der Verkäufer dennoch verlangen, dass der Käufer am Kauf mitwirkt.

(3) Säljaren förlorar rätten att kräva att köparen medverkar till köpet, om han väntar orimligt länge med att framställa kravet.

(3) Der Verkäufer verliert sein Recht, die Mitwirkung des Käufers zu verlangen, wenn er unangemessen lange damit wartet, sein Begehren vorzubringen.

Hävning på grund av dröjsmål med betalningen

54 §

(1) Säljaren får häva köpet på grund av köparens dröjsmål med betalningen, om dröjsmålet utgör ett väsentligt avtalsbrott.

(2) Har säljaren förelagt köparen en bestämd tilläggstid för betalningen och är den inte oskäligt kort, får köpet även hävas om köparen inte betalar inom tilläggstiden.

(3) Medan tilläggstiden löper får säljaren häva köpet endast om köparen meddelar att han inte kommer att betala inom denna tid.

(4) Har varan kommit i köparens besittning, får säljaren häva köpet endast om han har förbehållit sig rätt till detta eller köparen avvisar varan.

Aufhebung aufgrund des Verzuges mit der Bezahlung

§ 54

(1) Der Verkäufer darf den Kauf aufgrund des Verzuges des Käufers mit der Bezahlung aufheben, wenn der Verzug eine wesentliche Vertragsverletzung darstellt.

(2) Hat der Verkäufer dem Käufer eine bestimmte Frist für die Bezahlung gesetzt, und ist diese nicht unangemessen kurz, darf der Kauf auch dann aufgehoben werden, wenn der Käufer nicht innerhalb der Frist bezahlt.

(3) Während die Frist läuft, darf der Verkäufer den Kauf nur dann aufheben, wenn der Käufer mitteilt, dass er nicht innerhalb der Frist bezahlen wird.

(4) Ist die Ware in den Besitz des Käufers gelangt, darf der Verkäufer den Kauf nur dann aufheben, wenn er sich das Recht hierzu vorbehalten hat oder der Käufer die Ware zurückweist.

Hävning på grund av bristande medverkan

55 §

(1) $_1$Säljaren får häva köpet, om köparen inte medverkar till köpet enligt 50 § 1 och avtalsbrottet är av väsentlig betydelse för säljaren samt köparen insåg eller borde ha insett detta. $_2$Säljaren får under samma förutsättningar häva köpet, om köparen inte i rätt tid hämtar eller tar emot varan i fall då det framgår av avtalet eller omständigheterna att säljaren har ett särskilt intresse av att bli av med det som han har sålt.

(2) Säljaren får vidare häva köpet, om köparen inte inom en bestämd tilläggstid som säljaren har förelagt köparen och som inte är oskäligt kort

1. medverkar till köpet enligt 50 § 1, eller
2. hämtar eller tar emot varan i fall då det framgår av avtalet eller omständigheterna att säljaren har ett särskilt intresse av att bli av med det som han har sålt.

Aufhebung aufgrund mangelnder Mitwirkung

§ 55

(1) $_1$Der Verkäufer darf den Kauf aufheben, wenn der Käufer nicht gemäß § 50 Nr. 1 am Kauf mitwirkt und die Vertragsverletzung für den Verkäufer von wesentlicher Bedeutung ist und der Käufer dies einsah oder eingesehen haben musste. $_2$Der Verkäufer darf unter denselben Voraussetzungen den Kauf aufheben, wenn der Käufer die Ware nicht rechtzeitig abholt oder entgegennimmt, wenn sich aus dem Vertrag oder den Umständen ergibt, dass der Verkäufer ein besonderes Interesse daran hat, das loszuwerden, was er verkauft hat.

(2) Der Verkäufer darf des Weiteren den Kauf aufheben, wenn der Käufer nicht innerhalb einer bestimmten Frist, die der Verkäufer ihm gesetzt hat, und welche nicht unangemessen kurz ist,

1. am Kauf gemäß § 50 Nr. 1 mitwirkt, oder
2. für den Fall, dass sich aus dem Vertrag oder den Umständen ergibt, dass der Verkäufer ein besonderes Interesse daran hat, das loszuwerden, was er verkauft hat, die Ware abholt oder entgegennimmt.

(3) Medan en tilläggstid löper får säljaren häva köpet endast om köparen meddelar att han inte kommer att fullgöra sina skyldigheter inom tilläggstiden.

(3) Während eine Frist läuft, darf der Verkäufer den Kauf nur aufheben, wenn der Käufer mitteilt, dass er seinen Pflichten nicht innerhalb der Frist nachkommen wird.

Hävning vid successiv leverans

56 §

(1) Skall betalning ske efter hand i särskilda poster allteftersom avlämnande sker och föreligger det dröjsmål med betalningen av någon delleverans, får säljaren häva köpet i fråga om denna delleverans enligt de bestämmelser som i övrigt gäller för hävning.

Aufhebung bei sukzessiver Lieferung

§ 56

(1) Soll die Bezahlung nach und nach in besonderen Posten erfolgen, je nachdem die Ablieferung erfolgt, und liegt ein Verzug mit der Bezahlung einer Teillieferung vor, so darf der Verkäufer den Kauf in Bezug auf diese Teillieferung nach den Vorschriften aufheben, die im Übrigen für die Aufhebung gelten.

(2) Säljaren får häva köpet även i fråga om en senare delleverans, om det inte saknas anledning att anta att dröjsmål med betalningen som ger rätt till hävning kommer att upprepas.

(2) Der Verkäufer darf den Kauf auch in Bezug auf eine spätere Teillieferung aufheben, wenn es nicht an einem Grund für die Annahme fehlt, dass sich der Verzug mit der Bezahlung, der das Recht zur Aufhebung begründet, wiederholen wird.

Skadestånd

57 §

(1) Säljaren har rätt till ersättning för den skada han lider genom köparens dröjsmål med betalningen, om inte köparen visar att dröjsmålet beror på lag, avbrott i den allmänna samfärdseln eller betalningsförmedlingen eller annat liknande hinder som köparen inte skäligen kunde förväntas ha räknat med vid köpet och vars följder han inte heller skäligen kunde ha undvikit eller övervunnit.

Schadensersatz

§ 57

(1) Der Verkäufer hat einen Anspruch auf Ersatz für den Schaden, den er durch den Verzug des Käufers mit der Bezahlung erleidet, wenn der Käufer nicht zeigt, dass der Verzug auf Gesetz, einem Zusammenbruch des allgemeinen Verkehrs oder der allgemeinen Bezahlungsvermittlung oder einem vergleichbaren Hindernis beruht, mit dem der Käufer beim Kauf nicht vernünftigerweise rechnen musste und dessen Folgen er auch nicht vernünftigerweise hätte vermeiden oder überwinden können.

(2) $_{1}$Säljaren har också rätt till ersättning för den skada han lider genom att köparen inte medverkar till köpet enligt 50 § 1 eller genom att köparen inte i rätt tid hämtar eller tar emot varan i fall då det framgår av avtalet eller omständigheterna att säljaren har ett särskilt intresse av att bli av med det som han har sålt. $_{2}$Rätt till ersättning i dessa fall föreligger dock inte, om köparen visar att det har funnits ett hinder av det slag som anges i 27 § första eller andra stycket för att medverka till köpet eller för att hämta eller ta emot varan.

(2) $_{1}$Der Verkäufer hat auch ein Recht auf den Ersatz des Schadens, den er dadurch erleidet, dass der Käufer nicht gemäß § 50 Nr. 1 am Kauf mitwirkt oder dadurch, dass der Käufer die Ware nicht rechtzeitig abholt oder entgegennimmt, für den Fall, dass sich aus dem Vertrag oder den Umständen ergibt, dass der Verkäufer ein besonderes Interesse daran hat, das loszuwerden, was er verkauft hat. $_{2}$Ein Recht auf Ersatz in diesen Fällen besteht jedoch dann nicht, wenn der Käufer zeigt, dass ein Hindernis der in § 27 Absatz 1 oder Absatz 2 angegebenen Art für die Mitwirkung am Kauf oder für die Abholung oder Entgegennahme der Ware vorgelegen hat.

(3) Enligt andra stycket ersätts inte sådan indirekt förlust som avses i 67 § andra stycket.

(3) Gemäß Absatz 2 wird ein indirekter Verlust im Sinne von § 67 Absatz 2 nicht ersetzt.

(4) Säljaren har alltid rätt till ersättning, om avtalsbrottet eller förlusten beror på försummelse på köparens sida.

(4) Der Verkäufer hat stets ein Recht auf Ersatz, wenn die Vertragsverletzung oder der Verlust auf einem Versäumnis auf Seiten des Käufers beruht.

58 §

$_{1}$Hindras köparen att fullgöra köpet i rätt tid, skall han lämna säljaren meddelande om hindret och dess inverkan på möjligheterna till fullgörelse. $_{2}$Om säljaren inte får ett sådant meddelande inom skälig tid efter det att köparen har fått eller borde ha fått kännedom om hindret, har säljaren rätt till ersättning för den skada som kunde ha undvikits om han hade fått meddelandet i tid.

§ 58

$_{1}$Wird der Käufer daran gehindert, den Kauf rechtzeitig zu erfüllen, so hat er dem Verkäufer Mitteilung über das Hindernis und dessen Einfluss auf die Möglichkeiten zur Erfüllung zu machen. $_{2}$Wenn der Verkäufer eine solche Mitteilung nicht innerhalb angemessener Zeit nachdem der Käufer Kenntnis vom Hindernis erhalten hat oder erhalten haben musste, erhält, hat der Verkäufer das Recht auf Ersatz des Schadens, der hätte vermieden werden können, wenn er die Mitteilung rechtzeitig erhalten hätte.

Meddelande om hävning och skadestånd

59 §

(1) Säljaren får inte häva köpet på grund av köparens dröjsmål med att betala eller med att hämta eller ta emot varan, om han inte innan fullgörelse har skett meddelar köparen att han häver.

(2) $_{1}$Om köparen har lämnat medverkan enligt 50 § 1 men detta har skett för sent, får säljaren inte häva köpet eller kräva skadestånd på grund av dröjsmålet, om han inte inom skälig tid efter det att han fick kännedom om att medverkan har lämnats meddelar köparen att han häver eller vill kräva skadestånd. $_{2}$Om säljaren häver köpet, behöver han dock inte lämna särskilt meddelande om att han vill kräva skadestånd.

Mitteilung über Aufhebung und Schadensersatz

§ 59

(1) Der Verkäufer darf den Kauf nicht aufgrund des Verzuges des Käufers mit der Bezahlung oder Abholung oder Entgegennahme der Ware aufheben, wenn er dem Käufer nicht vor der erfolgten Erfüllung mitteilt, dass er aufhebt.

(2) $_{1}$Wenn der Käufer seine Mitwirkung gemäß § 50 Nr. 1 erbracht hat, dies aber zu spät geschehen ist, darf der Verkäufer nicht den Kauf aufheben oder Schadensersatz aufgrund des Verzuges verlangen, wenn er dem Käufer nicht innerhalb angemessener Zeit, nachdem er Kenntnis von der erbrachten Mitwirkung erlangt hat, mitteilt, dass er aufhebt oder Schadensersatz verlangen will. $_{2}$Wenn der Käufer den Kauf aufhebt, braucht er jedoch keine gesonderte Mitteilung darüber zu machen, dass er Schadensersatz verlangen will.

Specifikation

60 §

(1) $_{1}$Skall köparen specificera varans form, mått eller andra egenskaper och underlåter han att göra det vid avtalad tid eller inom skälig tid efter det han har fått begäran om detta från säljaren, får säljaren göra specifikationen i överensstämmelse med vad som kan antas vara i köparens intresse.

Spezifikation

§ 60

(1) $_{1}$Hat der Käufer Form, Maße oder andere Eigenschaften der Ware zu spezifizieren, und unterlässt er dies zum vereinbarten Zeitpunkt oder innerhalb eines angemessenen Zeitraums, nachdem er eine diesbezügliche Aufforderung des Verkäufers erhalten hat, darf der Verkäufer die

$_{2}$Detta hindrar inte säljaren från att göra gällande andra påföljder.

Spezifikation in Übereinstimmung mit dem vornehmen, was im anzunehmenden Interesse des Käufers ist. $_{2}$Dies hindert den Verkäufer nicht daran, andere Rechtsfolgen geltend zu machen.

(2) $_{1}$Säljaren skall underrätta köparen om den specifikation han gör och förelägga köparen en skälig tid inom vilken denne kan ändra specifikationen. $_{2}$Ändrar köparen inte specifikationen inom den tid som har förelagts honom, blir säljarens specifikation bindande.

(2) $_{1}$Der Verkäufer hat den Käufer über die von ihm vorgenommene Spezifikation zu unterrichten und dem Käufer eine angemessene Frist zu setzen, innerhalb derer dieser die Spezifikation ändern kann. $_{2}$Ändert der Käufer die Spezifikation nicht innerhalb der ihm gesetzten Frist, wird die Spezifikation des Verkäufers bindend.

Befarat avtalsbrott

Stoppningsrätt

61 §

Befürchteter Vertragsbruch

Stoppungsrecht

§ 61

(1) Visar det sig efter köpet att en parts handlingssätt eller ekonomiska förhållanden är sådana, att det finns starka skäl att anta att han inte kommer att uppfylla en väsentlig del av sina förpliktelser, får motparten för sin del inställa fullgörelsen och hålla inne sin prestation.

(1) Zeigt sich nach dem Kauf, dass die Handlungsweise oder die ökonomischen Verhältnisse einer Partei derart sind, dass es starke Gründe für die Annahme gibt, dass sie einen wesentlichen Teil ihrer Verpflichtungen nicht erfüllen wird, darf die Gegenpartei die Erfüllung für ihren Teil aussetzen und ihre Leistung zurückhalten.

(2) $_{1}$Har säljaren redan avsänt varan och visar det sig att sådana förhållanden som avses i första stycket föreligger på köparens sida, får säljaren hindra att varan lämnas ut till köparen. $_{2}$Detta gäller även om köparen har tagit emot transportdokument avseende varan.

(2) $_{1}$Hat der Verkäufer die Ware bereits abgesendet und zeigt sich, dass Umstände im Sinne von Absatz 1 auf Seiten des Käufers vorliegen, darf der Verkäufer verhindern, dass die Ware an den Käufer ausgegeben wird. $_{2}$Dies gilt auch dann, wenn der Käufer Transportdokumente betreffend die Ware erhalten hat.

(3) $_{1}$Den som inställer fullgörelsen eller hindrar att varan lämnas ut skall genast meddela motparten detta. $_{2}$Om han inte gör det, har motparten rätt till ersättning för den skada som han lider genom att ett sådant meddelande inte har lämnats i tid.

(3) $_{1}$Derjenige, der die Erfüllung aussetzt oder verhindert, dass die Ware ausgegeben wird, hat der Gegenpartei dies umgehend mitzuteilen. $_{2}$Wenn er dies nicht tut, hat die Gegenpartei ein Recht auf Ersatz des Schadens, den sie dadurch erleidet, dass eine solche Mitteilung nicht rechtzeitig erfolgt ist.

(4) Den som har inställt sin fullgörelse eller hindrat att varan lämnas ut skall fortsätta fullgörelsen, om motparten ställer godtagbar säkerhet för sin fullgörelse.

(4) Derjenige, der seine Erfüllung ausgesetzt oder verhindert hat, dass die Ware ausgeliefert wird, hat die Erfüllung fortzusetzen, wenn die Gegenpartei eine akzeptable Sicherheit für ihre Erfüllung stellt.

Hävning

62 §

Aufhebung

§ 62

$_{1}$Står det klart att det kommer att inträffa ett avtalsbrott som ger en part rätt att häva köpet, får

$_{1}$Steht fest, dass ein Vertragsbruch eintreffen wird, der einer Partei das Recht gibt, den Kauf aufzuhedenne häva redan före tiden för fullgörelsen. $_2$Hävningen är dock utan verkan, om motparten genast ställer godtagbar säkerhet för sin fullgörelse.

ben, darf diese den Vertrag bereits vor der Zeit für die Erfüllung aufheben. $_2$Die Aufhebung ist jedoch ohne Wirkung, wenn die Gegenpartei umgehend eine akzeptable Sicherheit für ihre Erfüllung stellt.

Konkurs m. m.

63 §

Konkurs, etc.

§ 63

(1) $_1$Har en part försatts i konkurs, får konkursboet inträda i avtalet. $_2$Motparten får kräva att boet inom skälig tid ger besked om det vill inträda.

(1) $_1$Ist eine Partei in Konkurs versetzt worden, darf die Konkursmasse in den Vertrag eintreten. $_2$Die Gegenpartei darf verlangen, dass die Masse innerhalb angemessener Zeit mitteilt, ob sie eintreten will.

(2) $_1$Inträder konkursboet i avtalet och är tiden för motpartens fullgörelse inne, får denne kräva att boet fullgör sin prestation eller, om anstånd har medgetts, utan oskäligt uppehåll ställer godtagbar säkerhet för sin fullgörelse. $_2$Är tiden för motpartens fullgörelse inte inne, får denne kräva säkerhet om det av särskild anledning är nödvändigt för att skydda honom mot förlust.

(2) $_1$Tritt die Konkursmasse in den Vertrag ein und ist der Zeitpunkt für die Erfüllung durch die Gegenpartei gekommen, darf diese verlangen, dass die Masse ihre Leistung erfüllt oder, wenn Aufschub gewährt worden ist, ohne unverhältnismäßige Unterbrechung eine akzeptable Sicherheit für ihre Erfüllung stellt. $_2$Ist der Zeitpunkt für die Erfüllung durch die Gegenpartei noch nicht gekommen, darf diese Sicherheit verlangen, wenn dies aus besonderen Gründen notwendig ist, um sie gegen Verlust zu schützen.

(3) Om boet inte inom skälig tid efter motpartens krav enligt första stycket inträder i avtalet eller inte efterkommer motpartens krav enligt andra stycket, får motparten häva köpet.

(3) Wenn die Masse nicht innerhalb angemessener Zeit nach dem Verlangen der Gegenpartei nach Absatz 1 in den Vertrag eintritt oder dem Verlangen der Gegenpartei nach Absatz 2 nicht nachkommt, darf die Gegenpartei den Vertrag aufheben.

(4) $_1$Överlämnas varan till köparen eller hans konkursbo efter det att ansökan om företagsrekonstruktion enligt lagen (1996:764) om företagsrekonstruktion har gjorts beträffande köparen eller denne försatts i konkurs och har betalning inte skett, får säljaren kräva att varan lämnas tillbaka. $_2$Varan behöver dock inte lämnas tillbaka, om betalning sker genast eller, i fall då köpesumman inte ännu har förfallit till betalning, köparen eller konkursboet inom skälig tid efter uppmaning ställer godtagbar säkerhet för betalningen.

(4) $_1$Wird die Ware an den Käufer oder seine Konkursmasse übergeben, nachdem ein Antrag auf Unternehmensreorganisation nach dem Gesetz (1996:764) über die Unternehmensreorganisation betreffend den Käufer erfolgt ist oder dieser in Konkurs versetzt worden und die Bezahlung nicht erfolgt ist, darf der Verkäufer verlangen, dass die Ware zurückgegeben wird. $_2$Die Ware muss jedoch nicht zurückgegeben werden, wenn die Bezahlung umgehend erfolgt oder, für den Fall, dass der Kaufpreis noch nicht fällig ist, der Käufer oder die Konkursmasse innerhalb angemessener Zeit nach Aufforderung eine akzeptable Sicherheit für die Bezahlung stellt.

(5) Om konkursboet har sålt varan eller på annat sätt har förfogat över den så att den inte kan

(5) Wenn die Konkursmasse die Ware verkauft oder auf andere Art über sie verfügt hat, sodass

lämnas tillbaka väsentligen oförändrad och oförminskad, skall konkursboet anses ha inträtt i avtalet.

sie nicht im Wesentlichen unverändert und unverringert zurückgegeben werden kann, ist die Konkursmasse als in den Vertrag eingetreten anzusehen.

Gemensamma bestämmelser om hävning och omleverans

Verkningar av hävning och omleverans

64 §

(1) Hävs köpet, bortfaller säljarens skyldighet att överlämna varan och köparens skyldighet att betala och medverka till köpet.

(2) $_1$I den mån köpet har fullgjorts får vardera parten kräva att motparten lämnar tillbaka vad han har tagit emot. $_2$Var och en får därvid hålla inne vad han har tagit emot till dess att den andre ger ut vad han skall lämna tillbaka samt betalar eller ställer godtagbar säkerhet för skadestånd och ränta som han kan vara skyldig att erlägga.

(3) Om säljaren skall företa omleverans, får köparen hålla inne vad han har tagit emot till dess att omleverans sker.

65 §

(1) Hävs köpet, skall köparen ge ut den avkastning av varan som han har fått samt betala skälig ersättning om han har haft annan nytta av varan.

(2) Om säljaren skall lämna tillbaka betalningen, skall han betala ränta från den dag han tog emot betalningen.

Bortfall av rätt till hävning och omleverans

66 §

(1) Köparen får häva köpet eller kräva omleverans endast om han kan lämna tillbaka varan väsentligen oförändrad och oförminskad.

(2) Rätten att häva köpet eller kräva omleverans går dock inte förlorad, om

Gemeinsame Bestimmungen über Aufhebung und Neulieferung

Wirkungen von Aufgebung und Neulieferung

§ 64

(1) Wird der Kauf aufgehoben, entfallen die Verpflichtung des Verkäufers zur Übergabe der Ware und die Verpflichtung des Käufers zur Bezahlung und Mitwirkung am Kauf.

(2) $_1$In dem Umfang, in dem der Kauf erfüllt worden ist, dürfen beide Parteien verlangen, dass die Gegenpartei dasjenige zurückgibt, was sie empfangen hat. $_2$Einjeder darf dabei das zurückhalten, was er erhalten hat, bis der andere dasjenige herausgibt, was er zurückgeben muss sowie bezahlt oder akzeptable Sicherheit für Schadensersatz und Zinsen stellt, die er zu zahlen verpflichtet sein kann.

(3) Wenn der Verkäufer eine Neulieferung vornehmen muss, darf der Käufer das, was er erhalten hat, zurückhalten, bis die Neulieferung erfolgt.

§ 65

(1) Wird der Kauf aufgehoben, hat der Käufer die erlangten Erträge der Ware herauszugeben sowie eine angemessene Entschädigung zu zahlen, wenn er anderen Nutzen aus der Ware gezogen hat.

(2) Wenn der Verkäufer die Bezahlung zurückzugeben hat, so hat er Zinsen ab dem Tag zu zahlen, an dem er die Bezahlung empfangen hat.

Wegfall des Rechts auf Aufhebung und Neulieferung

§ 66

(1) Der Käufer darf nur dann den Kauf aufheben oder Neulieferung verlangen, wenn er die Ware im Wesentlichen unverändert und unverringert zurückgeben kann.

(2) Das Recht, den Kauf aufzuheben oder Neulieferung zu verlangen, geht jedoch nicht verloren, wenn

1. varan har förstörts, kommit bort, försämrats eller minskat genom sin egen beskaffenhet eller något annat förhållande som inte beror på köparen,
2. varan har förstörts, försämrats eller minskat till följd av en åtgärd som har varit behövlig för att undersöka om varan är felfri, eller
3. varan helt eller delvis har sålts vidare i vanlig ordning eller använts av köparen för förutsatt bruk innan han märkte eller borde ha märkt det fel på grund av vilket han vill häva köpet eller kräva omleverans.

1. die Ware aufgrund ihrer eigenen Beschaffenheit oder einem anderen Umstand, der nicht auf dem Käufer beruht, zerstört wurde, abhanden gekommen ist, verschlechtert oder verringert wurde,
2. die Waren infolge einer für die Untersuchung, ob die Ware mangelfrei war, notwendigen Maßnahme zerstört wurde, verschlechtert oder verringert wurde, oder
3. die Ware ganz oder teilweise in normaler Ordnung weiterverkauft oder vom Käufer für den fortgesetzten Gebrauch verwendet wurde, bevor dieser den Mangel, aufgrund dessen er den Kauf aufheben oder Neulieferung verlangen will, bemerkte oder bemerkt haben musste.

(3) Rätten att häva köpet eller kräva omleverans går inte heller förlorad, om köparen ersätter säljaren den minskning i varans värde som är en följd av att varan har försämrats eller minskat.

(3) Das Recht, den Kauf aufzuheben oder Neulieferung zu verlangen, geht auch nicht verloren, wenn der Käufer dem Verkäufer den Verlust des Wertes der Ware ersetzt, der eine Folge der Verschlechterung oder Verringerung der Ware ist.

Skadeståndets omfattning

Allmänt

67 §

(1) 1Skadestånd på grund av avtalsbrott omfattar ersättning för utgifter, prisskillnad, utebliven vinst och annan direkt eller indirekt förlust med anledning av avtalsbrottet. 2Skadestånd enligt denna lag omfattar dock inte ersättning för förlust som köparen tillfogas genom skada på annat än den sålda varan.

Umfang des Schadensersatzes

Allgemeines

§ 67

(1) 1Der Schadensersatz aufgrund eines Vertragsbruches umfasst den Ersatz für Ausgaben, Preisunterschiede, ausgebliebenen Gewinn und anderen direkten oder indirekten Verlust infolge des Vertragsbruchs. 2Schadensersatz nach diesem Gesetz umfasst jedoch nicht den Ersatz für einen Verlust, der dem Käufer durch Schäden an anderem als der verkauften Ware zugefügt wird.

(2) Som indirekt förlust anses
1. förlust till följd av minskning eller bortfall av produktion eller omsättning,
2. annan förlust till följd av att varan inte kan utnyttjas på avsett sätt,
3. utebliven vinst till följd av att ett avtal med tredje man har fallit bort eller inte har blivit riktigt uppfyllt, och
4. annan liknande förlust, om den varit svår att förutse.

(2) Als indirekter Verlust wird angesehen
1. Verlust infolge von Verringerung oder Wegfall der Produktion oder des Absatzes,
2. sonstiger Verlust infolge dessen, dass die Ware nicht auf die bezweckte Art genutzt werden kann,
3. ausgebliebener Gewinn infolge dessen, dass ein Vertrag mit einer dritten Person entfallen oder nicht richtig erfüllt worden ist, und
4. anderer, gleichwertiger Verlust, wenn dieser schwer vorherzusehen gewesen ist.

(3) Som indirekt förlust enligt andra stycket anses dock inte en sådan förlust som den skadeli-

(3) Als indirekter Verlust gemäß Absatz 2 wird jedoch nicht ein solcher Verlust angesehen, den

dande har haft för att begränsa en förlust av annat slag än som anges i andra stycket.

der Geschädigte erlitten hat, um einen Verlust anderer Art zu begrenzen, als in Absatz 2 angegeben.

Prisskillnad

68 §

Har köpet hävts och köparen gjort ett täckningsköp eller säljaren sålt varan på nytt, och har åtgärden vidtagits med omsorg och inom skälig tid efter det att köpet hävdes, läggs priset enligt köpet och priset vid täckningsköpet eller försäljningen till grund för beräkningen av prisskillnaden.

Preisunterschied

§ 68

Ist der Kauf aufgehoben worden und hat der Käufer einen Deckungskauf getätigt oder der Verkäufer die Ware erneut verkauft, und ist die Maßnahme mit Sorgfalt und innerhalb angemessener Zeit, nachdem der Kauf aufgehoben wurde, ergriffen worden, wird der Preis gemäß dem Kauf und der Preis beim Deckungskauf oder dem Verkauf für die Berechnung des Preisunterschiedes zugrunde gelegt.

69 §

Har köpet hävts utan att täckningsköp eller försäljning enligt 68 § har skett och finns det ett gängse pris för sådana varor som köpet avser, läggs priset enligt köpet och varans gängse pris vid tiden för hävningen till grund för beräkning av prisskillnaden.

§ 69

Wurde der Kauf aufgehoben, ohne dass ein Deckungskauf oder Verkauf nach § 68 erfolgt ist, und gibt es einen üblichen Preis für solche Waren, so wird der Preis gemäß dem Kauf und der übliche Preis der Ware zur Zeit der Aufhebung für die Berechnung des Preisunterschiedes zugrunde gelegt.

Begränsning av skadan och nedsättning av skadeståndet

70 §

(1) $_1$Den skadelidande parten skall vidta skäliga åtgärder för att begränsa sin skada. $_2$Försummar han det, får han själv bära en motsvarande del av förlusten.

(2) Om skadeståndet är oskäligt med hänsyn till den skadeståndsskyldiges möjligheter att förutse och hindra skadans uppkomst samt omständigheterna i övrigt, kan skadeståndet jämkas.

Begrenzung des Schadens und Herabsetzung des Schadensersatzes

§ 70

(1) $_1$Die geschädigte Partei muss angemessene Maßnahmen vornehmen, um ihren Schaden zu begrenzen. $_2$Versäumt sie dies, muss sie selbst einen entsprechenden Teil des Verlustes tragen.

(2) Ist der Schadensersatz mit Rücksicht auf die Möglichkeiten des Schädigers, die Entstehung und die sonstigen Umstände des Schadens vorherzusehen, unverhältnismäßig, kann der Schadensersatz angepasst werden.

Ränta

71 §

(1) I fråga om ränta på priset och andra fordringar som inte betalas i tid gäller räntelagen (1975:635).

(2) $_1$I fall då säljaren får kräva betalning mot tillhandahållande av varan utgår dock ränta enligt 6 § räntelagen redan från den dag säljaren framställer ett sådant krav även om förfallodagen ej är bestämd i förväg. $_2$Detsamma gäller i fall då

Zinsen

§ 71

(1) In Bezug auf Zinsen auf den Preis und andere Forderungen, die nicht rechtzeitig bezahlt werden, gilt das Zinsgesetz (1975:635).

(2) $_1$Für den Fall, dass der Verkäufer Bezahlung gegen das Zurverfügunghalten der Ware verlangen kann, sind Zinsen gemäß § 6 Zinsgesetz jedoch bereits ab dem Tag, an dem der Verkäufer ein solches Verlangen vorbringt, zu leisten, auch wenn der

säljaren får kräva betalning mot sådant dokument eller bevis som innebär att säljaren inte får förfoga över varan när det har lämnats ut till köparen.

Fälligkeitstag nicht im Vorweg bestimmt ist. $_2$Dasselbe gilt für den Fall, dass der Verkäufer Bezahlung gegen solche Dokumente oder Beweise verlangen darf, die beinhalten, dass der Verkäufer nicht über die Ware verfügen darf, wenn diese [Dokumente oder Beweise] an den Käufer herausgegeben worden sind.

(3) Andra stycket gäller dock inte om säljaren ger ut varan, dokumentet eller beviset trots att betalning inte sker.

(3) Absatz 2 gilt jedoch nicht, wenn der Verkäufer die Ware, das Dokument oder den Beweis herausgibt, obwohl die Bezahlung nicht erfolgt.

Vård av varan

Säljarens vårdplikt

72 §

Om varan inte hämtas eller tas emot i rätt tid eller om den inte överlämnas till köparen till följd av något annat förhållande på hans sida, skall säljaren för köparens räkning vidta skäliga åtgärder för vård av varan, om han har den i sin besittning eller annars kan ta hand om den.

Erhaltung der Ware

Erhaltungspflicht des Verkäufers

§ 72

Wird die Ware nicht rechtzeitig abgeholt oder entgegengenommen, oder wenn sie aufgrund eines anderen Umstandes auf Seiten des Käufers nicht an diesen übergeben wird, hat der Verkäufer für Rechnung des Käufers angemessene Maßnahmen zur Erhaltung der Ware vorzunehmen, wenn er diese in seinem Besitz hat oder ansonsten auf sie zugreifen kann.

Köparens vårdplikt

73 §

(1) Vill köparen avvisa en vara som han har tagit emot, skall han för säljarens räkning vidta skäliga åtgärder för vård av varan.

(2) $_1$Vill köparen avvisa en vara som har sänts till honom och hålls honom tillhanda på bestämmelseorten, skall han ta hand om den för säljarens räkning, om det kan ske utan att betalning sker och utan oskälig kostnad eller olägenhet. $_2$Sådan skyldighet föreligger dock inte, om säljaren eller någon som på hans vägnar kan ta hand om varan finns på bestämmelseorten.

Erhaltungspflicht des Käufers

§ 73

(1) Will der Käufer eine Ware zurückweisen, die er entgegengenommen hat, so muss er für Rechnung des Verkäufers angemessene Maßnahmen zur Erhaltung der Ware vornehmen.

(2) $_1$Will der Käufer eine Ware zurückweisen, die zu ihm zugesandt wurde und ihm am Bestimmungsort bereitgehalten wird, muss er sich für die Rechnung des Verkäufers der Ware annehmen, wenn dies erfolgen kann, ohne dass Bezahlung erfolgt, und ohne dass unverhältnismäßige Kosten oder Unannehmlichkeiten entstehen. $_2$Eine solche Pflicht besteht jedoch nicht, wenn der Verkäufer oder jemand, der sich in seinem Namen der Ware annehmen kann, am Bestimmungsort anwesend ist.

Förvaring hos tredje man

74 §

Har den part som skall ta vård om varan överlämnat den till tredje man för förvaring för motpartens räkning och har förvararen valts med omsorg, är

Verwahrung bei dritten Personen

§ 74

Hat die Partei, die zur Erhaltung der Sache verpflichtet ist, diese für Rechnung der Gegenpartei an eine dritte Person übergeben, und wurde der den vårdpliktige parten fri från ansvar för varan när förvararen har tagit emot den.

Verwahrer mit Sorgfalt gewählt, so ist die erhaltungspflichtige Partei frei von Haftung, wenn der Verwahrer die Sache entgegengenommen hat.

75 §

₁Den part som skall ta vård om varan för motpartens räkning har rätt till ersättning för försvarliga utgifter och kostnader på grund av vården. ₂Han får hålla inne varan till dess att ersättning betalas eller godtagbar säkerhet ställs för den.

§ 75

₁Die Partei, die die Ware für Rechnung der Gegenpartei erhalten muss, hat das Recht auf Ersatz der vertretbaren Ausgaben und Kosten der Erhaltung. ₂Sie darf die Ware zurückhalten, bis Ersatz bezahlt oder akzeptable Sicherheit für diesen gestellt wird.

Försäljning av varan

76 §

(1) Den part som skall ta vård om varan får sälja den, om han inte utan väsentlig kostnad eller olägenhet kan fortsätta med vården eller om motparten dröjer oskäligt länge med att ta hand om varan eller med att betala varan eller ersätta kostnader för vården.

(2) Om varan är utsatt för snabb förstörelse eller försämring eller om den fordrar alltför kostsam vård, skall den säljas om det kan ske.

(3) ₁Varan skall säljas med omsorg. ₂Motparten skall om möjligt underrättas före försäljningen.

Verkauf der Ware

§ 76

(1) Die Partei, die die Ware erhalten muss, darf diese verkaufen, wenn sie nicht ohne wesentliche Kosten oder Unannehmlichkeiten die Erhaltung fortsetzen kann, oder wenn die Gegenpartei unverhältnismäßig lange damit wartet, sich der Ware anzunehmen oder die Ware zu bezahlen oder die Kosten für die Erhaltung zu ersetzen.

(2) Wenn die Ware schneller Zerstörung oder Verschlechterung ausgesetzt ist oder wenn sie eine allzu kostspielige Erhaltung erfordert, ist sie zu verkaufen, wenn dies erfolgen kann.

(3) ₁Die Ware muss mit Sorgfalt verkauft werden. ₂Die Gegenpartei muss, wenn möglich, vor dem Verkauf informiert werden.

77 §

₁Har en part rätt att sälja varan enligt 76 § men kan den inte säljas eller är det uppenbart att priset inte skulle täcka kostnaderna för en försäljning, får parten förfoga över varan på annat sätt som är försvarligt. ₂Innan det sker, skall motparten om möjligt underrättas.

§ 77

₁Hat eine Partei das Recht, die Ware gemäß § 76 zu verkaufen, diese aber nicht verkauft werden kann oder es offensichtlich ist, dass der Preis nicht die Kosten des Verkaufs decken würde, darf die Partei über die Ware auf eine andere vertretbare Art und Weise verfügen. ₂Bevor dies erfolgt, muss die Gegenpartei, wenn möglich, informiert werden.

§ 78

₁Vad en försäljning har inbringat och vad en part på annat sätt har fått ut av varan skall, liksom uppkomna kostnader, redovisas för motparten. ₂Överskott tillfaller motparten.

§ 78

₁Was ein Verkauf eingebracht hat und was eine Partei auf andere Art und Weise aus der Ware gewonnen hat, muss, wie die entstandenen Kosten, der Gegenpartei ausgewiesen werden. ₂Ein Überschuss steht der Gegenpartei zu.

Avkastning

79 §

[1]Avkastning som varan ger före avtalad tid för avlämnandet tillfaller säljaren, om det inte med fog kunde beräknas att den skulle utfalla senare. [2]Avkastning som varan ger efter det att den skall avlämnas tillfaller köparen, om det inte med fog kunde beräknas att den skulle utfalla tidigare.

Erträge

§ 79

[1]Erträge, die die Ware vor der für die Ablieferung vereinbarten Zeit abwirft, fallen dem Verkäufer zu, wenn nicht mit Fug berechnet werden konnte, dass diese später abgeworfen werden würden. [2]Erträge, die die Ware abwirft, nachdem sie abzuliefern ist, fallen dem Käufer zu, wenn nicht mit Fug berechnet werden konnte, dass diese früher abgeworfen werden würden.

80 §

I köp av aktier ingår utdelning som inte har förfallit till betalning före köpet och sådan företrädesrätt för aktieägare att delta i emission som inte har kunnat utövas före köpet.

§ 80

Beim Kauf von Aktien sind Ausschüttungen, die nicht vor dem Kauf fällig geworden sind, und Vorzugsrechte für Aktionäre, an Emissionen teilzunehmen, die nicht vor dem Kauf ausgeübt werden konnten, inbegriffen.

81 §

[1]I köp av räntebärande fordringar ingår ränta som är upplupen men ännu inte förfallen till betalning vid den tidpunkt som har avtalats för avlämnandet. [2]Vad som svarar mot sådan ränta skall köparen betala till säljaren utöver priset, om inte fordringen har sålts som osäker.

§ 81

[1]Beim Kauf von zinstragenden Forderungen sind Zinsen inbegriffen, die aufgelaufen, aber zum für die Ablieferung vereinbarten Zeitpunkt noch nicht fällig sind. [2]Was diesen Zinsen entspricht, hat der Käufer dem Verkäufer zusätzlich zum Kaufpreis zu bezahlen, wenn die Forderung nicht als unsicher verkauft wurde.

Vissa meddelanden

82 §

[1]Har ett meddelande som köparen skall lämna säljaren enligt 23, 24, 29, 32, 35, 39, 47 eller 61 §§ avsänts på ett ändamålsenligt sätt, får meddelandet åberopas även om det försenas, förvanskas eller inte kommer fram. [2]Detsamma gäller beträffande ett meddelande som säljaren skall lämna köparen enligt 52, 53, 59 eller 61 §§.

Gewisse Mitteilungen

§ 82

[1]Ist eine Mitteilung, die der Käufer gemäß den §§ 23, 24, 29, 32, 35, 39, 47 oder 61 dem Verkäufer machen muss, auf eine zweckmäßige Art und Weise abgesendet worden, darf er sich auf die Mitteilung auch dann berufen, wenn sich diese verspätet, sie entstellt wird oder nicht ankommt. [2]Dasselbe gilt für eine Mitteilung, die der Verkäufer dem Käufer gemäß den §§ 52, 53, 59 oder 61 machen muss.

B. Verbraucherkaufgesetz (Auszug)

Konsumentköplag (1990:932)

Inledande bestämmelser

Tillämpningsområde

1 §

(1) Denna lag gäller köp av lösa saker som en näringsidkare säljer till en konsument.

(2) $_{1}$Lagen gäller även i fall då säljaren inte är en näringsidkare, om köpet förmedlas för säljaren av en näringsidkare. $_{2}$I sådana fall svarar både näringsidkaren och säljaren för säljarens skyldigheter enligt lagen.

(3) Lagen gäller i tillämpliga delar även byte av lösa saker.

(4) I denna paragraf avses med

konsument: en fysisk person som handlar huvudsakligen för ändamål som faller utanför näringsverksamhet,

näringsidkare: en fysisk eller juridisk person som handlar för ändamål som har samband med den egna näringsverksamheten.

[...]

Avtalsvillkor som avviker från lagen

3 §

(1) Avtalsvillkor som i jämförelse med bestämmelserna i denna lag är till nackdel för köparen är utan verkan mot denne, om inte annat anges i lagen.

(2) Första stycket gäller inte vid köp av gas, som levereras i ledning, om de allmänna avtalsvillkor som tillämpas vid sådana leveranser har godkänts av Konsumentverket.

Verbraucherkaufgesetz (1990:932)

Einleitende Bestimmungen

Anwendungsbereich

§ 1

(1) Dieses Gesetz gilt für den Kauf von beweglichen Sachen, die ein Unternehmer an einen Verbraucher verkauft.

(2) $_{1}$Das Gesetz gilt auch in Fällen, in denen der Verkäufer kein Unternehmer ist, wenn der Kauf für den Verkäufer von einem Unternehmer vermittelt wird. $_{2}$In solchen Fällen haften sowohl der Unternehmer als auch der Verkäufer für die Pflichten des Verkäufers nach diesem Gesetz.

(3) Das Gesetz gilt in seinen anwendbaren Teilen auch für den Tausch beweglicher Sachen.

(4) In diesem Paragraf meint

Verbraucher: eine physische Person, die hauptsächlich für Zwecke außerhalb einer gewerblichen Tätigkeiten handelt,

Unternehmer: eine physische oder juristische Person, die für Zwecke handelt, die im Zusammenhang mit der eigenen gewerblichen Tätigkeit stehen.

[...]

Vertragsbedingungen, die vom Gesetz abweichen

§ 3

(1) Vertragsbedingungen, die im Vergleich mit den Bestimmungen dieses Gesetzes zum Nachteil des Käufers sind, sind diesem gegenüber ohne Wirkung, wenn nichts anderes im Gesetz angegeben wird.

(2) Absatz 1 gilt nicht für den Kauf von Gas, das durch eine Leitung geliefert wird, wenn die bei solchen Lieferungen anzuwendenden allgemeinen Vertragsbedingungen von der Verbraucherbehörde genehmigt worden sind.

Varans avlämnande

[...]

Avlämnandet

6 §

Varan är avlämnad när den har kommit i köparens besittning.

Kostnaderna för varan

7 §

Om inte annat följer av avtalet, skall säljaren svara för transportkostnader och andra kostnader för varan som uppkommer före avlämnandet och som inte beror på att avlämnandet har försenats till följd av något förhållande på köparens sida.

Risken för varan

8 §

(1) Om köparen bär risken för varan är han skyldig att betala varan även om den har förstörts, kommit bort, försämrats eller minskat genom en händelse som inte beror på säljaren.

(2) Risken för varan går över på köparen när varan avlämnas.

(3) Om öppet köp har avtalats och varan avlämnats, bär köparen risken för varan till dess den lämnas tillbaka.

Säljarens dröjsmål

[...]

Fel på varan

[...]

Priset m. m.

[...]

Köparens dröjsmål

[...]

Ablieferung der Ware

[...]

Ablieferung

§ 6

Die Ware ist abgeliefert, wenn sie in den Besitz des Käufers gelangt ist.

Kosten für die Ware

§ 7

Wenn sich aus dem Vertrag nichts anderes ergibt, hat der Verkäufer die Transportkosten und andere Kosten für die Ware zu tragen, die vor der Ablieferung entstehen und nicht darauf beruhen, dass die Ablieferung infolge eines Umstands auf Seiten des Käufers verzögert worden ist.

Das Risiko für die Ware

§ 8

(1) Wenn der Käufer das Risiko für die Ware trägt, ist er verpflichtet, die Ware auch dann zu bezahlen, wenn sie durch ein Ereignis zerstört wurde, abhanden gekommen, verschlechtert oder verringert worden ist, das nicht auf dem Verkäufer beruht.

(2) Das Risiko für die Ware geht auf den Käufer über, wenn die Ware abgeliefert wird.

(3) Wenn offener Kauf vereinbart und die Ware abgeliefert worden ist, trägt der Käufer das Risiko für die Ware, bis diese zurückgegeben wird.

Verzug des Verkäufers

[...]

Mängel der Ware

[...]

Preis, etc.

[...]

Verzug des Käufers

[...]

Gemensamma bestämmelser

[...]

Förhållandet till säljarens borgenärer

49 §

₁Köp enligt denna lag gäller mot säljarens borgenärer i och med avtalet. ₂När köp inte avser en bestämd vara, blir köpet dock inte gällande mot borgenärerna förrän åtgärd har vidtagits genom avskiljande eller märkning av varan, anteckning om varan i en bokföringshandling eller på något annat sätt så att det framgår att varan är avsedd för köparen.

[...]

Gemeinsame Vorschriften

[...]

Verhältnis zu den Gläubigern des Verkäufers

§ 49

₁Käufe nach diesem Gesetz gelten gegenüber den Gläubigern des Verkäufers ab dem Vertragsschluss. ₂Wenn ein Kauf nicht eine bestimmte Ware betrifft, gilt der Kauf jedoch nicht gegenüber den Gläubigern, bevor durch Absonderung oder Markierung der Ware, Vermerk über die Ware in einem Buchführungsdokument oder auf eine andere Art und Weise Maßnahmen derart vorgenommen worden sind, dass hervorgeht, dass die Ware für den Käufer bestimmt ist.

[...]

C. Gutglaubenserwerbsgesetz

Lag (1986:796) om godtrosförvärv av lösöre

Inledande bestämmelser

1 §

(1) Denna lag gäller förvärv i god tro av rätt till lösöre.

(2) Lagen gäller inte sådana godtrosförvärv av lösöre beträffande vilka särskilda föreskrifter finns i annan lag.

Godtrosförvärv av äganderätt

2 §

(1) Har någon förvärvat lösöre genom överlåtelse från någon annan som hade egendomen i sin besittning men varken var ägare till den eller behörig att förfoga över den på det sätt som skett, får förvärvaren äganderätt till egendomen, om han har fått den i sin besittning och var i god tro.

(2) En förvärvare skall anses ha varit i god tro endast om det är sannolikt att egendomens beskaffenhet, de förhållanden under vilka den

Gesetz (1986:796) über den Gutglaubenserwerb von beweglichen Sachen

Einleitende Bestimmungen

§ 1

(1) Dieses Gesetz gilt für den gutgläubigen Erwerb eines Rechts an beweglichen Sachen.

(2) Das Gesetz gilt nicht für Gutglaubenserwerbe von beweglichen Sachen, für die besondere Vorschriften in anderen Gesetzen existieren.

Gutglaubenserwerb von Eigentum

§ 2

(1) Hat jemand bewegliche Sachen durch Übereignung von jemand anderem erworben, der den Vermögensgegenstand in seinem Besitz hatte, aber weder deren Eigentümer noch zur Verfügung auf die erfolgte Art und Weise berechtigt war, erhält der Erwerber das Eigentum an dem Vermögensgegenstand, wenn er diesen in Besitz bekommen hat und in gutem Glauben war.

(2) Ein Erwerber ist nur dann als im guten Glauben gewesen anzusehen, wenn es wahrscheinlich ist, dass die Beschaffenheit des Vermögensgegen-

utbjöds och omständigheterna i övrigt var sådana att han inte borde ha misstänkt att överlåtaren saknade rätt att förfoga över egendomen.

standes, die Verhältnisse unter welchen dieser angeboten wurde und die Umstände im Übrigen derart waren, dass er nicht den Verdacht haben musste, dass der Übereignende nicht berechtigt war, über den Vermögensgegenstand zu verfügen.

3 §

$_1$Även om förutsättningarna för godtrosförvärv enligt 2 § är uppfyllda, består ägarens rätt till egendomen, om egendomen har frånhänts honom genom att någon olovligen tagit den eller tilltvingat sig den genom våld på person eller genom hot som innebar eller för den hotade framstod som trängande fara. $_2$Kräver ägaren inte tillbaka egendomen från innehavaren inom sex månader från det att han fick eller måste antas ha fått kännedom om dennes innehav, får förvärvaren dock äganderätt till egendomen.

§ 3

$_1$Auch wenn die Voraussetzungen für einen Gutglaubenserwerb gemäß § 2 erfüllt sind, besteht das Recht des Eigentümers an dem Vermögensgegenstand, wenn ihm der Vermögensgegenstand dadurch entzogen worden ist, dass jemand diesen unerlaubt genommen oder sich durch Gewalt gegen eine Person oder durch eine Drohung, die eine drängende Gefahr beinhaltete oder für den Bedrohten so erschien, erzwungen hat. $_2$Verlangt der Eigentümer den Vermögensgegenstand nicht binnen sechs Monaten vom Inhaber zurück, nachdem er von dessen Inhaberschaft Kenntnis erlangte oder davon auszugehen ist, dass er diese erlangt hat, erhält jedoch der Erwerber das Eigentum an dem Vermögensgegenstand.

Hävd

4 §

$_1$Har någon med äganderättsanspråk innehaft lösöre i tio år efter att ha förvärvat egendomen genom överlåtelse från någon som varken var ägare till den eller behörig att förfoga över den på det sätt som skett, får han äganderätt till egendomen på grund av hävd. $_2$Han får dock inte äganderätt om han vid förvärvet eller under innehavet borde ha misstänkt att överlåtaren saknade rätt att förfoga över egendomen. $_3$Samma regler gäller om egendomen efter en sådan överlåtelse i tio år med äganderättsanspråk innehafts av flera efter varandra på grund av överlåtelse eller arv, testamente, bodelning eller något annat liknande fång. $_4$Villkoret om god tro gäller samtliga innehavare.

Ersitzung

§ 4

$_1$Hat jemand eine bewegliche Sache mit Eigentumsanspruch für zehn Jahre innegehabt, nachdem er den Vermögensgegenstand durch Übereignung von jemandem erlangt hat, der weder Eigentümer noch zur Verfügung auf die erfolgte Art und Weise berechtigt war, erhält er das Eigentum an dem Vermögensgegenstand aufgrund von Ersitzung. $_2$Er erhält jedoch kein Eigentum, wenn er beim Erwerb oder während der Inhaberschaft Verdacht hätte schöpfen müssen, dass der Übereignende kein Recht hatte, über den Vermögensgegenstand zu verfügen. $_3$Dieselben Regeln gelten, wenn der Vermögensgegenstand nach einer solchen Übereignung für zehn Jahre aufgrund von Übereignung oder Erbschaft, Testament, Güterauseinandersetzung oder einer anderen, vergleichbaren Erwerbsart von mehreren Personen nacheinander mit Eigentumsanspruch innegehabt worden ist. $_4$Die Bedingung des guten Glaubens gilt für sämtliche Inhaber.

Lösen

5 §

(1) Den som på grund av någon annans godtrosförvärv eller hävd har förlorat äganderätten till

Lösungsbetrag

§ 5

(1) Derjenige, der aufgrund des Gutglaubenserwerbs oder der Ersitzung eines anderen das Eigen-

viss egendom har rätt att få tillbaka egendomen mot lösen.

tum an einem gewissen Vermögensgegenstand verloren hat, hat das Recht, den Vermögensgegenstand gegen einen Lösungsbetrag zurückzuerlangen.

(2) $_1$Den som vill lösa till sig egendomen skall kräva tillbaka den från innehavaren inom sex månader från det att han fick eller måste antas ha fått kännedom om dennes innehav. $_2$Gör han inte det, är rätten att få tillbaka egendomen förlorad.

(2) $_1$Derjenige, der den Vermögensgegenstand zurücklösen will, hat diesen binnen sechs Monaten vom Inhaber zurückzuverlangen, nachdem er Kenntnis von der Inhaberschaft hatte, oder davon auszugehen ist, dass er diese hatte. $_2$Tut er dies nicht, ist das Recht verloren, den Vermögensgegenstand zurückzuerlangen.

6 §

§ 6

(1) $_1$Lösen skall motsvara ägarens kostnader för förvärv av egendomen och dess förbättring. $_2$Har ägaren förvärvat egendomen genom gåva, arv, testamente eller bodelning skall även kostnad som ägarens fångesman haft för förvärv av egendomen och dess förbättring inräknas i lösenbeloppet. $_3$Detta gäller dock bara under förutsättning att fångesmannen skulle ha haft rätt till lösen om återkrav hade framställts mot honom.

(1) $_1$Der Lösungsbetrag hat den Kosten des Eigentümers für den Erwerb des Vermögensgegenstandes sowie dessen Verbesserung zu entsprechen. $_2$Hat der Eigentümer den Vermögensgegenstand durch Schenkung, Erbschaft, Testament oder Güterauseinandersetzung erworben, so sind auch die Kosten in den Lösungsbetrag einzurechnen, die der an den Eigentümer Übereignende für den Erwerb des Vermögensgegenstandes und dessen Verbesserung hatte. $_3$Dies gilt jedoch nur unter der Voraussetzung, dass der an den Eigentümer Übereignende ein Recht auf einen Lösungsbetrag gehabt hätte, wenn das Rückgabeverlangen gegen ihn vorgebracht worden wäre.

(2) $_1$Vid bestämmandet av lösen tas hänsyn till förändringar i penningvärdet. $_2$Lösen skall motsvara högst egendomens värde i den allmänna handeln.

(2) $_1$Bei der Bestimmung des Lösungsbetrages wird Rücksicht auf Veränderungen des Geldwertes genommen. $_2$Der Lösungsbetrag darf höchstens dem Wert des Vermögensgegenstandes im allgemeinen Handel entsprechen.

7 §

§ 7

$_1$Lösenbeloppet skall betalas till egendomens ägare. $_2$Har någon till säkerhet för en fordran en rätt till egendomen som är skyddad mot ägarens borgenärer, skall dock så mycket av lösenbeloppet betalas till honom som svarar mot värdet av denna fordran. $_3$Har någon i annat fall en rätt till egendomen som är skyddad mot ägarens borgenärer, skall så mycket av lösenbeloppet betalas till honom som svarar mot värdet av denna rätt.

$_1$Der Lösungsbetrag ist an den Eigentümer des Vermögensgegenstandes zu bezahlen. $_2$Hat jemand zur Sicherung einer Forderung ein gegenüber den Gläubigern des Eigentümers geschütztes Recht an dem Vermögensgegenstand, so ist jedoch soviel des Lösungsbetrages an diesen zu bezahlen, wie dem Wert der Forderung entspricht. $_3$Hat jemand in anderen Fällen ein Recht an dem Vermögensgegenstand, das gegenüber den Gläubigern des Eigentümers geschützt ist, so ist soviel des Lösungsbetrages an ihn zu bezahlen, wie dem Wert dieses Rechts entspricht.

Godtrosförvärv av panträtt

8 §

(1) Vad som sägs i denna lag om godtrosförvärv av äganderätt gäller också godtrosförvärv av panträtt.

(2) Har någon gjort ett godtrosförvärv av panträtt i lösöre och vill någon annan lösa till sig egendomen enligt 5 §, skall lösenbeloppet svara mot värdet av den fordran för vilken egendomen är pantsatt, dock högst egendomens värde i den allmänna handeln.

Gutglaubenserwerb von Pfandrechten

§ 8

(1) Was in diesem Gesetz über den Gutglaubenserwerb des Eigentums gesagt wird, gilt auch für den Gutglaubenserwerb von Pfandrechten.

(2) Hat jemand einen Gutglaubenserwerb von Pfandrechten an beweglichen Sachen getätigt und will jemand anderes den Vermögensgegenstand durch Lösung gemäß § 5 erlangen, so hat der Lösungsbetrag dem Wert der Forderungen zu entsprechend, für welche der Vermögensgegenstand verpfändet ist, höchstens jedoch dem Wert des Vermögensgegenstandes im allgemeinen Handel.

D. Gesetz über den Handel mit beweglichen Sachen, die der Käufer in der Obhut des Verkäufers belässt

Lag (1845:50 s. 1) om handel med lösören, som köparen låter i säljarens vård kvarbliva

1 §

[1]Vill den, som tillhandlar sig lösören och tillåter, att desamma få i säljarens vård kvarbliva, att vad han tillhandlat sig skall fredas från utmätning för säljarens skuld och i händelse av dennes konkurs från boets tillgångar avskiljas, upprätte skriftlig avhandling om köpet med förteckning å de köpta persedlarna och vittnens underskrift. [2]Han skall inom en vecka därefter i ortstidning inom den ort, där säljaren bor, låta införa kungörelse om avhandlingen med uppgift om säljarens och köparens namn och yrken, dagen då köpeavhandlingen blivit uppgjord samt köpeskillingens belopp. [3]Avhandlingen jämte bevis om att kungörelsen införts i ortstidning skall inom åtta dagar från den dag då kungörelsen skedde ges in för registrering till Kronofogdemyndigheten.

Gesetz (1845:50 S. 1) über den Handel mit beweglichen Sachen, die der Käufer in der Obhut des Verkäufers belässt

§ 1

[1]Will derjenige, der bewegliche Sachen ersteht und zulässt, dass diese in der Obhut des Verkäufers verbleiben dürfen, dass das, was er erstanden hat, vor der Pfändung für die Schulden des Verkäufers geschützt und für den Fall dessen Konkurses von den Mitteln der Masse abzuscheiden ist, errichte er einen schriftlichen Vertrag über den Kauf mit einem Verzeichnis über die gekauften Sachen und mit der Unterschrift der Zeugen. [2]Er muss innerhalb einer Woche danach in der örtlichen Zeitung, in dem Ort in dem der Verkäufer wohnt, eine Bekanntmachung über den Vertrag einführen, mit der Angabe der Namen und Berufe von Verkäufer und Käufer, dem Tag an dem der Kaufvertrag geschlossen wurde sowie dem Betrag des Kaufpreises. [3]Der Vertrag samt Nachweis darüber, dass die Bekanntmachung in der örtlichen Zeitung erfolgt ist, muss binnen acht Tagen ab dem Tag der Bekanntmachung zur Registrierung bei der Vollstreckungsbehörde eingereicht werden.

2 §

Vid överklagande av kronofogdemyndighetens beslut tillämpas 18 kap. utsökningsbalken.

§ 2

Bei Rechtsmitteln gegen den Beschluss der Vollstreckungsbehörde findet Kap. 18 des Zwangsvollstreckungsgesetzbuches Anwendung.

3 §

(1) $_{1}$Är köpeavhandling så upprättad och behandlad, som i 1 § sägs, men inträffar utmätning inom trettio dagar efter det avhandlingen gavs in till Kronofogdemyndigheten, eller försätts säljaren i konkurs efter ansökning, som gjorts inom sagda tid, är den sålda egendomen ej fredad från att utmätas eller att räknas till konkursboet. $_{2}$Detsamma gäller, när ansökan om företagsre-konstruktion enligt lagen (1996:764) om företagsrekonstruktion gjorts inom nämnda tid och konkurs följt på ansökan, som gjorts under företagsrekonstruktionen eller inom tre veckor från det att rätten beslutat att företagsrekonstruktionen skall upphöra. $_{3}$Görs efter utgången av den i första punkten angivna tiden jäv mot köpeavhandling, vilken är så upprättad och behandlad, som nyss sagts, är, om jävet görs vid utmätningstillfälle, fordringsägaren skyldig att, om han vill fullfölja jävet, inom en månad därefter väcka talan mot såväl säljaren som köparen vid tingsrätten i den ort där egendomen finns. $_{4}$Gör han inte det, har han förlorat sin talan. $_{5}$Godset skall genast beläggas med kvarstad och sökanden skall, om han vill att åtgärden skall bestå, inom fjorton dagar efter utmätningsförrättningen hos Kronofogdemyndigheten ställa full borgen för den kostnad och skada, som kan orsakas av kvarstaden. $_{6}$Var säljarens egendom avträdd till konkurs, skall vad om återvinning av lös egendom till konkursbo är stadgat i 4 kap. 19 och 20 §§ konkurslagen (1987:672) äga motsvarande tillämpning.

(2) $_{1}$Vad som nu sagts om konkurs äger motsvarande tillämpning om i stället offentligt ackord fastställes. $_{2}$I fråga om talan med anledning av

§ 3

(1) $_{1}$Ist der Kaufvertrag so errichtet und behandelt, wie in § 1 angegeben, aber findet eine Pfändung binnen dreißig Tagen nach der Einreichung des Vertrages bei der Vollstreckungsbehörde statt, oder wird der Verkäufer aufgrund eines innerhalb der genannten Frist gestellten Antrags in Konkurs versetzt, so ist der verkaufte Vermögensgegenstand nicht davor geschützt, gepfändet oder zur Konkursmasse gerechnet zu werden. $_{2}$Dasselbe gilt, wenn ein Antrag auf Unternehmensreorganisation gemäß dem Gesetz (1996:764) über die Unternehmensreorganisation innerhalb der genannten Frist gestellt wurde und der Konkurs auf den Antrag folgte, der während der Unternehmensreorganisation, oder binnen drei Wochen, nachdem das Gericht das Ende der Unternehmensreorganisation beschlossen hat, gestellt wurde. $_{3}$Werden nach dem im ersten Punkt angegebenen Zeitpunkt Einsprüche gegen den wie soeben gesagt errichteten und behandelten Kaufvertrag geltend gemacht, so ist der Forderungsinhaber verpflichtet, wenn der Einspruch bei einer Pfändung geltend gemacht wird, ,binnen eines Monats Klage gegen sowohl den Verkäufer als auch den Käufer bei dem Amtsgericht des Ortes einzureichen, an dem sich die Sache befindet, wenn er den Einspruch weiter führen will. $_{4}$Tut er dies nicht, hat er seine Klage verloren. $_{5}$Das Gut ist umgehend einstweilig zu beschlagnahmen und der Antragsteller muss, wenn er will, dass die Maßnahme fortbesteht, binnen vierzehn Tagen nach der Pfändungsvollstreckung bei der Vollstreckungsbehörde für die Kosten und den Schaden, der von der Beschlagnahme verursacht werden kann, volle Bürgschaft stellen. $_{6}$War der Vermögensgegenstand des Verkäufers an den Konkurs abgetreten, findet das, was für die Rückgewinnung beweglicher Vermögenswerte durch die Konkursmasse in Kap. 4, §§ 19 und 20 des Konkursgesetzes (1987:672) vorgeschrieben ist, entsprechende Anwendung.

(2) $_{1}$Was nun über den Konkurs gesagt wurde, findet entsprechende Anwendung, wenn stattdessen ein öffentlicher Vergleich angeordnet wird. $_{2}$Im

ackordsförhandling tillämpas 3 kap. 6 och 7 §§ lagen om företagsrekonstruktion.

Hinblick auf eine Klage aufgrund der Vergleichsverhandlung, werden Kap. 3, §§ 6 und 7 des Gesetzes über die Unternehmensreorganisation angewendet.

4 §

Utan hinder därav, att med köpehandling om lös egendom blivit så förfaret, som här ovan sagt är, äge rätten efter omständigheterna pröva avhandlingens giltighet.

§ 4

Unbeschadet dessen, dass mit dem Kaufvertrag über bewegliche Vermögenswerte, so wie oben gesagt, verfahren worden ist, kann das Gericht nach den Umständen die Gültigkeit des Vertrages prüfen.

E. Schenkungsgesetz

Lag (1936:83) angående vissa utfästelser om gåva

Gesetz (1936:83) über gewisse Schenkungsversprechen

1 §

(1) Utfästelse om gåva av lös egendom varom i denna lag sägs vare, så länge gåvan ej fullbordats, utan verkan, med mindre utfästelsen gjorts i skuldebrev eller annan urkund som blivit till gåvotagaren överlämnad, eller omständigheterna vid dess tillkomst utmärka att den var avsedd att komma till allmänhetens kännedom.

(2) Har gåvan ej fullbordats, vare mot givarens borgenärer utfästelsen ogill, ändå att den gjorts så som i första stycket är sagt.

§ 1

(1) Ein Versprechen über die Schenkung beweglicher Vermögensgegenstände, von dem dieses Gesetz handelt, sei, so lange die Schenkung nicht vollendet wurde, ohne Wirkung, sofern das Versprechen nicht in einer Schuldverschreibung oder einer anderen Urkunde, die dem Beschenkten übergeben wurde, erfolgt ist oder die Umstände bei dessen Entstehen kenntlich machten, dass es der Allgemeinheit zur Kenntnis gelangen sollte.

(2) Ist die Schenkung nicht vollendet worden, sei das Versprechen gegenüber den Gläubigern des Schenkers ungültig, es sei denn, es erfolgte so, wie in Absatz 1 gesagt ist.

2 §

[1]Är genom skuldebrev eller annorledes gåva utfäst i penningar eller lösören, gälle den ej såsom fullbordad med mindre det som utfäst är kommit i gåvotagarens besittning. [2]I fråga om skepp, skeppsbygge eller luftfartyg gäller i stället att gåva ej är att anse såsom fullbordad, med mindre inskrivning för förvärvet sökts enligt vad om detta är särskilt stadgat. [3]Har genom ett skuldebrev eller på annat sätt en gåva utfästs i en rättighet som registreras enligt lagen (1998:1479) om kontoföring av finansiella instrument fullbordas gåvan genom att rättigheten registreras för gåvotagaren enligt bestämmelserna i den lagen eller,

§ 2

[1]Ist durch Schuldverschreibung oder auf andere Weise eine Schenkung von Geld oder beweglichen Sachen versprochen, gelte diese nicht als vollendet, es sei denn, dass das, was versprochen ist, in den Besitz des Beschenkten gelangt ist. [2]Im Hinblick auf Schiffe, Schiffsbauten oder Luftfahrzeuge gilt stattdessen, dass die Schenkung nicht als vollendet anzusehen ist, es sei denn, die Registrierung für den Erwerb ist gemäß dem, was gesondert geregelt ist, beantragt. [3]Ist durch eine Schuldverschreibung oder auf andere Art und Weise die Schenkung eines Rechts versprochen worden, welches gemäß dem Gesetz (1998:1479) über

om rättigheten förvaltas enligt 3 kap. i den lagen, genom att förvaltaren underrättas om utfästelsen.

die Kontoführung von finanziellen Instrumenten zu registrieren ist, wird die Schenkung dadurch vollendet, dass das Recht für den Beschenkten gemäß den Bestimmungen in dem Gesetz registriert wird oder, wenn das Recht gemäß Kap. 3 des Gesetzes verwaltet wird, dadurch, dass der Verwalter über das Versprechen unterrichtet wird.

3 §

(1) $_{1}$Bortgiver någon aktiebrev eller löpande skuldebrev eller annan handling vars företeende utgör villkor för rätt att kräva betalning eller för utövande av annan rättighet, gälle gåvan såsom fullbordad då gåvotagaren fått handlingen i sin besittning. $_{2}$Efterskänkes fordran enligt sådan handling, vare gåvan för fullbordad hållen först då handlingen återställts eller gjorts obrukbar.

§ 3

(1) $_{1}$Verschenkt jemand Aktien oder laufende Schuldverschreibungen oder andere Urkunden, deren Vorlegung eine Bedingung für das Recht, die Bezahlung zu verlangen, oder die Ausübung eines anderen Rechts darstellt, gelte die Schenkung als vollendet, wenn der Beschenkte die Urkunde in seinen Besitz bekommen hat. $_{2}$Wird die Forderung einer solchen Urkunde erlassen, sei die Schenkung erst dann für vollendet gehalten, wenn die Urkunde zurückgegeben oder unbrauchbar gemacht wurde.

(2) $_{1}$Om någon ger bort en rättighet som registreras enligt aktiekontolagen (1989:827), fullbordas gåvan genom att rättigheten registreras för gåvotagaren enligt bestämmelserna i den lagen eller, om rättigheten förvaltas enligt 8 kap. i sistnämnda lag, genom att förvaltaren underrättas om gåvan. $_{2}$Om en fordran som registreras enligt sistnämnda lag efterskänks, fullbordas gåvan genom registrering eller underrättelse i enlighet med vad nu sagts.

(2) $_{1}$Wenn jemand ein Recht verschenkt, das gemäß dem Aktienkontogesetz (1989:827) registriert wird, wird die Schenkung vollendet, indem das Recht für den Beschenkten gemäß den Bestimmungen in dem Gesetz registriert wird oder, wenn das Recht gemäß Kap. 8 des letztgenannten Gesetzes verwaltet wird, dadurch, dass der Verwalter von der Schenkung unterrichtet wird. $_{2}$Wenn eine Forderung, die nach dem letztgenannten Gesetz registriert wird, erlassen wird, wird die Schenkung durch die Registrierung oder Unterrichtung in Übereinstimmung mit dem was nun gesagt wurde, vollendet.

(3) $_{1}$Bortgives annan fordran än i första eller andra stycket sägs, vare överlåtelsen för fullbordad ansedd då gäldenären underrättats av givaren. $_{2}$Har gåvan tillkommit genom skriftlig utfästelse varom sägs i 1 § första stycket, eller under sådana särskilda omständigheter som där avses, och sker underrättelse genom gåvotagaren, gälle överlåtelsen ock såsom fullbordad. $_{3}$Efterskänkes fordran varom här är fråga, gälle gåvan strax såsom fullbordad.

(3) $_{1}$Wird eine andere Forderung, als in Absatz 1 oder 2 genannt, verschenkt, sei die Übereignung als vollendet angesehen, wenn der Schuldner vom Schenker unterrichtet wurde. $_{2}$Ist die Schenkung durch eine schriftliche Urkunde nach § 1 Absatz 1 oder unter solchen besonderen Umständen, auf die sich dort bezogen wird, zustande gekommen, und geschieht die Unterrichtung durch den Beschenkten, gelte die Übereignung auch als vollendet. $_{3}$Wird die Forderung, von der hier die Rede ist, erlassen, gelte die Schenkung sofort als vollendet.

4 §

(1) Har någon såsom gåva åt annan till bank, kreditmarknadsföretag eller företag som driver

§ 4

(1) Hat jemand als Geschenk für einen anderen Geld oder andere bewegliche Vermögensgegen-

verksamhet enligt lagen (2004:299) om inlåningsverksamhet överlämnat penningar eller annan lös egendom utan att förbehålla sig rätt att däröver förfoga, skall gåvan anses fullbordad när det givna blivit av banken eller företaget mottaget för gåvotagarens räkning; och skall detta gälla ändå att av banken eller företaget utfärdat bevis, som i 3 § sägs, behållits av givaren.

stände an eine Bank, ein Kreditmarktunternehmen oder ein Unternehmen, das eine Tätigkeit nach dem Gesetz (2004:299) über Einlagengeschäfte betreibt, übergeben, ohne sich das Recht, darüber zu verfügen, vorzubehalten, so ist die Schenkung als vollendet anzusehen, wenn das Gegebene von der Bank oder dem Unternehmen für die Rechnung des Beschenkten entgegengenommen worden ist; und dies gilt, obwohl der von der Bank oder dem Unternehmen ausgestellte Nachweis, wie in § 3 gesagt wird, vom Schenker behalten worden ist.

(2) Detta skall tillämpas på motsvarande sätt om givaren låtit för gåvotagarens räkning överföra medel som givaren hade innestående i banken eller företaget.

(2) Dies ist auf entsprechende Art und Weise anzuwenden, wenn der Schenker für die Rechnung des Beschenkten Mittel überweisen lässt, die der Schenker bei einer Bank oder einem Unternehmen als Guthaben hatte.

5 §

(1) Varda, efter det gåvan blivit utfäst men innan den fullbordats, givarens förmögenhetsvillkor så försämrade att, i betraktande jämväl av gåvotagarens villkor, gåvans utkrävande skulle vara uppenbart obilligt, må den återkallas eller minskas.

§ 5

(1) Wurden, nachdem die Schenkung versprochen, aber bevor sie vollendet wurde, die Vermögensbedingungen des Schenkers so verschlechtert, dass unter Betrachtung auch der Bedingungen des Beschenkten die Herausverlangung der Schenkung offensichtlich unbillig wäre, darf diese widerrufen oder verringert werden.

(2) Gör gåvotagaren givaren märklig orätt, stånde givaren fritt att återkalla gåvan, där denna ännu ej fullbordats; give dock, inom ett år från det han fick kunskap om orätten, återkallelsen till känna för gåvotagaren.

(2) Tut der Beschenkte dem Schenker außerordentlich Unrecht, stehe es dem Schenkenden frei, die noch nicht vollendete Schenkung zu widerrufen; gebe er doch binnen eines Jahres, nachdem er Kenntnis von dem Unrecht erlangt hat, den Widerruf dem Beschenkten zu erkennen.

6 §

(1) Om utfästelse av en make att under äktenskapet ge den andra maken en gåva gäller 8 kap. 2 § äktenskapsbalken.

§ 6

(1) Für ein Versprechen eines Ehepartners, während der Ehe dem anderen Ehepartner ein Geschenk zu geben, gilt Kap. 8, § 2 des Ehegesetzbuchs.

(2) Bestämmelser om utfästelse om gåva som inte får göras gällande under givarens livstid finns i ärvdabalken.

(2) Bestimmungen über ein Schenkungsversprechen, das nicht zu Lebzeiten des Schenkers geltend gemacht werden darf, finden sich im Erbgesetzbuch.

F. Gesetz über Mahnbescheide und Vollstreckungshilfe (Auszug)

Lag (1990:746) om betalningsföreläggande och handräckning

Gesetz (1990:746) über Mahnbescheide und Vollstreckungshilfe

Tillämpningsområde

1 §

[1]Ett yrkande om att någon skall åläggas att fullgöra en förpliktelse får prövas av kronofogdemyndigheten enligt denna lag. [2]Yrkandet kan avse betalningsföreläggande, vanlig handräckning eller särskild handräckning.

Anwendungsbereich

§ 1

[1]Ein Ersuchen, dass jemandem aufzuerlegen ist, eine Verpflichtung zu erfüllen, wird von der Vollstreckungsbehörde nach diesem Gesetz geprüft. [2]Das Ersuchen kann das Mahnverfahren, die gewöhnliche Vollstreckungshilfe oder die besondere Vollstreckungshilfe betreffen.

[...]

[...]

3 §

En ansökan om vanlig handräckning får, om förlikning är tillåten i saken, avse åläggande för

1. en tidigare ägare eller nyttjanderättshavare att flytta från fast egendom, bostadslägenhet eller annat utrymme i byggnad när besittningsrätten har upphört (avhysning),
2. svaranden att fullgöra något annat än betalning, om tidpunkten för fullgörelse har inträtt.

§ 3

Ein Antrag auf gewöhnliche Vollstreckungshilfe kann, wenn ein Vergleich in der Sache zugelassen ist, die Auferlegung betreffen, für

1. einen früheren Eigentümer oder Nutzungsrechtsinhaber, ein Grundstück, eine Wohnung oder einen anderen Raum in einem Gebäude zu verlassen, wenn das Besitzrecht beendet ist (Exmission),
2. den Antragsgegner, etwas anderes als eine Zahlung zu erfüllen, wenn der Zeitpunkt für die Erfüllung eingetreten ist.

4 §

(1) En ansökan om särskild handräckning får avse åläggande för svaranden att

1. vidta rättelse när sökandens besittning har egenmäktigt rubbats eller annan olovlig åtgärd har vidtagits beträffande fast eller lös egendom eller utövningen av sökandens rätt till viss egendom på annat sätt olovligen hindras,
2. vidta eller tåla en åtgärd när särskild handräckning får ske enligt föreskrift i lag.

§ 4

(1) Ein Antrag auf besondere Vollstreckungshilfe kann die Auferlegung für den Antragsgegner betreffen,

1. Berichtigung vorzunehmen, wenn der Besitz des Antragstellers eigenmächtig gestört wird oder eine andere unerlaubte Maßnahme in Bezug auf feste oder bewegliche Vermögenswerte vorgenommen worden ist, oder die Ausübung eines Rechts des Antragstellers an bestimmten Vermögensgegenständen auf andere Art und Weise unerlaubt behindert wird,
2. eine Maßnahme vorzunehmen oder zu dulden, wenn die besondere Vollstreckungshilfe nach einer gesetzlichen Vorschrift erfolgen darf.

(2) Särskild handräckning enligt första stycket 1 får inte avse avhysning i fall som anges i 3 § 1.

(2) Besondere Vollstreckungshilfe gemäß Absatz 1 Nr. 1 darf nicht die Exmission in Fällen betreffen, die in § 3 Nr. 1 angegeben sind.

[...]

[...]

Ansökan

9 §

$_{1}$Ansökan skall göras skriftligen. $_{2}$Regeringen eller den myndighet som regeringen bestämmer får dock föreskriva undantag från kravet på skriftlighet.

Antrag

§ 9

$_{1}$Der Antrag ist schriftlich zu stellen. $_{2}$Die Regierung oder die Behörde, die von der Regierung bestimmt wird, darf jedoch Ausnahmen von dem Erfordernis der Schriftlichkeit vorschreiben.

10 §

Sökanden skall i ansökningen ange sitt yrkande och grunden för det.

§ 10

Der Antragsteller muss in seinem Antrag sein Ersuchen und den Grund dafür angeben.

[...]

[...]

15 §

(1) Om sökanden vill att en ansökan om handräckning skall handläggas enligt reglerna för särskild handräckning, skall detta anges i eller på annat sätt tydligt framgå av ansökningen.

§ 15

(1) Will der Antragsteller, dass ein Antrag auf Vollstreckungshilfe nach den Regeln für die besondere Vollstreckungshilfe bearbeitet wird, so muss dies im Antrag angegeben werden oder sich auf andere Art und Weise deutlich aus dem Antrag ergeben.

(2) Till en ansökan om särskild handräckning skall sökanden foga de skriftliga bevis och andra handlingar som han åberopar.

(2) Einem Antrag auf besondere Vollstreckungshilfe muss der Antragsteller die schriftlichen Beweise und sonstigen Unterlagen beifügen, auf die er sich bezieht.

[...]

[...]

21 §

Ansökningen skall också avvisas, om den avser en åtgärd som inte omfattas av denna lag eller om det finns något annat hinder mot att ansökningen tas upp.

§ 21

Der Antrag ist auch abzuweisen, wenn er eine Maßnahme betrifft, die nicht von diesem Gesetz erfasst ist oder, wenn ein anderes Hindernis gegen die Bearbeitung des Antrags vorliegt.

[...]

[...]

Ogrundade eller obefogade anspråk

23 §

(1) Om det kan antas att sökandens yrkande i ett mål om betalningsföreläggande eller vanlig handräckning är ogrundat eller obefogat, skall

Unbegründete oder unberechtigte Ansprüche

§ 23

(1) Wenn angenommen werden kann, dass das Ersuchen des Antragstellers in einer Rechtssache über einen Mahnbescheid oder die gewöhnliche

ansökningen behandlas som om svaranden bestritt den.

Vollstreckungshilfe unbegründet oder unberechtigt ist, ist der Antrag so zu behandeln als wenn der Antragsgegner ihn bestritten hat.

(2) Ett yrkande om ersättning för åtgärder som avses i 2 eller 3 § lagen (1981:739) om ersättning för inkassokostnader m. m. skall alltid antas vara ogrundat eller obefogat, i den mån ersättningen inte kan utgå enligt den lagen.

(2) Ein Ersuchen um Ersatz für Maßnahmen nach den §§ 2 oder 3 des Gesetzes (1981:739) über den Ersatz von Inkassokosten etc. ist immer als unbegründet oder unberechtigt anzusehen, soweit ein Ersatz nach dem Gesetz nicht gezahlt werden kann.

Föreläggande för svaranden att yttra sig

Aufforderung an den Antragsgegner, sich zu äussern

[...]

[...]

Delgivning av föreläggandet

Zustellung der Aufforderung

[...]

[...]

Bestridande av ansökningen

31 §

Om svaranden vill bestrida ansökningen, skall han göra det skriftligen.

Bestreiten des Antrags

§ 31

Wenn der Antragsgegner den Antrag bestreiten will, so hat er dies schriftlich zu tun.

32 §

$_{1}$I ett mål om särskild handräckning skall svaranden till bestridandet foga de skriftliga bevis och andra handlingar som han åberopar. $_{2}$Om svaranden begär ersättning för sina kostnader, skall han ange detta i bestridandet och samtidigt uppge vilka kostnaderna är.

§ 32

$_{1}$In einer Rechtssache der besonderen Vollstreckungshilfe hat der Antragsgegner dem Bestreiten die schriftlichen Beweise und anderen Unterlagen beizufügen, auf die er sich bezieht. $_{2}$Wenn der Beklagte Ersatz für seine Kosten begehrt, muss er dies im Bestreiten angeben und gleichzeitig anführen, welche Kosten dies sind.

Överlämnande av mål om betalningsföreläggande eller vanlig handräckning till tingsrätt

33 §

(1) $_{1}$Om svaranden i ett mål om betalningsföreläggande eller vanlig handräckning bestrider ansökningen i rätt tid, skall sökanden genast underrättas om det. $_{2}$Om sökanden vill vidhålla sitt yrkande, kan han begära att målet eller, om bestridandet avser endast en del av yrkandet, målet i den bestridda delen skall överlämnas till tingsrätt.

Übergabe von Rechtssachen über Mahnbescheide oder gewöhnliche Vollstreckungshilfe an das Amtsgericht

§ 33

(1) $_{1}$Wenn der Antragsgegner in einer Rechtssache über einen Mahnbescheid oder die gewöhnliche Vollstreckungshilfe den Antrag rechtzeitig bestreitet, so ist der Antragsteller umgehend davon zu unterrichten. $_{2}$Wenn der Antragsteller an seinem Ersuchen festhalten will, kann er verlangen, dass die Rechtssache oder, wenn das Bestreiten nur einen Teil seines Ersuchens betrifft, die Rechtssache hinsichtlich des bestrittenen Teils an das Amtsgericht übergeben wird.

(2) Underrättelse enligt första stycket skall innehålla upplysning om vad som sägs där samt i 34, 35 och 37 §§.

(3) En invändning om skiljeavtal skall behandlas som ett bestridande.

[...]

Den fortsatta handläggningen av mål om särskild handräckning

38 §

(1) $_{1}$Om det behövs, skall sökanden få tillfälle att yttra sig över vad svaranden har anfört i bestridandet. $_{2}$Begär sökanden ersättning för kostnader som uppkommit efter ansökningen, skall han ange detta i ett sådant yttrande.

(2) Kronofogdemyndigheten får inte förordna om ytterligare skriftväxling i målet.

(3) En invändning om skiljeavtal hindrar inte att ansökningen prövas.

39 §

$_{1}$Sökanden skall styrka de omständigheter som han åberopar till stöd för sin ansökan. $_{2}$Hans framställning av omständigheterna skall dock läggas till grund för prövningen, i den mån framställningen har lämnats utan invändning av svaranden och det inte är uppenbart att den är oriktig.

40 §

En berättelse som någon har lämnat skriftligen med anledning av handräckningsmålet får åberopas som bevis i målet.

41 §

Om en ansökan inte bifalls till någon del, skall kronofogdemyndigheten avslå ansökningen.

(2) Die Unterrichtung gemäß Absatz 1 muss die Auskunft darüber enthalten, was dort sowie in den §§ 34, 35 und 37 gesagt wird.

(3) Die Einwendung des Bestehens einer Schiedsvereinbarung ist wie ein Bestreiten zu behandeln.

[...]

Die weitere Bearbeitung einer Rechtssache der besonderen Vollstreckungshilfe

§ 38

(1) $_{1}$Wenn notwendig, ist dem Antragsteller Gelegenheit zu geben, zum Vorbringen des Antragsgegners im Bestreiten Stellung zu nehmen. $_{2}$Begehrt der Antragsteller Ersatz für Kosten, die nach dem Antrag entstanden sind, so hat er dies in einer solchen Stellungnahme anzugeben.

(2) Die Vollstreckungsbehörde darf keinen weiteren Schriftwechsel in der Rechtssache anordnen.

(3) Der Einwand des Bestehens einer Schiedsvereinbarung hindert nicht die Prüfung des Antrages.

§ 39

$_{1}$Der Antragsteller hat die Umstände, auf die er seinen Antrag stützt, nachzuweisen. $_{2}$Seine Darstellung der Umstände ist jedoch insoweit der Prüfung zugrunde zu legen als die Darstellung ohne Einwendung des Antragsgegners geblieben ist und es nicht offenkundig ist, dass sie unrichtig ist.

§ 40

Auf einen Bericht, den jemand aufgrund der Rechtssache der Vollstreckungshilfe schriftlich verfasst hat, darf in der Rechtssache als Beweis Bezug genommen werden.

§ 41

Wenn einem Antrag nicht zu irgendeinem Teil stattgegeben wird, hat die Vollstreckungsbehörde den Antrag abzuweisen.

Utslag

42 §

(1) $_1$Har i mål om betalningsföreläggande eller vanlig handräckning svaranden inte i rätt tid bestritt ansökningen, ska Kronofogdemyndigheten snarast meddela utslag i enlighet med ansökningen. $_2$Om svaranden har bestritt endast en del av ansökningen, ska utslag meddelas i enlighet med den obestridda delen av ansökningen.

(2) [...]

Beschluss

§ 42

(1) $_1$Hat der Antragsgegner in einer Rechtssache über Mahnbescheide oder gewöhnliche Vollstreckungshilfe den Antrag nicht rechtzeitig bestritten, hat die Vollstreckungsbehörde baldigst einen antragsgemäßen Beschluss zu erlassen. $_2$Wenn der Antragsgegner nur einen Teil des Antrags bestritten hat, hat der Beschluss in Übereinstimmung mit dem unbestrittenen Teil des Antrags zu ergehen.

(2) [...]

43 §

I mål om särskild handräckning skall kronofogdemyndigheten meddela utslag i enlighet med ansökningen i den mån denna är lagligen grundad och de omständigheter som enligt 39 § skall läggas till grund för prövningen utgör skäl för att bevilja åtgärden.

§ 43

In Rechtssachen über besondere Vollstreckungshilfe hat die Vollstreckungsbehörde insoweit einen antragsgemäßen Beschluss zu erlassen als der Antrag rechtlich begründet ist und die Umstände, die gemäß § 39 der Prüfung zugrunde zu legen sind, Gründe dafür darstellen, die Maßnahme zu bewilligen.

44 §

$_1$Underrättelse om utslaget skall genast sändas till parterna. $_2$Om utslaget skall verkställas utan särskild begäran från sökanden, skall underrättelsen också innehålla upplysning om detta.

§ 44

$_1$Eine Unterrichtung über den Beschluss ist den Parteien sofort zuzusenden. $_2$Wenn der Beschluss ohne besonderen Antrag des Antragstellers zu vollstrecken ist, muss die Unterrichtung auch den Hinweis hierauf enthalten.

45 §

Av 2 kap. 1 § utsökningsbalken följer att kronofogdemyndigheten självmant verkställer utslaget, om inte sökanden har angett att verkställighet inte skall ske.

§ 45

Aus Kap. 2, § 1 Vollstreckungsgesetzbuch folgt, dass die Vollstreckungsbehörde den Beschluss von Amts wegen vollstreckt, wenn nicht der Antragsteller angegeben hat, dass die Vollstreckung nicht erfolgen soll.

Kostnader i målet

[...]

Kosten in der Rechtssache

[...]

Återvinning

52 §

Är svaranden missnöjd med ett utslag i ett mål om betalningsföreläggande eller vanlig handräckning, får han ansöka om återvinning.

[...]

Rückgewinnung

§ 52

Ist der Antragsgegner unzufrieden mit einem Beschluss in einer Rechtssache über einen Mahnbescheid oder die gewöhnlichen Vollstreckungshilfe, kann er einen Antrag auf Rückgewinnung stellen.

[...]

Överklagande

55 §

$_{1}$Den som är missnöjd med ett utslag i ett mål om särskild handräckning, får överklaga utslaget hos tingsrätten inom tre veckor från dagen för utslaget. $_{2}$Detsamma gäller om sökanden i ett mål om betalningsföreläggande eller vanlig handräckning är missnöjd med ett utslag.

Rechtsmittel

§ 55

$_{1}$Derjenige, der mit einem Beschluss in einer Rechtssache über die besondere Vollstreckungshilfe unzufrieden ist, kann gegen den Beschluss binnen drei Wochen ab dem Tag des Beschlusses Rechtsmittel einlegen. $_{2}$Dasselbe gilt, wenn der Antragsteller in einer Rechtssache im Mahnverfahren oder der gewöhnlichen Vollstreckungshilfe mit einem Beschluss unzufrieden ist.

[...]

[...]

Övriga bestämmelser

[...]

Übrige Bestimmungen

[...]

G. Vertragsgesetz (Auszug)

Lag (1915:218) om avtal och andra rättshandlingar på förmögenhetsrättens område

Gesetz (1915:218) über Verträge und andere Rechtshandlungen auf dem Gebiet des Vermögensrechts

1 kap. Om slutande av avtal

1 §

(1) Anbud om slutande av avtal och svar å sådant anbud vare, efter ty här nedan i 2-9 §§ sägs, bindande för den, som avgivit anbudet eller svaret.

Kap. 1: Über den Abschluss von Verträgen

§ 1

(1) Angebote über den Abschluss eines Vertrages und die Antwort auf ein solches Angebot seien nach dem hier unten in den §§ 2-9 Gesagten bindend für denjenigen, der das Angebot oder die Antwort abgegeben hat.

(2) Vad i nämnda paragrafer stadgas skall lända till efterrättelse, så vitt ej annat följer av anbudet eller svaret eller av handelsbruk eller annan sedvänja.

(2) Was in den genannten Paragrafen angeordnet wird, dient als Richtlinie, soweit nichts anderes aus dem Angebot oder der Antwort oder aus Handelsbrauch oder anderer Gewohnheit folgt.

(3) I fråga om avtal, för vars giltighet enligt lag fordras iakttagande av viss form, gälle vad särskilt är stadgat.

(3) In Bezug auf Verträge, für deren Gültigkeit nach dem Gesetz die Beachtung einer bestimmten Form erforderlich ist, gelte, was gesondert angeordnet ist.

2 §

(1) Har anbudsgivaren bestämt viss tid för svar, skall han anses hava föreskrivit, att svaret skall inom den tid komma honom till handa.

§ 2

(1) Hat der Anbietende eine Frist für die Antwort bestimmt, so ist dies als die Vorschrift anzusehen, dass die Antwort ihm innerhalb der Frist zugehen muss.

(2) Är i brev eller telegram, vari anbud göres, viss tidrymd utsatt för svaret, skall denna räknas från den dag brevet är dagtecknat eller den tid på dagen telegrammet är inlämnat för befordran.

(2) Ist in einem Brief oder Telegramm, worin das Angebot gemacht wird, ein bestimmter Zeitraum für die Antwort angegeben, so ist dieser ab dem Tag zu berechnen, auf den der Brief datiert ist, oder die Zeit an dem Tag, an dem das Telegramm zur Beförderung eingeliefert wurde.

3 §

(1) $_1$Göres anbud i brev eller telegram utan att tid för svar däri utsättes, måste antagande svar komma anbudsgivaren till handa inom den tid, som vid anbudets avgivande skäligen kunde av honom beräknas åtgå. $_2$Vid beräkningen av nämnda tid äge anbudsgivaren, där ej annat föranledes av omständigheterna, förutsätta, att anbudet framkommer i rätt tid samt att svaret avsändes utan uppskov efter det anbudstagaren åtnjutit skälig betänketid och icke varder under vägen försenat; är anbudet gjort i telegram, äge anbudsgivaren tillika förutsätta att svaret befordras på enahanda sätt eller annorledes kommer honom lika tidigt till handa.

§ 3

(1) $_1$Wird ein Angebot in einem Brief oder Telegramm gemacht, ohne dass darin eine Frist für die Antwort angegeben wird, so muss die annehmende Antwort dem Anbietenden innerhalb des Zeitraums zugehen, von dem er bei Abgabe des Angebots vernünftigerweise ausgehen durfte. $_2$Bei der Berechnung des genannten Zeitraums darf der Anbietende, soweit nichts anderes von den Umständen veranlasst wird, voraussetzen, dass das Angebot rechtzeitig ankommt und die Antwort nach angemessener Bedenkzeit des Angebotsempfängers ohne Aufschub abgesendet wird und auf dem Weg nicht verspätet wird; ist das Angebot in einem Telegramm gemacht, darf der Anbietende zugleich voraussetzen, dass die Antwort auf gleichartige Art und Weise befördert wird oder ihm auf andere Weise genauso zeitig zugeht.

(2) Anbud, som göres muntligen utan att anstånd med svaret medgives, måste omedelbart antagas.

(2) Angebote, die mündlich gemacht werden, ohne dass Aufschub für die Antwort gegeben wird, müssen unmittelbar angenommen werden.

4 §

(1) Antagande svar, som för sent kommer anbudsgivaren till handa, skall gälla såsom nytt anbud.

§ 4

(1) Annehmende Antworten, die dem Anbietenden zu spät zugehen, gelten als neues Angebot.

(2) $_1$Vad nu är sagt äge dock icke tillämpning, där den, som avsänt svaret, utgår från att det framkommit i rätt tid och mottagaren måste inse detta. $_2$I ty fall åligger det denne, om han icke vill godtaga svaret, att utan oskäligt uppehåll giva avsändaren meddelande därom; underlåter han det, anses avtal hava genom svaret kommit till stånd.

(2) $_1$Was nun gesagt ist, finde jedoch keine Anwendung, wenn derjenige, der die Antwort abgesendet hat, davon ausgeht, dass diese rechtzeitig angekommen ist und der Empfänger dies einsehen muss. $_2$In diesem Fall obliegt es diesem, wenn er die Antwort nicht akzeptieren will, ohne unbillige Verzögerung dem Absender hierüber Mitteilung zu machen; unterlässt er dies, gilt ein Vertrag als durch die Antwort zustande gekommen.

5 §

Avslås anbud, vare det förfallet, ändå att den tid, varunder det eljest skolat gälla, ej gått till ända.

§ 5

Wird ein Angebot abgelehnt, sei dieses erloschen, auch wenn die Frist, in welcher es ansonsten gegolten hätte, noch nicht abgelaufen ist.

6 §

(1) Svar, som innehåller, att anbud antages, men som på grund av tillägg, inskränkning eller förbehåll icke överensstämmer med anbudet, skall gälla såsom avslag i förening med nytt anbud.

(2) $_{1}$Vad nu är sagt äge dock icke tillämpning, där den, som avgav svaret, anser det överensstämma med anbudet och mottagaren måste inse detta. $_{2}$I ty fall åligger det denne, om han icke vill godtaga svaret, att utan oskäligt uppehåll giva meddelande därom; underlåter han det, skall avtal i enlighet med svarets innehåll anses hava kommit till stånd.

§ 6

(1) Antworten, die beinhalten, dass ein Angebot angenommen wird, aber die aufgrund von Zusätzen, Einschränkungen oder Vorbehalten nicht mit dem Angebot übereinstimmen, gelten als Ablehnung in Verbindung mit einem neuen Angebot.

(2) $_{1}$Was nun gesagt wurde, findet jedoch keine Anwendung, wenn derjenige, der die Antwort abgegeben hat, davon ausgeht, dass diese mit dem Angebot übereinstimmt und der Empfänger dies einsehen muss. $_{2}$In diesem Fall obliegt es diesem, wenn er die Antwort nicht akzeptieren will, hierüber ohne unbillige Verzögerung Mitteilung zu machen; unterlässt er dies, gilt ein Vertrag in Übereinstimmung mit dem Inhalt der Antwort als zustande gekommen.

7 §

Anbud eller svar, som återkallas, vare ej gällande, där återkallelsen kommer den, till vilken anbudet eller svaret är riktat, till handa innan han tager del av detta eller samtidigt därmed.

§ 7

Angebote oder Antworten, die widerrufen werden, seien nicht gültig, wenn der Widerruf demjenigen, an den das Angebot oder die Antwort gerichtet ist, zugeht, bevor er davon Kenntnis erlangt hat oder gleichzeitig damit.

8 §

(1) Har den, som avgivit anbud, förklarat sig icke påfordra uttryckligt svar därå, eller utvisa omständigheterna, att han ej förväntar sådant, vare anbudstagaren ändock pliktig att på förfrågan giva besked, om han vill antaga anbudet; underlåter han det, anses anbudet förfallet.

(2) Angående vissa fall, då underlåtenhet att avböja anbud anses såsom antagande, är särskilt stadgat.

§ 8

(1) Hat derjenige, der ein Angebot abgegeben hat, erklärt, darauf keine ausdrückliche Antwort zu verlangen oder ergibt sich aus den Umständen, dass er eine solche nicht erwartet, sei der Angebotsempfänger trotzdem verpflichtet, auf Nachfrage Bescheid zu geben, ob er das Angebot annehmen will; unterlässt er dies, gilt das Angebot als erloschen.

(2) Betreffend gewisse Fälle, in denen die Unterlassung ein Angebot abzulehnen als Annahme gilt, ist Besonderes geregelt.

9 §

$_{1}$Där någon i meddelande, som eljest vore att anse såsom anbud, använt orden "utan förbindelse", "utan obligo" eller liknande uttryck, anses meddelandet allenast såsom uppfordran att avgiva anbud av det innehåll meddelandet giver vid handen. $_{2}$Inkommer sådant anbud inom rimlig tid därefter från någon, vilken blivit sålunda uppfordrad att avgiva anbud, och måste mottagaren inse, att anbudet framkallats genom hans uppfordran, åligger det honom, där han icke vill antaga detsamma, att utan oskäligt uppehåll giva

§ 9

$_{1}$Wenn jemand in einer Mitteilung, die ansonsten als Angebot anzusehen wäre, die Worte „ohne Verbindlichkeit", „ohne obligo" oder vergleichbare Ausdrücke verwendet, gilt die Mitteilung ausschließlich als Aufforderung, ein Angebot mit dem Inhalt der Mitteilung abzugeben. $_{2}$Geht ein solches Angebot innerhalb angemessener Zeit danach von jemandem ein, der auf diese Art aufgefordert wurde, ein Angebot abzugeben, und muss der Empfänger einsehen, dass das Angebot durch seine Aufforderung hervorgerufen wurde, meddelande därom till anbudsgivaren; underlåter han det, skall han anses hava antagit anbudet.

obliegt es ihm, wenn er dieses nicht annehmen will, ohne unbillige Verzögerung dem Anbietenden hierüber Mitteilung zu machen; unterlässt er dies, gilt das Angebot als von ihm angenommen.

2 kap. Om fullmakt

10 §

(1) Den, som åt annan givit fullmakt att sluta avtal eller eljest företaga rättshandlingar, varder omedelbart berättigad och förpliktad i förhållande till tredje man genom rättshandling, som fullmäktigen inom fullmaktens gränser företager i fullmaktsgivarens namn.

(2) Där någon såsom anställd i annans tjänst eller eljest i följd av avtal med annan intager en ställning, varmed enligt lag eller sedvänja följer viss behörighet att handla å dennes vägnar, anses han hava fullmakt att företaga rättshandlingar, som falla inom gränserna för denna behörighet.

11 §

(1) Har fullmäktigen vid företagande av rättshandling handlat i strid mot särskilda inskränkande föreskrifter av fullmaktsgivaren, vare rättshandlingen ej gällande mot denne, såframt tredje man insåg eller bort inse, att fullmäktigen sålunda överskred sin befogenhet.

(2) Är fullmakten av sådan beskaffenhet, som i 18 § avses, vare rättshandling, som fullmäktigen med överskridande av sin befogenhet företagit, icke gällande mot fullmaktsgivaren, ändå att tredje man var i god tro.

12 §

(1) Vill fullmaktsgivaren återkalla fullmakt, som avses i 13-16 §§, åligger det honom, även om han meddelat fullmäktigen, att han icke längre vill låta fullmakten gälla, att iakttaga vad i nämnda paragrafer för varje fall föreskrives; äro flera av dessa föreskrifter var för sig tillämpliga å samma fullmakt, skola de alla iakttagas.

Kap. 2: Über Vollmacht

§ 10

(1) Derjenige, der jemand anderem die Vollmacht erteilt hat, einen Vertrag zu schließen oder sonstige Rechtshandlungen vorzunehmen, sei im Verhältnis zu Dritten durch Rechtshandlungen unmittelbar berechtigt und verpflichtet, die der Bevollmächtigte im Rahmen der Grenzen der Vollmacht im Namen des Vollmachtgebers vornimmt.

(2) Wo jemand als im Dienste eines anderen Angestellter oder ansonsten infolge eines Vertrages mit jemand anderem eine Stellung einnimmt, womit sich nach Gesetz oder Gewohnheit eine bestimmte Befugnis ergibt, in dessen Namen zu handeln, gilt er als zur Vornahme von Rechtshandlungen bevollmächtigt, die in den Rahmen der Grenzen dieser Befugnis fallen.

§ 11

(1) Hat der Bevollmächtigte bei der Vornahme einer Rechtshandlung im Widerspruch zu besonderen beschränkenden Vorschriften des Vollmachtgebers gehandelt, sei die Rechtshandlung diesem gegenüber nicht gültig, sofern der Dritte einsah oder einsehen musste, dass der Bevollmächtigte insofern seine Befugnisse überschritt.

(2) Ist die Vollmacht wie in § 18 beschaffen, sei die Rechtshandlung, die der Bevollmächtigte unter Überschreitung seiner Befugnisse vorgenommen hat, nicht gegenüber dem Vollmachtgeber gültig, es sei denn, dass der Dritte in gutem Glauben war.

§ 12

(1) Will der Vollmachtgeber die Vollmacht wie in den §§ 13-16 angegeben widerrufen, obliegt es ihm, auch wenn er dem Bevollmächtigten die Mitteilung gemacht hat, dass er die Vollmacht nicht länger gelten lassen will, dasjenige zu beachten, was in den genannten Paragrafen für jeden Fall vorgeschrieben ist; sind mehrere dieser Vorschriften jeweils für sich auf dieselbe Vollmacht anwendbar, sind sie alle zu beachten.

(2) Tredje man, hos vilken en fullmakt återkallats på det i 13 § angivna sätt, äge dock icke åberopa, att återkallelse ej skett på annat sätt.

(2) Ein Dritter, bei dem eine Vollmacht auf die in § 13 angegebene Art und Weise widerrufen worden ist, kann sich nicht darauf berufen, dass der Widerruf nicht auf andere Art und Weise erfolgt ist.

13 §

Fullmakt, som bragts till tredje mans kännedom genom ett till honom särskilt riktat meddelande från fullmaktsgivaren, är återkallad, när särskilt meddelande från fullmaktsgivaren, att fullmakten icke vidare skall gälla, kommit tredje man till handa.

§ 13

Eine Vollmacht, die einem Dritten durch eine besonders an ihn gerichtete Mitteilung des Vollmachtgebers zur Kenntnis gebracht wurde, ist widerrufen, wenn eine besondere Mitteilung des Vollmachtgebers, dass die Vollmacht nicht weiter gilt, dem Dritten zugegangen ist.

[...]

[...]

25 §

(1) Den, som uppträder såsom fullmäktig för annan, ansvarar för att han har erforderlig fullmakt och är förty, där han ej förmår styrka, att han handlat efter fullmakt eller att den rättshandling, varom fråga är, blivit godkänd av den uppgivne huvudmannen eller ändock är gällande mot honom, pliktig att ersätta tredje man all skada, som denne lider därigenom att han icke kan göra rättshandlingen gällande mot huvudmannen.

§ 25

(1) Derjenige, der als Bevollmächtigter für einen anderen auftritt, haftet dafür, dass er die erforderliche Vollmacht hat und ist deswegen, wenn er nicht nachweisen kann, dass er aufgrund der Vollmacht gehandelt hat oder dass die infrage stehende Rechtshandlung von dem angegebenen Geschäftsherrn genehmigt wurde oder dennoch gegen diesen gültig ist, verpflichtet, dem Dritten allen Schaden zu ersetzen, den dieser dadurch erleidet, dass er die Rechtshandlung nicht gegen den Geschäftsherrn geltend machen kann.

(2) Vad sålunda är stadgat skall dock icke äga tillämpning, där tredje man insåg eller bort inse, att fullmakt ej förefanns eller att förefintlig fullmakt överskreds; ej heller där den, som företog rättshandlingen, handlade på grund av fullmakt, vilken i följd av någon särskild omständighet, varom han icke ägde kunskap och varom tredje man ej heller kunde med fog förutsätta, att han skulle hava kännedom, icke kan göras gällande mot huvudmannen.

(2) Was insofern vorgeschrieben ist, findet jedoch keine Anwendung, wenn der Dritte einsah oder einsehen musste, dass die Vollmacht nicht vorhanden war oder dass die vorhandene Vollmacht überschritten wurde; auch nicht, wenn derjenige, der die Rechtshandlung vornahm, aufgrund einer Vollmacht handelte, die infolge eines besonderen Umstands, von dem er keine Kenntnis hatte und von dem der Dritte auch nicht mit Fug voraussetzen konnte, dass er hiervon Kenntnis hatte, nicht gegen den Geschäftsherrn geltend gemacht werden kann.

[...]

[...]

3 kap. Om rättshandlingars ogiltighet

28 §

(1) Rättshandling, den någon blivit rättsstridigt tvungen att företaga, vare, där tvånget utövats genom våld å person eller genom hot, som innebär trängande fara, icke gällande mot den tvungne.

(2) Har tvånget utövats av annan än den, gent emot vilken rättshandlingen företogs, och var denne i god tro, åligger det dock den tvungne, där han vill mot honom åberopa tvånget, att utan oskäligt uppehåll efter det tvånget upphörde giva honom meddelande därom vid äventyr, om sådant underlåtes, att rättshandlingen varder gällande.

29 §

Rättshandling, den någon utan användande av sådana tvångsmedel, som i 28 § avses, rättsstridigt tvungit en annan att företaga, vare ej gällande mot den tvungne, där den, gentemot vilken rättshandlingen företogs, själv utövat tvånget eller ock insett eller bort inse, att rättshandlingen framkallats genom rättsstridigt tvång från annans sida.

30 §

(1) Där den, gent emot vilken en rättshandling företagits, framkallat densamma genom svikligt förledande eller ock insett eller bort inse, att den, som företog rättshandlingen, blivit svikligen förledd därtill av annan, vare rättshandlingen icke gällande mot den förledde.

(2) Har den, gentemot vilken rättshandlingen företogs, svikligen uppgivit eller förtegat omständigheter, som kunna antagas vara av betydelse för rättshandlingen, skall han anses hava därigenom framkallat densamma, såframt det ej visas, att det svikliga förfarandet icke inverkat å rättshandlingen.

Kap. 3: Über die Ungültigkeit von Rechtshandlungen

§ 28

(1) Eine Rechtshandlung, zu deren Vornahme jemand rechtswidrig gezwungen wurde, sei, wenn der Zwang durch Gewalt gegen eine Person oder durch Drohung, die eine drängende Gefahr beinhaltet, nicht gültig gegenüber dem Gezwungenen.

(2) Wurde der Zwang von einem anderen ausgeübt als dem, demgegenüber die Rechtshandlung vorgenommen wurde, und war dieser in gutem Glauben, obliegt es jedoch dem Gezwungenen, wenn er sich ihm gegenüber auf den Zwang berufen will, diesem ohne unbillige Verzögerung nach dem Ende des Zwanges Mitteilung darüber zu machen, auf die Gefahr hin, dass, wenn so etwas unterlassen wird, die Rechtshandlung gültig werde.

§ 29

Eine Rechtshandlung, die jemand ohne die Anwendung von Zwangsmitteln im Sinne des § 28 rechtswidrig gezwungen wird vorzunehmen, sei dem Gezwungenen gegenüber nicht gültig, wenn derjenige, gegenüber dem die Rechtshandlung vorgenommen wurde, selbst den Zwang ausgeübt hat oder auch eingesehen hat oder einsehen musste, dass die Rechtshandlung durch rechtswidrigen Zwang seitens eines anderen hervorgerufen wurde.

§ 30

(1) Wo derjenige, demgegenüber eine Rechtshandlung vorgenommen wurde, dieselbe durch täuschende Verleitung hervorgerufen hat oder auch eingesehen hat oder einsehen musste, dass derjenige der die Rechtshandlung vornahm, hierzu von einem anderen durch Täuschung verleitet wurde, sei die Rechtshandlung gegenüber dem Verleiteten nicht gültig.

(2) Hat derjenige, demgegenüber die Rechtshandlung vorgenommen wurde, betrügerisch Umstände angegeben oder vorgetäuscht, von denen angenommen werden kann, dass sie für die Rechtshandlung von Bedeutung sind, so gilt diese als dadurch hervorgerufen, soweit nicht nachgewiesen wird, dass das betrügerische Vorgehen nicht auf die Rechtshandlung eingewirkt hat.

31 §

(1) Har någon begagnat sig av annans trångmål, oförstånd, lättsinne eller beroende ställning till att taga eller betinga sig förmåner, vilka stå i uppenbart missförhållande till det vederlag, som må hava blivit erlagt eller utfäst, eller för vilka något vederlag icke skall utgå, vare rättshandling, som sålunda tillkommit, icke gällande mot den förfördelade.

(2) Lag samma vare, där sådant otillbörligt förfarande, som i första stycket avses, ligger annan till last än den, gent emot vilken rättshandlingen företogs, och denne ägde eller bort äga kunskap därom.

(3) Om avtal rörande bärgning gälle vad särskilt är stadgat.

§ 31

(1) Hat jemand die Bedrängnis, den Unverstand, den Leichtsinn oder die Abhängigkeit eines anderen benutzt, um sich Vorteile zu nehmen oder zu veranlassen, die in einem offensichtlichen Missverhältnis zu der Gegenleistung stehen, die erbracht oder versprochen worden ist, oder für welche keine Gegenleistung zu erbringen ist, sei die Rechtshandlung, die so zustande gekommen ist, gegen den Benachteiligten nicht gültig.

(2) Das Recht sei dasselbe, wenn solches ungebührliche Verfahren, wie in Absatz 1 genannt, einem anderen als dem, demgegenüber die Rechtshandlung vorgenommen wurde, zur Last fällt und dieser Kenntnis davon hatte oder haben musste.

(3) Für Verträge betreffend die Bergung gelte, was besonders geregelt ist.

32 §

(1) Den, som avgivit en viljeförklaring, vilken i följd av felskrivning eller annat misstag å hans sida fått annat innehåll än åsyftat varit, vare icke bunden av viljeförklaringens innehåll, där den, till vilken förklaringen är riktad, insåg eller bort inse misstaget.

(2) $_1$Varder en avgiven viljeförklaring, som befordras genom telegram eller framföres muntligen genom bud, till följd av fel vid telegraferingen eller oriktigt återgivande genom budet till innehållet förvanskad, vare avsändaren, ändå att mottagaren var i god tro, icke bunden av förklaringen i det skick den framkommit. $_2$Vill avsändaren av anledning som nu sagts icke låta förklaringen gälla, åligger det honom dock att giva mottagaren meddelande därom utan oskäligt uppehåll efter det förvanskningen kommit till hans kunskap; underlåter han det, och var mottagaren i god tro, vare förklaringen gällande sådan den framkommit.

§ 32

(1) Derjenige, der eine Willenserklärung abgegeben hat, die infolge eines Verschreibens oder anderen Fehlers auf seiner Seite einen anderen Inhalt erhalten hat, als bezweckt war, sei nicht vom Inhalt der Willenserklärung gebunden, wenn derjenige, an den die Erklärung gerichtet ist, den Fehler einsah oder hätte einsehen müssen.

(2) $_1$Wird eine abgegebene Willenserklärung, die durch Telegramm befördert oder mündlich durch einen Boten vorgebracht wird, infolge eines Fehlers beim Telegrafieren oder unrichtiger Wiedergabe durch den Boten inhaltlich entstellt, sei der Absender, auch wenn der Empfänger in gutem Glauben war, nicht von der Erklärung in der Form, in der sie angekommen ist, gebunden. $_2$Will der Absender die Erklärung aus diesem Grund nicht gelten lassen, obliegt es ihm aber, dem Empfänger ohne unangemessene Verzögerung, nachdem er Kenntnis von der Entstellung erlangt hat, darüber Mitteilung zu machen; unterlässt er dies, und war der Empfänger in gutem Glauben, sei die Erklärung so gültig, wie sie angekommen ist.

33 §

Rättshandling, som eljest vore att såsom giltig anse, må ej göras gällande, där omständigheterna vid dess tillkomst voro sådana, att det skulle

§ 33

Eine Rechtshandlung, die ansonsten als gültig anzusehen wäre, darf nicht geltend gemacht werden, wenn die Umstände bei deren Entstehung solche strida mot tro och heder att med vetskap om dem åberopa rättshandlingen, och den, gentemot vilken rättshandlingen företogs, måste antagas hava ägt sådan vetskap.

waren, dass es Treu und Glauben widersprechen würde, sich mit Wissen über diese Umstände auf die Rechtshandlung zu beziehen und von demjenigen, demgegenüber die Rechtshandlung vorgenommen wurde, angenommen werden muss, dass er solches Wissen hatte.

[...]

[...]

4 kap. Allmänna bestämmelser

[...]

Kap. 4: Allgemeine Bestimmungen

[...]

H. Gesetz über Miteigentum (Auszug)

Lag (1904:48 s.1) om samäganderätt

Gesetz (1904:48 S. 1) über Miteigentum

1 §

$_{1}$Äro två eller flera samfällt ägare av fastighet eller lös sak, eller tillhör aktie, obligation eller skuldebrev två eller flera samfällt, tillkomme envar av dem viss lott i godset. $_{2}$Lotterna vare för lika räknad, där ej annat förhållande kan visas.

§ 1

$_{1}$Sind zwei oder mehrere gemeinsam Eigentümer eines Grundstücks oder einer beweglichen Sache oder gehört eine Aktie, Obligation oder Schuldverschreibung zweien oder mehreren gemeinsam, so komme jedem von ihnen ein gewisser Anteil an dem Gute zu. $_{2}$Die Anteile seien gleich zu zählen, wenn kein anderes Verhältnis nachgewiesen werden kann.

2 §

För förfogande över det samfällda godset i dess helhet eller för vidtagande av åtgärd i godsets förvaltning erfordras samtliga delägares samtycke; dock må åtgärd, som för godsets bevarande tarvas och ej tål uppskov, utan hinder därav att någon delägare i följd av sjukdom, frånvaro eller annan orsak är ut stånd att i åtgärden deltaga, av övriga vidtagas.

§ 2

Für die Verfügung über das gemeinsame Gut in seiner Gesamtheit oder für die Vornahme von Maßnahmen zur Verwaltung des Gutes, ist das Einverständnis sämtlicher Miteigentümer erforderlich; eine Maßnahme, die für die Bewahrung des Gutes erforderlich ist und keinen Aufschub duldet, darf aber ungeachtet dessen, dass ein Miteigentümer infolge von Krankheit, Abwesenheit oder anderer Ursache außerstande ist, an der Maßnahme teilzunehmen, von den übrigen vorgenommen werden.

3 §

$_{1}$Kunna delägarna ej enas rörande godsets förvaltning eller nyttjande, äge på ansökan av delägare rätten förordna, att godset under viss tid skall omhänderhavas av god man, som av rätten utses. $_{2}$Till god man må ock delägare förordnas.

§ 3

$_{1}$Können sich die Miteigentümer bezüglich der Verwaltung oder Nutzung des Gutes nicht einigen, kann das Gericht auf Antrag eines Miteigentümers anordnen, dass das Gut während eines bestimmten Zeitraumes von einem Verwalter betreut wird, der vom Gericht bestimmt wird. $_{2}$Als Verwalter kann auch ein Miteigentümer bestellt werden.

[...]

[...]

6 §

Envar delägare i samfällt gods, varom i 1 § sägs, äge, där ej annorledes är mellan honom och övriga delägare avtalat, hos rätten söka, att godset för gemensam räkning utbjudes till försäljning å offentlig auktion; dock må förordnande om utbjudande ej meddelas, där annan delägare visar synnerliga skäl för anstånd.

§ 6

Einjeder Miteigentümer des gemeinsamen Gutes, wovon in § 1 gesagt wird, darf, wenn nicht anders zwischen ihm und den übrigen Miteigentümern vereinbart, bei Gericht beantragen, dass das Gut für gemeinsame Rechnung auf öffentlicher Auktion zum Verkauf angeboten wird; eine Anordnung über das Anbieten zum Verkauf darf jedoch nicht ergehen, wenn ein anderer Miteigentümer besondere Gründe für einen Aufschub nachweist.

[...]

[...]

15 §

Kostnad, som enligt denna lag gjorts för förvaltning av samfällt gods eller för auktion, skola samtlige delägare vidkännas, envar i förhållande till sin lott.

§ 15

Kosten, die nach diesem Gesetz für die Verwaltung des gemeinsamen Gutes oder für die Auktion entstanden sind, haben sämtliche Miteigentümer zu tragen, ein jeder im Verhältnis zu seinem Anteil.

[...]

[...]

I. Zwangsvollstreckungsgesetzbuch (Auszug)

Utsökningsbalk (1981:774)

Zwangsvollstreckungsgesetzbuch (1981:774)

1 kap. Inledande bestämmelser

[...]

Kap. 1: Einleitende Bestimmungen

[...]

2 kap. Förfarandet hos kronofogdemyndigheten

Ansökan m. m.

1 §

(1) $_{1}$Ansökan om verkställighet görs muntligen eller skriftligen. $_{2}$Regeringen eller den myndighet som regeringen bestämmer får dock medge att ansökan görs på medium för automatisk databehandling.

Kap. 2: Das Verfahren bei der Vollstreckungsbehörde

Antrag etc.

§ 1

(1) $_{1}$Ein Antrag auf Vollstreckung kann mündlich oder schriftlich gestellt werden. $_{2}$Die Regierung oder die von der Regierung bestimmte Behörde kann jedoch erlauben, dass der Antrag auf einem Medium für die automatische Datenverarbeitung gemacht wird.

(2) Skriftlig ansökan skall vara undertecknad av sökanden eller hans ombud.

(2) Ein schriftlicher Antrag muss vom Antragsteller oder seinem Rechtsbeistand unterschrieben sein.

(3) $_{1}$Utslag i mål om betalningsföreläggande eller handräckning verkställs självmant av kronofogdemyndigheten, om inte sökanden i målet har angett att verkställighet inte skall ske. $_{2}$Ansökan om verkställighet anses gjord när utslaget meddelades.

(3) $_{1}$Beschlüsse im Mahnverfahren oder dem Verfahren der Vollstreckungshilfe werden von der Vollstreckungsbehörde von Amts wegen vollstreckt, wenn der Antragsteller in der Rechtssache nicht angegeben hat, dass die Vollstreckung nicht erfolgen soll. $_{2}$Der Antrag auf Vollstreckung wird als gestellt angesehen, wenn der Beschluss erlassen wurde.

[...]

[...]

4 kap. Utmätning

[...]

Kap. 4: Pfändung

[...]

Förhållandet till tredje man vid utmätning av lös egendom

17 §

Lös egendom får utmätas, om det framgår att egendomen tillhör gäldenären eller om han enligt 18 eller 19 § skall anses vara ägare.

Verhältnis zu Dritten bei der Pfändung beweglicher Vermögensgegenstände

§ 17

Bewegliche Vermögensgegenstände dürfen gepfändet werden, wenn sich ergibt, dass der Vermögensgegenstand dem Schuldner gehört oder, wenn er nach § 18 oder § 19 als Eigentümer anzusehen ist.

18 §

(1) Gäldenären anses vara ägare till lös egendom som han har i sin besittning, om det ej framgår att egendomen tillhör annan.

§ 18

(1) Der Schuldner ist als Eigentümer der in seinem Besitz befindlichen beweglichen Vermögensgegenstände anzusehen, wenn sich nicht ergibt, dass der Vermögensgegenstand jemand anderem gehört.

(2) I fråga om registrerat skepp eller registrerat luftfartyg gäller dock att egendomen anses tillhöra gäldenären, om denne är inskriven som ägare och det ej framgår att egendomen tillhör annan.

(2) In Bezug auf registrierte Schiffe oder registrierte Luftfahrzeuge gilt jedoch, dass der Vermögensgegenstand als dem Schuldner gehörend anzusehen ist, wenn dieser als Eigentümer eingeschrieben ist und sich nicht ergibt, dass der Vermögensgegenstand einem anderen gehört.

19 §

(1) $_{1}$Om gäldenären är gift och varaktigt sammanbor med sin make och de har lös egendom i sin gemensamma besittning, anses gäldenären som ägare till egendomen, om det ej görs sannolikt att de är samägare till egendomen enligt lagen (1904:48 s.1) om samäganderätt och det ej heller

§ 19

(1) $_{1}$Wenn der Schuldner verheiratet ist und dauerhaft mit seinem Ehepartner zusammenwohnt und sie bewegliche Vermögensgegenstände in ihrem gemeinsamen Besitz haben, so gilt der Schuldner als Eigentümer der Vermögensgegenstände, wenn es nicht glaubhaft gemacht wird,

framgår att egendomen tillhör den andre eller någon annan. $_{2}$Detsamma gäller, när gäldenären varaktigt sammanbor med annan under äktenskapsliknande förhållanden.

dass sie gemeinsame Eigentümer der Vermögensgegenstände gemäß dem Gesetz (1904:48 S. 1) Miteigentum sind und es sich auch nicht ergibt, dass der Vermögensgegenstand dem anderen oder jemand anderem gehört. $_{2}$Dasselbe gilt, wenn der Schuldner unter eheähnlichen Verhältnissen dauerhaft mit jemandem zusammenwohnt.

(2) Om gäldenären och annan än som avses i första stycket har lös egendom i sin gemensamma besittning, får egendomen eller andel däri utmätas endast om det framgår att egendomen eller andelen tillhör gäldenären.

(2) Wenn der Schuldner und jemand anderes als in Absatz 1 genannt bewegliche Vermögensgegenstände im gemeinsamen Besitz haben, darf der Vermögensgegenstand oder ein Anteil daran nur gepfändet werden, wenn klar ist, dass der Vermögensgegenstand oder der Anteil dem Schuldner gehört.

(3) Första och andra styckena gäller ej i fråga om registrerat skepp eller registrerat luftfartyg.

(3) Die Absätze 1 und 2 gelten nicht in Bezug auf registrierte Schiffe oder registrierte Luftfahrzeuge.

20 §

(1) $_{1}$Utmäts lös egendom enligt 17, 18 eller 19 §§ trots att tredje man har påstått bättre rätt till egendomen, skall kronofogdemyndigheten, om skäl föreligger, förelägga tredje mannen att inom en månad från det att föreläggandet delgavs honom väcka talan i saken mot sökanden och gäldenären. $_{2}$Detsamma gäller, om tredje man påstår bättre rätt först sedan utmätning har skett.

§ 20

(1) $_{1}$Wird ein beweglicher Vermögensgegenstand gemäß den §§ 17, 18 oder 19 gepfändet, obwohl ein Dritter ein besseres Recht an dem Vermögensgegenstand behauptet hat, hat die Vollstreckungsbehörde, wenn Gründe vorliegen, dem Dritten aufzugeben, binnen eines Monats ab Mitteilung der Aufforderung in der Sache Klage gegen den Vollstreckungsgläubiger und den Schuldner einzureichen. $_{2}$Dasselbe gilt, wenn ein Dritter ein besseres Recht erst nach erfolgter Pfändung behauptet.

(2) Efterkommer tredje man ej föreläggandet, har han förlorat sin rätt mot sökanden, om ej denne inom den angivna tiden har väckt talan i saken mot tredje mannen.

(2) Kommt der Dritte der Aufforderung nicht nach, hat er sein Recht gegenüber dem Antragsteller verloren, wenn nicht dieser innerhalb der angegebenen Frist in der Sache Klage gegen den Dritten eingereicht hat.

[...]

[...]

5 kap. Undantag från utmätning

[...]

Kap. 5: Ausnahmen von der Pfändung

[...]

Undantag på grund av egendomens beskaffenhet eller särskild föreskrift

5 §

(1) Egendom, som till följd av sin beskaffenhet, enligt föreskrift vid gåva eller i testamente eller

Ausnahmen aufgrund der Beschaffenheit des Vermögensgegenstandes oder besonderer Vorschrift

§ 5

(1) Vermögensgegenstände, die infolge ihrer Beschaffenheit gemäß einer Bestimmung bei Schen-

på annan grund som gäller mot envar ej får överlåtas, får ej heller utmätas, om ej annat följer av andra stycket eller av särskild föreskrift.

kung oder in einem Testament oder aufgrund von etwas, was gegen jedermann gilt, nicht übertragen werden dürfen, dürfen ebenfalls nicht gepfändet werden, wenn sich aus Absatz 2 oder besonderen Vorschriften nicht etwas anderes ergibt.

(2) Egendom, som gäldenären har förvärvat på kredit under förbehåll om återtaganderätt för kreditgivaren, får utmätas utan hinder av att egendomen ej får överlåtas.

(2) Vermögensgegenstände, die der Schuldner auf Kredit unter Vorbehalt des Rücknahmerechts des Kreditgebers erworben hat, dürfen unbeschadet dessen, dass der Vermögensgegenstand nicht übereignet werden darf, gepfändet werden.

[...]

[...]

9 kap. Försäljning av lös egendom i allmänhet och indrivning av utmätt fordran m. m.

Kap. 9: Verkauf von beweglichen Vermögensgegenständen im allgemeinen und Beitreibung der gepfändeten Forderung etc.

[...]

[...]

Försäljning av egendom som innehas under förbehåll om återtaganderätt

Verkauf von Vermögensgegenständen, die unter Vorbehalt des Rücknahmerechts innegehabt werden

10 §

(1) Har utmätning skett av egendom som gäldenären har förvärvat på kredit under förbehåll om återtaganderätt för kreditgivaren, får egendomen säljas endast om köpeskillingen förslår till betalning av kreditgivarens fordran eller försäljningen med kreditgivarens samtycke i målet sker med förbehåll för hans eller hennes rätt enligt avtalet.

§ 10

(1) Ist die Pfändung von Vermögensgegenständen, die der Schuldner auf Kredit unter Vorbehalt des Rücknahmerechts für den Kreditgeber erworben hat, erfolgt, darf der Vermögensgegenstand nur verkauft werden, wenn der Kaufpreis ausreicht, um die Forderung des Kreditgebers zu bezahlen, oder der Verkauf mit dem Einverständnis des Kreditgebers unter Vorbehalt seines oder ihres Rechts in Übereinstimmung mit dem Vertrag erfolgt.

(2) $_1$Kreditgivarens fordran bestäms enligt 36 § konsumentkreditlagen (2010:1846) eller enligt 5 § lagen (1978:599) om avbetalningsköp mellan näringsidkare m.fl. $_2$Är inte någon av dessa lagar tillämplig på avtalet, bestäms fordringen likväl enligt sistnämnda paragraf, varvid jämkning får ske efter vad som är skäligt.

(2) $_1$Die Forderung des Kreditgebers wird gemäß § 36 Verbraucherkreditgesetz (2010:1846) oder gemäß § 5 des Gesetzes (1978:599) über den Abzahlungskauf zwischen Unternehmern u.a. bestimmt. $_2$Ist keines dieser Gesetze auf den Vertrag anwendbar, wird die Forderung gleichwohl nach dem letztgenannten Paragrafen bestimmt, wobei eine angemessene Anpassung nach Billigkeit erfolgen darf.

(3) Sker försäljningen med förbehåll för kreditgivarens rätt, svarar därefter den som förvärvar egendomen i stället för gäldenären för dennes skyldigheter enligt avtalet.

(3) Erfolgt der Verkauf mit dem Vorbehalt für das Recht des Kreditgebers, haftet danach der Erwerber des Vermögensgegenstandes anstelle des Schuldners für dessen Pflichten gemäß dem Vertrag.

[...]

[...]

J. Kommissionsgesetz (Auszug)

Kommissionslag (2009:865)

Kommissionsgesetz (2009:865)

Lagens tillämpningsområde

1 §

(1) Denna lag gäller uppdrag att för en annan persons räkning men i eget namn sälja eller köpa lös egendom.

Anwendungsbereich des Gesetzes

§ 1

(1) Dieses Gesetz gilt für Aufträge, für Rechnung einer anderen Person, aber im eigenen Namen, bewegliche Vermögensgegenstände zu verkaufen oder zu kaufen.

(2) $_{1}$Den som har åtagit sig uppdraget kallas kommissionär. $_{2}$Den för vars räkning försäljningen eller köpet ska ske kallas kommittent. $_{3}$Om uppdraget faller inom området för en av kommissionären bedriven näringsverksamhet, kallas kommissionären handelskommissionär. $_{4}$Kommissionärens och kommittentens avtal kallas kommissionsavtal.

(2) $_{1}$Derjenige, der sich verpflichtet, den Auftrag auszuführen, wird Kommissionär genannt. $_{2}$Derjenige, für dessen Rechnung der Verkauf oder Kauf zu erfolgen hat, wird Kommittent genannt. $_{3}$Wenn der Auftrag in den Bereich einer vom Kommissionär betriebenen gewerblichen Tätigkeit fällt, wird der Kommissionär Handelskommissionär genannt. $_{4}$Der Vertrag zwischen Kommissionär und Kommittent wird Kommissionsvertrag genannt.

(3) Avser uppdraget handel med finansiella instrument, gäller inte 10, 12, 33, 34 och 39-42 §§.

(3) Betrifft der Auftrag den Handel mit finanziellen Instrumenten, gelten die §§ 10, 12, 33, 34 und 39-42 nicht.

Avtalsfrihet och lagens tvingande verkan

2 §

(1) $_{1}$Om kommittenten är konsument och kommissionären är handelskommissionär, är avtalsvillkor som i jämförelse med bestämmelserna i denna lag är till nackdel för kommittenten utan verkan mot denne. $_{2}$Detta gäller dock inte uppdrag där kommittenten är en professionell kund enligt 8 kap. 17 § lagen (2007:528) om värdepappersmarknaden. $_{3}$Med konsument avses en fysisk person som handlar huvudsakligen för ändamål som faller utanför näringsverksamhet.

Vertragsfreiheit und die zwingende Wirkung des Gesetzes

§ 2

(1) $_{1}$Wenn der Kommittent Verbraucher und der Kommissionär Handelkommissionär sind, sind Vertragsbedingungen, die im Vergleich mit den Bestimmungen dieses Gesetzes für den Kommittenten nachteilig sind, ohne Wirkung gegenüber diesem. $_{2}$Dies gilt jedoch nicht für Aufträge, in denen der Kommittent gemäß Kap. 8, § 17 des Gesetzes (2007:528) über den Wertpapiermarkt ein professioneller Kunde ist. $_{3}$Mit Konsument ist eine physische Person gemeint, die hauptsächlich für Zwecke außerhalb einer gewerblichen Tätigkeit handelt.

(2) I andra fall än de som omfattas av första stycket gäller avtalsvillkor framför bestämmelserna i denna lag, om inte annat anges i lagen.

(2) In anderen Fällen als denen von Absatz 1 erfassten, gelten die Vertragsbedingungen vor den Bestimmungen in diesem Gesetz, wenn im Gesetz nichts anderes angegeben wird.

(3) Med avtalsvillkor jämställs, vid tillämpningen av första och andra styckena, praxis som har

(3) Mit Vertragsbedingungen werden bei der Anwendung der Absätze 1 und 2 Gepflogenheiten

utbildats mellan parterna och handelsbruk eller annan sedvänja som måste anses bindande för parterna.

gleichgestellt, die sich zwischen den Parteien herausgebildet haben und Handelsbräuche und andere Gewohnheiten, die als für die Parteien bindend angesehen werden müssen.

[...]

[...]

Självinträde och kombination

19 §

(1) $_1$Utförs ett kommissionsuppdrag i konkurrens med flera köpare eller säljare, har kommissionären rätt att för egen räkning träda in som köpare eller säljare av varan (självinträde) eller att utföra två eller flera kommittenters uppdrag mot varandra (kombination). $_2$I annat fall får självinträde eller kombination ske endast om kommittenten uttryckligen godkänt detta. $_3$Ett sådant godkännande behövs dock inte om kommittenten är en jämbördig motpart enligt 8 kap. 19 § lagen (2007:528) om värdepappersmarknaden.

Selbsteintritt und Kombination

§ 19

(1) $_1$Wird ein Kommissionsauftrag in Konkurrenz mit mehreren Käufern oder Verkäufern ausgeführt, so hat der Kommissionär das Recht, für eigene Rechnung als Käufer oder Verkäufer der Ware einzutreten (Selbsteintritt) oder die Aufträge von zwei oder mehr Kommittenten gegeneinander auszuführen (Kombination). $_2$Ansonsten darf der Selbsteintritt oder die Kombination nur erfolgen, wenn der Kommittent dies ausdrücklich genehmigt hat. $_3$Eine solche Genehmigung ist jedoch nicht erforderlich, wenn der Kommittent eine gleichwertige Gegenpartei im Sinne von Kap. 8, § 19 des Gesetzes (2007:528) über den Wertpapiermarkt ist.

(2) Om självinträde eller kombination har skett enligt första stycket, ska kommissionären informera kommittenten om detta i sitt meddelande enligt 4 § om ingångna avtal.

(2) Wenn der Selbsteintritt oder die Kombination nach Absatz 1 erfolgt ist, hat der Kommissionär den Kommittenten darüber in seiner Mitteilung nach § 4 über eingegangene Verträge zu informieren.

(3) $_1$Om kommittenten är näringsidkare och uppdraget inte faller inom ett område som utgör en väsentlig del av näringsverksamheten, är avtalsvillkor som i jämförelse med denna paragraf är till nackdel för kommittenten utan verkan mot denne. $_2$Detta gäller dock inte om kommittenten är en professionell kund enligt 8 kap. 16 eller 17 § lagen om värdepappersmarknaden.

(3) $_1$Wenn der Kommittent ein Gewerbetreibender ist und der Auftrag nicht in einen Bereich fällt, der einen wesentlichen Teil der gewerblichen Tätigkeit ausmacht, sind Vertragsbedingungen, die im Vergleich mit diesem Paragrafen zum Nachteil des Kommittenten sind, ohne Wirkung gegen diesen. $_2$Dies gilt jedoch nicht, wenn der Kommittent ein professioneller Kunde im Sinne von Kap. 8, § 16 oder 17 des Gesetzes über den Wertpapiermarkt ist.

[...]

[...]

Kommittentens äganderätt till kommissionsvarorna

23 §

(1) En kommittent förblir ägare till varor som har lämnats till kommissionären för försäljning till dess att äganderätten övergår till tredje man eller, vid självinträde, till kommissionären.

Das Eigentumsrecht des Kommittenten an den Kommissionswaren

§ 23

(1) Ein Kommittent verbleibt Eigentümer der Waren, die zum Verkauf an den Kommissionär übergeben wurden, bis das Eigentum an einen Dritten oder, bei Selbsteintritt, an den Kommissionär übergeht.

(2) Kommittenten blir omedelbart ägare till varor som kommissionären har köpt in för kommittentens räkning.

(2) Der Kommittent wird unmittelbar Eigentümer der Waren, die der Kommissionär für die Rechnung des Kommittenten eingekauft hat.

(3) En fordran på tredje man på grund av dennes avtal med kommissionären är förbehållen kommittenten framför kommissionärens borgenärer.

(3) Eine Forderung gegen einen Dritten aufgrund dessen Vertrages mit dem Kommissionär ist dem Kommittenten vor den Gläubigern des Kommissionärs vorbehalten.

24 §

§ 24

(1) Genom avtalet mellan kommissionären och tredje man förvärvar tredje man rätt mot kommissionären men inte mot kommittenten.

(1) Durch den Vertrag zwischen dem Kommissionär und einem Dritten erwirbt der Dritte ein Recht gegen den Kommissionär, aber nicht gegen den Kommittenten.

(2) Förvärvar tredje man en viss vara, är varan i och med avtalet förbehållen tredje man framför kommissionärens borgenärer.

(2) Erwirbt ein Dritter eine bestimmte Ware, ist diese Ware ab dem Vertrag dem Dritten vor den Gläubigern des Kommissionärs vorbehalten.

[…]

[…]

Kommittentens rätt att ta över kommissionärens anspråk mot tredje man

Recht des Kommittenten, den Anspruch des Kommissionärs gegen einen Dritten zu übernehmen

27 §

§ 27

(1) $_{1}$En kommittent får ta över anspråket mot tredje man på grund av avtal som kommissionären har ingått med tredje man för kommittentens räkning. $_{2}$Vid handelskommission får kommittenten dock ta över anspråket endast om tredje man är i dröjsmål med sin betalning eller leverans eller om kommissionären har brustit i sin redovisningsskyldighet, handlat oredligt mot kommittenten eller försatts i konkurs.

(1) $_{1}$Ein Kommittent darf den Anspruch gegen einen Dritten aus einem Vertrag, den der Kommissionär mit dem Dritten für die Rechnung des Kommittenten eingegangen ist, übernehmen. $_{2}$Bei der Handelskommission darf der Kommittent den Anspruch jedoch nur übernehmen, wenn der Dritte im Verzug mit der Zahlung oder der Lieferung ist oder der Kommissionär seiner Rechnungslegungspflicht nicht nachgekommen ist, gegenüber dem Kommittenten unredlich gehandelt hat oder in Konkurs versetzt worden ist.

(2) $_{1}$Innan kommittenten får ta över anspråket mot tredje man ska kommissionären underrättas. $_{2}$Om kommissionären begär det, ska kommittenten också först betala eller ställa säkerhet för sådan fordran som kommissionären har panträtt i enligt 15 § tredje stycket.

(2) $_{1}$Bevor der Kommittent den Anspruch gegen den Dritten übernehmen darf, muss der Kommissionär unterrichtet werden. $_{2}$Wenn der Kommissionär es begehrt, hat der Kommittent auch zuerst zu bezahlen oder Sicherheit für eine Forderung zu stellen, an der der Kommissionär gemäß § 15 Absatz 3 ein Pfandrecht hat.

(3) Om kommissionären själv har fullgjort tredje mans betalning eller leverans till kommittenten, får kommittenten inte ta över anspråket mot tredje man.

(3) Wenn der Kommissionär selbst die Zahlung oder die Lieferung des Dritten an den Kommittenten erfüllt hat, darf der Kommittent den Anspruch gegen den Dritten nicht übernehmen.

[…]

[…]

K. Konkursgesetz (Auszug)

Konkurslag (1987:672)

1 kap. Inledande bestämmelser

[...]

2 §

(1) En gäldenär som är på obestånd skall efter egen eller en borgenärs ansökan försättas i konkurs, om inte annat är föreskrivet.

(2) Med obestånd (insolvens) avses att gäldenären inte kan rätteligen betala sina skulder och att denna oförmåga inte är endast tillfällig.

[...]

3 kap. Verkningar av konkurs

Gäldenärens förlust av sin rådighet

1 §

1Sedan ett beslut om konkurs har meddelats, får gäldenären inte råda över egendom som hör till konkursboet. 2Han får inte heller åta sig sådana förbindelser som kan göras gällande i konkursen.

[...]

Egendom som ingår i ett konkursbo

§ 3

(1) Till ett konkursbo räknas, i den mån inte något annat följer av 2 §, all egendom som tillhörde gäldenären när konkursbeslutet meddelades eller tillfaller honom under konkursen och som är sådan att den kan utmätas.

(2) Till konkursboet räknas även den egendom som kan tillföras boet genom återvinning enligt 4 kap.

[...]

Konkursgesetz (1987:672)

Kap. 1: Einleitende Bestimmungen

[...]

§ 2

(1) Ein Schuldner, der zahlungsunfähig ist, ist auf eigenen Antrag oder den Antrag eines Gläubigers in Konkurs zu versetzen, wenn nichts anderes vorgeschrieben ist.

(2) Mit Zahlungsunfähigkeit (Insolvenz) ist gemeint, dass der Schuldner seine Schulden nicht rechtmäßig bezahlen kann und dass dieses Unvermögen nicht nur vorübergehend ist.

[...]

Kap. 3: Wirkungen des Konkurses

Verlust der Verfügungsbefugnis des Schuldners

§ 1

1Wenn ein Konkursbeschluss ergangen ist, darf der Schuldner nicht über Vermögen verfügen, das zur Konkursmasse gehört. 2Er darf auch keine Verbindlichkeiten eingehen, die im Konkurs geltend gemacht werden können.

[...]

Vermögen, das zur Konkursmasse gehört

3 §

(1) Zu einer Konkursmasse gehört, sofern aus § 2 nichts anderes folgt, alles Vermögen, das dem Schuldner gehörte als der Konkursbeschluss erging oder ihm während des Konkurses zufällt und derart ist, dass es gepfändet werden kann.

(2) Zur Konkursmasse zählt auch das Vermögen, das der Masse durch Rückgewinnung gemäß Kap. 4 zugeführt werden kann.

[...]

7 kap. Förvaltning och tillsyn

[...]

Förvaltarens medelsförvaltning m.m.

18 §

(1) $_1$Pengar som flyter in under förvaltningen av ett konkursbo skall snarast göras räntebärande genom insättning på boets räkning i bank eller kreditmarknadsföretag. $_2$Detta behöver dock inte ske i den mån medlen behövs till betalning av löpande utgifter.

(2) $_1$Även sedan konkursen har avslutats skall förvaltaren ha boets medel insatta i bank eller kreditmarknadsföretag mot ränta till dess medlen betalas ut enligt 11 kap. $_2$Förvaltaren skall underrätta tillsynsmyndigheten om var medlen står inne.

[...]

Redovisning av medel till tredje man

23 §

(1) $_1$Särskilda bestämmelser finns om en kommittents rätt att, när gäldenären såsom kommissionär för kommittentens räkning i eget namn har ingått avtal, mot tredje man göra gällande fordringsrätt på grund av avtalet. $_2$Detsamma är fallet i fråga om en kommittents rätt till redovisning för sådana belopp som flutit in till kommissionärens konkursbo för sålt gods.

(2) $_1$Om gäldenären i något annat fall före konkursbeslutet har sålt någon annans egendom, har den vars egendom sålts rätt att, om betalningen helt eller delvis flutit in till konkursboet efter konkursbeslutet, av förvaltaren få redovisning för vad som har flutit in. $_2$I den mån betalningen inte har erlagts av köparen har han dessutom rätt att själv göra fordringsrätten gällande gentemot köparen, om inte köparens rätt därigenom skulle åsidosättas.

Kap. 7: Verwaltung und Aufsicht

[...]

Die Mittelverwaltung des Verwalters etc.

§ 18

(1) $_1$Geld, das während der Verwaltung einer Konkursmasse eingeht, ist schnellstmöglich durch Einzahlung bei einer Bank oder einem Kreditmarktunternehmen für die Rechnung der Masse einzuzahlen und verzinslich zu machen. $_2$Dies muss jedoch nicht erfolgen, soweit die Mittel zur Zahlung laufender Ausgaben benötigt werden.

(2) $_1$Auch wenn der Konkurs abgeschlossen worden ist, hat der Verwalter die Mittel der Masse bei einer Bank oder einem Kreditmarktunternehmen gegen Verzinsung eingezahlt zu belassen, bis die Mittel gemäß Kap. 11 ausgezahlt werden. $_2$Der Verwalter muss die Aufsichtsbehörde darüber unterrichten, wo sich die Mittel befinden.

[...]

Rechnungslegung über die Mittel gegenüber Dritten

§ 23

(1) $_1$Besondere Bestimmungen existieren für das Recht eines Kommittenten, wenn ein Schuldner als Kommissionär für die Rechnung des Kommittenten im eigenen Namen einen Vertrag eingegangen ist, gegen einen Dritten das Forderungsrecht aus dem Vertrag geltend zu machen. $_2$Dasselbe gilt hinsichtlich der Frage über das Recht eines Kommittenten auf Rechnungslegung für solche Beträge, die für verkaufte Güter an die Konkursmasse des Kommissionärs geflossen sind.

(2) $_1$Wenn der Schuldner in einem anderen Fall vor dem Konkursbeschluss einen fremden Vermögensgegenstand verkauft, hat derjenige, dessen Vermögensgegenstand verkauft wurde, das Recht, wenn die Bezahlung ganz oder teilweise nach dem Konkursbeschluss in die Konkursmasse eingeflossen ist, vom Verwalter darüber Rechnung gelegt zu bekommen, was eingegangen ist. $_2$Soweit die Bezahlung nicht vom Käufer entrichtet worden ist, hat er außerdem das Recht, das Forderungs-

recht selbst gegen den Käufer geltend zu machen, wenn nicht das Recht des Käufers dadurch außer acht gelassen würde.

(3) Vad som har sagts nu om rätt att få redovisning av förvaltaren skall också gälla om det i något annat fall till konkursboet flyter in medel för vilka gäldenären skulle haft skyldighet att redovisa till annan.

(3) Was nun über das Recht, vom Verwalter Rechnung gelegt zu bekommen, gesagt wurde, gilt auch, wenn in einem anderen Fall Mittel, für welche der Schuldner die Pflicht zur Rechnungslegung gegenüber einem anderen gehabt hätte, bei der Konkursmasse eingehen.

24 §

$_{1}$Om gäldenären vid konkursbeslutet innehade redovisningsmedel som skall vara förbehållna någon annan, skall förvaltaren ta hand om medlen och sedan redovisa dem tillsammans med den ränta som har upplupit från dagen för konkursbeslutet. $_{2}$När det gäller att fastställa vad som sålunda skall tillkomma en redovisningsborgenär, dennes rätt i övrigt i konkursen samt skyldigheten att svara för kostnad med anledning av förfarandet, tillämpas vad som i denna lag sägs om borgenär som till säkerhet för sin fordran har panträtt. $_{3}$Ansvaret för sådan kostnad skall dock vila på redovisningsborgenären endast i den mån boet annars inte lämnar tillgång till betalning av kostnaden.

§ 24

$_{1}$Wenn der Schuldner zum Zeitpunkt des Konkursbeschlusses über Mittel verfügte, über die er Rechnung zu legen hatte und die jemand anderem vorbehalten waren, hat der Verwalter sich der Mittel anzunehmen und über diese dann zusammen mit den ab dem Tag des Konkursbeschlusses aufgelaufenen Zinsen Rechnung zu legen. $_{2}$Wenn es festzustellen gilt, was somit einem Rechnungslegungsgläubiger zukommt, dessen Recht im Konkurs im Übrigen sowie die Pflicht für die Kosten aus dem Verfahren zu haften, findet dasjenige Anwendung, was in diesem Gesetz über Gläubiger gesagt wird, die als Sicherheit für ihre Forderung ein Pfandrecht innehaben. $_{3}$Die Haftung für solche Kosten obliegt dem Rechnungslegungsgläubiger jedoch nur insoweit, als die Masse ansonsten keine Aktiva für die Bezahlung der Kosten übrig lässt.

[...]

[...]

L. Gesetz über Mittel, für die Rechnung gelegt werden muss

Lag (1944:181) om redovisningsmedel

Gesetz (1944:181) über Mittel, für die Rechnung gelegt werden muss

(1) $_{1}$Vad den som mottagit medel för annan, med skyldighet att redovisa för dem, för sådant ändamål har innestående på räkning i bank eller annorledes håller avskilt skall vara förbehållet huvudmannen, såvitt beloppet avskilts utan dröjsmål. $_{2}$Samma lag vare i fråga om belopp som avskilts senare, om den redovisningsskyldige ej var på obestånd, när beloppet avskildes.

(1) $_{1}$Was derjenige, der Mittel für einen anderen mit der Verpflichtung entgegengenommen hat, für diese Rechnung zu legen, für einen solchen Zweck bei einer Bank auf einem Konto als Guthaben hat oder anders abgesondert hält, ist dem Auftraggeber vorbehalten, soweit der Betrag unverzüglich abgesondert wurde. $_{2}$Das gleiche gelte in Bezug auf Beträge, die später abgesondert wurden, wenn der zur Rech-

nungslegung Verpflichtete nicht zahlungsunfähig war, als der Betrag abgesondert wurde.

(2) Vad den redovisningsskyldige har omedelbart tillgängligt för att avskiljas vare ock förbehållet huvudmannen, såvitt dröjsmål med avskiljandet ej föreligger.

(2) Was dem zur Rechnungslegung Verpflichteten unmittelbar zur Absonderung zur Verfügung steht, sei dem Auftraggeber ebenfalls vorbehalten, soweit ein Verzug mit der Absonderung nicht vorliegt.

(3) Är bankräkning eller kassa avsedd för flera huvudmäns medel, njute de inbördes lika rätt, envar i förhållande till sin redovisningsfordran.

(3) Ist die Bankrechnung oder Kasse für die Mittel mehrerer Auftraggeber bestimmt, genießen diese untereinander gleiche Rechte, einjeder im Verhältnis zu seiner Rechnungslegungsforderung.

M. Strafgesetzbuch (Auszug)

Brottsbalk (1962:700)

Strafgesetzbuch (1962:700)

FÖRSTA AVDELNINGEN: Allmänna bestämmelser

[...]

ERSTE ABTEILUNG: Allgemeine Bestimmungen

[...]

Andra Avdelningen: Om brotten

[...]

ZWEITE ABTEILUNG: Über die Straftaten

[...]

8 kap. Om stöld, rån och andra tillgreppsbrott

[...]

Kap. 8: Über Diebstahl, Raub und Andere Entwendungsstraftaten

[...]

8 §

(1) $_{1}$Den som, i annat fall än särskilt i detta kapitel omförmäles, olovligen tager och brukar eller eljest tillgriper något, dömes för egenmäktigt förfarande till böter eller fängelse i högst sex månader. $_{2}$Detsamma skall gälla om någon utan tillgrepp, genom att anbringa eller bryta lås eller annorledes, olovligen rubbar annans besittning eller ock med våld eller hot om våld hindrar annan i utövning av rätt att kvarhålla eller taga något.

(2) Är brottet grovt, dömes till fängelse i högst två år.

§ 8

(1) $_{1}$Derjenige, der in anderen Fällen als besonders in diesem Kapitel erwähnt wird, etwas unerlaubt nimmt und gebraucht oder ansonsten entwendet, wird für verbotene Eigenmacht zu Geld- oder Gefängnisstrafe von maximal sechs Monaten verurteilt. $_{2}$Dasselbe gilt, wenn jemand ohne Entwendung, durch das Anbringen oder Brechen von Schlössern oder auf andere Weise unerlaubt den Besitz eines anderen stört oder auch mit Gewalt oder Drohung mit Gewalt einen anderen an der Ausübung eines Rechts, etwas zurückzuhalten oder zu nehmen, hindert.

(2) Ist die Straftat schwer, wird zu einer Gefängnisstrafe von maximal zwei Jahren verurteilt.

9 §

Rubbar man olovligen annans besittning för att själv taga sig rätt, dömes för självtäkt till böter eller fängelse i högst sex månader.

§ 9

Stört man unerlaubt den Besitz eines anderen, um sich selbst Recht zu nehmen, wird wegen verbotener Wiederansichnahme zu einer Geld- oder Gefängnisstrafe von maximal sechs Monaten verurteilt.

[...]

[...]

24 kap. Om allmänna grunder för ansvarsfrihet

1 §

(1) En gärning som någon begår i nödvärn utgör brott endast om den med hänsyn till angreppets beskaffenhet, det angripnas betydelse och omständigheterna i övrigt är uppenbart oförsvarlig.

(2) Rätt till nödvärn föreligger mot

1. ett påbörjat eller överhängande brottsligt angrepp på person eller egendom,
2. den som med våld eller hot om våld eller på annat sätt hindrar att egendom återtas på bar gärning,
3. den som olovligen trängt in i eller försöker tränga in i rum, hus, gård eller fartyg, eller
4. den som vägrar att lämna en bostad efter tillsägelse.

Kap. 24: Über allgemeine Gründe für Verantwortungsfreiheit

§ 1

(1) Eine Tat, die jemand in Notwehr begeht, stellt nur dann eine Straftat dar, wenn sie mit Rücksicht auf die Beschaffenheit des Angriffs, die Bedeutung des angegriffenen Objekts und den Umständen im Übrigen offensichtlich unvertretbar ist.

(2) Ein Recht auf Notwehr besteht gegen

1. einen begonnenen oder unmittelbar bevorstehenden strafbaren Angriff auf eine Person oder einen Vermögensgegenstand,
2. denjenigen, der mit Gewalt oder Drohung mit Gewalt oder auf andere Art und Weise verhindert, dass ein Vermögensgegenstand auf frischer Tat zurückgenommen wird,
3. denjenigen, der unerlaubt in Raum, Haus, Hof oder Fahrzeug eingedrungen ist oder einzudringen versucht, oder
4. denjenigen, der sich nach Aufforderung weigert, einen Wohnraum zu verlassen.

2 §

(1) $_1$Rymmer den som är intagen i kriminalvårdsanstalt eller som är häktad, anhållen eller annars berövad friheten eller sätter han sig med våld eller hot om våld till motvärn eller gör han på annat sätt motstånd mot någon under vars uppsikt han står, då denne skall hålla honom till ordningen, får det våld brukas som med hänsyn till omständigheterna är försvarligt för att rymningen skall hindras eller ordningen upprätthållas. $_2$Detsamma skall gälla, om någon annan än som nu har nämnts gör motstånd i ett sådant fall.

§ 2

(1) $_1$Flieht derjenige, der in eine Justizvollzugsanstalt eingewiesen oder in Haft genommen, vorläufig festgenommen oder ansonsten der Freiheit beraubt ist, oder setzt er sich mit Gewalt oder Drohung mit Gewalt zur Wehr oder leistet er auf andere Art und Weise Widerstand gegen jemanden, unter dessen Aufsicht er steht, wenn dieser ihn zur Ordnung anhalten soll, darf die Gewalt gebraucht werden, die mit Rücksicht auf die Umstände vertretbar ist, um die Flucht zu verhindern oder die Ordnung aufrecht zu erhalten. $_2$Dasselbe gilt, wenn jemand anderer als soeben genannt, in einem solchen Fall Widerstand leistet.

(2) Om rätt för polismän och viss annan personal att bruka våld finns i övrigt föreskrifter i polislagen (1984:387).

(2) Über das Recht für Polizeibeamte und gewisses anderes Personal, Gewalt anzuwenden, gibt es im Übrigen Vorschriften im Polizeigesetz (1984:387).

[...]

[...]

7 §

En gärning som någon begår med samtycke från den mot vilken den riktas utgör brott endast om gärningen, med hänsyn till den skada, kränkning eller fara som den medför, dess syfte och övriga omständigheter, är oförsvarlig.

§ 7

Eine Tat, die jemand mit dem Einverständnis desjenigen begeht, gegen den sie gerichtet ist, stellt nur dann eine Straftat dar, wenn die Tat mit Rücksicht auf den Schaden, die Verletzung oder die Gefahr, die sie mit sich bringt, ihren Zweck und die übrigen Umstände unvertretbar ist.

[...]

[...]

N. Schadensersatzgesetz (Auszug)

Skadeståndslag (1972:207)

Schadensersatzgesetz (1972:207)

1 kap. Inledande bestämmelser

[...]

Kap. 1: Einleitende Bestimmungen

[...]

2 kap. Skadeståndsansvar på grund av eget vållande

1 §

Den som uppsåtligen eller av vårdslöshet vållar personskada eller sakskada skall ersätta skadan.

Kap. 2: Schadensersatzpflicht aufgrund eigener Verursachung

§ 1

Derjenige, der vorsätzlich oder aus Fahrlässigkeit einen Personenschaden oder Sachschaden verursacht, muss den Schaden zu ersetzen.

2 §

Den som vållar ren förmögenhetsskada genom brott skall ersätta skadan.

§ 2

Derjenige, der durch eine Straftat einen reinen Vermögensschaden verursacht, hat den Schaden zu ersetzen.

[...]

[...]

5 kap. Skadeståndets bestämmande

[...]

Kap. 5: Die Bestimmung des Schadensersatzes

[...]

7 §

Skadestånd med anledning av sakskada omfattar ersättning för

1. sakens värde eller reparationskostnad och värdeminskning,
2. annan kostnad till följd av skadan,
3. inkomstförlust eller intrång i näringsverksamhet.

[...]

§ 7

Schadensersatz aufgrund eines Sachschadens erfasst den Ersatz für

1. den Wert der Sache oder Reparaturkosten und Wertminderung,
2. andere Kosten infolge des Schadens,
3. Einkommensverlust oder Eingriff in den Gewerbebetrieb.

[...]

O. Gerichtsverfahrensgesetzbuch (Auszug)

Rättegångsbalk (1942:740)

Gerichtsverfahrensgesetzbuch (1942:740)

FÖRSTA AVDELNINGEN: Om domstolsväsendet

[...]

ERSTE ABTEILUNG: Über das Gerichtswesen

[...]

ANDRA AVDELNINGEN: Om rättegången i allmänhet

[...]

ZWEITE ABTEILUNG: Über das Gerichtsverfahren im Allgemeinen

[...]

13 Kap. Om föremål för talan och talans väckande

1 §

Talan om åläggande för svaranden att fullgöra något må upptagas till prövning, ehuru tiden för fullgörelsen ej inträtt, då målet avgöres, om

1. fråga är om tid efter annan återkommande fullgörelser, som ej bero av redan lämnat eller framtida vederlag eller vilka på grund av redan lämnat vederlag utgå som pension eller livränta, och någon av dem är förfallen;
2. skyldigheten att fullgöra inträder, först då annan förpliktelse, varom talan väckts i målet, ej fullgöres;
3. fråga är om ränta, till dess betalning sker, å förfallen fordran eller om annan tilläggsförpliktelse, som följer av huvudförpliktelsen;

Kap. 13: Über den Gegenstand der Klage und die Erhebung der Klage

§ 1

Die Klage, dem Beklagten aufzuerlegen etwas zu erfüllen, kann zur Prüfung aufgenommen werden, obgleich die Zeit für die Erfüllung noch nicht eingetreten ist, wenn die Rechtssache entschieden wird, wenn

1. die Frage den Zeitpunkt nach anderen wiederkehrenden Leistungen betrifft, die nicht von bereits erbrachten oder zukünftigen Gegenleistungen abhängen oder welche aufgrund bereits erbrachter Gegenleistungen als Pension oder Leibrente ausgezahlt werden, und eine von ihnen fällig ist;
2. die Pflicht zur Erfüllung erst eintritt, wenn eine andere Verpflichtung, wegen der in der Rechtssache Klage erhoben worden ist, nicht erfüllt wird;
3. die Frage Zinsen auf eine fällige Forderung bis zur erfolgten Bezahlung oder eine andere Zusatzverpflichtung, die aus der Hauptverpflichtung folgt, betrifft;

4. för käranden är av vikt, att fullgörelse sker å rätt tid, samt särskild anledning förekommer, att svaranden kommer att undandraga sig sådan fullgörelse; eller
5. sådan talan i annat fall än nu sagts enligt lag må väckas.

4. für den Kläger von Gewicht ist, dass die Erfüllung rechtzeitig erfolgt sowie ein besonderer Grund dafür besteht, dass der Beklagte sich einer solchen Erfüllen entziehen wird; oder
5. eine solche Klage in einem anderen Fall als nun gesagt, nach dem Gesetz erhoben werden darf.

[...]

[...]

15 kap. Om kvarstad m.m.

Kap. 15: Über einstweilige Beschlagnahme etc.

[...]

[...]

4 §

Framgår det i en rättegång om bättre rätt till viss egendom att den ena parten har olovligen rubbat motpartens besittning eller vidtagit någon annan olovlig åtgärd beträffande egendomen, får domstolen förordna att besittningen genast skall återställas eller annan rättelse genast ske.

§ 4

Ergibt sich in einem Gerichtsverfahren über ein besseres Recht an einem bestimmten Vermögensgegenstand, dass die eine Partei den Besitz der anderen unerlaubt gestört oder eine andere unerlaubte Maßnahme den Vermögensgegenstand betreffend vorgenommen hat, kann das Gericht anordnen, dass der Besitz sofort wieder herzustellen ist oder eine andere Berichtigung sofort zu erfolgen hat.

[...]

[...]

Tredje Avdelningen: Om bevisning
35 Kap. Om bevisning i allmänhet

Dritte Abteilung: Über Beweise
Kap. 35: Über Beweise im Allgemeinen

[...]

[...]

6 §

$_1$Det ankommer på parterna att svara för bevisningen. $_2$Rätten får självmant inhämta bevisning endast i tvistemål där förlikning om saken inte är tillåten och i mål om brott som hör under allmänt åtal.

§ 6

$_1$Es obliegt den Parteien, die Beweise beizubringen. $_2$Das Gericht darf Beweise nur in Zivilprozessen, in denen ein Vergleich in der Sache nicht zugelassen ist, und in Rechtssachen betreffend Straftaten, die unter die allgemeine Anklage gehören, selbständig einholen.

[...]

[...]

P. Gesetz über Schuldverschreibungen (Auszug)

Lag (1936:81) om skuldebrev

[...]

3 kap. Om enkla skuldebrev

[...]

31 §

(1) Överlåter någon enkelt skuldebrev, vare överlåtelsen ej gällande mot hans borgenärer, med mindre gäldenären om åtgärden underrättats av överlåtaren eller den till vilken överlåtelsen skett; innebar överlåtelsen gåva, gälle om dess verkan vad därom är särskilt stadgat.

(2) Varder enkelt skuldebrev överlåtet till flere, gälle tidigare överlåtelse framför senare; dock äge den senare överlåtelsen företräde, där den tidigare än den andra meddelats gäldenären på sätt nu är sagt och förvärvaren då var i god tro.

(3) [...]

[...]

Gesetz (1936:81) über Schuldverschreibungen

[...]

Kap. 3: Über einfache Schuldverschreibungen

[...]

§ 31

(1) Übereignet jemand eine einfache Schuldverschreibung, sei die Übereignung gegenüber seinen Gläubigern nicht gültig, sofern nicht der Schuldner vom Übereignenden oder dem, an den die Übereignung erfolgte, von der Maßnahme unterrichtet wurde; beinhaltete die Übereignung eine Schenkung, gelte bezüglich deren Wirkung das, was darüber besonders geregelt ist.

(2) Wird eine einfache Schuldverschreibung an mehrere übereignet, gelte die frühere Übereignung vor der späteren; gebühre jedoch der Vortritt der späteren Übereignung, wenn sie dem Schuldner früher als die andere auf die genannte Art und Weise mitgeteilt wurde und der Erwerber zu dem Zeitpunkt in gutem Glauben war.

(3) [...]

[...]

Q. Versicherungsvertragsgesetz (Auszug)

Försäkringsavtalslag (2005:104)

FÖRSTA AVDELNINGEN: **Inledande bestämmelser**

[...]

ANDRA AVDELNINGEN: **Individuell skadeförsäkring**

[...]

Versicherungsvertragsgesetz (2005:104)

ERSTE ABTEILUNG: **Einleitende Bestimmungen**

[...]

ZWEITE ABTEILUNG: **Individuelle Schadensversicherung**

[...]

9 kap. Tredje mans rätt enligt försäkringsavtalet

Försäkring av tredje mans intresse

1 §

(1) En försäkring som avser värdet av en fastighet eller värdet av en fast eller lös sak gäller till förmån för

1. försäkringstagaren,
2. någon annan som har en mot försäkringstagarens borgenärer skyddad äganderätt, tomträtt eller säkerhetsrätt till egendomen, dock inte sjöpanträtt eller luftpanträtt, och
3. den som annars bär risken för egendomen i samband med dess överlåtelse.

(2) $_1$Första stycket gäller inte om annat har föreskrivits i försäkringsavtalet. $_2$Oavsett vad som avtalats gäller dock försäkringen till förmån för den som har förmånsrätt i fast egendom eller tomträtt.

[...]

Direktkrav vid ansvarsförsäkring

7 §

(1) Vid ansvarsförsäkring får den skadelidande rikta krav direkt mot försäkringsbolaget på ersättning enligt försäkringsavtalet, om

1. den försäkrade enligt lag eller annan författning är skyldig att ha ansvarsförsäkring som omfattar skadan,
2. konkurs har beslutats eller offentligt ackord har fastställts beträffande den försäkrade, eller
3. den försäkrade är en juridisk person som numera är upplöst.

(2) [...]

[...]

Kap. 9: Das Recht Dritter nach dem Versicherungsvertrag

Versicherung des Interesses Dritter

§ 1

(1) Eine Versicherung, die den Wert eines Grundstücks oder den Wert einer unbeweglichen oder beweglichen Sache betrifft, gilt zugunsten

1. des Versicherungsnehmers,
2. eines anderen, der ein gegenüber den Gläubigern des Versicherungsnehmers geschütztes Eigentum, Erbbaurecht oder Sicherungsrecht an dem Vermögensgegenstand, nicht jedoch Seepfandrecht oder Luftpfandrecht hat, und
3. desjenigen, der ansonsten im Zusammenhang mit der Übereignung das Risiko für den Vermögensgegenstand trägt.

(2) $_1$Absatz 1 gilt nicht, wenn im Versicherungsvertrag etwas anderes vorgeschrieben ist. $_2$Ohne Rücksicht darauf, was vereinbart wurde, gilt die Versicherung jedoch zum Vorteil desjenigen, der ein Vorzugsrecht an einem Grundstück oder Erbbaurecht hat.

[...]

Direktanspruch bei Haftpflichtversicherung

§ 7

(1) Bei einer Haftpflichtversicherung darf der Geschädigte seinen Anspruch auf Ersatz nach dem Versicherungsvertrag direkt gegen die Versicherungsgesellschaft richten, wenn

1. der Versicherte nach Gesetz oder anderer Rechtsvorschrift verpflichtet ist, eine Haftpflichtversicherung abzuschließen, die den Schaden umfasst,
2. der Konkurs betreffend den Versicherten beschlossen oder der öffentliche Vergleich festgestellt wurde, oder
3. der Versicherte eine nunmehr aufgelöste juristische Person ist.

(2) [...]

[...]

INTERNATIONALRECHTLICHE STUDIEN
Beiträge zum Internationalen Privatrecht,
zum Einheitsrecht und zur Rechtsvergleichung

Herausgegeben von Ulrich Magnus und Peter Mankowski

Band 1 Birgit Reimers-Zocher: Beweislastfragen im Haager und Wiener Kaufrecht. 1995.

Band 2 Lenja Vespermann: Schadensersatz bei Beeinträchtigung rechts- oder sittenwidriger Interessen im deutschen und französischen Recht. 1996.

Band 3 Peter Cypra: Die Rechtsbehelfe im Verfahren der Vollstreckbarerklärung nach dem EuGVÜ unter besonderer Berücksichtigung der Ausgestaltung in Deutschland und Frankreich. 1996.

Band 4 Brigitta Lurger: Regulierung und Deregulierung im europäischen Privatrecht. 1997.

Band 5 Uta Gutknecht: Das Nacherfüllungsrecht des Verkäufers bei Kauf- und Werklieferungsverträgen. Rechtsvergleichende Untersuchung zum CISG, zum US-amerikanischen Uniform Commercial Code, zum deutschen Recht und zu dem Vorschlag der Kommission zur Überarbeitung des deutschen Schuldrechts. 1996.

Band 6 Stefan Abel: Die Qualifikation der Schenkung. Zur Methode der Qualifikation im Internationalen Schuldvertragsrecht. 1997.

Band 7 Daniel Kötz: Verkäuferpflichten und Rechtsbehelfe des Käufers im neuen norwegischen Kaufrecht vom 13. Mai 1988 Nr. 27 im Vergleich zum UN-Kaufrecht vom 11. April 1980 (CISG). 1997.

Band 8 Olaf Beier: Grundsätze eines europäischen transportmittelübergreifenden Schadensrechts für den Gütertransport. Eine rechtsvergleichende Untersuchung unter besonderer Berücksichtigung der CMR, der ER/CIM 1990, des WA/HP und der HVR. 1999.

Band 9 Ulrich Krüger: Modifizierte Erfolgshaftung im UN-Kaufrecht. Die Haftungsbefreiung bei Lieferung vertragswidriger Ware gemäß Art. 79 CISG. 1999.

Band 10 Wolf-Henning Hammer: Das Zurückhaltungsrecht gemäß Art. 71 CISG im Vergleich zu den Kaufgesetzen der nordischen Staaten unter Einbeziehung transportrechtlicher Aspekte. Eine rechtsvergleichende Studie. 1999.

Band 11 Ulrich Quay: Der Consulting-Vertrag im Internationalen Privatrecht. 2000.

Band 12 Axel Halfmeier: Die Veröffentlichung privater Tatsachen als unerlaubte Handlung. Eine rechtsvergleichende Untersuchung. 2000.

Band 13 Stephanie Scholz: Lohngleichheit durch Verfahren. Eine Studie zur Förderung der Lohngleichheit durch verfahrensrechtliche Ansätze. 2000.

Band 14 Tarık Cebecioglu: Stellung des Ausländers im Zivilprozeß. Eine rechtsvergleichende Untersuchung des türkischen und deutschen Rechts. 2000.

Band 15 Gunnar Straube: Sozialrechtliche Eingriffsnormen im Internationalen Privatrecht. 2001.

Band 16 Daniela de Lukowicz: Divergenzen in der Rechtsprechung zum CISG. Auf dem Weg zu einer einheitlichen Auslegung und Anwendung? 2001.

Band 17 Mohamed Hassan Fadlalla Ali: Das islamische Ehe- und Kindschaftsrecht im Sudan. Mit Hinweisen zu den Lehren der Islamischen Rechtsschule, der anwendbaren Familienrechtsvorschriften für Nichtmuslime im Sudan und im deutschen Familienrecht. 2001.

Band 18 Ole Lando/Ulrich Magnus/Monika Novak-Stief (Hrsg./eds.): Angleichung des materiellen und des internationalen Privatrechts in der EU. Harmonisation of Substantive and International Private Law. 2003.

Band 19 Florian Schulz: Der Ersatzlieferungs- und Nachbesserungsanspruch des Käufers im internen deutschen Recht, im UCC und im CISG. Eine rechtsvergleichende Untersuchung unter Berücksichtigung der Schuldrechtskommission, der EG-Richtlinie 1999/44/EG und des Diskussionsentwurfs eines Schuldrechtsmodernisierungsgesetzes. 2002.

Band 20 Ingo Janert: Die Aufrechnung im internationalen Vertragsrecht. 2002.

Band 21 Armin Jentsch: Die Erhaltungspflichten des Verkäufers und des Käufers im UN-Kaufrecht im Vergleich zum US-amerikanischen Uniform Commercial Code und zum deutschen Recht. 2002.

Band 22 Martin Taschner: Arbeitsvertragsstatut und zwingende Bestimmungen nach dem Europäischen Schuldvertragsübereinkommen. Einheitliche Auslegung. 2003.

Band 23 Klaus Bitterich: Die Neuregelung des Internationalen Verbrauchervertragsrechts in Art. 29a EGBGB. 2003.

Band 24 Sascha J. Morgenroth: Umsetzung der Verbrauchsgüterkaufrichtlinie in Spanien und Deutschland. Umsetzung der Richtlinie 1999/44/EG des Europäischen Parlaments und des Rates vom 25. Mai 1999 zu bestimmten Aspekten des Verbrauchsgüterkaufs und der Garantien für Verbrauchsgüter in Spanien und Deutschland. 2003.

Band 25 Markus Renfert: Über die Europäisierung der ordre public Klausel. 2003.

Band 26 Henning Mordhorst: Die Behandlung vertraglicher Mobiliarsicherheiten im US-amerikanischen und deutschen Insolvenzrecht. 2003.

Band 27 Hans Markus Wulf: UN-Kaufrecht und eCommerce. Problembereiche bei der Anwendung des Wiener Übereinkommens auf Internet-Verträge. 2003.

Band 28 Julia Kaiser: Freiheit oder Schutz? Die Scheidungsfolgenvereinbarung im deutschen und im englischen Recht. 2003.

Band 29 Astrid Hillebrenner: Die private Zustimmung zu Rechtsgeschäften Dritter im englischen, dänischen und deutschen Recht. 2004.

Band 30 Irene von der Heyde: Das deutsche und italienische internationale Kindschaftsrecht im Rechtsvergleich. Favor filii oder favor filiationis? 2004.

Band 31 Sven-Michael Werner: Recht im Systemwandel. *Ein Land, zwei Systeme* und das Kontinuitätsproblem in Hongkong. 2004.

Band 32 Holger Ellenberger: Wirtschaftsrelevante Kollisionsnormen im japanischen internationalen Privatrecht. 2004.

Band 33 Sebastian Kaufmann: Parol Evidence Rule und Merger Clauses im internationalen Einheitsrecht. 2004.

Band 34 Britta Christina Weber: Eigentumsübertragung und gutgläubiger Erwerb beim Kauf von beweglichen Sachen im vietnamesischen Zivilgesetzbuch von 1995. Eine rechtsvergleichende Analyse unter Berücksichtigung des Eigentumsbegriffs im vietnamesischen Recht. 2004.

Band 35 Alexander von Saucken: Die Reform des österreichischen Schiedsverfahrensrechts auf der Basis des UNCITRAL-Modellgesetzes über die internationale Handelsschiedsgerichtsbarkeit. Ein Diskussionsbeitrag. 2004.

Band 36 Jasnica Garašić: Anerkennung ausländischer Insolvenzverfahren. Teil 1 und Teil 2. Ein Vergleich des kroatischen, des deutschen und des schweizerischen Rechts sowie der Europäischen Verordnung über Insolvenzverfahren, des Istanbuler Übereinkommens und des UNCITRAL-Modellgesetzes. 2005.

Band 37 Eugenia Kurzynsky-Singer: Anknüpfung und Reichweite des Vollmachtsstatuts. 2005.

Band 38 Timo Utermark: Rechtsgeschichte und Rechtsvergleichung bei Ernst Rabel. 2005.

Band 39 Mohamed Lakmes: Die IPR-Anknüpfung der Schuldverträge. Ein Vergleich zwischen dem deutschen und dem syrischen Recht. 2005.

Band 40 Christian Haas: Vertragsstrukturen privatfinanzierter Infrastrukturprojekte. Nationale und internationale Perspektiven. 2005.

Band 41 Tanja Herzog-Engels: Gesellschaftsrechtliche Formvorschriften und Internationales Privatrecht. 2005.

Band 42 Hassan Siahpoosh: Das Familien- und Erbrecht im Iran. 2006.

Band 43 Carola Reifenrath: Das Vertragsrecht Hongkongs und dessen zukünftige Entwicklung. Unter besonderer Berücksichtigung des englischen Common Law. 2006.

Band 44 Arkadiusz Wudarski: Der Pfandbrief und sein Treuhänder. Eine rechtsvergleichende Untersuchung zum polnischen und deutschen Recht. 2006.

Band 45 Ulla Liukkunen: Cross-Border Services and Choice of Law. A Comparative Study of the European Approach. 2006.

Band 46 Claire Anna Reifner: Die Umsetzung der Verbrauchsgüterkaufrichtlinie in Italien und Deutschland. 2007.

Band 47 Shahriar Rabbanifar: Vergleich des Rechts der öffentlichen Unternehmen in Deutschland, Iran und Polen. 2007.

Band 48 Judith Farokhmanesh: Der Schutz des Urhebers im internationalen Vertragsrecht. Funktion, Reichweite und Effektivität zwingender Bestimmungen im deutschen, französischen und englischen Recht. 2007.

Band 49 Christoph Hellriegel: Schuldnerschutz in Polen. Rechtsvergleichende Untersuchung eines universalen Regelungsproblems. 2007.

Band 50 Ingemar Carl: Einstweiliger Rechtsschutz bei *Torpedoklagen*. 2007.

Band 51 Gabriele Wunsch: Möglichkeiten und Grenzen eines europäischen Hypothekarkredits. Problemanalyse und Lösungswege für die Schaffung eines Binnenmarktes für Grundpfandrechte unter Berücksichtigung des deutschen, englischen, schwedischen und spanischen Rechts. 2009.

Band 52 Sven Kuchmann: Die Haftung des Geschäftsführers einer deutschen GmbH und des Gerente einer argentinischen SRL im Rechtsvergleich. 2008.

Band 53 María Elena Alvarez de Pfeifle: Der Ordre Public-Vorbehalt als Versagungsgrund der Anerkennung und Vollstreckbarerklärung internationaler Schiedssprüche. Unter Berücksichtigung des deutschen, schweizerischen, französischen und englischen Rechts sowie des UNCITRAL-Modellgesetzes. 2009.

Band 54 Amir-Said Ghassabeh: Die Zustellung einer *punitive-damages*-Sammelklage an beklagte deutsche Unternehmen. Zugleich ein Beitrag zum „unnötigen" transatlantischen Justizkonflikt. 2009.

Band 55 Gunnar Lennart Schmüser: Das Zusammenspiel zwischen Haupt- und Sekundärinsolvenzverfahren nach der EuInsVO. 2009.

Band 56 Johanna Siemonsen: Die deutschen Ausführungsvorschriften zur Europäischen Insolvenzverordnung. 2009.

Band 57 Dan Malika Gunasekera: Civil Liability for Bunker Oil Pollution Damage. 2010.

Band 58 Sarah Mukaddes Oguz: Das türkische und das europäische Verbraucherrecht. Eine vergleichende Analyse mit Blick auf die Beitrittsbestrebungen der Türkei zur Europäischen Union. 2010.

Band 59 Niklas Wielandt: Die einseitig verpflichtende Schuldzusage. Eine rechtsvergleichende Untersuchung des abstrakten, kausalen und nicht rechtsgeschäftlichen Schuldanerkenntnisses und Schuldversprechens nach deutschem und englischem Recht. 2010.

Band 60 Lars Meyer: Non-Performance and Remedies under International Contract Law Principles and Indian Contract Law. A comparative survey of the UNIDROIT Principles of International Commercial Contracts, the Principles of European Contract Law, and Indian statutory contract law. 2010.

Band 61 Farzana Soleimankehl-Hanke: Afghanistan zwischen Islam und Gleichberechtigung. Widersprüche in der afghanischen Verfassung am Beispiel des afghanischen Familien- und Erbrechts. 2011.

Band 62 Sören Koch: Der Ersatz frustrierter Aufwendungen im norwegischen Recht. 2011.

Band 63 Vanessa Seibel: Der Geschäftsführer in der Insolvenz der Gesellschaft. Eine rechtsvergleichende und rechtsökonomische Betrachtung von GmbH und LLC. 2012.

Band 64 Dorothea von Domarus: Internationales Arzthaftungsrecht nach Inkrafttreten der Rom I- und Rom II-Verordnung. Ein Rechtsvergleich mit den USA unter besonderer Berücksichtigung der Bundesstaaten New York, Kalifornien und Louisiana. 2013.

Band 65 Nils Rasmus Grenda: Erwerb und Schutz des Eigentums an Mobilien im deutschen und schwedischen Recht. 2013.